U0736828

高等学校体育专业教材
中小学体育教师培训教材

中小学体育与健康教材教法

耿培新　　陈雁飞　主编

高等教育出版社·北京

内容提要

　　本书依据《义务教育体育与健康课程标准（2022 年版）》和《普通高中体育与健康课程标准（2017 年版 2020 年修订）》的新理念、新精神，汲取近年来国内外体育与健康教材教法最新研究成果，紧密结合中小学体育与健康教学实践进行编写。旨在帮助体育教师、高校体育专业学生更好地贯彻新时代党和国家对学校体育工作的新要求，理解体育与健康课程标准的新精神，并将这些要求和精神融入中小学体育与健康教育教学中，提高学生核心素养，促进学生全面发展。

　　本书既可作为高校体育专业教材，也可作为体育教师，特别是新入职体育教师的教学指导书，还可作为体育教研员研究体育与健康教材教法、开展在职体育教师培训的教学参考书。

图书在版编目（CIP）数据

　　中小学体育与健康教材教法 / 耿培新，陈雁飞主编 . -- 北京：高等教育出版社，2023.3（2024.8 重印）
　　ISBN 978-7-04-058109-6

　　Ⅰ . ①中… 　Ⅱ . ①耿…②陈… 　Ⅲ . ①体育课 – 教学设计 – 中小学②健康教育 – 教学设计 – 中小学 　Ⅳ . ① G633.962 ② G637.9

　　中国版本图书馆 CIP 数据核字（2022）第 028188 号

Zhongxiaoxue Tiyu yu Jiankang Jiaocai Jiaofa

| 策划编辑 | 傅雪林　栾少宁 | 责任编辑 | 傅雪林 | 封面设计 | 张　志 | 版式设计 | 杨　树 |
| 责任校对 | 马鑫蕊 | 责任印制 | 赵义民 | | | | |

出版发行	高等教育出版社	网　　址	http://www.hep.edu.cn
社　　址	北京市西城区德外大街 4 号		http://www.hep.com.cn
邮政编码	100120	网上订购	http://www.hepmall.com.cn
印　　刷	北京市白帆印务有限公司		http://www.hepmall.com
开　　本	787mm×1092mm　1/16		http://www.hepmall.cn
印　　张	22.25		
字　　数	460 千字	版　　次	2023 年 3 月第 1 版
购书热线	010-58581118	印　　次	2024 年 8 月第 3 次印刷
咨询电话	400-810-0598	定　　价	45.00 元

编委会

主　编：耿培新　陈雁飞
副主编：张庆新　牛　晓　周志勇　孙卫华

作者（按照章节排序）：

耿培新	张玉宝	陈雁飞	陈　飞	胡峰光	张锋周	韩金妍
王静芝	韩　兵	周真群	谢　娟	张跃强	刘楠娓	张剑萌
常连霞	王丽娟	潘建芬	韩金明	王春梅	霍中阳	蔡松梅
徐　惠	黄春秀	魏敬明	黄　虹	陈建勤	李　健	何鲁伟
王　振	李京兰	屈银明	王　政	王　艳	郭云飞	武凤鸣
洪健平	徐献银	陈宗珊	张庆新	赵卫新	崔　瑾	李　贞
牛　晓	王　强	胡甘霖	刘际航	刘　勇	陈庆明	张　佳
黄镇敏	魏晓晓	刘娓娓	陈　晨	孙卫华	刘畅龙	刘崇慧
张　晶	周志勇	张健波	梁攀攀	邵帅梅	魏宝王	苏晓林
陆志英	马永青	孙　亮	吴玉莉	王英梅	中华	
宋忠成	韩月仓	耿洁潇	张跃宗			

前　言

　　随着中共中央办公厅、国务院办公厅印发的《关于全面加强和改进新时代学校体育工作的意见》和《关于进一步减轻义务教育阶段学生作业负担和校外培训负担的意见》落地实施，国家对学校体育工作和青少年体质健康状况的重视达到前所未有的高度，将学校体育摆在教育更加突出的位置。中小学体育与健康教学作为学校体育工作的重中之重，在新时代的发展中必将负重前行。

　　新时代中小学体育的变革与发展，以及《义务教育体育与健康课程标准（2022年版）》和《普通高中体育与健康课程标准（2017年版2020年修订）》的印发，必将强有力地推动中小学体育与健康教材教法的改革和创新，教学理念的革新、教学内容的选配和教学方法的选用也将发生较大变化。正确理解、把握和落实立德树人根本任务、健康第一指导思想、核心素养目标导向、学练赛教学结构，让学生的学习趣味化、结构化、深度化，是新时代中小学体育教育从业者需要思考、研究、实践、反馈的热点与难点、重任与新任。

　　本书主要介绍体育与健康课程各项教材的教法，特别是不同学段教材的重难点及其教学方法，着重解决"怎么教"的问题，力争为高校体育专业学生和新任体育教师提供帮助与指导，使他们在边学习、边教学、边改进、边完善、边积累的实践过程逐步走向成熟。全书共有16章。第一章主要介绍如何理解新时代党和国家对学校体育提出的新要求，如何认识和遵循中小学体育教学规律，以及体育教师应该具备的课堂组织与管理、学习指导与评价等能力。第二至十六章主要讲述课程标准规定的健康教育、基本运动技能、体能、专项运动技能不同运动项目的教材教法，从帮助读者分析和理解一项教材的教学育人价值入手，根据学练赛一体化课程教学理念，对每项教材设计了教材分析、练习方法、比赛创设等内容，便于读者抓准和解决教学重难点，创新练习方式方法，进行趣味游戏和实战比赛；对每个动作都提出了讲解要点、示范建议、教学重点、易犯错误及纠正方法，并通过简明的教法口诀、多元的拓展思路，帮助读者理解、分析、把握不同教材的多种教法，特别是书中增加的情境创设、拓展练习、比赛创设等内容，有利于教师在掌握基本教材教法的基础上运用结构化和关联性的方法进行创新。

　　为使本书好用、管用，我们邀请北京、上海、重庆、辽宁、广东、浙江、河南、湖南等省市的体育学科专家，以及中小学体育教师培训专家、体育教研员、体育正高级教师、体育特级教师、优秀体育教师作为编者，提供宝贵的教学经验与研究成果。

本书由耿培新、陈雁飞负责总体设计，各章节具体分工如下：第一章由耿培新、张玉宝、陈雁飞、胡峰光、张锋周、韩金妍、王静芝、陈飞编写；第二章由韩兵、周真群、谢娟、张跃强编写；第三章由刘娓楠、张剑、常连霞、王丽娟编写；第四章由潘建芬、韩金明、王春梅、霍中阳、刘萌、徐惠编写；第五章由黄春秀、魏敬、黄虹、陈建勤编写；第六章由李健、蔡松梅、王振、李京兰编写；第七章由屈明、王政、王艳、郭云飞编写；第八章由何鲁伟、洪健平、徐献银、陈宗珊编写；第九章由张庆新、赵卫新、崔瑾、武凤鸣编写；第十章由牛晓、王强、胡甘霖、刘际航、刘勇、陈明庆、李贞编写；第十一章由黄镇敏、魏晓晓、刘娓、陈晨编写；第十二章由孙卫华、刘畅、张佳、张晶编写；第十三章由周志勇、张健波、梁攀攀、邵帅、魏宝龙、刘崇慧编写；第十四章由陆志英、马永青、孙亮、吴玉莉编写；第十五章由王英梅、王中华、苏晓林、宋忠成编写；第十六章由陈雁飞、韩月仓、耿洁潇、张跃宗编写。

书稿完成后，一百余位一线优秀体育教师和新入职体育教师进行了阅读研判，并提出了修改建议，同时，本书还参阅、引用了相关专家的著作、论文等资料，在此一并表示诚挚的感谢。

由于编者水平有限，书中可能存在疏漏或不妥之处，敬请广大读者批评指正。

本书编写组
2023 年 1 月

目录

第一章　中小学体育与健康课程概述

　　党和国家历来高度重视中小学生的健康成长、中小学体育与健康课程建设和教学质量的提高。党的十八大以来，习近平总书记多次发表重要讲话，号召全社会关心体育，重视体育对学生全面发展的重要作用。中共中央、国务院以及教育部、国家体育总局等多次颁发文件，强化体育在学校教育中的重要地位，指明新时代学校体育改革的方向。广大体育教师和体育教育工作者必须深入学习党和国家对学校体育的新要求，理解体育与健康课程对学生核心素养形成的独特价值，遵循体育与健康课程教学基本规律，推动中小学生文化学习与体育锻炼协调发展，帮助学生在体育锻炼中享受乐趣、增强体质、健全人格、锤炼意志，将学生培养成德智体美劳全面发展的社会主义建设者和接班人。

　　体育与健康课程是以身体练习为主要手段，以体育与健康知识、技能和方法为主要学习内容，以发展学生核心素养和增进学生身心健康为主要目的的中小学必修课程，是学校教育的重要组成部分。该课程有助于学生掌握体育与健康理论和方法，提高运动能力，形成健康生活方式，对提升国民健康素养、推动社会文明进步和中华民族伟大复兴具有独特的功能和价值。

🍃 思维导图

中小学体育与
健康课程概述

- 党和国家对学校体育的要求
  - 落实立德树人根本任务
  - 贯彻"全面发展"与"五育并举"教育方针
  - 树立"健康第一"与"终身体育"教育理念

- 体育教学规律
  - 运动技能形成规律
  - 运动负荷变化与控制规律

- 体育课堂组织与管理
  - 体育课堂常规
    - 课前常规
    - 课中常规
    - 课后常规
  - 体育课堂组织与管理的类型
    - 强调管理的课堂组织与管理
    - 强调指导的课堂组织与管理
    - 强调诱导的课堂组织与管理
  - 体育课堂组织与管理的内容
    - 队列队形安排与调动
    - 体育课堂教学组织形式
    - 体育课堂控制
    - 体育课堂突发情况的应对

- 体育学习指导与评价
  - 体育学习指导
    - 听讲指导法
    - 观察指导法
    - 练习指导法
    - 评价指导法
  - 体育学习评价与实施
    - 增值性评价的内涵及案例分析
    - 学业质量评价的内涵
    - 档案袋评价管理及实施

第一节　党和国家对学校体育的要求

2018 年 9 月 10 日，习近平总书记在全国教育工作大会上的重要讲话，清晰阐述了学校体育"享受乐趣、增强体质、健全人格、锤炼意志"四位一体的目标，吹响了推动学校体育革命性变革的号角。为贯彻落实习近平总书记关于教育、体育的重要论述和全国教育工作大会精神，把学校体育工作摆在更加突出的位置上，构建德智体美劳"五育并举"的教育体系，2020 年 10 月 15 日，中共中央办公厅、国务院办公厅印发《关于全面加强和改进新时代学校体育工作的意见》。该文件指出："学校体育是实现立德树人根本任务、提升学生综合素质的基础性工程，是加快推进教育现代化、建设教育强国和体育强国的重要工作，对于弘扬社会主义核心价值观，培养学生爱国主义、集体主义、社会主义精神和奋发向上、顽强拼搏的意志品质，实现以体育智、以体育心具有独特功能。"党和国家对学校体育的定位及要求，为未来学校的改革和发展指明了方向，提供了根本遵循，需要进一步深入理解。

关于全面加强和改进新时代学校体育工作的意见

一、落实立德树人根本任务

（一）内涵分析

培养什么人、怎样培养人、为谁培养人，历来是我们党和国家教育的根本问题。党的十八大报告首次把立德树人确立为教育的根本任务。党的十九大报告和二十大报告都强调要全面贯彻党的教育方针，落实立德树人根本任务。习近平总书记在全国教育工作大会上强调，要把立德树人融入思想道德教育、文化知识教育、社会实践教育各环节，贯穿基础教育、职业教育、高等教育各领域。这就要求中小学体育与健康课程不仅要传授知识与技能、提高学生的运动能力，还要把社会主义核心价值体系融入其中，引导学生树立正确的世界观、人生观、价值观和荣辱观，切实落实立德树人根本任务。

要实现树人目标、完成树人任务，首先必须"立德"，坚持育人为本、德育为先。立德树人的"德"，应该是大德、公德、私德之总称，与德智体美劳中"德"的含义相同，包括政治、道德、法律，即理想信念、道德品质、法治素养三个方面。立德就是要在坚定青少年理想信念、塑造青少年道德品质、涵养青少年法治素养方面下大功夫、花大力气。立德就是坚持德育为先，通过教育来引导人、感化人、激励人。树人就是坚持以人为本，通过适宜的教育来塑造人、改变人、发展人。因为"人"是社会进步、国家发展的根本力量，只有立德，才能成人；只有切实落实人本发展原则，教育才能回归其本质。

（二）理解重点

1. 立德树人与学生全面发展是内在统一的

学生应该德智体美劳全面发展，不能重智轻德，重智轻体。国无德不兴，人无德不立。德是第一位的，具有根本性和引领性作用。体育作为教育的重要组成部分，承载着引导学生享受乐趣、增强体质、健全人格、锤炼意志等重要使命。

现在校园中的"小胖墩""小眼镜"越来越多，学生体质健康状况不容乐观，因此，必须建立刚性管理机制，确保为体育教育留足时间、创造空间，做到"文明其精神，野蛮其体魄"，全面加强和提高学生综合素质。立德树人与全面发展是内在统一的，尤其要在体育知识学习、技能习得、习惯养成中融入德育。这样才能真正落实立德树人根本任务，培养德智体美劳全面发展的社会主义建设者和接班人。

2. 师德师风建设是落实立德树人根本任务的关键

教育大计，教师为本。教师是人类灵魂的工程师，是人类文明的传承者，承载着传播知识、传播思想、传播真理，塑造灵魂、塑造生命、塑造新人的时代重任。落实立德树人根本任务、培养时代新人，要依靠广大人民教师教书育人的实践与"学高为师，身正为范"的引领。以德立身、以德立学、以德施教，既是"四有"好老师的重要评判标准和全党全社会弘扬尊师重教的社会风尚，也是教师获得政治地位、社会地位、职业地位和全社会尊重的关键要素。传道者只有自己明道、信道，才能对学生的"立德"起到榜样示范作用。抓好师德师风建设是打造高素质教师队伍的内在要求和重要保证，是确保教师"为谁培养人"的前提和基础，更是保证教师自觉践行立德树人根本任务的关键。

（三）**教学提示**

1. 坚持正确的育人导向

立德树人与教书育人在根本含义上是高度一致的，现阶段如此强调，是因为立德树人在新时期有其特定的内涵与要求。当前，要抓好两个教育：一是要加强社会主义核心价值观教育；二是要加强和完善中华优秀传统文化教育。体育与健康课程要融入社会主义核心价值观的相关内容，让学生在体育锻炼中感知、领悟，并将其内化为精神追求，外化为实际行动，达到知行合一。体育与健康课以室外运动为主，纪律要求严格，可以融入规则意识、法纪意识、集体观念，将爱班、爱校升华为爱国，培养家国情怀；体育与健康课是每个人平等参与的，可以培养学生的团队合作精神、公平竞争精神和体育道德。中华优秀传统文化蕴含与人为善、相互包容、守诚信、崇正义、和为贵等思想，以及自强不息、扶正扬善、见义勇为等传统美德，这与体育与健康课程的育人本质和核心要素一致。

2. 把握正确的教育价值取向

课程改革的价值取向是为每个学生提供适宜的教育。这是国家在教育价值观层面非常明确的指向。为每个学生提供适宜的体育与健康教育需要把培养和发展学生的主体性放在重要位置，通过丰富多样、适合学生年龄特征的身体活动满足学生的发展需求，为学生提供更多展示自我的平台，让学生更好地认知自己、感受自己，实现自我表达，进而追求更高的生活质量和更好的生活方式。

3. 聚焦人才培养模式的创新

课程改革说到底只是一种手段，其最终目的是解决长期以来在人才培养模式方面的问题。而最终检验课程改革是否有成效，还要看是否培养了大批具有创新能力和合作精神的人才。体育与健康课程中的立德树人要特别注重创新，可以从教学情境设置、学习体验深度等方面实现人才培养模式的创新。例如，可以从现实生活和虚拟场景结合的角度设计教学情境，也可以从线下与线上结合的角度设计教学情境。学生的学习体验深度则是让学生在掌握和运用结构化知识与技能的基础上，还要达到高阶思维的层面，从而能够将在体育与健康课程中学习的内容和获得的体验迁移到日常学习和生活中，与其他学科的学习共融共通，实现整体育人。

二、贯彻"全面发展"与"五育并举"教育方针

（一）内涵分析

2019年3月18日，习近平总书记在北京主持召开学校思想政治理论课教师座谈会时强调，新时代贯彻党的教育方针，要坚持马克思主义指导地位，贯彻新时代中国特色社会主义思想，坚持社会主义办学方向，落实立德树人根本任务，坚持教育为人民服务、为中国共产党治国理政服务、为巩固和发展中国特色社会主义制度服务、为改革开放和社会主义现代化建设服务，扎根中国大地办教育，同生产劳动和社会实践相结合，加快推进教育现代化、建设教育强国、办好人民满意的教育，着力培养担当民族复兴大任的时代新人，培养德智体美劳全面发展的社会主义建设者和接班人。

2021年4月29日，全国人大常务委员会第二十八次会议通过关于修改《中华人民共和国教育法》的决定，规定"教育必须为社会主义现代化建设服务、为人民服务，必须与生产劳动和社会实践相结合，培养德智体美劳全面发展的社会主义建设者和接班人"。新时代国家提出德智体美劳全面发展和"五育并举"的人才培养新要求，是对人的全面发展教育体系的进一步完善，有利于解决长期以来教育领域存在的"长于智、疏于德、弱于体美、缺于劳"的问题，是"以人为本"思想的充分体现。"五育并举"教育方针在我国教育史上具有重要的时代意义。

（二）理解重点

1. 落实"以体育人"教育思想

教育的根本目的是促进人的全面发展，立德树人是发展中国特色社会主义教育事业的根本所在，是培养德智体美劳全面发展的社会主义建设者和接班人的本质要求。体育代表着青春、健康、活力，关乎人民幸福和民族未来，是立德树人的育人工程。与其他四育相比，体育教育在全面发展教育中居于更为基础性的地位，是沟通个体身心统一协调发展的桥梁。2020年10月29日通过的《中共中央关于制定国民经济和社会发展第十四个五年规划和二〇三五年远景目标的建议》明确提出，建设高质量教育体系，到2035年建成教育强国，国民素质和社会文明程度达到新高度，国家文化软实力显著增强。到那时，现在的中小学生将是中国特色社会主义建设的主力军，他们经历的体育教育，获得的综合素养，特别是健康素养和身体素养对实现教育强国、体育强国、健康中国的国家战略至关重要。而这些与体育教师每天、每年、长期的付出密不可分。因此，学校体育工作者要做到心中有理想，工作有目标，脚踏实地，不断创新，为党育人，为国育才。

2. 坚持"以生为本"的逻辑起点

学生是主体，教师是主导，这是对教育工作与师生关系的深刻认知。高质量的

体育与健康课堂必须建立在一种良性互动的师生关系之上，教师以发展学生的核心素养为宗旨，并重视学生的情感状态与需求，激发学生积极参与教学过程的主动性，让体育与健康课程成为学生主动建构运动技能、健康知识、意志品质、道德风尚、纪律规则的认知体系。以生为本，促进学生身心发展，使其适应未来发展需求，是体育教学改革创新的初心，体育教师为此进行了大量有益的探索，如"小学基础化、初中多样化、高中专项化"的课程内容体系，体育教学目标达成、教学内容人本、教学方法多样、教学组织多变、教学评价多元、教具场地多创的六位一体教学质量标准等，有力地促进了学生身心健康发展。

（三）教学提示

1. 明确促进学生全面发展的实施路径

体育与健康课程通过课堂教学实现课程目标，进而实现教育所要达到的人才培养目标。那么，课程教学目标的实现就成为促进学生全面发展的重要途径。这就要求体育与健康课程的教学目标不能仅仅是达成知识与技能目标，而且要帮助学生提高学习能力，使学生知道如何从体育中获益，如何通过运动技能学练磨炼自己，如何主动与他人进行合作和探究学习，如何创造性地解决问题等。

2. 转变体育教育观念

认为"教会运动技能"就完成工作任务的认知与德智体美劳全面发展的教育宗旨不符。"教会"是最基础的工作，不是唯一目的。学生学习每一项运动技能都需要身体、心理、思维整体活动。在运动技能学练赛过程中，学生是在与人、与物、与规则、与环境相互适应，这是在激烈的竞争与合作以及变化多端的环境中进行的；学生在真实、复杂的运动情境中要不断克服内外困难、矛盾、问题，要运用结构化、关联性而非单一的知识和技能从事运动，并充分发挥身体、心理、思想的整体作用；学生在运动技能学习中随时进行着自我保护、安全运动等健康行为，发扬顾全大局、遵守规则、顽强拼搏、追求卓越等体育品德。体育不仅能培养学生的运动能力、健康行为、体育品德等核心素养，还能有效发展学生的综合素养。因此，体育教师要转变观念，要"以体育人"，而不是只做一个运动技能教学的匠人。唯有如此，才能真正促进学生全面发展。

三、树立"健康第一"与"终身体育"教育理念

（一）内涵分析

1951年，毛泽东就学生健康问题致信马叙伦说："提出健康第一，学习第二的方针，我以为是正确的。"1999年6月，中共中央国务院印发的《关于深化教育改革全面推进素质教育的决定》指出："健康体魄是青少年为祖国和人民服务的基本前提，是中华民族旺盛生命力的体现。学校教育要树立健康第一的指导思想，切实加强体育工作，使学生掌握基本的运动技能，养成坚持锻炼身体的良好习惯。"这就从国家层面明确提出了"学校教育要树立健康第一的指导思想"这一理念。此后，教育部发布的体育与健康课程标准均将"健康第一"作为指导思想，不仅强化了体育在学校教育中的地位，更强化了学校体育对素质教育的重要作用。"健康第

关于深化教育改革全面推进素质教育的决定

一"既是学校体育的出发点,也是学校体育的归宿,更是衡量学校体育成功与否的基本标准。

终身体育是 20 世纪 90 年代以来体育改革和发展中提出的一个新概念,是指一个人终身进行身体锻炼和接受体育教育。学校教育阶段是学生从学龄儿童进入青春发育期的关键时期,也是学生有目的、有计划、系统地全面锻炼身体,促进身心健康,掌握体育知识、技术、技能,养成体育锻炼习惯,培养体育意识的重要时期。这个时期,身体生长发育得如何直接影响着人的一生。如果少年时期身体发育不好,如脊柱侧弯、驼背、呼吸机能差等,成年后往往无法弥补,导致终身的身体缺陷。所以,学校体育在终身体育的体系中起着承上启下的作用,是终身体育的重要一环,对人们奠定终身体育基础具有关键作用。

(二)理解重点

1. 树立"健康第一"理念

健康是青少年成长成才和幸福生活的根基,关系国家民族未来和亿万家庭福祉。"健康第一"是我国学校教育的指导思想,学校体育必须围绕这一指导思想开展工作。从教材的选编到教学内容的确定,从教学方法的选择到教学手段的运用,都必须渗透这一思想。学校体育工作要为学生的健康服务,学校必须开足开齐体育课,同时,体育教师还必须上好体育课。

2. 开齐开足体育课,保证校内外锻炼时间

体育课是学校体育的中心环节,对促进学生全面发展具有不可替代的作用。2007 年 5 月印发的《中共中央国务院关于加强青少年体育增强青少年体质的意见》明确要求体育课小学 1~2 年级每周 4 课时,3~9 年级每周 3 课时,高中每周 2 课时,并要求没有体育课的当天,学校必须在下午课后组织学生进行一小时集体体育锻炼。2018 年 9 月,习近平总书记在全国教育大会上强调要"开齐开足体育课",进一步明确体育课在学校课程体系中不可或缺,更不能随便侵占或减少课时。2020年 10 月,中共中央办公厅、国务院办公厅印发的《关于全面加强和改进新时代学校体育工作的意见》指出:"开齐开足上好体育课。严格落实学校体育课程开设刚性要求,不断拓宽课程领域,逐渐增加课时,丰富课程内容。"这是党中央国务院最高层级的文件规定,各级党委和政府必须坚决贯彻执行,从此以后,基础教育阶段中小学体育课课时有了坚强的保障。

每天进行一小时体育锻炼对学生健康成长、未来从事社会主义现代化建设和幸福至关重要。对于成长中的中小学生,仅仅依靠体育课的时间是不够的,还需要保证学生课外和校外的锻炼时间,同时,在保证课内外锻炼时间的前提下,还要扎实提高体育课和课外体育活动的教育教学质量,既要保证时间,又要保证质量。[1] 具体来说,就是要把课堂教学、课外锻炼、体育竞赛三者有机结合起来,实现"教会、勤练、常赛"的学校体育改革目标。课堂教学要立足于教会学生基本运动技

---

[1] 季浏.增进学生身心健康是我国学校体育发展的根本和方向:学习贯彻习近平总书记在全国教育大会上的重要讲话精神[J].吉首大学学报(社会科学版),2020(1):28-37.

能、体能、专项运动技能以及健康知识与技能等。课外锻炼就是要为学生组织经常性的课外体育训练和体育锻炼，帮助学生熟练掌握和运用在课堂上学到的基本运动技能、体能、专项运动技能以及健康知识与技能等。体育竞赛就是要构建面向全体学生的体育竞赛体系，把学校的体育课变成人人参与、全员竞赛的发动机，用竞赛带动学生学会和勤练。

（三）教学提示

1. 关注学生个体差异，保证每一位学生受益

在面向全体学生的基础上，体育教师要针对不同健康状况、学习基础和需求的学生提出不同的学习目标、选择适宜的教学内容、采用多样的教学方法与学习评价方式，为学生创造平等的学习机会。同时高度关注对体育与健康课程学习弱势学生的激励与指导，促使学生产生良好的学练体验，增强学生学习的自信心和自尊心；对学习基础较好的学生提出更高的要求，促进其更好地发展，努力使每一位学生在学习中体验成功感，保证每一位学生受益。

2. 改革教学内容和方式，提高学生的综合实践能力

体育教师要根据学生的身心发展特征和课程的生命教育、生活教育性质，结合体育学习体验性和健康教育实用性的特点，强调从以知识和技能为本向以学生发展为本转变，创设不同情境，引导学生学练结构化的体育与健康知识和技能；倡导教师示范、讲解、指导与学生自主学练、合作学练、探究学练有机结合，将集体学练、个人学练有机结合，注重与其他学科有机融合，培养学生运用多学科知识和方法解决体育与健康实际问题的综合实践能力。

第二节   体育教学规律

体育教学作为人类特有的教育活动，是一种以体育与健康课程内容为中介、以发展学生核心素养为根本目标的师生互动活动，反映着教师的教和学生的学之间的复杂关系，必然存在一定的客观规律。教师在进行体育教学时必须认清和遵循这些客观规律。体育教学规律是体育教学过程中客观存在和必然显现的、不以人的意志为转移的、与体育教学的特殊性有着密切联系的现象及其有规则的变化。体育教学规律可分为一般教学规律和特殊教学规律。一般教学规律是指在体育教学过程中普遍存在的基本规律，如简捷律、育人律、发展律、二主律等；特殊教学规律专指体育教学中客观存在的规律，主要包括运动技能形成规律、运动负荷变化与控制规律等。本节重点介绍体育教学的特殊教学规律。

一、运动技能形成规律

（一）内涵分析

运动技能形成是一个由简单到复杂的过程，可划分为互相联系的三个阶段：动作粗略掌握阶段、动作改进与提高阶段、动作巩固与运用自如阶段。在动作粗略掌握阶段，学生通过教师的讲解和示范以及自己的运动实践，只能获得一种感性认识，对运动技能的内在规律并不完全理解。这个过程的表现往往是技术动作僵硬和不协调，不该收缩的肌肉收缩，出现多余动作，且完成动作很吃力。在动作改进与提高阶段，学生对运动技能的内在规律有了初步理解，能比较顺利和连贯地完成完整技术动作，一些不协调和多余的动作逐渐消除，大部分错误动作在练习过程中得到纠正。这时动力定型初步建立，但定型尚不巩固，遇到新异刺激（如有外人参观或比赛）时多余动作和错误动作可能会重新出现。在动作巩固与运用自如阶段，学生不仅动作准确、优美，而且某些环节的动作还可以出现自动化，即不必有意识地去控制就能做出动作，在环境条件变化时，动作技术也不易受破坏。同时，由于内脏的活动与动作配合得很好，完成练习时也会感到省力和轻松自如。但此时并不意味着可以一劳永逸了。一方面，还可通过继续练习精益求精，不断提高动作质量，使动力定型更加完善和巩固。另一方面，如果不再进行练习，已经巩固的动力定型还会逐渐消退，动作技术越复杂、难度越大，消退得越快。

（二）教法建议

在动作粗略掌握阶段，教师应抓住动作的主要环节和学生在学习动作时存在的主要问题进行教学，以正确的示范和简练的讲解帮助学生掌握动作，不应过多强调动作细节。

在动作改进与提高阶段，教师应特别注意错误动作的纠正，通过多样化、持续性的练习，让学生体会动作细节，促进分化抑制进一步发展，使动作日趋准确。

在动作巩固与运用自如阶段，教师应对学生提出进一步要求，并指导学生学习运动技术理论，创设多种组合运用、游戏比赛等教学情境，这不仅有利于动力定型的巩固和动作质量的提高，还能促使动作达到自动化程度。

（三）教学提示

教师要知道运动技能形成规律在体育教学中的客观必然性与体育学习中的个体差异性。客观必然性是从宏观整体来看的，意指每个人在习得运动技能时都要经历由不会到会、由不熟练到熟练、由不巩固到巩固这样一个发展过程。也就是说，运动技能是通过学习获得的，不能通过先天遗传获得。个体差异性是从微观个体来看的，意指每个人在习得运动技能时可能存在快慢差异。这主要是因为每个人的体能、体育基础、动作敏感度、对教师讲解示范的理解等存在个体差异。

教师要能够区分运动技能形成的不同阶段的主要任务和主要问题。动作粗略掌握阶段的主要任务是帮助学生建立正确的动作表象和概念，将学习的注意力集中在动作的主要环节上，培养学习兴趣，树立学习信心；主要问题是过分关注动作细节，致使学生失去学习兴趣。动作改进与提高阶段的主要任务是帮助学生正确完成动作，正确理解动作各部分之间的内在联系，培养克服困难的勇气和进取精神；主要问题是未能及时发现学生的错误动作，未能采取有效措施帮助学生体会动作细节，致使学生的错误动作反复出现，体会不到学习的价值。动作巩固与运用自如阶段的主要任务是关注学生能否准确、轻松、熟练地完成动作，培养追求卓越、精益求精等优秀品质；主要问题是学会动作之后不再练习或练习太少，致使已经建立的动力定型逐步消退，对学习价值的感受逐步减弱甚至消失。

教师要理解运动技能形成的各个阶段不是截然分开的，而是密切联系的。运动技能的形成与发展是一个由低级到高级、由简单到复杂、由模糊到清晰的连续过程，各个阶段之间是有机联系的，尤其是在针对单个个体时更是如此。这就需要教师在实践中进行仔细观察和经验积累，审时度势，唯有如此才能取得好的教学效果。

二、运动负荷变化与控制规律

（一）内涵分析

运动负荷变化与控制规律是指学生在完成各种练习时身体必定要承受一定的运动负荷，但负荷不是越大越好，而是受制于运动负荷本身的变化及人体生理机能活动能力的变化。在体育教学过程中，只要进行身体练习，就会产生运动负荷。运动负荷主要用群体运动密度、个体运动密度和运动强度来衡量。群体运动密度是指一节体育实践课中所有学生总体运动时间占课堂总时间的比例；个体运动密度是指一节体育实践课中单个学生的运动时间占课堂总时间的比例；运动强度是指动作用力的大小和身体的紧张程度，常用心率表示。群体运动密度、个体运动密度和运动强度既彼此依存又相互影响，一个方面的变化必然导致另一个方面的变化，教师在实际教学中要注意处理好三者之间的关系。

除此之外，学生承受的运动负荷与人体机能活动能力的变化密切相关。一般而言，在体育教学过程中，人体机能活动能力变化分为上升阶段、稳定阶段和下降阶段。[①] 这三个阶段分别对应体育课的准备部分、基本部分和结束部分。上升阶段是指人体开始运动时机体有一定惰性，各器官系统的生理机能和运动能力从相对较低水平逐渐上升的过程。稳定阶段是指上升阶段结束后，人体的机能水平和工作效率处于一种动态平衡或相对稳定状态，而且人体的运动能力能够稳定在较高水平的过程。下降阶段是指人体的机能水平和工作效率下降，不能维持在特定水平上的过程。鉴于此，体育教学中运动负荷的安排一定要与人体机能变化的三个阶段相匹配，在人体机能活动最强的时候（稳定阶段）安排较大的负荷，在人体机能活动上升阶段和下降阶段要控制运动负荷。

（二）教法建议

在人体机能活动能力上升阶段，即课的准备部分，教师应根据项目特点、学生能力、季节气候等因素控制好运动负荷。一般认为，准备活动时长 5~8 分钟，心率 110~130 次 / 分为宜。也可以通过观察学生身体是否微微出汗来判断其准备活动情况。教师可以借助慢跑、各种激发学习兴趣的游戏等手段先组织学生进行热身活动，逐渐提高学生的心率、增加肌肉血流量，使学生深层肌肉温度上升，呼吸频率逐渐提高，肌肉黏滞性下降，身体微微出汗。慢跑结束后，可以安排一些发展性和专门性身体练习，如发展上肢和肩关节周围肌肉的练习、发展下肢肌肉的练习、发展躯干部位肌肉的练习、全身综合用力练习以及一些柔韧练习等。在准备活动的后半

---

① 颜庆，邱勇，周跃 . 中学体育教材教法［M］. 北京：北京师范大学出版社，2010：6~7.

段，还可以安排一些快速力量或速度练习。另外，也可以结合上课内容，灵活运用各种球类、跳绳等器材提高学生练习的积极性，丰富学生的动作体验，以便人体更快进入运动状态。专门性身体练习主要是指与基本部分教学内容密切相关的练习，这些练习大多是基本部分的辅助练习或诱导练习，为基本部分更好地"教会"服务。

在人体机能活动能力稳定阶段，即课的基本部分，教师应根据教学内容，科学设置运动负荷，提高学生的学习效果。一般来说，基本部分时长 30 分钟左右，心率 140~160 次 / 分为宜，个体运动密度一般不低于 50%，群体运动密度一般不低于 75%。这一指标的科学依据是学生在持续运动 15~30 分钟、心率 140~160 次 / 分范围内，身体分泌的生长激素、肾上腺素、皮质醇、去甲肾上腺素、胰高血糖素分泌达到最佳阈值。[1]人体分泌这些激素可以提高心血管系统功能，有利于肌肉运动顺利进行，可以提升愉悦感和自信心。这就是为什么当学生身体出汗后，各种身体活动越来越灵活、运动兴趣越来越高的生理生化原理。但是，运动负荷要适当，运动负荷过低，学生身体分泌的激素很少，达不到体育锻炼的作用；运动负荷过高，特别是较长时间的高运动负荷可造成恐慌、激动、缺乏自信，甚至运动伤害。因此，教师要预先设计多种组织形式，运用多种教学方法，采用新颖的练习手段，结构化设置教学内容，逐步提高运动负荷。实践证明，经过锻炼，身体健康的学生在部分球类运动项目学习中最高瞬时心率可达 180~200 次 / 分，此时只要合理间歇一般不会造成运动伤害。此外，教师可以运用循环练习法，有效提高运动密度，但也要注意安排合理的间歇时间。间歇时可以强化动作要领或强调和讲解运动项目的技战术，也可以安排一些替代性练习进行补充。在教学中，教师要通过变换运动负荷、练习内容、练习形式以及练习条件，提高学生学习的积极性、趣味性、适应性和应变能力。

在人体机能下降阶段，即课的结束部分，教师应根据基本部分教学内容的特点选择一些降低激昂情绪的练习，使学生机体能力逐渐降低到相对平缓的状态。一般来说，结束部分时长 3~5 分钟，心率小于 120 次 / 分为宜。教师可以选择一些舞蹈、徒手放松操、简单的拉伸、集中注意力的练习、有节奏的深呼吸、趣味游戏、平缓的走步等运动负荷较小的练习手段，使学生的机体逐渐过渡到相对平静状态，身体得以放松，解除基本部分运动所造成的生理和心理上的兴奋状态，并尽可能消除运动中产生的疲劳。

（三）教学提示

个体适宜运动负荷的量和强度是各不相同的，在遵循运动负荷变化与控制规律时必须予以考虑。只有针对个体特点及个体所能承受的运动负荷来安排运动密度和运动强度，才能使体育教学顺利进行，取得好的教学效果。

在人体机能活动能力上升阶段，要多关注如何提高学生的练习兴趣。例如，可以设计一些发展快速力量和灵敏性的练习，同时给予学生独立锻炼的机会。要尽可能采用多种组织形式、不同的运动密度与间歇时间，以调整学生的体力状态，保证教学取得良好效果。在保证练习目的及教学内容不变的前提下，改变练习形式、组

---

① 邓树勋，陈佩杰，乔德才.运动生理学导论［M］.北京：北京体育大学出版社，2007：12.

织形式可以提高学生学习的积极性。要对承受负荷较大的肌肉或肌肉群进行针对性拉伸，以促进机体恢复，缓解肌肉酸痛。

第三节 体育课堂组织与管理

体育课堂组织与管理是指在教学过程中，教师组织学生的注意力，管理纪律，引导和促进学生学习，建立和谐教学环境，帮助学生达到预定课堂学习目标的行为方式。体育课堂组织与管理是体育教师为了保证体育课堂教学的秩序和效果，对体育教学环境、课堂人际关系、教学纪律和教学反馈等方面进行的设计与控制。

一、体育课堂常规

体育课堂常规是规范体育课的必要条件，是为保证体育教学工作正常进行而对师生的教与学提出的一系列基本要求。规范体育课堂常规，不仅有助于建立正常的教学秩序和加强课堂组织的严密性，而且对加强学生的思想品德教育，促进学生身心健康发展都有重要作用。体育教师要坚持不懈地抓好体育课堂常规教育，尤其是要抓好整队集合、服装、精神状态、礼貌行为、组织纪律、场地与器材的布置和收发等常规训练与教育，并严格要求，反复训练，使体育课堂常规成为学生的自觉行为。

（一）课前常规

教师要认真备课，写好教案；要及时了解所上体育课班级的学生情况，主动与体育委员约定职责内容，由体育委员向教师及时通报；要提前布置和检查场地，准备器材，一切准备工作应在课前就绪。

学生因伤、因病、因事，女生因例假不能正常上课时，由体育委员或学生自己在课前主动向教师说明，教师根据不同情况，分别妥善处理和安排。

（二）课中常规

教师在体育委员报告后，向学生宣布本节课的学习目标、内容及要求，并强调这节课的安全注意事项。然后按照教案进行教学，无特殊情况不得随意更改。同时要关注见习生，检查他们执行规定学习任务和要求等情况。在进行课堂小结和讲评时，要让学生及时知道自己在课堂上的表现，提出课后学习的要求，说明下节课的学习内容，布置学生课后归还器材、整理场地。

学生要准时到指定地点集合上课。对于年龄小的学生，体育教师可以主动到班里将他们带到指定地点。上课铃响后，体育委员整队，向教师报告班级情况。课结束前，学生进行自我评价和互相评价，课结束后协助教师归还器材和整理场地。

（三）课后常规

教师每次课后都要检查学生归还器材等工作的执行情况。同时要做好书面教学总结，对缺课的学生做好书面考勤记录，并进一步调查清楚，必要时给予补课或辅导等。

学生要按教师要求完成课后作业，并根据下节课的学习内容提前做好预习准备。

二、体育课堂组织与管理的类型

（一）强调管理的课堂组织与管理

强调管理的课堂组织与管理包括对课堂秩序的组织与管理和对个别违纪情况的组织与管理。教师要在上课前制订明确的维持课堂秩序的制度和惩罚违纪行为的制度，并告知学生，在课堂教学实践中严格执行。

（二）强调指导的课堂组织与管理

在课堂教学中，教师要对学生的观察、练习、讨论等学习方式进行针对性指导，以达到体育课堂组织与管理的目的。同时，要指导学生学练运动技术的技巧，指导学生进行身体锻炼的方法，指导学生和同伴合作的策略，指导学生参与体育课堂组织与管理等。

（三）强调诱导的课堂组织与管理

强调诱导的课堂组织与管理以学生为中心，注重互动教学，倡导学生主动参与、乐于探究、勤于动手，充分发挥学生的主体性，使学生在体育学习过程中是自主的、富于创造性的。教师不再是知识的灌输者，而是教学环境的设计者，是学生学习的组织者和引导者、课程的开发者、学生学习过程的合作者和促进者、知识的管理者，为学生的学习提供帮助，是学生的学习顾问。

三、体育课堂组织与管理的内容

体育课堂组织与管理的主要内容包括队列队形安排与调动、体育课堂教学组织形式、场地与器材布置、体育课堂控制、体育课堂突发情况应对等。

（一）队列队形安排与调动

队列队形安排与调动是体育教师必须具备的基本技能。在体育课中进行队列队形练习，不仅可以培养学生的组织纪律性和集体观念，集中学生的注意力，使学生形成正确的身体姿势，有利于课堂任务的完成，还能培养学生迅速、准确、协调一致的行为和勇往直前的精神。同时，有效的队列队形安排与调动有利于各个教学环节的衔接，有利于提高体育课堂密度，避免体育课堂无效时间的产生，进而提高体育课堂教学效果。

在体育课堂教学中，教师要根据教学内容合理调动队伍，队形安排应有利于教师讲解、示范和指导，有利于学生听讲、观察和学习，有利于课堂教学顺序实施；队伍的调动要以节省时间为目的，积极寻求学生的配合。

（二）体育课堂教学组织形式

体育课堂教学组织形式是指在教学过程中，根据教师与学生、学生与学生之间的关系，为完成课堂教学任务而确定的一种基本活动形式。体育课堂教学组织形式，按照师生之间的交往方式可以分为师生直接交往、师生间接交往（如电视或录像教学、现场观摩、课外作业等）两种，按照教学对象的构成可以分为集体、小组、个别三种。以班集体为单位的教学组织形式便于教师统一管理，能较好地发挥教师的主导作用，具有一定的高效性和实效性，但容易忽略学生的个体差异，学生之间的交流相对较少；以小组为单位的教学组织形式能较好地照顾到学生的个体差异，有利于因材施教以及学生之间的学习与交流；以个别学生为单位的课堂教学组织形式能很好地顾及学生的个体差异，但效率低，不利于教育的普及。

在体育课堂教学中，教师应按照计划或者灵活处理教材内容，有条不紊地安排教学和学习活动，合理分配自己和学生的时间。教师的时间主要用在讲解、示范、纠正错误、巡回指导、评价等方面，学生的时间主要用在听讲、观察、模仿练习、等待、相互帮助等方面。教师要按照教学环境、学习目标、教学内容、学生情况、教学设施等情况采用班级制、分组制、合班制、模块制等教学组织形式；要根据教学内容、学生的年龄特点采用合适的教学组织形式；要根据教学单元的不同进度采用技能分组、兴趣分组、自由分组等不同的教学组织形式；要根据教学内容特性和学生差异性采用按照技术等级、体能等级标准等进行分组的教学组织形式。体育课堂要有提问、有对话、有沉思、有争议、有笑声、有汗水，教学节奏要有速度、有量度、有强度。游戏法、比赛法可以采用分组轮换或分组不轮换等教学组织形式。

（三）场地与器材布置

场地与器材是构成体育教学的必要因素，是提高体育教学质量和增进学生健康的物质基础。场地与器材布置是体育课堂的一项重要教学组织工作，也是体育教师的一项重要教学技能。安全、合理、适用、新颖的场地与器材布置能激发学生的学练兴趣和积极性，提高课堂教学效果。

场地与器材布置应遵循简约、安全、合理、有效等原则，即充分利用场地，尤其是小场地，最大限度地挖掘场地与器材的使用时间和空间，充分利用学校空地和周边环境；要符合安全要求，合理规划，课前周密检查，确保教学中的每一个环节都有安全保障，严防安全事故发生；要尽可能发挥场地与器材的最大效用，提倡"一物多用，简约高效"。器材所在位置要便于教师示范、学生观察和教师指导学生练习。有条件的学校还可以根据学生活动需要对场地与器材进行改造，如降低篮球架、排球网高度，缩小足球、篮球、排球场地等。

在具体教学中，场地与器材布置可能还有一些需要调整的细节。例如，在跳箱教学中，学生身高和能力不同，全班学生练习时跳箱的高度是否一样？什么情况下需要一样，什么情况下需要有所区别？教师提前考虑这些细节，可以使课堂教学更加安全、高效。

（四）体育课堂控制

体育教学是师生互动的过程，教师起主导作用。环境、场地、器材、教学内容等因素导致体育课堂教学存在多变性，使得教师的主导尤为重要。教师对课堂教学中的各种变化做出及时有效的控制，有利于教学工作顺利开展。师生和谐相处氛围的营造，课堂奖惩制度的制定和有效使用，教师口令的有效指挥与调控以及，教师肢体语言的有效使用，都有利于体育课堂教学的开展。

教师要掌握口令技巧。口令是体育教师组织教学的重要技能之一，属于命令式情感表达方式，有强烈的感召力。同时，教师还要提高运用哨子的技巧。哨子对集合队伍、教学、比赛、引起学生注意等都有重要作用，教师借助哨子的功能可以更好地组织体育教学。哨音被称为体育教师的第二职业语言。教师运用哨子时应注意四点：哨声应体现庄严性、权威性和明确性；注意培养学生对哨声快速、绝对服从的反应；哨声应有规律性、必要性，不能滥用；掌握好音量大小、快慢、时机等技巧。

（五）体育课堂突发情况应对

体育与健康是一门以室外运动形式为主的课程，室外环境的复杂性给体育教学的开展带来了更多的不确定性，教学中外部干扰因素更多。因此，室外体育教学与室内教学相比，发生突发情况的概率更高，也更复杂。体育教师在教学过程中，要系统梳理各类突发事件的特征，提前构建规避及化解机制，为学生提供高效、安全的运动空间，以确保体育教学工作顺利开展。同时，要适时利用好突发情况的育人价值，抓住课堂中稍纵即逝的教育时机，变不利为有利，积极采取有效措施，机智、巧妙地完成德育渗透，切实培养学生的体育品德。[①]

1. 引发突发情况的因素

（1）学生因素。体育课上的突发情况很大一部分源于学生，类型多元，有主观态度方面的，也有行为习惯方面的；有消极负面的，也有积极正面的。例如，学生不遵守纪律，不听指挥，追逐打闹，不仅会使体育课堂的教学秩序混乱，还会引起学生之间的矛盾；学生过于兴奋，贸然尝试超出自己体能和技能水平的动作；学生跟风仿效的情况，如小学低年级时常发生一个学生举手要求上厕所，紧跟着几个学生也提出同样要求等；学生在体育课上着装不当，对同学的错误动作冷嘲热讽，在团队比赛中失败后互相埋怨，在练习中弄虚作假或不按教师要求完成任务，在比赛中为赢得胜利而违反规则，对教师的动作示范提出挑衅；等等。

基于学生突发情况的复杂性，教师在教学设计过程中要深入做好学情分析，提前预判有可能出现突发情况的教学环节；在教学过程中时刻注意观察学生的表情与行为，重点关注三类学生——肥胖生、体弱生、调皮生；对突发情况不能视而不见，有负面苗头要及时化解，将负面突发情况的发生概率降到最低；对积极正面的突发情况要抓住难得的教育时机，发挥体育的育人价值。

（2）教师因素。在体育课堂教学中，有些突发情况是因教师的失误而引发的，这在新任教师中出现较多，如教师组织不当、课堂管理不善、口令错误、对学生的技能和体能基础及健康状况不了解等。针对这类突发情况，教师在备课时就要深入做好学情分析，绝不能走过场，同样的教材内容，面对不同班级的不同学生，教学设计不能千篇一律，要有针对性。在课堂中要关注每个教学环节，尽最大努力保证正确无误。

（3）场地与器材因素。体育课的教学场所大多是在体育场、体育馆，多数情况下均需要运动器材。因场地与器材引发的突发情况时有发生，这类突发情况通常都与学生的安全关系密切，严重时会危害学生的健康与安全。例如，课前对场地与

① 于素梅.看课的门道［M］.北京：教育科学出版社，2014.

器材检查不到位，雨后场地湿滑，教学场地坑洼不平，场地上有石子、纸片等废弃物，器材年久失修、出现老化断裂迹象，器材摆放不合理等。[①]

此类突发情况的危险性高，教师要在课前备好场地与器材。场地与器材是体育课堂教学的关键因素，同时也直接影响着学生对体育课的兴趣和教学效果。在上课前，教师要提前检查器材的安全性、稳固性、完整性和实效性；要提前检查场地，避免在湿滑的场地上课，及时清理场地上的石子、纸片、塑料袋、积水等影响教学的杂物，然后根据场地大小和班级人数合理安排场地与器材，一定要将这些器材安排在自己的视野范围之内，杜绝学生违反教师指令擅自使用器材。在课前加强场地与器材的安全排查，消除隐患，是避免发生此类突发情况的有效途径。

（4）环境因素。由于场地条件有限，学生人数众多，通常一个操场上会有多个班级同时上课，面对如此复杂的外部环境，上课班级之间难免互相干扰。教师在教学中要随时关注学生状态，及时采取措施，调整教学策略。此类突发情况可以通过有效的教学组织加以避免。各班教师在集合整队时可以适当加大班级之间的距离，还可以调整学生站位方向，背对其他班级，使班级之间少受干扰。

环境因素还包括各种天气和气候变化。如遇大风，教师应注意场地周围环境对学生的伤害，如折断的树枝、高处吹落的物体；如遇雷雨天气，教师一定要做好组织疏散工作，让学生迅速有序地转移到室内，防止踩踏事故发生；在炎热或严寒的天气下，教师要重视防暑、防冻等安全问题。另外，教师还要依据气候变化选择适宜的运动强度，以防止夏季中暑、冬季肌肉拉伤等突发事件的发生。

2. 体育课堂突发情况的防范与应对策略

（1）善于向他人学习。对于课堂上发生的一些突发情况的处理，体育教师可以观察其他教师、班主任的做法，可以向有经验的老教师请教，可以阅读有关课堂组织与管理的书籍或文章。但是不论别人的方法多么有效，都必须经过自己的审慎判断，从得到的信息中筛选并创造出最适合自己和学生的方法。虽然现在已有很多管理学生行为的方法和技巧，但在不同的课堂教学管理中还没有万能的"高招"。

（2）有效执行课堂规则。大量的研究都强调制定规则的重要性，规则是界限，与学生的行为举止和品行有关，并且一旦学生违反规则，就会带来某些不好的后果，还会引发安全事故。教师在每个学期的第一节体育课上就要把课堂规则讲明，也可以与学生一起制定体育课堂规则，选择学生制定的规则会让他们觉得自己拥有主权，也更愿意自觉遵守。不管选择什么规则，都必须持之以恒，每节课都要遵守。教师也应要求自己"谨慎所言，说到做到"。

（3）非重大突发事件，不干扰正常教学。体育课上发生的突发情况大部分都不严重，教师应该本着"处理突发事件不影响正常教学的原则"，不动声色地处理突发情况，有效掌控课堂。例如，学生集合完毕，等待教师开始上课，如果你看到两位学生在窃窃私语，就可以采用"靠近"策略，直接走到他们身边，这时学生基本都会闭上嘴巴。如果他们没有注意到你在身边，可以轻轻拍拍其中一个学生的背，

---

① 邓星华，谭华．新编体育教学论［M］．上海：华东师范大学出版社，2008.

一般情况下都能见效。另一个不动声色地控制学生不良行为的方法是，指出并表扬看到的正面行为，这种做法对纠正不良行为有非常好的效果。另外，还可以让有不良行为的学生更多地参与课堂活动，如让他回答问题，请他给全班同学做动作展示或帮忙收发器材等。

第四节　体育学习指导与评价

体育教学中的学习指导，简称体育学法指导，是体育教师指导学生学会学习的方法。传统的体育教学比较重视教法的研究，对学法的研究不够重视。随着体育与健康课程改革的深入，现代教学改革强调教师引导学生自主学习、学会学习。因此，在体育教学中，加强学法指导，让学生掌握有效的学习方法势在必行。体育学习评价是体育教师等评价主体通过系统收集学生的体育学习态度和表现、课外体育锻炼情况与成效、健康行为等信息，依据既定的评价标准和评价方法对学生达到体育学习目标的程度进行综合评价。科学合理地评价学生的体育与健康学习结果，可以有效促进学生更好地进行体育学习和积极参与体育活动。

一、体育学习指导

体育教师不仅要教授给学生体育知识和技能，更应注重培养学生的终身体育意识和能力，而有效的学习指导对教会学生如何学习尤为重要。恰当的学习指导能够最大限度地调动学生的学习主动性和积极性，激发学生的思维，帮助学生掌握学习体育与健康课程的方法，为他们形成终身学习体育的能力打下坚实的基础。

学法指导是在全面把握学生学法现状的基础上进行有针对性的指导。体育学法指导主要有听讲指导法、观察指导法、练习指导法、评价指导法等。教师可以结合自己的教学经验和遇到的实际问题做进一步拓展。[①]

（一）听讲指导法

听讲指导法是指在体育教学中，在教师讲解时学生掌握动作要领，加深对动作的理解，提高认知水平的一种重要指导方法。听讲指导法运用得当与否直接决定教学效果的好坏。教师通常在教学中要求学生专心听讲，而没有在细节上关注和指导学生，所以学生听讲的质量不甚理想。教师在讲解之前，要讲清楚怎么听讲，以及听讲要重点关注什么，让学生带着问题去听，有疑问有重点地听，听完后豁然开朗。

（二）观察指导法

教师在运用观察指导法时，要向学生说明观察的部位、顺序、重点，让学生学会对教材、图片、录像、比赛等的观察。教师在实施观察指导法时要明确三点：一是观察什么，让学生明确是要看动作的全过程，还是要看动作的某一个细节；二是

怎么观察，让学生在观察时知道先看什么后看什么，在看的过程中想什么等；三是观察效果，及时了解并向学生反馈观察方法是否正确，并做出适当调整。[①]

（三）练习指导法

练习指导法是为了掌握运动技能而让学生有目的地反复做一个动作的指导方法。动作技能从粗略掌握到自动化，需要反复练习才能形成。教师在对学生进行学法指导前，要认真钻研教材，丰富课堂练习形式，总结学生的学法表现，在运动技能形成的不同阶段运用不同的学法对学生进行指导。教师在实施练习指导法时要把握三个方面：一是要提前讲清楚练习内容，让学生在练习活动中目的明确；二是要具体详细地说明练习方法，让学生能够把握关键，充分体现练习的针对性和准确性；三是要巡回观察练习结果，尤其是要让那些不会练习的学生明确错在哪里和如何纠正。对于不会练习的学生，教师要善于归纳和总结原因。学法指导具有相对性，尤其是练习指导法，要因人而异，不能一刀切，要找到不会练和练不会的根源。

（四）评价指导法

在体育教学中，教师经常安排学生自评和互评，而具体评价什么、怎么评，很少有教师对学生进行指导，导致学生只是经历了自评或互评的过程，在方法和能力上却没有得到应有的提高。教师在实施评价指导法时要关注三个方面：一是评价内容，要让学生明确评价什么，在观察动作时就会有侧重点；二是评价方法，让学生知道如何观察自己或同伴的动作，找到问题所在，或结合动作要领评判动作的规范性、完整性等；三是评价结果，评价结束后要与学生交流，要仔细听学生的评价结果，不能走过场。同时还要通过观察、分析、判断学生的评价是否客观、准确等。

二、体育学习评价与实施

学习评价是基础教育课程改革的重点。随着人们对体育教学规律认识的不断深入，体育学习评价的改革也不断拓展和更新，这些变化和要求为体育学习评价带来了挑战。体育与健康课程标准关注地区差异和个体差异，提出建立学业质量标准和构建发展性评价的要求，充分发挥体育的育人功能，促进学生身心全面发展。

（一）增值评价的内涵及案例分析

2020年10月，中共中央、国务院印发的《深化新时代教育评价改革总体方案》提出"坚持科学有效，改进结果评价，强化过程评价，探索增值评价，健全综合评价"的要求。这是我国首次在政策文件中提及"增值评价"的概念。《义务教育课程方案（2022年版）》提出："全面落实新时代教育评价改革要求""关注学生真实发生的进步，积极探索增值评价。"

增值评价强调学生学习的过程，关注学生在一定时期内增长的价值，即在学业、综合素质、品德等各方面的成长。它摒弃了过去只看重教育结果，忽视教育过程的弊端，有利于促进学生自我学习、自我修正、自我提高，调动学生在学习中

---

① 盛雪芳.谈体育学法指导［J］.考试周刊，2011（36）：136–137.

的积极性，引导学生独立思考，增强学生的自信心。增值评价作为发展性评价，面向学生，追求学生进步，因其具有多因素、多层次的立体化评价特点，在国际上得到广泛应用。例如，每年的学生体质健康测试数据就具有大数据的动态特点，其成绩具有统一的测试标准和一致的评分标准，符合增值评价的基本条件。教师要注意保存学生在校期间的体育学习成绩数据（如体质健康测试成绩、体育课程学习成绩等），并将它们串联起来，对学生的体育学习进行增值评价。增值评价关注学生的个体差异和进步幅度，以学生自身多次学业成绩的纵向比较为依据；关注学生的学习起点、过程及结果，可以使学生获得成长和进步的动力。

（二）学业质量评价的内涵

学业质量涉及课程内容、教学方式和学习评价，对教师的教与评具有引导作用。学业质量评价应围绕核心素养展开，目的是促进学生核心素养形成和发展。

学业质量是学生学业水平、学业成就的一个质量集合，指向学生全面成长与自主发展。学业质量评价是指对学生在学校课程学习中所取得学业成就的测量和评价，是学生评价的重要组成部分。学业质量是学生在完成体育与健康课程某一水平学习后的学业成就表现。学业质量水平的高低是体育教育教学工作开展优劣的真实反映，是学生体育学习结果的具体呈现。学业质量是以核心素养为主要维度，结合体育与健康课程内容，对学生学业成就具体表现特征的整体刻画，用以反映课程目标的达成度。课程标准依据不同水平学业成就表现的关键特征，将学业质量划分为不同水平，并描述了不同水平学习结果的具体表现。

（三）档案袋评价管理及实施

档案袋评价是以档案袋为依据对评价对象进行客观、综合的评价。档案袋评价重视反映学生的学习历程，是当前体育教学中应用十分广泛的教学评价方法。在体育教学中应用档案袋评价可以有目的、有计划地收集学生的体育学习情况，呈现学生在体育学习过程中的学业质量与进步情况。教师可以将学生学习的努力程度和进步情况，以及在运动能力、健康行为和体育品德等方面的成就证据汇集在档案袋内，作为评价学生的一种策略。档案袋评价充分体现了"一切为学生发展"的教育目标，发挥了学生的主体性，让学生参与到评价过程中，为学生提供了一个判断自己学业质量与进步情况的机会。学生的档案袋是体育教师与学生在教与学过程中逐步积累起来的。档案袋评价的具体操作方法如下。

1. 建立学生档案袋

在体育教学评价中，档案袋可以用资料袋或文件夹，可以用纸质版和电子版。教师在实际教学中指导学生把情况资料分别放入各个小袋中，如学习记录小袋、小组评价小袋、教师评价小袋等。学生档案袋内容应包括体育课内和课外学习情况记录两大类。课内学习情况记录包括上课情况记录表、教师对学生学习情况的评语、学生的学习成果等；课外学习情况记录包括体育作业、课外锻炼与学习相关资料等。

2. 定期开展档案交流

为提高学生对档案袋评价的兴趣，教师应该经常进行档案交流与总结。这有助于促进学生转变体育学习观念，但效果并不是随着次数增加而提升的。频率过高，学生就无法及时做出反思，评价只能起到规范和管制作用，容易失去档案袋评价的真正意义；频率过低，会使学生缺乏指导。所以，教师要根据体育教学的实际情况确定交流与总结的频次。

档案交流可以采取两种方式：一是学生以小组为单位交流自己的收获，介绍自己档案袋中的内容，之后由各小组选出代表在全班交流，给每位学生展示自己学习成果的机会；二是在家长会上展示学生的体育学习档案袋，让家长有机会参与，并对学生的表现予以肯定，这也有利于学生对体育学习产生兴趣。

3. 教学活动与档案袋评价相结合

科学的评价方式可以大大提高体育教学效果，档案袋评价必须为提高教学效果服务。在体育教学中，教师应采用适合体育教学特点、便于实施档案袋评价的具体方法。

档案袋评价过程是动态的，教师应根据学生的学习情况不断调整相应的教学设计和评价方案。例如，学生课堂表现评价表主要记录学生在体育课堂学习中的态度、合作和成果等方面的表现情况。教师根据学生的学习表现情况和达标情况填写表格中所得的五角星数量，每周统计整理一次，按照星级达标积分数量评定学生的表现，根据学生获得五角星的数量在学期末评选出体育"小健将"，并给予奖状鼓励。

思考题

1. 试述"五育并举"教育方针的发展历程。
2. 贯彻运动技能形成规律时应注意哪些问题？
3. 试述体育课堂中的常见教学组织形式及其优缺点。
4. 设计一个体育与健康学习档案袋，尝试建立一个班级体育课程学期档案袋，并进行档案袋评价交流活动。

第二章　健康教育教材教法

中共中央办公厅、国务院办公厅印发的《关于全面加强和改进新时代学校体育工作的意见》指出，逐步完善"健康知识＋基本运动技能＋专项运动技能"的学校体育教学模式。健康教育作为体育与健康课程的重要组成部分，对于课程目标的达成和核心素养的落地有着十分重要的意义。作为课程的实施者，中小学体育教师不仅要清晰了解和准确把握课程标准中健康教育的内容要求，还要熟练掌握在体育与健康课程中实施健康教育的教学方法。

本章在分析课程标准提出的健康教育不同学段目标和内容要求基础上，结合学生的身心特点和健康发展需要，对健康生活方式、生长发育、心理健康及安全避险等健康教育内容进行剖析，提炼和总结其价值意义、讲解要点，提出针对性的教学和评价建议，并提供实施教学时可以参考的课例，以帮助教师掌握健康教育的教学方法，设计多样化的参与式学习活动，有计划和科学地将课程标准中规定的健康知识和健康技能渗透到学生的学习过程中，促进学生掌握必备的健康知识，树立健康信念，形成健康行为，培养健康生活方式，最终实现全面促进学生健康发展、提升学生健康素养和体质健康水平的目标。

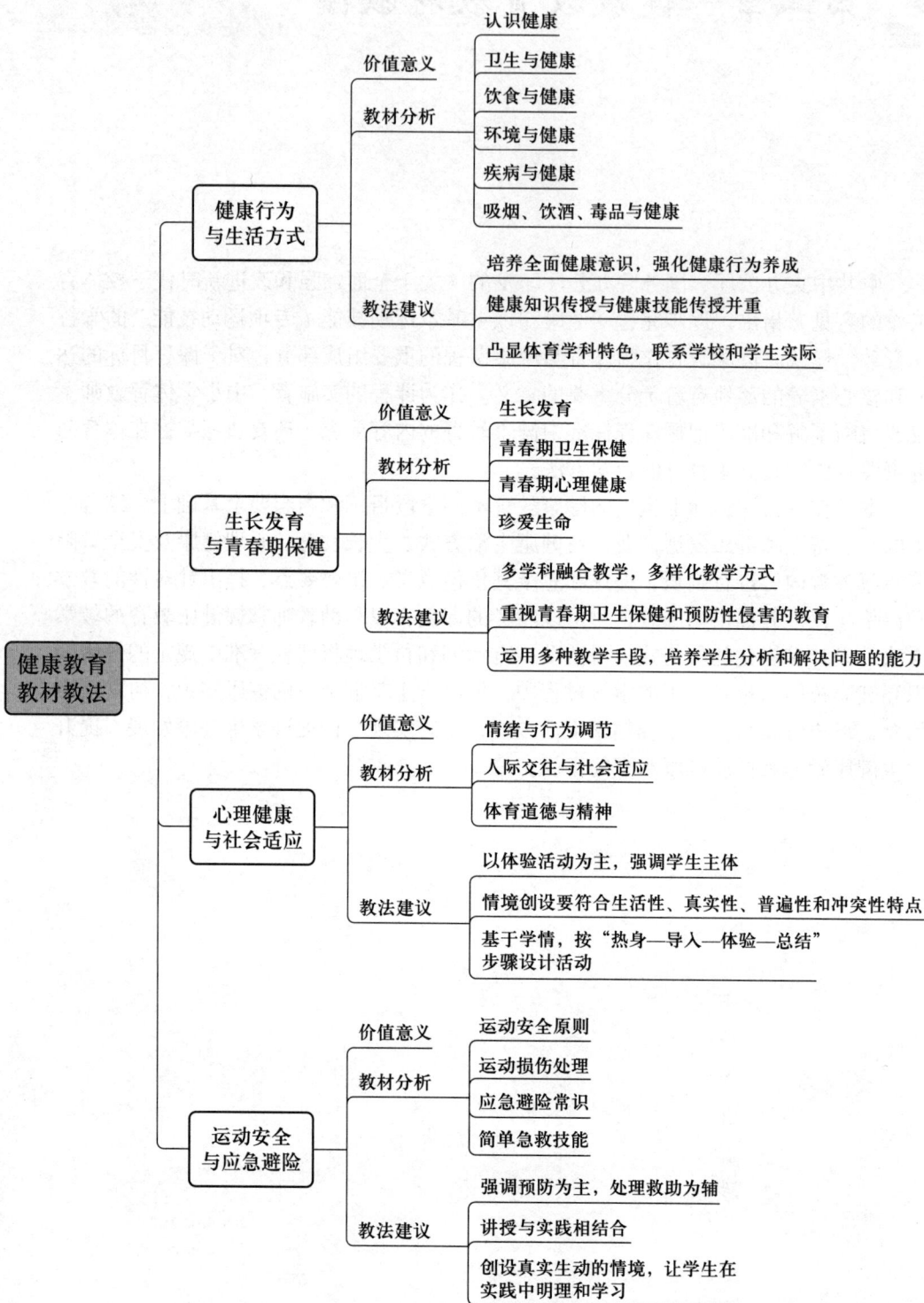

🌿 思维导图

健康教育
教材教法

├─ 健康行为
│　与生活方式
│　　├─ 价值意义
│　　├─ 教材分析
│　　│　　├─ 认识健康
│　　│　　├─ 卫生与健康
│　　│　　├─ 饮食与健康
│　　│　　├─ 环境与健康
│　　│　　├─ 疾病与健康
│　　│　　└─ 吸烟、饮酒、毒品与健康
│　　└─ 教法建议
│　　　　├─ 培养全面健康意识，强化健康行为养成
│　　　　├─ 健康知识传授与健康技能传授并重
│　　　　└─ 凸显体育学科特色，联系学校和学生实际
│
├─ 生长发育
│　与青春期保健
│　　├─ 价值意义
│　　├─ 教材分析
│　　│　　├─ 生长发育
│　　│　　├─ 青春期卫生保健
│　　│　　├─ 青春期心理健康
│　　│　　└─ 珍爱生命
│　　└─ 教法建议
│　　　　├─ 多学科融合教学，多样化教学方式
│　　　　├─ 重视青春期卫生保健和预防性侵害的教育
│　　　　└─ 运用多种教学手段，培养学生分析和解决问题的能力
│
├─ 心理健康
│　与社会适应
│　　├─ 价值意义
│　　├─ 教材分析
│　　│　　├─ 情绪与行为调节
│　　│　　├─ 人际交往与社会适应
│　　│　　└─ 体育道德与精神
│　　└─ 教法建议
│　　　　├─ 以体验活动为主，强调学生主体
│　　　　├─ 情境创设要符合生活性、真实性、普遍性和冲突性特点
│　　　　└─ 基于学情，按"热身—导入—体验—总结"步骤设计活动
│
└─ 运动安全
　　与应急避险
　　　├─ 价值意义
　　　├─ 教材分析
　　　│　　├─ 运动安全原则
　　　│　　├─ 运动损伤处理
　　　│　　├─ 应急避险常识
　　　│　　└─ 简单急救技能
　　　└─ 教法建议
　　　　　├─ 强调预防为主，处理救助为辅
　　　　　├─ 讲授与实践相结合
　　　　　└─ 创设真实生动的情境，让学生在实践中明理和学习

第一节　健康行为与生活方式

培养学生形成良好的健康行为与生活方式，既是学校健康教育的目标，也是学校教育的重要内容。本节重点介绍科学健康观、个体健康与社会发展的关系、生活方式对健康的影响以及如何培养健康行为等内容。

一、价值意义

本节内容可以帮助学生树立科学和全面的现代健康观，充分认识到包含科学规律的体育锻炼在内的健康生活方式对于健康的重要性，为学生健康行为和终身体育意识的培养奠定基础。其中，养成良好的个人卫生习惯是青少年增进健康、抵御疾病的主要措施，是维护和保持公共环境卫生和体现社会文明发展的重要指标，是健康行为核心素养的重要内容。充足的营养是青少年生长发育、增强体魄、发展智力的物质基础。帮助青少年了解必要的营养知识，养成良好的饮食习惯不仅可以使他们终身受益，还有助于他们增强机体的免疫功能，提高生活质量，健康成长。环境是影响健康的重要因素，教师要引导学生了解环境与健康的相关知识，掌握在各种特殊环境下调整生命活动和进行自我保护的方法，正确选择在适当的时间和环境中进行体育锻炼，提升适应能力和生存能力。

了解常见传染病与非传染性疾病的起因和预防措施，可以有效提升中小学生疾病防控意识和能力，降低患病风险，为学生健康保驾护航。此外，吸烟、饮酒和毒品不仅对健康的危害极大，也是破坏公共卫生、危害社会安全甚至诱发违法犯罪的重要因素。中小学生了解与烟酒和毒品相关的知识，可以从小树立健康意识，自觉抵制烟酒和毒品危害，培养健康行为和良好生活方式。

二、教材分析

（一）认识健康

"认识健康"各学段教材内容、教材重点和讲解要点如表 2-1 所示。

表 2-1　"认识健康"各学段教材内容、教材重点和讲解要点

序号	教材内容	教材重点	讲解要点	教授学段
1	健康的概念	四维健康观	健康 = 躯体健康 + 心理健康 + 社会适应良好 + 道德健康	小学高年级、初中
2	影响健康的因素	生活方式是影响健康最重要的因素	影响健康的因素包括：生物学基础（15%）、环境因素（17%）、医疗卫生设施（8%）和生活方式（60%）	初中、高中

续表

序号	教材内容	教材重点	讲解要点	教授学段
3	健康的生活方式	健康的"四大基石"	合理饮食，适量运动，戒烟限酒，心理平衡	小学中、高年级，初中
4	科学规律的体育锻炼	运动的健康价值和作用	青少年运动的八大益处：促进身体发育，塑造良好体态；增强内脏机能，提升免疫水平；驱赶不良情绪，缓解学业疲劳；增强人际交流，发展适应能力	小学、初中、高中

（二）卫生与健康

"卫生与健康"各学段教材内容、教材重点和讲解要点如表 2-2 所示。

表 2-2　"卫生与健康"各学段教材内容、教材重点和讲解要点

序号	教材内容	教材重点	讲解要点	教授学段
1	良好的个人卫生习惯	个人卫生的技能和习惯培养	四勤一不：勤洗澡、勤换衣、勤洗头、勤剪指甲；不共用毛巾和牙刷等洗漱用品。 正确的洗手方法（七步洗手法）：内（洗手心）、外（洗手背）、夹（洗指缝）、弓（洗手指背面）、大（洗大拇指）、立（洗指端）、腕（洗手腕）。 保护牙齿：每天早晚刷牙，牢记饭后漱口；选择适宜牙具，掌握刷牙方法；控制糖果摄入，预防龋齿侵袭；注意口腔卫生，坚持定期检查	小学低、中年级
2	作息习惯	良好的作息习惯	身体恢复靠睡眠，睡眠时长不可短；睡眠周期分阶段，按时入睡好习惯；睡眠问题要重视，良好质量是关键	小学中、高年级，初中
3	视力健康	保持正确读写姿势，保证户外活动时间	护眼养眼，保持经常；眼书距离，一尺以上；看书读报，拒绝卧躺；电子产品，控制时长；学习间歇，眺望远方；户外活动，眼明身健	小学、初中

（三）饮食与健康

"饮食与健康"各学段教材内容、教材重点和讲解要点如表 2-3 所示。

表 2-3 "饮食与健康"各学段教材内容、教材重点和讲解要点

序号	教材内容	教材重点	讲解要点	教授学段
1	营养和营养素	主要营养素的生理功能和食物来源	六大营养素：糖类、脂类、蛋白质、水、无机盐（矿物质）、维生素。 三大能源物质：糖、脂肪、蛋白质	小学、初中
2	平衡膳食与良好的饮食习惯	中国居民平衡膳食宝塔	膳食指南六条原则：食物多样，谷类为主；吃动平衡，健康体重；多吃蔬果、奶类大豆；吃适量鱼、禽、蛋、瘦肉；少盐少油，控糖限酒；杜绝浪费，营养优先	小学中、高年级，初中
3	预防食物中毒与食品安全	预防食物中毒和选购安全食品的技能	食品安全最重要，"五个不要"须记牢：选购食品有技巧，三无食品不能要；食物搁放易变质，过期产品不能要；标签不全隐患多，成分不明不能要；打开包装看质量，变色变味不能要；露天经营易污染，卫生隐患不能要	小学中、高年级，初中
4	运动与营养	运动饮水与进餐选择	运动饮水三要点：少量多次、温水为宜，适当补充能量和电解质。 不同运动项目的营养需求：力量项目补充蛋白质，耐力项目补充碳水化合物	小学高年级、初中、高中

（四）环境与健康

"环境与健康"各学段教材内容、教材重点和讲解要点如表 2-4 所示。

表 2-4 "环境与健康"各学段教材内容、教材重点和讲解要点

序号	教材内容	教材重点	讲解要点	教授学段
1	特殊条件下的体育锻炼	在高温或寒冷环境中进行体育运动	高温环境运动四要点：做好防晒准备，控制运动量，及时补充水分、无机盐，防止热痉挛、热衰竭和中暑。 寒冷环境运动四要点：做好保暖措施，热身活动充分，注意呼吸方法，防止冻伤和感冒	小学高年级、初中、高中

续表

序号	教材内容	教材重点	讲解要点	教授学段
2	雾霾和其他恶劣天气下的健康防护	雾霾天气下的健康防护措施	外出戴好防护口罩，减少在外逗留时间；避免户外体育运动，室内体育运动减量和降低强度	小学中、高年级，初中，高中
3	在生活的社会环境中寻求健康帮助	公共医疗卫生资源的使用	了解健康相关职业，获悉公共卫生资源；评析各种健康信息，做出正确健康决策	初中、高中

（五）疾病与健康

"疾病与健康"各学段教材内容、教材重点和讲解要点如表 2-5 所示。

表 2-5　"疾病与健康"各学段教材内容、教材重点和讲解要点

序号	教材内容	教材重点	讲解要点	教授学段
1	传染性疾病的防控	传染病的传播环节和防控措施	防控传染病三要素：控制传染源、切断传播途径、保护易感人群。艾滋病防控：全民预防艾滋病，危害症状要记清；艾滋传播有途径，性与血液和母婴；无论拔牙与手术，正规医院才可行；杜绝不良性行为，洁身自好保安宁；不要歧视患病者，红丝带中有真情	初中、高中
2	非传染性疾病的预防	慢病与不良生活方式	导致慢性非传染性疾病的六大原因：先天遗传、缺乏运动、饮食不当、不良嗜好、精神紧张、环境污染	小学高年级、初中、高中

（六）吸烟、饮酒、毒品与健康

"吸烟、饮酒、毒品与健康"各学段教材内容、教材重点和讲解要点如表 2-6 所示。

表 2-6　"吸烟、饮酒、毒品与健康"各学段教材内容、教材重点和讲解要点

序号	教材内容	教材重点	讲解要点	教授学段
1	拒绝吸烟并抵制二手烟	吸烟和二手烟的危害和抵制方法	吸食香烟是陋习，烟草危害要知悉；咳嗽痰喘气管炎，患癌风险升等级；手指牙齿全熏黄，伴随难闻的口气；同伴劝烟要说不，果断拒绝不犹豫；避免吸食二手烟，吸烟人群要远离	小学高年级、初中、高中

续表

序号	教材内容	教材重点	讲解要点	教授学段
2	拒绝饮酒	饮酒的危害和抵制方法	过量饮酒代价贵，伤害肝脏和肠胃；长期饮酒降智力，酗酒成瘾悔难追；酒后冲动难自控，醉酒伤人是犯罪；饮酒开车酿事故，远离酒精勿贪杯	初中、高中
3	远离毒品和其他违禁药品	毒品的种类和危害	珍爱生命需谨记，抵制毒品有责任；鸦片吗啡和大麻，白粉学名海洛因；冰毒K粉摇头丸，新型毒品能辨认；静脉注射传染病，吸毒乱性成狂人；药品麻醉易成瘾，一朝染毒害终身；道德沦落人格尽，危害社会祸家门；坑蒙拐骗筹毒资，甚至抢劫去杀人；吸毒贩毒是犯罪，严厉打击不容忍	小学高年级、初中、高中

三、教法建议

（一）培养全面健康意识，强化健康行为养成

本节的教学关键在于引导学生建立科学全面的现代健康观，强化和促进学生健康行为和生活方式的建立。

首先，中小学生正处在身心快速发育和趋向成熟的重要时期，是接受教育、自我完善的关键阶段，教师应该帮助学生充分认识到只有具备身体健康、心理健康、社会适应良好和道德健康，才能成为一名健康成长的社会主义接班人和未来的建设者。因此，教师不仅要引导学生从卫生、营养、运动、作息等方面注重对身体健康的养护，关注学生的心理健康状况和社会适应健康发展，使他们身心健康、乐观自信，以健康的状态和高尚的情操投入学习和生活之中。

其次，健康教育中较为成熟的知信行模式（knowledge attitude belief practice，KABP）将人类行为的改变分为获取知识—产生信念—形成行为三个连续过程。体育与健康课程中的健康教育，其目的不仅仅是使学生知道、了解相关的健康知识和技能，更重要的是要使学生能够将健康知识和技能运用到生活、学习的各个方面，落实到日常行为中。教师通过传授必要的健康知识和技能，最终要促进学生自觉地采纳和保持有益于健康的行为和生活方式，减少或消除影响健康的危险因素，真正达成健康教育的目标，为学生一生的健康奠定坚实的基础。

（二）健康知识传授与健康技能传授并重

知识是基础，信念是动力，行为的产生和改变是目标。教师要引导学生学习和掌握相关的健康知识和技能，逐步形成健康的信念和态度，最终形成促成健康的行为。在"知—信—行"的完整链条中，健康技能是决定知识能否落地和理念能否转化为行为的关键环节。为此，坚持健康知识传授与健康技能传授并重原则，是对以往学校健康教育更多强调健康知识传授、忽略健康技能培养的一种纠正，是避免学生健康知识知晓率提高与健康行为养成之间脱节现象的有力举措。

体育与健康课程具有鲜明的实践性特征，强调学生体育与健康实践能力的提高，这同样适用于健康教育内容的教学。体育教师在开展健康教育教学时，不仅要讲清楚为什么要这样做的道理，还要传授怎么做，更要给学生大量的动手操作、反复练习和巩固提高的机会。从这种角度出发，体育教学中的"精讲多练"原则也同样适用于健康教育内容的学习。例如，学生在学习"预防食物中毒与食品安全"的知识后，对于食物中毒的严重危害有了清醒的认识，但如果不具备通过阅读食品标签、观察食物外观、闻食物气味等判断食物是否安全的技能，则无法完全保障自身免受过期、有害食品的伤害。因此，教师在向学生传授预防食物中毒的知识时，还要指导学生通过演练掌握选购安全食品的实际技能。

（三）凸显体育学科特色，联系学校和学生实际

1. 突出体育学科特色，充分发挥体育运动的价值

教师要发挥体育与健康学科的优势和特点，在体育教学中渗透运动对于全面健康发展的重要性，鼓励学生积极参加体育锻炼，帮助学生在体育锻炼中享受乐趣、增强体质、健全人格、锤炼意志。例如，在讲解疾病与健康的内容时，可以为学生讲解经常参加科学的体育锻炼对提高人体免疫力和预防慢性病的相关知识等，使学生充分认识到体育运动的重要价值，为体育锻炼习惯和终身体育意识的培养奠定基础。

2. 根据地方学校实际，合理灵活地选用教学内容

健康的相关知识和影响因素涉及社会生活的方方面面，每个方面的知识似乎都不可或缺。只有让学生尽可能全面地掌握健康基础知识，才能使其建立正确的健康理念。虽然体育与健康课程中的健康教育覆盖了从小学一年级到高中三年级的全过程，但在有限的课时内讲解所有与健康相关的知识仍然存在很大困难。因此，教师可以根据所在地区和学校的实际情况，在充分调查学生需要的基础上，选择对学生健康影响最大和他们最急需的内容进行讲解。例如，在"雾霾天气"下如何保护自己减少污染伤害，要不要停止户外锻炼等，都是学生急需了解和获得指导的知识。有经验的教师会主动与学生谈心，必要时还会组织一些小范围的调查，以便及时了解学生的真实需求，把准学生的"脉"。

3. 结合不同学生的认知特点，科学选用针对性强和多样化的教学方法

在体育与健康课堂教学中，教学方法要根据学习目标、教学内容、学生实际、体育与健康课程资源等方面进行选择与合理运用。同理，体育与健康课程中涉及的健康教育教学方法也应该形式多样，不应该局限于单一的和固定的理论讲授形式。

不同年级的学生处在不同的身体发展阶段，在知识储备和认知能力方面也存在较大差异。因此，在健康教育与体育融合的教学过程中所使用的教学方法也应有针对性。面对不同发展阶段的学生，教师应该选用不同的教学形式，最大限度地调动

和激发学生的学习积极性和主动性，有效提高课堂教学质量。例如，小学低年级学生的思维非常具体、形象，单纯的理论说教并不能很好地调动其学习健康知识的兴趣，因此，教师可以巧妙地将教学内容与课堂预设的情境结合起来，用学生喜欢的卡通人物形象将相关知识呈现出来，激发学生的学习兴趣。而针对已经具备一定独立思考能力的中学生，教师则可以多引导他们去思考，充分发挥他们的主观能动性，如采用小组讨论、辩论赛等多种参与式学习方式。

4. 重视联系学生的生活实际，鼓励学生学以致用

健康教育内容应与学生的学习和生活紧密结合在一起，关注每个水平阶段学生的生活实际，以健康知识和技能的传授作为载体，着重培养学生的健康意识，引导学生养成健康行为和习惯。例如，学生在学习"抵制吸烟和二手烟"的内容时，教师可以通过多种方法和途径把吸烟和二手烟对健康的危害、引发的疾病以及有关的死亡数字等知识传授给学生，同时帮助学生掌握在面对吸烟的诱惑或二手烟时如何拒绝的实际技能。为了帮助学生巩固知识和技能，教师可以采用"角色扮演"的方式，创设"同伴劝我吸烟"的模拟生活情境，邀请学生在其中扮演相应的角色，通过实际演练，加深真实感和体验感，使全体学生受到启发和感悟，并在生活中遇到类似情况时能够正确应对。此外，教师还可以组织一些课外拓展活动，在巩固课上学到的知识与技能的同时，鼓励学生相互监督，自觉抵制吸烟和二手烟。

第二节　生长发育与青春期保健

青春期是人体各系统、各组织器官快速生长发育和趋于完善定型的关键时期，一系列生理、形态、心理和行为的变化对个体成长有着非常重要的意义。青春期将为人一生的身体、思想、道德、文化等奠定基础。本节重点介绍生长发育、青春期卫生保健、青春期心理健康、珍爱生命等内容。

一、价值意义

青春期是人体生长和发育的高峰期。学习和了解生长发育的相关知识，有助于学生正确看待身体发生的变化，并通过合理膳食和加强体育运动，促进自身健康成长。进入青春期后，男生和女生的性器官迅速发育，教师要提醒学生注意卫生保健，指导女生在生理期科学合理地运动，并帮助学生提高预防性骚扰的意识和能力，防止性侵害的发生等，这对学生顺利度过青春期具有重要意义。

青春期所发生的一系列变化容易使学生在心理上产生骚动和不安。处于青春期的学生社会阅历浅，思维分析能力、判断能力都比较差，且缺乏两性社会道德规范方面的知识，不少人会产生困惑、疑虑和苦恼，若不能及时获得相应的疏导和安抚，会产生青春期烦恼，甚至心理疾病。因此，教师要通过青春期心理健康教育，引导学生把充沛的精力用于提高体能、科学文化素质和思想品德素质上，帮助学

生迈好青春的脚步，顺利度过青春期。此外，珍爱生命的教育可以帮助学生了解生命的意义。教师可以通过生活中真实发生的事件，使学生意识到生命既可以是顽强的，也可能是非常脆弱的，从而引导学生敬畏生命，珍爱生命，从爱护自己的身体和养成健康行为做起，增强生命的韧性，勇敢面对生活中的各种挑战，形成积极乐观的生活态度。

二、教材分析

（一）生长发育

"生长发育"各学段教材内容、教材重点和讲解要点如表 2-7 所示。

表 2-7　"生长发育"各学段教材内容、教材重点和讲解要点

序号	教材内容	教材重点	讲解要点	教授学段
1	生长发育	生长发育的概念	生长是指机体内细胞增殖、增大，细胞间质增加，整体上表现为组织、器官及身体形态和重量的变化，以及身体化学组成成分改变的过程。发育是指细胞、组织、器官的分化与功能成熟	小学中、高年级
2	生长突增期	生长突增期的概念	由于大脑发育及激素变化而引发的青春期快速生长阶段被称为生长突增期。这一时期身高和体重显著增长，身体各部位生长速度不同	小学中、高年级，初中
3	青春期身体变化	骨骼	骨在青春期的发育包括变长和增粗。长骨的两端长着软骨，血液和营养物质充分供给促使软骨骨化，使变长。骨变长的同时，骨膜内的成骨细胞不断增殖，产生新的骨组织，使骨的表面增厚，使骨增粗	小学高年级、初中
		呼吸系统	青春期呼吸频率变慢（18~20次/分），已达到成人水平，肺活量逐渐增大	小学高年级、初中
		神经系统	脑容量增长不大，但脑的内部结构和功能却不断分化、发展和完善，分析问题、解决问题的能力增强。大脑比较容易兴奋，喜欢接受新鲜事物，也容易出现情绪不稳定	小学高年级、初中、高中
		肌肉	男性和女性从儿童期到青春期肌力都明显增强，青春期后由于性激素的原因男性肌力显著大于女性	小学高年级、初中、高中

续表

序号	教材内容	教材重点	讲解要点	教授学段
4	青春期脊柱健康	关注脊柱健康	青少年脊柱问题形成的最主要原因是长期姿势不良和缺乏体育锻炼。大部分患病为青春期特发性脊柱侧弯，脊柱侧弯不仅会影响美观，还可能导致身体各方面的结构出现问题	小学高年级、初中、高中
5	生长发育期的饮食健康	生长发育期需要充足的营养	多吃谷类，供给充足的能量；保证鱼、肉、蛋、奶、豆类、蔬菜、水果的摄入；避免暴饮暴食、偏食挑食及盲目节食，少吃零食，养成良好的饮食卫生习惯和吃早餐习惯	小学高年级、初中
6	青春期体育运动	体育运动对生长发育的积极作用	体育运动可以提高心脏的泵血功能，增强肺的呼吸能力，提高呼吸系统机能，改善血液循环状况，增加机体细胞营养物质的供应；进行耐力锻炼，可以发展心脏容积和心肺功能；加强对骨骼和四肢肌力的锻炼，可以加速骨骼的骨化进程，促进身高增长和体质增强	小学高年级、初中、高中
		青春期相关体能	与健康有关的体能主要包括心肺耐力、肌肉力量、肌肉耐力、柔韧性和身体成分；与运动能力相关的体能主要包括位移速度、爆发力、灵敏性、协调性、平衡能力和反应能力；男生在肌肉力量、位移速度、爆发力等方面有优势，而女生在柔韧性、平衡能力、灵敏性等方面有优势	小学高年级、初中、高中

（二）青春期卫生保健

"青春期卫生保健"各学段教材内容、教材重点和讲解要点如表 2-8 所示。

表 2-8 "青春期卫生保健"各学段教材内容、教材重点和讲解要点

序号	教材内容	教材重点	讲解要点	教授学段
1	青春期卫生保健	男生青春期卫生保健	勤洗手，注意个人卫生，加强体育运动，注意运动状态下对阴茎和睾丸的保护；保证充足的睡眠，不要憋尿，注意保护嗓子	小学高年级、初中
		女生青春期卫生保健	勤洗手，注意个人卫生，使用清洁的卫生巾；避免着凉，要做到心情舒畅、情绪稳定；要有足够的睡眠和休息	

续表

序号	教材内容	教材重点	讲解要点	教授学段
2	女生生理期的体育锻炼	女生在生理期进行体育锻炼的好处	适当运动可以改善盆腔血液循环，减轻盆腔充血，并有助于调整大脑兴奋抑制过程，减少不适感觉，特别是瑜伽中的仰卧修复体式和前屈体式能让人心情平静放松，降低焦虑情绪	小学高年级、初中
		女生在生理期进行体育锻炼的注意事项	女生生理期可适当参加运动，如徒手操、瑜伽、太极拳、轻柔的舞蹈、乒乓球等，但不宜参加剧烈运动，特别是跳跃类运动	
3	性骚扰和性侵犯预防	性骚扰的方式	身体接触性骚扰和非身体接触性骚扰	小学中、高年级，初中
		性骚扰者	男性和女性都可能对他人进行性骚扰；实施性骚扰者不一定是陌生人，也有相熟的人	
		预防性骚扰的策略	避免出入少儿不宜的场所，不饮酒、不吸毒；注意着装，不穿薄、露、透的服装；和异性交往时，注意保持适当的距离，自尊自爱，不单独在异性家过夜	
		应对性侵犯的策略	保持镇静，随机应变，伺机发出求救信号，趁机逃跑，大声呼救，到人多安全的地方，坚定拒绝坏人，与坏人周旋，拨打110报警	
		受到性侵犯后要采取的措施	及时报警，联系亲人，到医院检查治疗，紧急避孕，调整身体和心理状态，坚强生活	

（三）青春期心理健康

"青春期心理健康"各学段教材内容、教材重点和讲解要点如表2-9所示。

表2-9　"青春期心理健康"各学段教材内容、教材重点和讲解要点

序号	教材内容	教材重点	讲解要点	教授学段
1	青春期心理变化	影响青春期心理健康的因素	生理因素：遗传、内分泌系统、疾病。心理因素：意志、性格、情绪。家庭因素：家庭结构、亲子关系、父母素质。学校因素：教育思想、教师素质。社会因素：社会风气、网络媒体	初中、高中
		青春期心理的典型变化	独立性与依赖性；闭锁性与开放性；希望尽快进入成人世界；情绪多变不稳定；注重自己的外貌；以自我为中心	初中、高中

序号	教材内容	教材重点	讲解要点	教授学段
2	青春期心理健康	青春期心理健康的表现和保持方法	青少年要养成热情开朗的性格，集中精力努力学习；积极参加各种文体活动和社会活动，在集体的温暖中放松心情；同学间相互帮助，与师长密切交流，相信父母和老师；有想不通的问题可以向信任的亲朋好友倾诉，不让问题长期困扰自己，也可以通过日记来倾吐、宣泄，学会调节情绪；正确认识现实；自知、自尊与自我接纳；善于与人交往；乐观进取	初中、高中
3	体育运动与青春期心理健康	体育运动可以促进青春期心理健康	转移不愉快的意识、情绪和行为，使焦虑反应降低；增进身体健康，恢复体力和精力；舒展身心有助于安眠和消除学业压力；陶冶情操可以获得健康、和谐的发展；集体项目与竞赛活动可以提高人际交往能力，有助于积极面对困难，锤炼意志品质	初中、高中

（四）珍爱生命

"珍爱生命"各学段教材内容、教材重点和讲解要点如表2-10所示。

表2-10　"珍爱生命"各学段教材内容、教材重点和讲解要点

序号	教材内容	教材重点	讲解要点	教授学段
1	生命的意义	生命的意义	人的生命虽然短暂，但我们总能为自己的生命找到一个位置，担当一份责任。每个人的生命不仅是"我"的生命，还是"我们"的生命。生命对于我们而言，不仅是身体的生命，还包括社会关系中的生命、精神信念上的生命	初中、高中
2	生命的真相	敬畏生命	生命是脆弱的、艰难的，生命又是坚强的、有力量的、神圣的，我们对生命要怀有敬畏之心	初中、高中
3	爱护身体	健康行为	具有健康的行为，养成健康的生活方式	初中、高中
		安全意识，自我保护意识	增强安全意识和自我保护意识；面对一些人力不可抗拒的自然灾害或一些人为灾难时，提高安全防范能力，掌握一些基本的自救自护方法，保护生命安全	

续表

序号	教材内容	教材重点	讲解要点	教授学段
4	养护精神	养护精神健康，培养意志品质	守护生命需要关注并养护精神健康；在体育运动和日常生活中注意培养意志品质，做一个勇于奋斗、坚韧顽强、积极乐观、自尊自信的人	初中、高中
5	生命的韧性	正确面对生活中的挫折	生活中的挫折是生命成长的一部分，每个人的生命都有一定的承受力，都有自我调节和自我修复的能力；只有不断发现和发掘生命的力量，增强生命的韧性，不向命运低头，不轻易放弃自己的生命，才能有效应对人生中的各种挫折	初中、高中

三、教法建议

（一）多学科融合教学，多样化教学方式

青春期知识涉及生物学、心理学、道德与法治、科学、信息科技等多个学科，讲好青春期知识需要多个学科融合。教师应以体育与健康课程为主要载体，查阅多学科的教材，借鉴多学科的经验，整合多学科的资源，做好备课工作。教学方式也应该多样化，不局限于单一的和固定的理论讲授形式。例如，可以通过学生课堂演讲、交流研讨、主题活动、参观学习等形式，引导学生思考，充分发挥学生的主观能动性，促进学生获取青春期知识；通过探究学习、自主学习、合作学习等方式，让学生增强解决青春期生理和心理问题的能力，培养学生的健康素养。

（二）重视青春期卫生保健和预防性侵害的教育

先将男女生分班，然后由男女教师分别开展青春期卫生保健教育，以性生理、性心理、性卫生保健教育为基础，向少男少女们介绍卫生保健知识，体现科学性、实用性和健康性；以分组讨论的方式引导学生探究思考，破除学生谈性时的"羞耻感"。和学生约定，不管是在课堂上还是在生活中，对"性"相关的事情都要正经、科学地谈论和对待，不起哄、不开玩笑。面对不礼貌的行为和语言敢于说"不"，提高对性骚扰、性侵害的防范意识和自我保护意识，预防性侵害的发生。

（三）运用多种教学手段，培养学生分析和解决问题的能力

善于利用多媒体手段进行教学。教师可以制作精美的教学演示文稿，图文并茂、生动有趣地讲解青春期知识，引导学生了解身体和心理的变化，悦纳自己。用生动的例子给学生说明，合理膳食和积极参加体育锻炼能够促进他们的生长发育，帮助他们顺利度过青春期。

在进行珍爱生命的教育时，教师可以组织学生参观交通安全宣传展览、禁毒宣传展览、消防安全展览等，也可以收集相关的图片、视频对学生进行生动的教育。还可以通过真实发生的事情让学生体会生命的脆弱和宝贵，帮助学生在日常生活中

养成遵守交通规则、远离毒品的行为习惯，增强抗挫折能力和安全防范意识，使其敬畏生命，远离危险。

合理布置课外作业，促进学生自主学习。教师可以引导学生访谈已经度过青春期的亲朋好友，了解他们的青春期经历，正确认识青春期。指导学生查阅报纸、刊物、书籍和互联网等，找到更多相关知识的链接，让学生能够自主学习、深度学习。鼓励学生勇敢地表达心里的想法，培养解决问题的能力。例如，让学生做一份以"珍爱生命"、"我的青春我做主"或"男生女生"为主题的手抄报。

教师可以邀请家长或社会上的专业人士走进青春期教育的课堂，提高青春期教育的教学效果，加深学生对青春期的认识和理解。家校联合，帮助学生有效解决青春期的生理和心理问题，顺利度过青春期，健康成长。

第三节　心理健康与社会适应

中小学生心理健康有两方面的含义：一方面是心理健康状态，另一方面是维持心理健康状态的行为和思想。大部分学生的心理健康状态良好，但缺乏调整心理健康状态的能力。例如，遇到成绩波动、与其他人交往出现障碍时，原本表现不错的学生也可能会突然出现行为异常和心理异常；有的学生因为家庭环境、学习压力等因素的影响而处于心理亚健康状态，如敏感、自卑、焦虑等。维持健康心理的能力不足会对全面发展产生不利影响。本节重点介绍情绪与行为调节、人际交往与社会适应和体育道德与精神三个主要内容。

一、价值意义

通过本节内容的学习，学生可以认识情绪情感产生的原因及其对生活和学习的影响，掌握调控情绪的方法，保持积极阳光的心态，在体育运动和日常生活中与他人建立平等、友好、相互尊重的人际关系，理解并主动弘扬体育精神、形成体育道德，为适应未来社会环境打好基础。

随着年龄增长，学生的情绪情感会逐渐与一定的人生观、行为规范、道德标准相联系，会随着情境变化而变化，在遇到困难和挫折时容易出现情绪情感波动。调节情绪情感是适应社会环境的重要手段，培养学生积极阳光、健康向上的情绪情感，对其形成健全人格具有重要意义。另外，学生需要在与他人交往的过程中完成工作、学习和其他社会活动。交往过程也是相互交流信息、沟通思想的过程，良好的人际交往能帮助学生理解和掌握道德行为规范、社会价值观，学会正确认识和评价自己及他人、协调各种关系、发展自我意识，为积极主动适应环境、应对困难和挑战打好基础。

体育运动是一项既有竞争又有合作的社会活动，学生可以通过体育运动结识朋友、拓宽交往范围、增加与社会的联系。体育运动蕴含着体育精神和体育道德。中华体育精神是富于创造、善于团结、勇于奋斗、敢于梦想的中华民族精神在体育领域的重要体现，能够引导人们选择健康、文明、积极的生活方式，而体育运动中的道德表现则是现实生活的缩影，能真实反映人的思想品德状况。因此，良好的体育精神和体育道德对维护社会规范、树立良好的社会风尚具有积极作用。

教师要引导学生通过学习优秀运动员的感人事迹、观摩竞技比赛等方式，在体育学习中做到与人分享、遵守规则、努力拼搏，无论输赢都能互相尊重，同时让学生理解不同运动的育人价值。例如，球类运动项目有助于合作能力和集体意识的培养；耐久跑、游泳等运动项目有助于坚忍不拔、吃苦耐劳、自制自律等良好品质的形成；跳高、跨栏、障碍跑、体操等运动项目可以锻炼勇敢、果断的意志品质等。

二、教材分析

（一）情绪与行为调节

"情绪与行为调节"各学段教材内容、教材重点和讲解要点如表 2-11 所示。

表 2-11　"情绪与行为调节"各学段教材内容、教材重点和讲解要点

序号	教材内容	教材重点	讲解要点	教授学段
1	情绪和情绪能力	情绪的种类、表现方式和功能；情绪能力的内涵；表达情绪和体察他人情绪的方法	人的基本情绪：喜悦、愤怒、哀伤、抑郁、恐惧。 情绪能够通过表情、语言、文字、肢体活动、图画等多种方式表现出来。 情绪调节是情绪能力的重要组成部分，调节消极情绪，培养积极情绪。 管理情绪的重要性：情绪可影响交往，可传情达意；情绪无好坏之分，调控有恰当之法；要合理表达情绪，而非用情绪表达	小学、初中
2	良好情绪培养	情绪状态的分类和培养良好情绪的方法	愉快、稳定的情绪是心理健康和社会适应的重要心理基础。情绪有心境、激情和应激三种状态，存在积极和消极之分。 消极情绪并不可怕，不必否定和压抑自己的情绪，而是要掌控、调节情绪，成为情绪的主人，充分利用情绪的价值和功能。 情绪是在认识的基础上产生和发展起来的，改变思维角度和方式，多从正面看问题，有助于形成乐观向上的积极情绪。 身体的健康状况会影响情绪，体育活动能使人身体健康，有助于保持积极良好的情绪状态	小学中、高年级，初中，高中

续表

序号	教材内容	教材重点	讲解要点	教授学段
3	不良情绪调控	调控不良情绪的方法	情绪调控策略有行为调节（控制外在情绪表达）和认知调节（控制内在情绪状态）。 用合理方式控制和宣泄情绪：参加体育运动、做深呼吸、想象美好的事物、写日记、听音乐、自我激励、调节注意力、找朋友倾诉等。 情绪、行为和思维，改变其中之一就有助于其他两个的改进。 体育运动对人的情绪状态有显著的短期效应，规律的体育锻炼可以增加积极情绪，改善心境，缓解焦虑和紧张，使人更放松；一定强度的体育锻炼对治疗抑郁症有积极作用。 积极情绪的培养方法：积极情绪可培养，换个角度看问题；听听音乐能放松，自我激励也可行；体育锻炼促健康，健康才有好心情；控制心中小怪兽，要与情绪做朋友	小学中、高年级，初中，高中

（二）人际交往与社会适应

"人际交往与社会适应"各学段教材内容、教材重点和讲解要点如表 2-12 所示。

表 2-12　"人际交往与社会适应"各学段教材内容、教材重点和讲解要点

序号	教材内容	教材重点	讲解要点	教授学段
1	适应环境，融入群体	适应新环境，交到新朋友；学会倾听，尊重他人，积极合作	友谊建立在亲密性、忠诚、共同态度和价值观基础上；理解与尊重是开展良好人际交往的前提，在团队中要学会倾听，尊重他人；遵守纪律，按要求做事；包容同伴过失，积极合作	小学、初中
2	认知自身角色，明确角色责任	认知角色和责任；关爱他人，勇担责任	体育活动与日常生活中不同角色的职责，如学生、教师、子女、小组长、保护帮助者、裁判员、运动员等不同角色的责任。 在团队活动中勇于承担并认真履行自己的职责，不自大、不抱怨、不失信。 在学校生活中要承担的责任：责任心，不可少；爱学习，勤思考；对师长，有礼貌；对同学，讲信用；一诺千金言必行，恪守规范有担当	小学、初中、高中

序号	教材内容	教材重点	讲解要点	教授学段
3	认识合作与竞争，正确处理同伴冲突	在生活与运动中解决人际冲突的方法和策略；与他人建立良好合作关系	解决冲突的策略：同伴协商、回避、求助、问题解决等；换位思考，通过情境再现解决冲突。 合作与竞争的关系：合作离不开竞争，合作以竞争为基础和动力；竞争离不开合作，竞争往往以双方共同活动来实现，双方在争取胜利的过程中不断进步。 解决人际冲突的策略：出现冲突不可怕，化解矛盾有方法；控制情绪要冷静，交换意见讲道理；换位思考很重要，文明交流共商议；如果问题很复杂，可请老师来处理	小学中、高年级，初中，高中
4	异性之间的交往	异性同学之间交往的方法、原则与注意事项	男女生之间存在性格、思维、视角、体能等方面的差异，要学会理解他人、尊重他人、帮助他人。 男女生交往以群体交往为宜，尽量与更多的人建立友情，同时端正心态，把握交往尺度，爱护自己的尊严和名誉。 注意自我保护，采用恰当的方式与异性保持一定距离，多谈论与学习相关的话题，尽量不单独与异性相处或者交往。 异性交往的原则：异性交往有原则，注意时机和场合；举止行为要得体，谈笑之间有距离；自我保护不能忘，珍爱生命排第一；相互尊重是保障，自尊自爱和自强；面对恶言和恶行，及时拨打110；遇到烦恼和困惑，正确排解心舒畅	小学高年级、初中、高中

（三）体育道德与精神

"体育道德与精神"各学段教材内容、教材重点和讲解要点如表2-13所示。

表2-13 "体育道德与精神"各学段教材内容、教材重点和讲解要点

序号	教材内容	教材重点	讲解要点	教授学段
1	体育道德与精神	感受优秀运动员的体育精神；在体育活动和日常生活中践行体育精神	公平竞争，正确面对输赢。公平竞争的内涵：遵守规则、诚信意识、创新进取，在规则下赢得公平，输得有尊严；勇于拼搏、接受挑战；坚强的意志品质对个体的运动效果有重要意义，可以通过体育运动获得；优秀运动员的事迹	小学、初中、高中

续表

序号	教材内容	教材重点	讲解要点	教授学段
2	基本运动技能中的体育品德教育因素	建立规则意识和安全运动意识	按照秩序和顺序进行练习，在游戏中要遵守规则，并主动维护规则；爱护器材，正确使用场地和器材；在体育活动中要尊重教师，爱护同学，文明交流	小学低年级
3	不同运动项目中的体育品德教育因素	不同运动项目的特点；体育强国的意义	不同运动项目都有其独特的教育价值，球类重合作、拼搏；田径重自律、坚持；体操重挑战自我、勇敢果断；武术重武德和文化传承，强调武以载道和武以修身；体育承载着国家强盛、民族振兴的梦想，体育强则中国强；新时代的女排精神	小学中、高年级，初中、高中

三、教法建议

（一）以体验活动为主，强调学生主体

心理健康教育应以活动为主，可采取多种形式，包括团体辅导、心理训练、问题辨析、情境设计、角色扮演、游戏辅导等，立足于全体学生的发展特点和阶段，从学情出发，紧密联系生活实际，以全员参与的身体活动为主线，重视体验和分享。

心理健康与社会适应内容的教学设计可从两个角度入手。第一，从问题出发，以学生常见心理行为问题为依据设计教学，通过多种方法解决问题；第二，从学生发展应具备的核心素养和心理品质为依据设计活动。

需要注意的是，此内容教学与传统教学有较大不同。传统教学多为"教师示范，学生模仿"或者"教师讲，学生听"，心理健康与社会适应教学强调"自助"和"互助"，设计和实施教学时要突出学生的主体地位，重视师生和生生互动，关注体验和分享，通过小组讨论、自我反思、相互建议等方式共同找到解决问题的方法和路径。学生提出的方法和建议往往出自自身经验，更加具体、可操作，且容易被其他学生接受。可以说，在课堂上，学生既是被帮助者，也是帮助他人者。

（二）情境创设要符合生活性、真实性、普遍性和冲突性特点

深度的学习和体验离不开真实的情境。情境创设要符合生活性、真实性、普遍性和冲突性特点。

生活性，即创设的情境要反映学生生活中的某一场景，如学习场景、家庭场景、社交场景等。

真实性，即创设情境时要选择学生实际生活中发生的事件和案例。真实的事件和案例能够启发学生在遇到相似事件时运用已学知识分析和解决问题，如比赛失利、遭遇不公平判罚、孤立他人或被孤立等。

普遍性，即创设的情境应是学生普遍会遇到的问题，如交友问题、学习困难、亲子关系、师生关系等。具有普遍性的情境可以使参与者具有强烈的角色代入感，

更容易引发学生共鸣和积极思考。

冲突性，即要创设有矛盾冲突的情境。在现实中解决问题的方法具有多样性，从不同角度分析同一事物会产生不同的看法。有矛盾冲突的情境可以引发学生进行价值判断，反思自己的立场、倾向和情感体验，使学生向更符合社会价值观取向的道德行为方向转变。

（三）基于学情设计教学活动

1. 充分了解学情，根据学生特点设计活动

学情是教学设计和实施的出发点，也是落实学生主体性的必要基础，不同年龄段的学生感兴趣的话题和思维方式各有不同，教师要通过观察、访谈、问卷等多种方式把握学生实际的心理健康问题。例如，在设计小学的"情绪与行为调节"教学时，要注意不同年级学生的心理状态和认知水平之间的差异，小学低年级学生处于"适应新环境"阶段，既有好奇又有迷茫，高年级学生则处于身心快速变化的时期，情绪波动大且更容易受到消极情绪的影响。教师在设计教学活动时要考虑学生所处的认知阶段和心理特点，低年级活动以感受、认识情绪为主，中年级活动以表达、分析情绪为主，高年级活动以接纳、调控情绪为主。到了中学阶段，教师则要引导学生建立理性认知，通过改变对事物的看法和观念来改变情绪和行为反应。又如，在设计小学的"社交和社会适应"教学时，教学活动可采用团队游戏、情境模拟、案例分析等方式进行，一年级侧重入学后的环境适应和良好师生关系的建立，培养学生的角色意识；二年级侧重引导学生与同学建立朋友关系，正确处理冲突；三、四年级侧重小团体建设，避免学生被孤立或孤立他人；五、六年级关注青春期的亲子关系、升学压力和异性交往等方面。

在选择活动内容和形式时，也需要考虑学生的年龄特点。例如，低年级学生好奇心强、乐于表现，可采用更直观、简单的体验活动；高年级学生已初步形成自我意识，有些学生在教学时处于被动状态，需要多设计小组学习活动，带动全体学生参与。但不论哪一学段，"活动和互动"都是教学关键，这也是教学设计的基础，不仅要求学生全身心参与，还要求师生、生生之间有思想碰撞、言语交流和情感共鸣。

2. 按照"热身—导入—体验—总结"四个环节设计教学活动

热身环节可用小游戏、小故事开场，营造开放安全、轻松愉快的氛围，调动学生的积极性。

导入环节可用视频片段、身边的故事等创设情境，引出学习主题，或者结合情境提出一系列问题，这些问题可以作为讨论环节的内容。要注意的是，情境素材要贴合学生的生活经验，是学生熟悉了解的；问题设计可以从"是什么"开始，过渡到"为什么"和"怎么做"。

体验环节包括活动体验和交流分享。设计活动体验离不开三个关键要素。第一，角色扮演。让学生体验不同的角色任务，尝试新经验。第二，挑战与支持。活动要有一定的难度和挑战性，需要努力才能完成，在活动过程中教师要给予支持，如用语言鼓励、提供技术指导和素材等。第三，一致性和延续性。各个活动要围绕主题展开，活动之间有体验深度的递进。在实施过程中，教师要注意讲解活动任

务、规则，提示安全注意事项，并通过提问、示范等方式，确保学生都理解了活动规则。

总结环节主要是回顾整个学习过程，总结梳理成果，教师可以用颁奖、合影、合唱等有仪式感的活动，加深学生的记忆，同时借助作业、记录表等工具，引导学生将学习成果用于生活实践。例如，情绪管理活动结束后，可布置一周情绪调色盘、记录情绪曲线等作业，进一步巩固学习成果。

3. 合理选择和运用教学方法

本节内容常见的教学方法有角色扮演法、价值观辨析法、榜样引导法、行为强化法等，教师要结合不同年级学生的认知水平和心理特点，采用不同的教学方式方法进行授课。例如，可以组织小学生通过角色互换、情景剧表演等方式，让他们体验多种角色，感受不同角色视角下看待问题的方式；可以采用价值观辨析法，引导中学生通过头脑风暴、讨论辩论，利用理性思维和情绪体验来检查自己的行为模式，并与他人的行为模式进行比较，以达到解决价值冲突的目的；还可以引导学生观察并模仿榜样的行为，使其自身受到强化，达到教育目的，如实地参观访问、观看教育视频等。

第四节　运动安全与应急避险

本节重点介绍运动安全原则、运动损伤处理、应急避险常识和简单急救技能等内容。通过学习，学生可以树立预防为主、生命第一的安全意识，强化安全地进行体育运动的观念，进一步掌握预防运动损伤和常见自然灾害的方法以及简单的急救技能，保持对安全隐患的警惕性，预防身边紧急事件的发生，培养健康、科学的生活方式。

一、价值意义

通过运动安全原则的学习，学生可以掌握安全运动知识和技能、提高运动安全意识，能够在运动中有效预防运动损伤的发生，对于提高运动效果和增进身体健康具有重要意义。在体育锻炼和比赛中出现运动损伤时，如果学生知道运动损伤的处理原则和方法，他们就可以及时、正确地应对突发的运动损伤，减轻运动损伤造成的危害和伤者的痛苦，最终形成安全运动和科学锻炼的习惯。

意外伤害和自然灾害虽然是偶然发生、难以预料的，但掌握恶劣天气和突发事件的紧急避险和自救方法，可以最大限度地规避风险，或者在遇到危险时降低各种突发性紧急事件对学生身心健康造成的危害。同时，帮助学生树立良好的安全意识，提高遭遇突发性紧急事件时的避险和应变能力，可以有效减少突发性紧急事件的发生。在日常生活中，噎食、烫伤、被动物蜇咬、食物中毒、鼻腔出血、偶遇伤员、休克和心脏骤停等紧急情况时有发生，掌握必要的急救技能，不仅可以挽救家人和他人的生命，还可以有效避免或减少伤残的发生。

二、教材分析

（一）运动安全原则

"运动安全原则"各学段教材内容、教材重点和讲解要点如表 2-14 所示。

表 2-14 "运动安全原则"各学段教材内容、教材重点和讲解要点

序号	教材内容	教材重点	讲解要点	教授学段
1	运动损伤的预防	运动损伤发生的原因与预防措施	服装场地要适宜，先要热身后放松，合理负荷别过度，遵守规则保安全	小学、初中
2	运动前后的饮食卫生	运动前后的饮水和饮食卫生	饮水：少饮糖水后运动，运动之中少补充，小口慢饮温开水，运动过后忌冰冷，温水少盐可补充，饮水安全记心中。饮食：一小时后做运动，运动过后要放松，半小时后可补充，饮食安全记心中	小学
3	运动负荷的自我检测	适宜心率的确定和测定心率的方法	牢记自己靶心率，轻按颈颞十秒钟，数字乘六一分钟，适宜强度和负荷，晨脉测定恢复力，安全度过疲劳期	小学、初中
4	运动中的保护与帮助	保护与帮助的重要性和各项运动的保护与帮助方法	不同运动方法异，听师讲解心牢记，手扶站位方法对，出手及时不心急，你我安全肩上担，互帮互助保平安	小学、初中、高中

（二）运动损伤处理

"运动损伤处理"各学段教材内容、教材重点和讲解要点如表 2-15 所示。

表 2-15 "运动损伤处理"各学段教材内容、教材重点和讲解要点

序号	教材内容	教材重点	讲解要点	教授学段
1	轻伤出血	擦伤、挫伤和割伤的处理方法	擦伤：水冲清创要去污，由内而外做消毒，绷带松紧要适度，保持干燥防感染。挫伤：一日之内要冰敷，冰块不可触皮肤，每隔一刻要休息，伤情加重要就医。割伤：按压止血清创口，酒精碘伏来消毒，外加包扎创可贴，伤口较深要就医	小学、初中
2	拉伤	腿部韧带拉伤的处理方法	停止运动，冰敷防肿，压迫止血，抬高患肢	小学、初中

序号	教材内容	教材重点	讲解要点	教授学段
3	脱臼扭伤	脱臼、扭伤的处理方法	脱臼：坐位平躺防跌倒，固定患肢减疼痛，高抬冰敷防肿胀，快速就医来复位。 扭伤：快速冰敷冷处理，抬高患肢促回流，限制活动好恢复，柔韧加强防复发	初中
4	简易包扎	膝部、手部、手臂出血的加压包扎	8字螺旋两方法，先环后斜来包扎，后圈压住前圈半，松紧适度防出血	初中、高中
5	缓解发炎	肌腱、筋膜发炎的缓解方法	急性期冰敷二十分钟，抬高并固定患肢，用弹力绷带包扎以减少水肿，可用药物、理疗处理	小学、初中
6	骨折固定	骨折、骨裂的基本固定方法	肿痛明显可判断，夹板固定不移动，部位不同选方法，骨科就医来处理	初中、高中

（三）应急避险常识

"应急避险常识"各学段教材内容、教材重点和讲解要点如表2-16所示。

表2-16　"应急避险常识"各学段教材内容、教材重点和讲解要点

序号	教材内容	教材重点	讲解要点	教授学段
1	地震避险	地震中的自我保护与自救物品选择	震时就近来躲藏，空间小而有支撑，蹲下蜷身抓牢物，护住头颈闭双眼，趴下不要压口鼻，等待救援保体力	小学、初中、高中
2	火灾逃生	火灾逃生方法及注意事项	小火扑救与报警，一一九号要记牢，遇到大火要镇静，火已及身就地滚，毛巾沾湿捂口鼻，躲避浓烟要弓腰，避免踩踏要有序，不坐电梯走通道，无处可逃绳自救，消防气垫可跳楼	小学、初中、高中
3	洪水自救	洪水自救及逃生方法	洪水来前快转移，洪水到时高处移，抓住水中固定物，门板桌椅漂浮物，牢牢抓紧可逃生，断头电线要远避，洪水过后要防疫	小学
4	暴雨雷电	暴雨雷击的预防	关好门窗躲金属，不用电话与电器，站在低处防雷击，大树底下不避雨，触电先将电源闭	小学
5	绳结救生	巧设绳结的方法	半结是基础，八字可制动，平结两端绑，双套施力均，三套垂直拖，软硬渔人结，斜拉营钉结，缩绳可调节	初中、高中
6	预防拥挤与踩踏	拥挤与踩踏应急措施	文明有序可预防，人流边缘较安全，站稳脚跟不要慌，不可超越与逆行，一旦摔倒蜷成球，双手护好头和胸	小学、初中、高中

（四）简单急救技能

"简单急救技能"各学段教材内容、教材重点和讲解要点如表 2-17 所示。

表 2-17　"简单急救技能"各学段教材内容、教材重点和讲解要点

序号	教材内容	教材重点	讲解要点	教授学段
1	噎食处理	噎食的处理方法	被救者坐或站立位，施救从后抱腹部，双臂围其腰腹部，一拳按压脐肋间，一掌捂拳急用力，反复施救向上挤	小学、初中
2	烫伤处置	烫伤的处理方法	凉水冲洗速降温，连续进行二十分，剪开衣服免粘连，不挑水泡防感染，不乱涂抹非药品，保护创面送医院	小学、初中
3	动物蜇咬	动物蜇咬伤的处理方法	近心绑扎清伤口，降温冰敷毒少侵，挤压拔出含毒物，医院注射来抗毒	小学
4	食物中毒	食物中毒的症状与急救措施	两小时内快催吐，超时导泄服泻药，多喝水或鲜牛奶，加快代谢来缓解，中毒严重送医院，疗后饮食调理安	小学、初中、高中
5	鼻腔出血	鼻出血的处理办法	凡士林油纱条堵，传统塞鼻止血术，捏紧鼻翼十五分，也可横按上唇部，局部止血有药物，方法简单减痛苦	小学
6	伤员搬运	搬运伤员的方法	扶行抱持救轻伤，一肩一腿慢背负，双人互握大腿下，搭肩支托患背部，一头一足拉车式，步调一致慢移步，患者情况较严重，多人并排抱齐步	初中
7	休克急救	各种原因导致的休克与处理方法	意识浊皮肤凉，血压下降脉搏弱；呼吸快尿量少，确定休克需急救；平卧位下肢高，保持呼吸道通畅；体温低要保暖，初步治疗很重要；动病人轻而少，运送途中要吸氧；专人送勤观察，必要输液急救忙	高中
8	心肺复苏	心肺复苏的原则及操作方法	步骤：确定意识状态，呼救请求协助，迅速拨打 120，快速取到除颤器（AED）。 AED 的使用：接上插头扭开关，右胸上部贴极板；左乳外侧同操作，准确紧密保安全；分析心率做判定，除颤疏散身边人；不与患者体接触，按下"放电"做除颤；一次除颤五复苏，1+5 节奏做循环；心率意识得恢复，急救技能优势显 心肺复苏操作：肋弓剑突交界处，两手交叉掌根叠，直臂双肩胸骨上，垂直向下用力压，八十一百数频次，三十比二心复苏	初中、高中

三、教法建议

（一）强调预防为主，处理救助为辅

安全首在预防。在教学中，教师要帮助学生提高安全意识，掌握观察和消除安全隐患的方法，并通过自身能力避免安全事故的发生，特别是运动安全隐患，很多都可以提前做好防护和准备。例如，做好准备活动、选择安全的运动场地和器材、增强自身体能、正确评价自己的运动能力、掌握调整运动负荷和通过监测心率判断运动强度的方法等。在体育实践教学中，引导学生运动前检查服装和身体状态，选择适宜的运动场地，帮助学生养成良好的安全运动习惯，避免发生运动损伤。

在自然灾害和恶劣条件的伤害预防教学中，教师应教会学生提前了解天气状况、观察周边环境变化、熟知安全地形和位置等，尽量避免伤害的发生。例如，在户外突遇雷雨大风，学生应选择怎样的地理位置防风防雨防雷击？学生在参加学校组织的集体活动或人员密集的社会活动时应如何避险？首先是让学生尽量不去人员密集场所，如果必须要去，进入密集场所时要先看清紧急出口；参加人员较多的活动时要遵守秩序和规则，脚下站稳、手扶稳防摔倒等。在学校的实践活动中，教师要加强教育并强化预防措施，做到预防深入人心。在教学中，教师可以创设情境，使学生感受遇到恶劣天气时应采取的正确防护措施。在日常生活中，引导学生养成每天了解天气预报的习惯，根据天气预报增减衣服、选择防护用具（如雨伞、雨衣、防晒服、防晒霜等），提前做好防护工作，预防恶劣天气对身体造成的伤害。

（二）讲授与实践相结合

运动安全与应急避险的教学内容是学生在体育与健康学习过程中逐步认识和掌握的技能。在教学中，教师应结合运动实践课的相关内容，逐步渗透运动安全知识，引导学生关注运动安全、造成运动损伤的原因、如何预防运动损伤，帮助学生形成运动安全意识，养成安全运动习惯。例如，学生必须穿着运动服和运动鞋上体育课就是为了避免运动损伤的发生；体育课准备部分的热身是为了帮助学生做好运动前的机能准备，结束部分的放松是为了帮助学生消除身体疲劳。当运动损伤发生时，学生要能够对损伤进行正确的处理。教师在教学中可以采用视频示范、演示、实践操作等形式，帮助学生掌握正确的运动损伤处理方式和方法，以及应急避险的技能。

在日常生活中，学生难免出现噎食、烫伤、被动物蜇咬、鼻腔出血等紧急情况。如果教师教学时仅仅进行讲授，不进行实践操作，学生就很难真正掌握正确处理紧急情况的方法，一旦紧急情况发生，学生就容易产生恐慌心理，难以选择和采取正确的处理方式。因此，教师在教学中可以创设各种紧急情况情境，让学生相互进行处理，熟练掌握操作技能。只有这样，学生才能在紧急情况发生时做到处事不惊，进行有序有效的处理。

（三）创设真实生动的情境，让学生在实践中明理和学习

1. 关注学生日常运动习惯，加强运动安全指导

首先，教师在讲解时要注意联系学生的生活实际，准备一些与学生的学习、生

活和运动联系紧密的案例，以视频或 PPT 的形式呈现。其次，教师在教学过程中要多观察学生的运动行为，指导学生安全运动，如掌握正确的动作方法、做好充分的准备活动、学会监测自己的心率、观察面色和出汗量等。同时要做到知识教授与实践指导相结合、课内知识与课外知识相结合。例如，准备活动和放松活动动作是否准确；学生下课后大量饮水、夏季用凉水冲头等不良行为时，教师应事先提示，课后制止与纠正。教师要随时关注学生在日常生活和学习中对运动安全与应急知识的正确运用，做到勤观察、看细节、导行为，帮助学生逐步养成良好的安全运动习惯。

2. 加强学生角色转换，提高学生的安全责任意识

教师在教学中可以采用案例分析、情境再现和角色扮演等方式，营造灾害来临时的场景和气氛，加强教师示范和模拟演练，有利于提高学生的实际应用能力和心理素质。运动安全的关键在于学生能够在运动前、运动中和运动后运用安全运动的知识和技能预防运动损伤。运动损伤的防范具有一定的针对性，因此，教师在教学中要结合具体教学内容对学生进行方法指导，引导学生相互观察、相互帮助、相互提示，积极扮演练习者、观察者、保护者和实践者角色，确保自身和同伴运动安全。运动损伤的处理、应急避险常识和简单急救技能则重在实践操作。教师在教学中要让学生明确运动损伤和自然灾害对身体的危害，同时要让学生掌握遇到运动损伤和自然灾害时正确的处理和救助方法，以及如何避免这些因素对身体造成伤害的方法。在教学中可以通过学生扮演受伤者和救助者的角色，进行同伴间的互帮互救，让学生知道救助步骤和方法，掌握正确的救助技能。

3. 与学校德育活动相结合

学生的安全也是学校德育工作的重点，学校的德育部门也会经常组织学生参加火灾应急、地震应急等避险活动。德育活动中的社会大课堂实践活动，参与人员众多，较为密集，容易发生紧急事件。因此，教师要将学校的各项德育活动和体育活动相结合，抓住教学和教育的契机，有效组织，提高认识，实践所学运动安全与应急避险技能。

4. 激活学生已有生活经验，引发学生共鸣

学生可能对运动损伤的相关知识有一定了解，教师可以启发学生介绍自己生活中遇到过的损伤经历，使教学过程更加鲜活生动，避免教师枯燥地讲解和学生简单地重复。这样既可以体现教师对学生学习的主导性，又能体现学生学习的主体性。

5. 根据学生实际采用不同教学方式

教师在教学中要针对不同学段学生的认知水平和心理特点，采用不同的讲解、演示、操作等方式。特别是小学生，教师应尽可能采用生动、儿童易懂的语言，讲解简单明了，易于学生理解。此外，还可以采用游戏比赛或抢答的形式检测教学效果，既有趣又富有竞争性，能够有效提高教学效果。总之，选择的教学活动要形式多样，要面向全体学生，激发学生参与学习的兴趣。

思考题

1. 世界卫生组织发布的最新简报称，缺乏身体活动已成为全球第四大死亡风险因素。据估算，目前全世界每年因缺乏锻炼而致死的人数高达数百万。请结合这一素材，设计一次"热爱运动，告别久坐"的主题教育活动。

2. 如何看待体育运动对缓解青春期焦虑和保持青春期心理健康的作用？

3. 请设计一个能够帮助学生培养积极情绪的班级团体活动（40 分钟）方案。

4. 如何将生命安全与应急避险的教学内容与学生的日常生活和运动实践相融合？

第三章　基本运动技能教材教法

　　1~2年级是培养学生基本运动技能的关键时期。基本运动技能是由单个或多个人体最基础、不用大量专门训练即可习得的动作的集合。在儿童时期，基本运动技能是随着年龄的变化而获得和发展的以大肌肉群工作为主的动作技能，主要包括移动性技能（如跑步）、非移动性技能（如平衡）和操控性技能（如投掷）等。基本运动技能不仅是学生学习其他运动项目和参加体育竞赛的基础，也是学生探索环境、获取关于周围世界知识的重要手段和途径，对养成身体活动习惯、保持健康体重和提升体能水平等具有积极影响。

　　因此，在1~2年级开设基本运动技能课程是至关重要的。在体育教学中，教师应根据小学1~2年级学生的年龄特点开发和设计与基本运动技能相关的主题式游戏，利用丰富有趣的身体活动来发展学生的基本运动技能。每节课都要创设特定的情境，在情境中设定不同的角色，使学生通过体验与练习的方式参与到游戏中，不断发展基本运动技能。这样不仅可以激发学生的兴趣，培养规则意识和团队精神，还可以帮助学生逐步树立自信心。

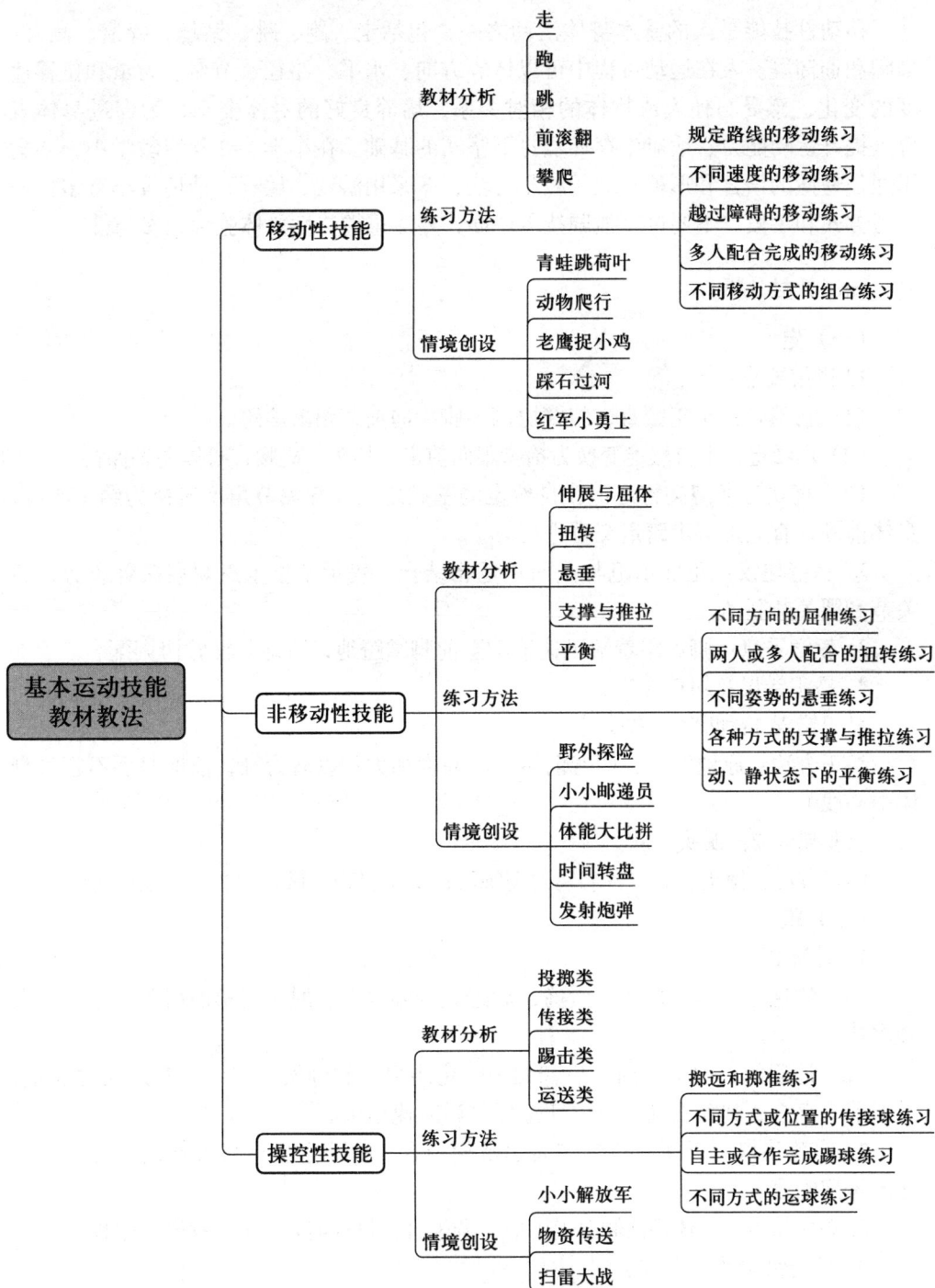

思维导图

```
                                                        走
                                                        跑
                                         教材分析          跳
                                                        前滚翻
                                                        攀爬
                                                                    规定路线的移动练习
                                                                    不同速度的移动练习
                           移动性技能        练习方法                  越过障碍的移动练习
                                                                    多人配合完成的移动练习
                                                        青蛙跳荷叶      不同移动方式的组合练习
                                                        动物爬行
                                         情境创设          老鹰捉小鸡
                                                        踩石过河
                                                        红军小勇士


                                                        伸展与屈体
                                                        扭转
                                         教材分析          悬垂
                                                        支撑与推拉
                                                        平衡
                                                                    不同方向的屈伸练习
                                                                    两人或多人配合的扭转练习
基本运动技能      非移动性技能      练习方法                  不同姿势的悬垂练习
教材教法                                                          各种方式的支撑与推拉练习
                                                        野外探险      动、静状态下的平衡练习
                                                        小小邮递员
                                         情境创设          体能大比拼
                                                        时间转盘
                                                        发射炮弹


                                                        投掷类
                                                        传接类
                                         教材分析          踢击类
                                                        运送类
                                                                    掷远和掷准练习
                                                                    不同方式或位置的传接球练习
                           操控性技能        练习方法                  自主或合作完成踢球练习
                                                                    不同方式的运球练习
                                                        小小解放军
                                         情境创设          物资传送
                                                        扫雷大战
```

第一节　移动性技能

移动性技能是人的基本身体活动之一，包括走、跑、跳、钻越、躲避、滚翻、攀爬和匍匐等。人在运动过程中可以体验方向、水平、路径、节奏、力量和位移速度的变化，感受与他人或物体的相对关系，培养良好的身体姿态，为促进身体发育、提升运动能力、适应生存环境打下坚实的基础。在小学 1~2 年级教学中，要运用通俗易懂的语言和形象直观的教学方法，多采用游戏、比赛、情境等丰富多样的练习方式和手段，不要过多强调技术层面，要注重趣味性、体验性、参与性。

一、教材分析

（一）走

1. 讲解要点：

（1）自然走：头正腰直，腿臂协调，脚尖向前，跟落滚蹬。

（2）提踵走：由自然走变换为抬脚跟向前走，抬头、立腰，身体姿态保持平稳。

（3）直立与半蹲交替走：在自然走的基础之上，膝关节角度转换为约 135 度，身体前倾，直立走与半蹲走交替进行。

2. 示范建议：正面示范与侧面示范相结合，提示学生重点观察摆臂姿势，膝关节和踝关节联动。

3. 教学重点：脚后跟着地迅速滚动至前脚掌蹬地，蹬地与摆臂协调配合。

4. 易犯错误及纠正方法：

易犯错误 1：两臂左右摆动。

纠正方法：原地踏步，两臂前后摆动幅度加大；以肩为轴，前摆时手不超过身体中心线。

易犯错误 2：低头含胸。

纠正方法：做头、肩、背靠墙站姿练习；头顶轻物，做背后屈肘夹物行走练习。

（二）跑

1. 讲解要点：

（1）快速跑：体稍前倾眼看前，后蹬充分幅度大，肘成直角前后摆，跑直步大频率快。

（2）追逐跑：两人一前一后，相距一定距离，教师发出口令，两人同时起跑，后追前，直至碰到前面同学身体任意部位后减速结束。

2. 示范建议：正面示范与侧面示范相结合，提示学生重点观察摆臂姿态和两腿的蹬摆配合。

3. 教学重点：上体稍前倾，上下肢协调配合，目视前方，前后摆臂，蹬地有力。

4. 易犯错误及纠正方法：

易犯错误 1：身体晃动。

纠正方法：胸前顶一张较小的纸向前跑，限制身体晃动的幅度。

易犯错误 2：仰头，挺腹。

纠正方法：收下颚，身体稍前倾，同时在终点设置醒目的标志物或标识，眼看标志跑步。

（三）跳

1. 讲解要点：

（1）单（双）脚跳：单（双）腿屈膝用力向上蹬离地面，跳起后单（双）腿屈膝缓冲着地。

（2）垫步跳：以单（双）脚跳为基础，两脚先后着地缓冲。

（3）跑跳步：以双脚跳为基础向上跳起，在空中一腿提膝一腿膝关节伸直，两腿同时稍屈膝缓冲落地，两腿交替进行。

2. 示范建议：正面示范与侧面示范相结合，提示学生重点观察起跳和落地时膝关节屈伸动作。

3. 教学重点：上下肢协调配合，身体落地轻巧。

4. 易犯错误及纠正方法：

易犯错误 1：单脚跳时身体向起跳腿一方倾斜。

纠正方法：码放标志物阻止身体向一方倾斜，逐渐完成。

易犯错误 2：单（双）脚跳时上下肢动作脱节。

纠正方法：先做下肢练习再做上肢练习，最后上下肢结合练习。

易犯错误 3：跑跳连贯性不好。

纠正方法：先做原地大踏步练习，然后进行跑跳结合练习。

（四）前滚翻

1. 讲解要点：蹲撑，两手撑垫，同时屈臂、低头、含胸、两脚蹬地、提臀收腹、重心前移，团身向前滚动，前滚时头后部、颈、肩、背、臀部依次触垫，然后抱小腿成蹲立。

2. 示范建议：以侧面示范为主，正面示范做补充。

3. 教学重点：蹬地有力、团身紧，滚动圆滑，动作连贯。

4. 易犯错误及纠正方法：

易犯错误 1：臀部抬得过高。

纠正方法：帮助者按住练习者的臀部加以限制。

易犯错误 2：头顶着地。

纠正方法：提示动作要点，同时下巴夹手帕练习低头动作。

易犯错误 3：团身不紧。

纠正方法：在斜坡上练习，降低难度；膝盖夹沙包练习团身动作。

易犯错误 4：方向不正。

纠正方法：双手平行撑于垫上，同时发力，在垫子上画一条线，沿直线滚翻，加强保护帮助。

（五）攀爬

1. 讲解要点：

（1）攀登。

① 同侧手脚并用：两臂屈肘，一脚蹬踏，同侧手向上攀，然后异侧手脚协调交替向上移动。

② 异侧手脚并用：两臂屈肘，一脚蹬踏，异侧手向上攀，同时同侧脚向上蹬，然后左右两侧手脚并用交替移动。

（2）手脚（膝）并用爬行。俯撑或跪撑后，胸腹部不着地，同时双手撑地向前爬行。

2. 示范建议：正面示范与侧面示范相结合，提示学生重点观察手、脚、膝抓握撑挪的移动方式。

3. 教学重点：找准支撑点和抓握点。

4. 易犯错误及纠正方法：

（1）攀登肋木。

易犯错误 1：上下肢配合不协调。

纠正方法：在横木或墙面上相应的位置贴上标记，做抓手印、踩脚印练习。

易犯错误 2：低头看地。

纠正方法：攀爬时眼睛应该向移动的方向上看。在每根横木的下边贴上一个数字，每爬一节横木大声念出数字。

（2）爬行。

易犯错误 1：手支撑的距离过近或过远。

纠正方法：摆放固定距离的小地垫，按地垫顺序练习。

易犯错误 2：身体扭动幅度过大。

纠正方法：放慢爬行速度，强调身体正直向前，注意手膝或者手脚发力前后蹬挪，同时可由同伴手扶腰部，告知练习者身体扭动幅度过大了。

二、练习方法

（一）规定路线的移动练习

1. 方法描述：沿平面场地上的直线、曲线、图形、数字等进行各种移动，也可以沿各种器材摆出的路线移动。

2. 练习要求：观察路线轨迹，根据路线提示移动。

3. 组织方法：按纵队依次进行。

4. 教学建议：

（1）适用于刚入学的一年级学生，单一练习项目，距离 10~15 米，练习 2~4 组。

（2）练习的路线、图形、数字以及距离的长短要有变化。

5. 拓展练习：

（1）走、跑组合：沿规定路线进行自然走、快速跑交替练习。

（2）走、跳组合：沿规定路线，做提踵走和单、双脚跳结合的练习。

（3）匍匐、跳、跑组合：沿规定路线先匍匐，后连续单脚跳，最后快速跑回起点。

（二）不同速度的移动练习

1. 方法描述：根据不同提示、语言、手势、口令等，进行快速、慢速、先快后慢、先慢后快、快慢改变的移动练习。

2. 练习要求：快速反应，灵活运用。

3. 组织方法：拉大间距，方向一致。

4. 教学建议：

（1）提示对应的变换要求，可随机变换。

（2）鼓励速度慢的同学先跟自己比赛，全力以赴。

5. 拓展练习：

（1）"小雨点、大雨点"：走跑跳组合，播放下雨打雷的音乐，小雨点慢速提踵走，大雨点快速提踵走，打雷了快速跑，最后垫步跳过水坑。

（2）看谁移动快：滚爬跳组合，听哨音，短音加速，长音减速，每改变一次哨音，就改变一种移动方式。

（三）越过障碍的移动练习

1. 方法描述：利用各种移动性技能通过一定长度、宽度、高度等不同数量的障碍物。障碍物可以是垫子、跨栏架等。

2. 练习要求：根据障碍物的长宽高，先规定固定的通过方法，再自由发挥。

3. 组织方法：分组循环进行。

4. 教学建议：

（1）障碍物数量要适中，初步接触时由易到难，熟练后可灵活调整。

（2）通过障碍物的方法很多，让学生仔细观察，思考自己通过的方法。

5. 拓展练习：

（1）搬运重物：手拿、肩挑一定重物，跳过、走过、爬过一定数量的高度逐渐上升的垫子。

（2）两脚夹物过障碍：两脚夹丝带，连续并脚跳通过一定距离或跳过小垫子、跨栏架等障碍物。要求两个脚必须夹紧丝带，不能掉落。

（四）多人配合完成的移动练习

1. 方法描述：采用两人或多人手拉手、肩并肩、你追我赶等方式移动通过一段距离。

2. 练习要求：通力合作，协调配合。

3. 组织方法：两人或多人一组。

4. 教学建议：

（1）先易后难，先近后远，先体验再比赛。

（2）注意身高、胖瘦、能力强弱的搭配。

（3）提示团队成功才是成功，过程比结果重要，培养团队协作能力。

5. 拓展练习：

（1）2~3 人运球走：2~3 人手拉手，共同用脚运一个球到指定地点。

（2）贪吃蛇：两人从手拉手开始，利用走、跑、跳的方式通过不同障碍，每通过一个障碍增加一个人，障碍的难度可由易到难。

（3）增加限制的练习，如在规定时间、线路上多人组合利用移动技能完成一定距离的任务。

（五）不同移动方式的组合练习

1. 方法描述：通过走、跑、跳、翻、滚、爬、支撑等进行向前、向后、向左、向右和多方向（旋转）的组合移动练习。

2. 练习要求：快速、灵敏、协调地完成各种移动练习。

3. 组织方法：按纵队依次进行。

4. 教学建议：先进行简单、单一的移动练习，再进行多种移动方式的组合练习，熟练后可增加移动方式或移动组合的难度。

5. 拓展练习：

（1）多人合作进行各种移动方式的组合练习。

（2）增加远度、高度、距离的不同移动方式的组合练习。

三、情境创设

（一）青蛙跳荷叶

1. 游戏方法：排成四路纵队，每一路前面有 4~6 个相距 40 厘米、半径 15 厘米的圆圈，采用单双脚跳依次跳进圆圈，然后采用提踵走返回，与后面的同学击掌接力，用时最短的组获胜。

2. 规则与裁判方法：遵守规则，不能踩到圆圈或圆圈的外面；击掌交接时，出发的人不能提前移动。

3. 情境拓展：小青蛙们要去找妈妈，或者找其他小青蛙玩，途中下起了雨，小青蛙们想找一个地方避雨，保护自己，安全运动。

4. 游戏拓展：比一比哪只小青蛙跳得最快；加大圆圈的距离，比一比哪只小青蛙跳得远。

（二）动物爬行

1. 游戏方法：把学生分为 4 组，每组 4~6 块小垫子，每个学生依次利用手膝、手脚、匍匐的方式爬过小垫子。

2. 规则与裁判方法：开动脑筋模仿各种爬行动物；遵守规则，不能爬到垫子以外的区域。

3. 情境拓展：举办一场爬行动物选秀大会，每个学生都变身为一种爬行动物，并在大会上展示自己的爬行动作，请同学们猜一猜都有哪些爬行动物。

4. 游戏拓展：模仿一种动物爬行或者模仿 2~4 种动物爬行。

（三）老鹰捉小鸡

1. 游戏方法：在一定大小的区域内，1 人扮演老鹰，1 人扮演鸡妈妈保护身后的小鸡，后面的学生依次抓住前面同学的衣服。游戏开始，老鹰快速地左右移动去抓小鸡，小鸡们在鸡妈妈的保护下快速躲避。

2. 规则与裁判方法：小鸡和鸡妈妈的连接不能断开；被抓到的小鸡退出游戏，在指定区域蹲下观赛；老鹰只能抓最后一只小鸡，三分之一的小鸡被抓到后更换角色。

3. 情境拓展：老鹰出来觅食，发现了一群小鸡，鸡妈妈发现了老鹰，迅速开始保护小鸡，并让小鸡们紧紧跟在自己的身后。

4. 游戏拓展：老鹰和小鸡们都由跑姿转变为蹲走、跑跳步、垫步跳等方式追逐；两只老鹰手拉手抓小鸡。

（四）踩石过河

1. 游戏方法：把学生平均分成若干路纵队，在每一路纵队的前面摆放小垫子、绳梯、圆圈、沙包等器材构建各种各样的小河，学生通过器材的顺序可灵活调整。

2. 规则与裁判方法：采用往返接力的方法，在固定的障碍物上只能用规定的方法移动，遵守秩序；如果挪动了器材，要将其放回原位，轻拿轻放，爱护器材；最快完成的小组获胜。

3. 情境拓展：小战士们要为前方的部队运送补给，但是途中会遇到一些艰难险阻，同学们需要克服这些困难，去努力完成任务。

4. 游戏拓展：增加障碍物数量或高度；采用单脚跳过或绕过等方式移动；逐渐加大障碍间距。

（五）红军小勇士

1. 游戏方法：4~5 人一组，同时出发，在行进路线上跑出 10 米后，跳过一定距离和高度的垫子，然后跳过相距 40 厘米的跨栏架，爬上 3 级跳箱，完成 4 块垫子的小山洞爬行，最后单手抱球匍匐到终点。

2. 规则与裁判方法：学生排队依次体验通过每一个障碍，遵守秩序，待熟练后再比赛；若同伴没有成功，可互相提醒和帮助；碰倒的障碍物一定要放回原位或者告诉老师，培养诚实守信的良好品质。

3. 情境拓展：小勇士们，你们只有闯过各种艰难险阻，才能抵达邪恶势力的核心总部，一举歼灭敌人，伸张正义。

4. 游戏拓展：增加游戏难度，如增加障碍物的长度、高度、宽度、间距以及路线的总距离等。

第二节 非移动性技能

非移动性技能是指在运动中身体相对于地面不产生位移的基本运动技能，主要包括伸展、屈体、扭转、悬垂、支撑与推拉、平衡等活动，以及"高矮人""不倒翁""金鸡独立""木偶人"等非专项运动游戏。由于小学 1~2 年级学生刚刚开始进行较为系统的体育运动，因此教师应先安排比较基本、简单的动作练习，并结合情境创设和游戏，在提高学生练习兴趣的基础上，帮助学生建立肢体与空间的概念，提升关节屈伸能力、手臂力量和抓握能力，以及身体控制与平衡能力。

一、教材分析

（一）伸展与屈体

1. 讲解要点：上肢、下肢或躯干向体前、体侧、体后等不同方向伸展至肢体最远端。

（1）手臂伸展：两臂上举，力达指尖，大臂内侧贴耳朵，肩角打开成 180 度。

（2）躯干伸展：身体俯卧，小腿后屈，两手抓住同侧脚的脚踝，肩向后展，躯干充分向后上方伸展。

屈体是发生在身体关节部位的运动，是身体部位之间相互接近的动作。

（1）体前屈：身体直立或成直角坐，背部伸直，两臂前举，以髋关节为轴，上体前屈，胸部贴近大腿。

（2）体侧屈：身体直立，两脚开立与肩同宽，两臂侧平举，头、颈、背成一条直线，上体向侧方屈。

2. 示范建议：伸展练习主要采用正面示范，屈体练习主要采用侧面示范。

3. 教学重点：伸展动作舒展，力达指尖；屈体时头、颈、背成一条直线。

4. 易犯错误及纠正方法：

易犯错误 1：体前屈时含胸弓背。

纠正方法：将体能棒放在背部中间，使其平行于地面，同时两手臂绕至棒后，大臂夹棒进行上体前屈练习。

易犯错误 2：体侧屈时上体拧转。

纠正方法：两人背靠背，手背贴手背进行体侧屈练习或者贴墙进行练习。

（二）扭转

1. 讲解要点：扭转是身体或者身体的某部分在固定的基础上沿垂直轴所做的转动，可以发生在颈、肩、脊椎、髋、膝等部位。身体可以采用站姿，也可以采用卧姿。

2. 示范建议：先镜面示范再背面示范，提示学生重点观察转动中身体的姿态与转动角度。

3. 教学重点：背部伸直，水平转动。

4. 易犯错误及纠正方法：

易犯错误 1：转动时肩部侧倾。

纠正方法：两手互握成"手枪"，眼睛看"枪"，上体随手水平转动。

易犯错误 2：转动角度过大或过小。

纠正方法：两人或多人站成一列横队，相互间隔半臂距离，反复做向左或向右转体的双手触碰前方同学肩部的练习。

（三）悬垂

1. 讲解要点：

（1）直臂悬垂：跳起后两手正握杠，两手间距与肩同宽，身体自然下垂。

（2）斜身直臂悬垂：两手正握杠，两手间距稍宽于肩，手臂伸直，两腿前伸至杠前，身体成一条直线，肩角为 90 度，身体与地面的夹角约 45 度。

2. 示范建议：先正面示范再侧面示范，提示学生重点观察握杠方法、身体姿态和身体角度。

3. 教学重点：悬垂时保持正确的身体姿态。

4. 易犯错误及纠正方法：

易犯错误 1：直臂直体悬垂时腰腹松弛，重心前后晃动。

纠正方法：在杠正下方的地面上贴一条与杠平行的标志线，悬垂练习时，提示练习者紧腰收腹，同时脚尖指向标志线以便控制身体重心。

易犯错误 2：斜身直臂悬垂时核心部位下垂。

纠正方法：帮助者站在杠前，练习者体侧，两手托其腰背部，提示练习者紧腰收腹，身体成一条直线。

（四）支撑与推拉

1. 讲解要点：

（1）支撑是指手、臂或身体其他部位支撑器械或地面，肩轴高于或平行于器械轴、支撑点的一种姿势。

① 平板支撑：俯卧，两肘支撑，大臂垂直于地面，两腿并拢，前脚掌蹬地，腰腹收紧，身体成一条直线。

② 俯撑：俯卧，两手间距与肩同宽，直臂支撑，手臂垂直于地面，两腿并拢，前脚掌蹬地，身体成一条直线。

（2）推拉：推是使物体远离身体的用力过程，拉是使物体靠近身体的用力过程。做推拉动作时，两腿前后分开，屈膝降低重心，增加身体稳定性，同时上体应保持直立，避免脊柱受伤。

2. 示范建议：先正面示范再侧面示范。

3. 教学重点：推与拉时身体重心与发力的区别。

4. 易犯错误及纠正方法：

易犯错误 1：支撑时手臂没有与地面垂直。

纠正方法：在地面上贴一条长为 50 厘米的标志线，提示练习者肩和支撑部位在标志线的正上方。

易犯错误 2：推物体时重心不稳定。

纠正方法：两人相距约两臂远，手掌相对，匀速发力向前推动。

（五）平衡

1. 讲解要点：

（1）静态平衡是在动作静止的状态下维持身体平衡的练习方法，如双脚提踵站立，以及单脚在直线、瑜伽砖、体操凳、低平衡木上站立。

（2）动态平衡是在主动、被动或干扰中进行肢体运动时维持身体平衡的练习方法，如单腿支撑下完成的肢体屈伸、跳转动作等。

2. 示范建议：先正面示范再侧面示范，强调维持身体平衡的动作要点。

3. 教学重点：紧腰收腹，脚趾扒地。

4. 易犯错误及纠正方法：

易犯错误 1：静态平衡练习时重心晃动。

纠正方法：头顶标志盘或者手托标志盘进行练习。

易犯错误 2：动态平衡练习时重心晃动。

纠正方法：拉力带一端固定，手持另一端，辅助身体进行屈伸、转体、左右跳转练习；先进行小幅度、慢速的动作练习，再逐渐加大动作幅度和速度。

二、练习方法

（一）不同方向的屈伸练习

1. 方法描述：

（1）手臂向不同方向伸展：手臂按顺序进行前平举、侧平举、上举、侧上举、侧下举、斜上举、斜下举、体后下举等 8 个方向的伸展练习。

（2）手持轻器械体侧屈：两脚开立略比肩宽，上体正直，两手握矿泉水瓶置于头上方，上体反复做体侧屈练习。也可以一手持矿泉水瓶，一手上举。

2. 练习要求：伸展动作力达指尖，背部伸直，动作方向准确。

3. 组织方法：体操队形。

4. 教学建议：将 8 个动作串联起来进行集体练习，边做边说出动作名称，帮助学生记忆。

5. 拓展练习：

（1）上、下肢配合伸展：边踏步边进行手臂伸展练习，完成 8 个动作为一组，练习 2~3 组。

（2）两人体前屈：两人距离一臂远背向站立，手持一个篮球经头上、胯下进行传球练习，每组做 3~5 次，练习 2~3 组。

（二）两人或多人配合的扭转练习

1. 方法描述：两腿开立与肩同宽，两臂前平举，上体直立，向侧扭转 90 度。

2. 练习要求：两脚保持不动，收腹立腰，上体水平转动。

3. 组织方法：体操队形。

4. 教学建议：

（1）练习时，要强调水平转动，眼随手动。

（2）两臂前平举，正握体操棒，反复做体转练习。

5. 拓展练习：

（1）双人转体击掌：两人距离一臂背向站立，上体同时向同侧拧转，双手击掌，左右各一次，练习 4~6 次。

（2）多人转体传接球：多人站成一路纵队，前后一臂距离，从排头开始向左扭转将球传给第二个人，第二个人反方向扭转传给下一人，依次进行，直到球传至最后一人，所有人向后转，按此方法将球传回，练习 2~3 次。

（三）不同姿势的悬垂练习

1. 方法描述：跳起后两手正握杠，两手间距同肩宽，大小臂夹角约 90 度，身体自然下垂。

2. 练习要求：紧腰收腹，躯干伸直。

3. 组织方法：密集队形。

4. 教学建议：

（1）初次进行悬垂练习时，要在保护下完成。

（2）练习时，要保持严肃，注意力集中。

（3）由低杠练习逐渐过渡到高杠练习。

（4）如果抓握没有力量，可以先进行跳上跳下抓杠练习。

5. 拓展练习：

（1）蹲姿直臂悬垂：跳起两手正握杠，两手间距与肩同宽，成蹲姿悬垂，坚持 10~20 秒，练习 2~3 次。

（2）斜身引体：准备姿势为斜体直臂悬垂，两手间距略比肩宽，两手用力拉杠，拉至胸和大臂在一个平面时还原，每组做 5~10 个，练习 2~3 组。

（四）各种方式的支撑与推拉练习

1. 方法描述：

（1）支撑：俯卧，两臂直臂支撑，且垂直于地面，身体成一条直线。

（2）推拉：分腿坐于垫上，两手向前推轮胎或小垫子，再将其向后拉回。

2. 练习要求：

（1）支撑：手臂垂直于地面，身体成一条直线。

（2）推拉：体会手臂推、拉的动作方向。

3. 组织方法：体操队形。

4. 教学建议：区分推和拉是两种反向的力，让学生说一说生活中有哪些推拉动作。

5. 拓展练习：

（1）仰撑：身体仰卧，手、脚撑地，小腿和手臂垂直于地面，大腿和躯干在同一个平面上，坚持 20~30 秒，练习 2~3 次。

（2）单人蹲姿推拉：分腿成蹲姿，两手掌向前推轮胎或木箱，再将其向后拉回，每组做 4~6 次，练习 2~3 组。

（3）双人坐姿推球：两人相隔 2~3 米面对面成分腿坐，双手向对方的方向推篮球，每组做 8~10 次，练习 2~3 组。

（五）动、静状态下的平衡练习

1. 方法描述：

（1）静态平衡：双脚提踵站立或单腿站立，两臂侧平举，身体保持不动。

（2）动态平衡：单腿站立纵跳练习，或借助器械进行单腿支撑提膝练习。

2. 练习要求：紧腰收腹，利用脚趾抓地来控制身体平衡。

3. 组织方法：学生围成一个圆圈站立。

4. 教学建议:

（1）由易到难,先进行扶墙或扶同学肩膀的提踵或单腿站立平衡练习,再过渡到单人站立平衡练习。

（2）练习过程中身体松懈时,需要提示练习者紧腰收腹,利用脚趾抓地控制身体平衡。

（3）左右腿交替进行平衡练习。

5. 拓展练习:

（1）单人静态平衡:闭上眼睛进行单腿平衡练习,坚持 5~10 秒,练习 2~3 次。

（2）单人动态平衡:一腿支撑,另一腿伸直,脚尖离地,由前向后反复画半圆。画半圆的腿可以逐渐提升高度,挑战谁画的圆位置高,每组做 4~6 次,练习 2~3 组。

（3）双人合作动态平衡:一人发出方向指令,另一人单腿站立,按指令原地跳转,6~8 次后两人互换角色。

三、情境创设

（一）野外探险

1. 游戏方法:我们一起去野外探险,途中会遇到许多危险,如滚石、龙卷风、蝗虫等。我们要注意听队长发出的信号,在危险来临时快速做出反应,遇到滚石时向上跳起,遇到龙卷风时双手撑地趴下,遇到蝗虫时左右挥动手臂。

2. 规则与裁判方法:听到信号后 3 秒之内做出避险动作;避险动作不规范视为失败一次;避险成功的次数最多者获胜。

3. 情境拓展:边练习边增加新的危险。例如,遇到洪水时,可以体前屈双手互握抱住大树;遇到野兽时,趴下静卧。结合情境培养学生冷静、勇敢地面对危险的意识,促使学生提升安全意识,珍爱生命。

4. 游戏拓展:分组抽签选择不同的危险,比一比哪个组遇到危险时采用的处理方法更好。

（二）小小邮递员

1. 游戏方法:我们是邮递员,有几封重要信件要送到指定地点,每封信都需要 6 个站点的邮递员依次传递。

2. 规则与裁判方法:站成横排传递信件,只转动身体,脚离地视为犯规;接到信件后,将其传出去,传递速度最快的组获胜。

3. 情境拓展:在传递信件的过程中突遇前方修路,需要绕行,接到信件后原地转一圈再继续向下传,提高学生的规则意识与责任感。

4. 游戏拓展:变换队形传递信件,如站成纵队转身向后传递。

（三）体能大比拼

1. 游戏方法:我们是来自不同地区的特警部队,今天要进行体能比赛,每个队派 6 人参赛,当听到裁判哨声后,各队的第一名队员直臂悬垂,直到落下换下一位,依次进行。

2. 规则与裁判方法：每次换人时间不能超过 5 秒，否则下一人取消比赛资格；累计坚持时间最长的队获胜。

3. 情境拓展：每个队自己确定队长、上场顺序、队名和口号。将力量练习融入集体练习中，通过大家共同参与、相互鼓励，树立规则意识，增强集体荣誉感。

4. 游戏拓展：挑战不同难度的悬垂动作，可以进行悬垂摆腿、斜身直臂悬垂或斜身引体比赛。

（四）时间转盘

1. 游戏方法：我们围成一个时间转盘，头朝向圆心俯撑在地上，用一个排球作为指针，大家用右手依次向左推动指针转动，球回到起点后起身站立将球举起。

2. 规则与裁判方法：排球中途滚出，捡回重新开始；只有推球手可以碰球，其余部位碰球视为犯规；转盘速度最快的组获胜。

3. 情境拓展：在时间转盘转动过程中，还可以下达"时间停止"命令，提高学生快速推球、停球的能力。在相互激励、相互合作的集体练习中培养学生积极向上、乐观开朗的人生态度。

4. 游戏拓展：变换推球姿势，如平板支撑，体会不同的支撑方法，激发学生的学习兴趣。

（五）发射炮弹

1. 游戏方法：我们是保卫祖国的战士，前方战场上有很多敌方坦克，我方需要多个战斗小组，任务是发射炮弹炸毁坦克。一位战士负责瞄准和发射炮弹，单腿支撑，另一条腿向前抬起，旁边的战友负责将炮弹放在战士抬起的脚背上，发射 3~5 枚炮弹后，互换角色。

2. 规则与裁判方法：发射炮弹的脚不能着地，落地一次视为失败一次；发射炮弹的过程中与敌方坦克保持 3 米距离，支撑脚不能过线，否则视为犯规；沙包落在垫子上次数最多的小组获胜。

3. 情境拓展：敌方坦克向后撤退，我方乘胜追击。逐渐向远处移动小垫子，在增加难度和动作幅度的基础上进行平衡练习，使学生在不断挑战自我、超越自我的过程中体验进步与成功的快乐。

4. 游戏拓展：换另一条腿发射炮弹，使身体均衡发展。

第三节　操控性技能

操控性技能是对器械进行控制的基本运动技能。人在运动时，身体要对器械主动发力或在控制和接收来物时缓冲器械的冲击力，这类动作包括各种投、传、击、踢、接球，用手或用脚运球，用短（长）柄器械击球等活动，以及"毛毛虫划龙舟""托乒乓球比赛"等游戏。根据小学 1~2 年级学生的身心特点，教师应将各种器械类活动融入游戏中，发展学生的灵敏性、协调性、位移速度、肌肉力量等体能，使学生在游戏活动中感受运动的乐趣，初步获得基本运动技能的知识和方法。

一、教材分析

（一）投掷类

1. 讲解要点：投掷时，抓握器材的方式和准备姿势，以及投掷顺序和出手角度。

（1）持轻物掷远。

① 单手正向持轻物掷远：手持轻物，身体成站立（蹲、跪立等）姿势，双脚蹬地，肩上屈肘，瞄准目标，快速挥臂，将轻物向前方掷出。

② 单手侧向持轻物掷远：手持轻物，左肩正对投掷方向，右臂后引，右脚开立，蹬地转体，从肩上将轻物掷出，出手快速有力。

③ 双手持轻物掷远：双手五指分开抓握轻物，面向投掷方向，双臂屈肘于头后，两臂同时用力甩臂将轻物抛出。

（2）持轻物掷准。

① 单手持轻物掷准：用单手掷远的动作方法将轻物投向目标。

② 双手持轻物掷准：用双手掷远的动作方法将轻物投向目标。

2. 示范建议：先完整示范再分解示范，先正面示范再侧面示范，提示学生重点观察肩上屈肘、快速挥臂的动作。

3. 教学重点：向远处投掷的准确度。

4. 易犯错误及纠正方法：

易犯错误 1：肘关节外展。

纠正方法：一手托肘做挥臂练习，提示投掷臂屈肘向前。

易犯错误 2：出手角度过低。

纠正方法：在前方 2~3 米处，拉一条 2~3 米高的横绳，或向一定高度的目标（如树梢、屋顶等）方向投出。

（二）传接类

1. 讲解要点：五指自然分开持器械于体前，身体成站立（蹲、跪立、坐等）姿势，进行不同方式、位置、距离的传接练习。

（1）不同方式的传接球。

① 原地双手胸前传接球：双手持球于胸前，五指触球侧后方，蹬地发力加抖腕，目视前方把球传，两臂前伸迎接球，顺势接球引入怀。

② 原地双手击地传接球：双手持球向前下方用力将球传出，击地点在传球人距接球人距离三分之二的地方，接球人两臂前伸迎球，接球后回收。

（2）不同位置的传接球。

① 头顶传球：双腿站立成纵队，前面的人用双手把球经头顶向后传。

② 胯下传球：双腿开立成纵队，上体略前倾，前面的人用双手把球经胯下向后传。

2. 示范建议：先完整示范再分解示范，先正面示范再侧面示范，提示学生重点观察翻腕、拨指传球和两臂前伸迎接球的动作。

3. 教学重点：传球时的伸、翻、拨，接球时的伸、迎、引。

4. 易犯错误及纠正方法：

易犯错误 1：传球时两手外展。

纠正方法：提示两手下垂，体会翻腕拨指的动作和两臂均匀用力的感觉。

易犯错误 2：接球手法不正确，引球动作不及时。

纠正方法：自己或与同伴抛接球练习，养成张手、伸臂、迎球、后引的动作习惯。

（三）踢击类

1. 讲解要点：踢是脚和腿对物体发力的过程。击是通过身体的某部分（手）或所持某种器械（球拍、球棒）对一个静止物或移动物施加力量的过程。

（1）踢球。

① 踢地滚球：踢球时一腿支撑，重心稍低，用摆动腿的脚内侧或脚背正面踢球的中后部。接球时，脚离地面不高于球的高度，用脚掌接球。

② 踢准：支撑腿微屈，重心稍低，用摆动腿的脚内侧或脚背正面踢球的中后部，将球向前方的标志区或标志物踢出。

（2）踢毽子。

① 盘踢（单脚内侧踢）：用脚内侧踢毽子，踢的时候，脚踝发力带动小腿上摆，膝关节外展，髋关节展开，毽子高度一般不超过下巴。

② 拐踢（单脚外侧踢）：踝关节发力带动小腿向体侧后上方摆动，脚尖上勾，大腿内扣，用脚外侧踢毽子。

（3）持器械击球或轻物。

① 赶小猪：手持接力棒，将实心球赶到指定位置。

② 打地鼠：手持接力棒，垂直向下击打网球。

2. 示范建议：先完整示范再分解示范，先正面示范再侧面示范，重点示范脚内侧和脚背正面踢球动作，以及屈膝上摆膝关节外展踢毽子动作。

3. 教学重点：用正确的身体部位踢击器械的相应部位。

4. 易犯错误及纠正方法：

易犯错误 1：踢球时脚尖向下或向上勾。

纠正方法：将球停住，原地反复练习脚内侧或脚背正面踢球。

易犯错误 2：踢不到毽子。

纠正方法：将毽子放到脚内侧足弓处或者脚外侧，做静力练习；用绳拴住毽子进行练习。

（四）运送类

1. 讲解要点：

（1）不同方式运球。

① 原地运球：两膝弯曲体前倾，自然分指手心空，以肘为轴指腕压，柔和按拍要缓冲。

② 行进间运球：上体前倾膝微屈，五指分开肘为轴，用力按球侧后方，大步

奔跑要跟上，左右两手快运球，抬头观察视野广。

（2）运送不同物体。

① 小小搬运工：将运动器材运送到指定位置，如搬运轮胎、小哑铃等。

② 小马过河：将体操垫连成桥依次通过，可以爬行，也可以滚动。

2. 示范建议：先完整示范再分解示范，先正面示范再侧面示范，提示学生重点观察手指与球的接触部位和按拍球时随球与迎球动作。

3. 教学重点：手指控制球时的部位与运球方向。

4. 易犯错误及纠正方法：

易犯错误 1：用手掌拍球。

纠正方法：体会按拍球的正确手型，可比喻成像扇贝一样，扇面（五指）张开，贝壳心（手心）空出。

易犯错误 2：低头运球。

纠正方法：口头提示或用红绿灯游戏等方法逐步使学生抬头看球。

二、练习方法

（一）掷远和掷准练习

1. 方法描述：五指自然分开抓握或捏住轻物，前后或者平行站立，经肩上向前自然挥臂，将轻物向前方掷出。

2. 练习要求：肩上屈肘，协调用力，对准投掷方向，看准目标自然挥臂投出。

3. 组织方法：四列横队体操队形，适合徒手模仿练习；两路纵队背靠背，向相反方向进行投掷练习。

4. 教学建议：

（1）使用容易抓握和控制投掷方向的物品，如羽毛球、网球、小沙包等。

（2）练习要考虑学生的上肢均衡发展，注重左右手交替进行投掷练习。

（3）由徒手模仿练习过渡到原地抛接练习，每个动作练习 5~8 次。

5. 拓展练习：

（1）站在距目标 3~5 米处，将投掷物投向 1.5~2 米高的目标，逐渐缩小投准目标，练习 5~8 次。

（2）将轻物投过 5~6 米远、2~3 米高的皮筋或横绳，体会投掷高度和远度，练习 5~8 次。

（3）各种身体姿势（跪立、蹲、站立）和正向、侧向以及单手、双手的投掷练习，每个动作练习 3~5 次。

（二）不同方式或位置的传接球练习

1. 方法描述：五指自然分开持器械于体前，身体成站立（蹲、跪立、坐等）姿势，进行不同方式、位置、距离的传接球练习。

2. 练习要求：翻腕、拨指传出球；两臂前伸迎接球，顺势接球引向后；动作连贯、协调用力。

3. 组织方法：四列横队体操队形，适合徒手模仿练习；两人或多人一组进行传接球练习。

4. 教学建议：

（1）通过徒手模仿原地双手胸前传、接球动作，体会传接球的动作要领。

（2）两人、三人或多人一组，站成相应队形，依次传接球。

（3）启发学生观察、思考练习时存在的问题，完善手型、上下肢的配合。

5. 拓展练习：

（1）抢断球游戏：若干学生围成一个圆圈，2~3 人在中间，抢断外围学生传接的球，练习 5~8 次。

（2）五角传球：五人一组站成五角形，五个角分别对应 1—5 号，1 传给 3，3 传给 5，5 传给 2，2 传给 4，4 传给 1，依此反复，熟练后可用两个球同时练习，练习 5~8 次。

（3）横向移动换位传接球：四人一组，相距 3~5 米站成正方形，四个角分别对应 1—4 号，1 和 2 同时分别将球传给 3 和 4，然后 1 和 2 立即横向移动换位分别接 3 和 4 的回传球，3 和 4 传球后同样横向移动换位接球，依此反复，练习 5~8 次。

（三）自主或合作完成的踢球练习

1. 方法描述：踢球时，一腿支撑，重心稍低，踢球的中后部；接球时，脚离地面不高于球的高度，用脚掌停球。

2. 练习要求：一腿支撑，另一腿小腿摆动发力，用脚内侧或脚背正面踢球。

3. 组织方法：四列横队体操队形，适合徒手模仿练习；两人或多人一组，进行踢地滚球练习。

4. 教学建议：

（1）两人一组踢静止球、接滚动球，体验踢球和接球的感觉，每个动作练习 5~8 次。

（2）一人一球，距墙 2~3 米，自主练习踢地滚球，并停住从墙面反弹回来的球，可逐渐加大与墙的距离，练习 5~8 次。

（3）两人一组，相距 1.5 米左右，一人用手把呼啦圈立在地上，另一人用脚内侧或脚背正面将球踢进呼啦圈，轮流练习 5~8 次。

5. 拓展练习：

（1）三人站成三角形或多人站成多边形，进行依次传接地滚球游戏，练习 5~8 次。

（2）将呼啦圈平放在地上，尝试将球踢进呼啦圈，练习 3~5 次。

（3）在地上摆放标志物，练习踢准，逐步加大距离，练习 3~5 次。

（四）不同方式的运球练习

1. 方法描述：运球时，目视前方，上体稍前倾，以肘为轴，用力按拍球的后上部，跑动的步伐与球弹起的节奏协调一致。

2. 练习要求：按拍球的后上部，使球向前上方弹起，跑动步伐与球弹起节奏协调一致。

3. 组织方法：四列横队体操队形适合徒手模仿练习及原地运球练习；一路纵队按要求路线进行行进间运球练习。

4. 教学建议：

（1）体验原地左、右手的高低组合运球及行进间运球，每个动作练习 5~8 次。

（2）利用游戏提高学生的运球能力，如看手指报数、穿越丛林等，每个动作练习 2~3 次。

5. 拓展练习：

（1）干扰运球：男女生各自分散在半个篮球场中，听到开始哨音后，在运球的同时，击打其他同学的球，听到结束哨音后统计自己打掉别人球的次数。

（2）运球折返跑接力：学生持球站在篮球场底线外，在篮球场中线上给每组放 1 个标志桶。游戏开始，运球到中线，一手低运球，一手推倒标志桶，然后继续运球把球交给下一个队员，下一个队员将球运到中线时再扶起标志桶，依此类推。

三、情境创设

（一）小小解放军

1. 游戏方法：

（1）飞行演练（原地正向掷远）：自由投掷纸飞机、沙包、垒球等轻物，比比谁投得远。

（2）投弹演练（原地侧向掷远）：原地侧向投掷纸团、沙包、垒球等轻物，比比谁投得远。

（3）实战演练（投靶比准）：用沙包、垒球等轻物进行有目标的掷准，比比谁掷得准。

2. 规则与裁判方法：投得最远或者掷得最准者获胜。

3. 情境创设：同学们，你们喜欢解放军吗？这节课，我们就来当一回解放军战士，一起进行军事演练，体验一下军营生活。

4. 游戏拓展：进行障碍接力比赛，如跳过小河、钻过山洞、跑过小桥，最后炸掉碉堡。

（二）物资传送

1. 游戏方法：

（1）手中交接（传递）：从排头起向左或右依次转体传接球，比比哪组用时短。

（2）空中接球（传接球）：前后排加大距离传接球，比比哪组接得准。

2. 规则与裁判方法：用时短或者接球多者获胜。

3. 情境创设：同学们，解放军叔叔在前线作战，现在枪支弹药不足了，需要我们给他们运送物资，这节课我们就当解放军叔叔的物资传递员，把枪支弹药送到他们手上。

4. 游戏拓展：传接球后将球投入两人之间的呼啦圈中，投中一个得一分，比比哪一队得分多。

（三）扫雷大战

1. 游戏方法：

（1）转移地雷（踢地滚球）：将足球比作地雷，用脚将地雷转移至指定位置，比比谁转移的地雷多。

（2）炸堡垒（踢球比准）：将足球比作炸弹，用脚将炸弹踢到对方堡垒，踢中一个计一分，比比哪队得分多。

2. 规则与裁判方法：在规定时间内转移地雷最多或炸掉堡垒最多者获胜。

3. 情境创设：同学们，敌人在前方建起了高高的堡垒，我们要把堡垒炸掉，这节课我们就当解放军叔叔的冲锋战士，帮助他们扫清障碍。

4. 游戏拓展：在转移地雷的路上设置障碍，也可以将地雷转移到我方阵地后进行埋雷（手持接力棒将球赶到指定位置）。

思考题

1. 在开展游戏教学时，你会选择固定游戏项目让学生进行体验，还是更倾向于让学生自主选择游戏项目进行体验？

2. 你会以何种方式布置每节课、每周、一个单元的体育小作业，以此促进学生基本运动技能发展和推动家庭运动氛围的营造？

3. 你会用何种方式对学生的学习效果进行增值性和可持续性评价？

第四章　体能教材教法

当前青少年学生的体质健康问题是党中央国务院高度关注的国家大事，党中央对学校体育工作和学生体质健康高度重视，要把学生健康成长作为学校一切工作的出发点和落脚点。无论是《义务教育体育与健康课程标准（2022年版）》，还是《普通高中体育与健康课程标准（2017年版2020年修订）》，都提出了全面发展学生体能，提高学生体能水平等要求，并将体能作为体育与健康课程的必修必学内容。可见，体能已成为体育与健康课程的重要组成部分。

本章内容主要包括体能的基本概念与相关原则、针对不同学段的体能练习，旨在帮助教师理解和把握体能的核心要义，落实我国新发展阶段中小学体育与健康课程标准和学生核心素养发展需求。

思维导图

体能教材教法
- 体能的概念与原则
  - 体能的基本概念
  - 体能发展敏感期
  - 体能锻炼原则
    - 针对性原则
    - 渐进性原则
    - 超量恢复原则
    - 用进废退原则
    - 因人而异原则
  - 体能锻炼处方
    - 锻炼频率
    - 锻炼强度
    - 持续时间
    - 锻炼类型
  - 体能锻炼的注意事项
    - 安全进行锻炼
    - 避免伤病风险
    - 做好热身活动
    - 做好放松活动
    - 控制目标心率
- 针对不同学段学生的体能锻炼
  - 小学中年级学生体能锻炼
    - 体能锻炼示例
    - 练习方法
  - 小学高年级学生体能锻炼
    - 体能锻炼示例
    - 练习方法
  - 初中学生体能锻炼
    - 体能锻炼示例
    - 练习方法
  - 高中学生体能锻炼
    - 体能锻炼示例
    - 练习方法

第一节　体能的概念与原则

体能是人体力量、速度、耐力、柔韧性、灵敏性等身体素质所表现出来的基本运动能力，也是反映中小学生体质健康水平的关键指标。发展基本运动技能、提高一般体能和专项体能水平、增强技战术运用能力和体育比赛或展示能力等，是提高运动能力素养的关键要素。体能基础越扎实，运用技能、运动认知、技战术水平和心理能力的潜力就越大。同样，运动技能的发展需要一定的体能基础，运动技能学习只有与相应的体能强化协同，才能促使运动技能形成与掌握。了解体能的基本概念和相关原则，是发展学生体能的理论基础，也是进行体能锻炼设计、测评和教学的出发点。

一、体能的基本概念

国内对体能的广义理解包括形态、机能、健康水平和运动素质四个方面；狭义理解是通过运动素质表现出来的基本运动能力，即人体各器官系统的机能在身体活动中表现出来的基本运动能力。

义务教育阶段发展学生体能主要针对改善身体成分，发展心肺耐力、肌肉力量、肌肉耐力、柔韧性、反应能力、位移速度、协调性、灵敏性、爆发力、平衡能力等。

二、体能发展敏感期

敏感期又称为关键期、天窗期，是发展体能最好、最有效、最简单的时期。许多研究表明，在儿童青少年体能发展敏感期，如果体能训练与人的遗传、自然生长发育等内因相互配合，体能发展会获得事半功倍的效果，并能为儿童青少年体质健康发展打下坚实基础。

学生的体能发展都存在敏感期。敏感期不是一个高度明确的时间阶段，而是一个较宽的时段，在这一时段中发展某一种体能最容易达到目标。因此，教师在教学中应根据不同年级、不同性别、不同年龄学生所处的体能发展敏感期，重点发展学生的相关体能。

三、体能锻炼原则

中小学生的体能发展要遵守锻炼的基本原则，以便制订出合适、高效的体育锻炼计划，确保锻炼获得良好效果，同时预防运动伤害的发生。

（一）针对性原则

专门的锻炼可以增进体能的某一特定方面，因此，教师在教学中应尽可能有针对性地发展运动所需要的特定肌肉群，这是发展体能的重要方法之一。对于 12 岁以下的学生，体能锻炼最好融入游戏和技能练习中，如足球运动中的带球游戏和接力等。如果要增强肌肉力量，可以做俯卧撑和引体向上；如果要提高跑步成绩，可以进行快速跑、中速跑、变速跑；如果要增强投掷的远度和出手速度，就要锻炼在投掷动作中使用的肌肉；如果要提升心肺耐力，就要选择有氧运动进行练习。

（二）渐进性原则

渐进性原则是指要根据学生需要发展不同的体能，同时要考虑如何根据学生年龄增长和发育程度调整运动时间。在教学中，教师可以通过调整运动频率、运动强度、运动时间和运动类型，逐渐增加某一项体能练习，确保运动量逐步递增。在指导学生锻炼时，可以逐步增加运动负荷和运动时间，通常可以遵循增长 10% 的原则，如本次锻炼增加的负荷不超过上次的 10%，每周增加的持续时间不超过上周的10%。

（三）超量恢复原则

超量恢复原则是学生的运动强度要高于身体已经适应的水平。只有超过身体以往承受的最大负荷，才可能有效提高体能水平。在保证安全有效刺激的条件下，随着体能水平的提高，身体将能承受更多负荷。在教学中，教师可以在学生身体状态良好、不疲劳的情况下，通过增加运动时间、运动强度或两者同时增加来提高运动负荷。还可以在身体适应后，继续挑战，进一步增强体能。

（四）用进废退原则

体能锻炼一旦停止，其下降速度往往比获得速度快得多。体能下降的速度主要取决于体能水平和以往锻炼的时间长短。体能锻炼只有坚持，才会有良好的进步，才能使身体逐渐达到最佳状态。当学生有了一定的体能水平后，教师要鼓励他们保持足够的运动量，并引导他们根据个人需求合理制订长短期相结合的锻炼目标。

（五）因人而异原则

体能锻炼时要根据自身的实际情况设定锻炼目标，选择合适的体能锻炼方法和锻炼计划。学生的基础身体条件、性别、饮食、睡眠以及锻炼动机等制约着锻炼效果，因此要根据实际情况制订锻炼计划。每个人都有自己的特点，对相同的锻炼内容会有不同的反应。教师要注意引导学生在体能锻炼中感知自己的身体负荷和舒适度，逐步了解和确定适合自己的锻炼内容、锻炼时间、锻炼强度和锻炼方式等。

四、体能锻炼处方

在进行体能锻炼时，要控制锻炼频率、锻炼强度、持续时间，并选择恰当的锻炼类型，确保体能锻炼科学、安全地进行。教师要教会学生制定体能锻炼处方的方法。

（一）锻炼频率

锻炼频率是指学生一周内身体处于运动状态的次数。体能锻炼需要系统和有规律地进行。中小学生每周进行 2~4 次体能锻炼效果最理想。

（二）锻炼强度

锻炼强度是指学生在体能锻炼中的练习速度、单位时间内的负荷重量或练习难度。要想使现有的体能水平逐步得到提高，就必须在适应一定的锻炼强度后，逐渐加大锻炼强度，在机体的超量恢复阶段再施以一定的负荷，即完成一个从适应到不适应、再到适应的循环往复的锻炼过程。

锻炼强度是体能锻炼中最重要的因素，对锻炼强度的控制可以通过测量心率来实现。例如，在进行有氧运动时，锻炼强度主要取决于走或跑的速度；在进行力量练习时，可以调控练习器械或阻力的负荷重量。

（三）持续时间

持续时间是指每次锻炼的时间长度。锻炼强度会直接影响持续锻炼的时间，而在大多数情况下控制锻炼时间要比控制锻炼强度容易得多。

不同年龄的中小学生进行体能锻炼的时间不同。对于小学生来说，高强度体能锻炼的持续时间限制在5分钟以内，再配合1~2分钟的间歇时间；对于中学生来说，高强度体能锻炼的持续时间可延长到10~15分钟。如果是为了提升心肺耐力，则应该至少持续进行20分钟有氧运动。

（四）锻炼类型

锻炼类型是指针对健康相关的特定体能而选择相应的运动方式。针对体能及其组成部分的不同类型的锻炼方式会产生不同的锻炼效果。

教师在组织学生进行体能锻炼前，可通过测试了解学生的身体状况和运动水平，以便有针对性地安排体能锻炼内容。以肌肉力量锻炼为例，可以进行全身肌肉练习、上肢和下肢肌肉练习，也可以进行不同肌群的练习，第1天练习胸部肌群和肩部肌群，第2天练习背部肌群和腹部肌群，第3天练习大腿肌群和小腿肌群等。

五、体能锻炼的注意事项

（一）安全进行锻炼

在进行体能锻炼前、中、后都要确保安全。例如，在体能锻炼之前，要穿舒服的衣服和合适的鞋；要选择合适的锻炼场地，确保锻炼区域平整和安全；要确保锻炼使用的器械完好等。在体能锻炼过程中，要注意适当补水，以补充体内由于出汗流失的水分；如果需要，可以随时停下来休息；如果受伤则应立即停止锻炼。在体能锻炼之后，要检查心率，确保恢复正常；继续少量多次饮水，补充水分。

（二）避免伤病风险

体能锻炼可以增强体质、强健体魄，但也可能带来伤病风险。因此，锻炼后要注意调整，通过及时补充营养和适当休息等方式使身体达到适合运动的状态。同时，要避免过度锻炼，不要做超出自己能力范围的难度动作；在寒冷的天气条件下要注意保证一定时间的热身活动。如果锻炼时感觉身体不适或疼痛，应立即停止锻炼，并将自己的身体情况告诉教师、父母或学校的医护人员。

（三）做好热身活动

热身是体能锻炼前所做的简单活动，可以提高心率，加快血液流向肌肉的速度，让肌肉进入运动状态，为锻炼做好准备，也有助于预防运动损伤的发生。热身方式主要包括慢跑、各种游戏和身体伸展或拉伸运动，也包括肌肉激活和神经激活，这些活动可以促进人体血液循环，使身心快速进入锻炼状态。热身一般需要5~10分钟，教师可根据不同季节适时调整。

（四）做好放松活动

放松是体能锻炼后的舒缓活动。放松整理活动可以让心率减缓到静息水平。体能锻炼后，应做一些简单的伸展或拉伸运动。放松应静态拉伸为主。静态拉伸不仅可以让紧张的肌肉群松弛，还可以保护肌肉，提高身体柔韧性。特别是那些参与剧烈运动的肌肉群，更需要静态拉伸。如果锻炼后不做放松活动，肌肉容易出现酸痛、拉伤等问题。一般情况下，每次剧烈运动后都需要进行5~10分钟的放松拉伸。

（五）控制目标心率

目标心率是人在安全范围内获得最大心血管功能的每分钟心跳次数。目标心率通常是最大心率的65%~80%。最大心率可以用220减去年龄得出。用最大心率乘以0.65，可以得出目标心率的下限；用最大心率乘以0.8，可以得出目标心率的上限。在体能锻炼教学中，应使学生的心率保持在目标心率范围内。教师可以通过测量学生的脉搏来判断其心率是否维持在目标心率范围内。如果要想获得精准心率，可以借助心率监测仪或让学生佩戴运动手表。

第二节　针对不同学段学生的体能锻炼

教师要抓住中小学生体能发展敏感期，关注体能发展的序列性和交互作用，针对不同水平学生的身心特点和发展需求，合理组织和有效实施体能锻炼教学。通过指向不同学段学生的体能锻炼内容和方法设计，可以有针对性地发展学生体能，强健学生体魄，优化学生体姿体态，促进学生掌握不同学段的体能锻炼知识和技能，呈现学生体能发展的阶段性和针对性，体现学生体能发展的连续性和进阶性，确保发展学生体能的科学化、合理化和高效化，以达到最佳的体能锻炼效果，最终使学生达到并保持有益于健康的体能水平，有效落实课程标准"发展学生体能"的教学要求。

一、小学中年级学生体能锻炼

小学中年级学生注意力持续时间短，体能锻炼要注重内容的多样性与活动的变化性，创设趣味性强的活动情境，开展简便易行的游戏和比赛等，促进学生体能全面协调发展，同时要引导学生积极参与课外体能锻炼和各种体能活动，培养学生持续锻炼的意识和行为。

（一）体能锻炼示例

适合小学中年级学生的体能锻炼目标和练习方法如表4-1所示。

表 4-1　小学中年级学生体能锻炼示例

目标	练习方法
发展心肺耐力	1 分钟跳绳、较长距离的游泳或滑冰、折返跑、障碍跑、跑走交替、自然地形跑、定时跑、轮流领先跑、校园定向运动等
发展肌肉力量	上坡跑、沙地跑、跳越障碍跑、仰卧起坐等
发展肌肉耐力	支撑悬垂、连续做俯卧撑、单脚跳、双脚跳、举轻哑铃、匍匐前进等
发展柔韧性	正压腿、侧压腿、外摆腿、里摆腿、正踢腿、侧踢腿、横 / 纵叉、仰卧推起成桥、握杆转肩、体侧屈、坐位体前屈、持棍绕肩、腰绕环、踝膝关节屈伸等
发展反应能力	正反口令练习、听口令变向跑、反方向信号跑、背向高抬腿 + 反身跑、起动与制动、两人打手背、换位扶棒、踩尾巴、拍落对方的球、躲闪跑等
发展位移速度	30 米跑、15 秒快速跳绳、变速跑、追逐跑、各种方式的追球跑、变换方向跑、短距离重复跑、扶墙高抬腿、5 秒快速高抬腿跑、牵拉弹力带向前跑出等
发展协调性	投掷、抓握、抛接等简单的手眼协调练习；踢毽子、跑动中踢准和射门等眼脚协调练习；前后左右跳圈、跳短绳、原地开合跳 + 提膝跳、V 字步、交叉步、爬行、合作击球等四肢协调练习
发展灵敏性	翻越、十字象限跳、两人追逐跑、绕杆跑、左右横跨推立物体、短距离折返跑、后退跑、变向跑、追逐跑、各种姿势的抛接轻物、各种钻爬跨跳练习等
发展爆发力	原地团身跳、立卧撑、跳过障碍物、俯撑起立向前跑、纵跳摸高、蛙跳、连续跳小栏架、跪撑起接反弹球、快速斜身引体等
发展平衡能力	燕式平衡、站立手脚同侧举、多点支撑等静态平衡练习，转圈后单足站立，短距离单腿跳、转圈后走直线、踏石过河、在狭窄路径上行走、双脚脚尖走、跳上或跳下低矮物体等动态平衡练习

（二）练习方法

1. 1 分钟 25 米折返跑

练习目的：使学生学会体力分配和有节奏地呼吸，提高跑的持久力。

动作方法：在起跑线前成预备姿势，听到口令后向前跑出，跑到 25 米标志线后用脚踩线，然后迅速转身折返跑回并用脚踩起点线再折返跑，依此循环直到 1 分钟计时结束。

降阶方法：折返距离不变，时间可调整为 30 秒、40 秒、50 秒。

进阶方法：折返距离不变，时间可调整为 70 秒、80 秒、90 秒。

练习方式：可采用分组对抗、集体竞赛等方式。例如，60 秒计时听音乐节奏跑，休息 1~2 分钟，练习 2~3 次。

注意事项：定时跑时，跑速适中，步伐均匀、有节奏，摆臂有力，上下肢配合协调，呼吸有节奏。

2. 纵叉

练习目的：提高髋部、腿部的柔韧性和灵活性，有助于掌握各种动作、加大动作幅度、提升动作质量。

动作方法：从站立开始，一腿前滑，两腿前后分开，脚面绷直（前脚面向上，后脚内侧贴地），面向正前方，两手扶地或两臂侧举。

降阶方法：反向弓步拉伸，从跪姿弓步拉伸开始，重心移向后腿，前腿伸直，上身向下俯压，前腿脚尖绷直，后腿平放在地板上，双手撑地支持身体。保持这个姿势 20~30 秒。

进阶方法：在纵叉的基础上可以垫高前腿进行练习。

练习方式：可采用分组对抗、游戏等方式。例如，进行"最长的绳子"游戏，采用纵叉接力的形式进行练习，比一比哪组的纵叉连接的绳子最长，长者获胜，游戏可采用三局两胜制。

注意事项：练习时必须遵循循序渐进原则，练习前先做一些髋、腿的柔韧性练习。

3. 花样跳箱

练习目的：提高弹跳力，发展下肢肌肉力量、身体的灵敏性和协调性。

动作方法：在平整的场地上码放 1~2 层跳箱，前面放踏板，后面放体操垫。练习者从距离踏板 5~7 米的位置开始助跑，单脚踏板，双脚跳上箱面后稍屈膝，然后迅速蹬离箱面跳下，落在垫子上屈膝缓冲，助跑、起跳、跳上、跳下动作一气呵成。

降阶方法：同样的场地设置，可以降低跳箱高度；也可以跳上后停顿，调整后跳下。

进阶方法：可以设置不同高度的跳箱场地 2~3 个，连续进行练习。

练习方式：可采用循环练习、间歇练习、小组对抗赛、游戏等方式。例如，以特种兵训练为比赛情境，组织学生进行组间花样跳箱赛，完成好、用时短的组获胜。比赛可采用三局两胜制。

注意事项：做好保护帮助，提醒学生助跑速度不宜过快。

二、小学高年级学生体能锻炼

5—6 年级学生喜欢挑战，教师可以组织学生参与不同主题、不同形式、不同情境的体能游戏和比赛，同时关注体能锻炼的关联性与完整性，循序渐进地提升学练难度，注重体能锻炼的安全性与科学性，促进学生体能全面协调发展。

（一）体能锻炼示例

适合小学高年级学生的体能锻炼目标和练习方法如表 4-2 所示。

表 4-2　小学高年级学生体能锻炼示例

目标	练习方法示例
发展心肺耐力	50 米 ×8 往返跑、长距离跑、负重校园定向运动、定时高抬腿、侧向滑雪步（10 次）+ 转体跳（2 次）组合、自然地形跑、障碍跑、游泳等
发展肌肉力量	俯卧撑、跳台阶、团身跳、投实心球、持轻物俯身划船、火箭推、举哑铃、角力等
发展肌肉耐力	连续做俯卧撑、仰卧卷腹、俯卧两头起、负重匍匐前进等
发展柔韧性	坐位体前屈、体侧屈、仰卧推起成桥、下犬式、跪姿肩部拉伸、横 / 纵叉、站姿小腿肌群拉伸等
发展反应能力	正反口令练习、听口令抢物、两人相互模仿动作、听信号追逐跑、变向跑、传接球等
发展位移速度	15 秒快速跳绳、快速高抬腿跑、10 次原地小步跑 + 侧向移动、50 米跑、追逐跑、接力跑等
发展协调性	抛球、击球、接反弹球等手眼协调练习，跳绳、钟摆跳、健美操、绳梯练习、接力跑等
发展灵敏性	原地空中换腿跳、交叉步、敏捷圈练习、绳梯练习、跳跃接冲刺跑、跳越障碍、抢夺、躲闪、往返跑等
发展爆发力	双手快速推墙、快速俯卧撑、纵跳摸高、高抬腿（10 次）+ 团身跳（2 次）组合、俯卧撑击掌、蛙跳、踢打、抗阻跑等
发展平衡能力	燕式平衡、多点支撑平衡和倒立等静态平衡练习，悬吊、翻滚后变向、跳越障碍后变向等动态平衡练习

（二）练习方法

1. 火箭推

练习目的：以发展肌肉力量和肌肉耐力为主，锻炼股四头肌、臀大肌、腘绳肌、腹直肌、竖脊肌、肱三头肌等肌肉群。

动作方法：身体直立，两脚开立与肩同宽，手持轻物（如矿泉水瓶等）于肩上，屈肘于体前，下蹲至髋部低于膝，膝盖与脚尖方向一致，伸髋伸膝将轻物推举过头顶。

降阶方法：徒手练习。

进阶方法：手持哑铃等重物进行练习。

练习方式：可采用循环练习、间歇练习等方式。例如，第一次练习 25 次，休息 35 秒，第二次练习 30 次，休息 30 秒，第三次练习 35 次，休息 25 秒，重复 1~3 组。

注意事项：练习要循序渐进，从徒手到负重，完成动作时后背挺直，核心收紧，配合动作调整好呼吸节奏，向上推举时吐气，即将下蹲时吸气。

2. 下犬式

练习目的：缓解肩胛骨区域的僵硬，发展柔韧性，改善含胸驼背问题，使胸背部肌群得到伸展。

动作方法：跪撑，双手和双脚缓慢用力推、蹬地，使身体成倒 V 形，臀部向上，两手和两脚全脚掌着地。

降阶方法：两脚跟离地。

进阶方法：身体成倒 V 形后，两手向两脚移动，使手、脚靠近。

练习方式：身体成倒 V 形保持 10~30 秒，练习 2~4 组。

注意事项：柔韧练习要量力而行，双手和双脚要缓慢推起，保持时间由短到长。

3. 10 次原地小步跑 + 侧向移动

练习目的：以发展位移速度为主，同时发展协调性和心肺耐力。

动作方法：原地快速小步跑 10 次后，迅速侧移到障碍物（如标志碟等）的另一侧，继续快速小步跑 10 次后，迅速侧移回障碍物的另一侧，依此类推。

降阶方法：短距离侧向移动或侧向移动时不设障碍物。

进阶方法：较长距离侧向移动或侧向移动时适当增加障碍物的高度。

练习方式：可采用循环练习、间歇练习等方式。例如，练习 20 秒，休息 20 秒，练习 3~5 组。

注意事项：小步跑频率要快，可根据学生能力选择适宜的障碍物。

三、初中学生体能锻炼

初中学生的体能发展处于敏感期，教师可采用生动有趣、丰富多样的体能锻炼方式，合理安排体能锻炼的内容与强度，注重体能动作的复合式设计，以及不同主题、不同形式的组合设计，促进学生体能全面均衡发展。

（一）体能锻炼示例

适合初中学生的体能锻炼目标和练习方法如表 4-3 所示。

表 4-3　初中学生体能锻炼示例

目标	练习方法示例
发展心肺耐力	耐力跑、间歇跑、越野跑、跳绳、跳绳跑、游泳、自行车长距离骑行、有氧健身操、校外定向运动、越野滑雪、登山、长途行军等
发展肌肉力量	蛙跳、俯卧撑、引体向上、双杠臂屈伸、前抛实心球、哑铃负重深蹲、攀登、翻越、角力等
发展肌肉耐力	连续做引体向上、仰卧举腿、举哑铃及拉力器弯举等
发展柔韧性	体侧屈、坐位体前屈、压肩、正压腿、侧压腿、原地盘腿坐下起立、行进间踢腿、劈叉等
发展反应能力	正反口令练习、球类对抗，变换口令的追逐跑、变向跑，两人相互模仿对方动作、打沙包、躲避球等

续表

目标	练习方法示例
发展位移速度	50 米跑、高抬腿跑、后蹬跑、小步跑、牵引跑、加速跑、车轮跑、起动与制动、各种小栏架快速跨跳、绳梯练习、小步跑变加速跑、高抬腿跑变加速跑、牵引上坡跑接下坡跑等
发展协调性	抛接球、接反弹球、跳绳、健美操、交叉步、绳梯步伐练习、跳跃后变向、花样跳绳、快节奏舞蹈等
发展灵敏性	跳越障碍、方格跳、十字象限跳、绳梯练习、T 形跑、六边形跳、Z 形跑、折返跑、变向跑、8 字绕环跑、曲线运球、格斗、躲闪等
发展爆发力	快速俯卧撑、前抛实心球、快速推举重物、快速纵跳、立定跳远、立定三级跳远、负重加速跑、跳越一定高度的栏架、跳台阶、蛙跳等
发展平衡能力	燕式平衡、单脚平衡站立（睁眼、闭眼）、单（双）脚平衡盘站立、单（双）脚 BOSU 球（平衡半球）站立抛接、瑞士球跪姿平衡等静态平衡练习、翻滚后起跳、跳越障碍后变向移动等动态平衡练习

（二）练习方法

1. 向前正向小栏架左右变向跳 + 绳梯小碎步并步变向跳

练习目的：提高反应能力、灵敏性、协调性和爆发力。

动作方法：正对绳梯，站在两个小栏架中间，保持自然站立姿势；先进行小栏架左、右变向跳，然后接绳梯快频率小碎步练习 4~5 次，接双脚并脚跳，直到做完整个绳梯。

降阶方法：绳梯练习部分只做小碎步或只做并脚跳。

进阶方法：小栏架练习部分可以提升为前后左右四个方向的变向跳。

练习方式：可采用动作重复练习或与其他动作循环练习等方式。例如，连续练习 5 次，每次间歇 30 秒。

注意事项：脚踝始终保持紧张，频率尽量做到最快。

2. 俯卧撑 + 肩上推举

练习目的：提高胸肌、三角肌、肱二头肌、肱三头肌和背部肌群力量。

动作方法：将俯卧撑与肩上推举动作比例设定为 1∶4，即做 1 次俯卧撑，随后起身做徒手肩上推举 4 次，接 2 次俯卧撑，起身做徒手肩上推举 8 次，以此类推。做到规定的最高次数后依次递减回到 0 次，即做完规定的 8 个俯卧撑、32 个肩上推举动作后，接着做 7 个俯卧撑、28 个肩上推举动作，依次递减。

降阶方法：数量可以减少一些，俯卧撑和肩上推举动作可从跪姿开始。

进阶方法：数量可以增加一些，肩上推举动作可以加上一些负重。

练习方式：可采用两人或多人协作比赛等方式，增加挑战性、竞争性和趣味性。例如，比一比谁完成规定动作数量用时最短或者在规定时间内完成动作数量最多等。

注意事项：动作准确，退让性动作有控制，肌肉发力感觉明显。

3. 俯撑收腿跳 + 俯撑左右收腿跳

练习目的：提高心肺能力、核心力量、爆发力及全身肌肉协调发力的能力。

动作方法：双手俯撑于地面，距离与肩同宽，双脚并拢，随后核心发力带动臀部上抬，双腿收回，前脚掌着地，膝关节伸直，然后迅速返回至起始位置；核心发力带动身体，向身体左（或右）侧屈膝收回双腿，前脚掌着地，然后返回起始位置，进行反方向动作练习。

降阶方法：正面收腿跳时可以弯曲膝关节。

进阶方法：每个方向连续收腿跳 2 次或 4 次再换下一个方向，或者每个方向的收腿跳结束后还原成直立，再接下一个动作。

练习方式：可采用高强度间歇训练等方式。例如，练习 40 秒，休息 20 秒，搭配 5~7 个其他动作，组成一套完整的全身高强度间歇训练。

注意事项：核心始终收紧，俯撑时避免塌腰，用腹部力量带动双腿收回。

四、高中学生体能锻炼

根据高中学生的身心发展特点和规律，教师可采用丰富多样、有趣有效的体能锻炼方式，将与健康相关的体能和与运动技能相关的体能有机结合，提高体能练习的科学性和实效性，注重体能锻炼的强度和密度，促进学生体能全面协调发展。

（一）体能锻炼示例

适合高中学生的体能锻炼目标和练习方法如表 4-4 所示。

表 4-4　高中学生体能锻炼示例

目标	练习方法示例
发展心肺耐力	游泳、跳绳、有氧健身操、自行车长距离骑行、登山、足球或篮球比赛、心肺耐力和肌肉力量循环练习、高强度间歇训练等
发展柔韧性	坐位体前屈、压腿，针对脚踝和脚、下肢和臀部、腹部和背部等部位的静态拉伸，各种针对跑跳运动的下肢动态拉伸等
发展肌肉力量和肌肉耐力	仰卧起坐、俯卧撑、双杠臂屈伸、引体向上、举重物、拉力器弯举、负重深蹲、哑铃俯身划船、哑铃卧推、瑞士球俯桥旋转等
发展灵敏性	十字象限跳、六边形跳、Z 形跑、折返跑、变向跑、8 字绕环跑、移动躲闪、前后滑跳、利用标志物的星形跑、利用绳梯的左右碎步向前跑、双人跳绳、追逐类游戏等
发展平衡能力	单腿站立、燕式平衡和平衡站立等静态平衡练习，悬吊练习、双腿提踵下蹲、原地跳起单脚落地、脚跟或脚尖走、单腿或双腿下蹲、弓步侧转体或弓步向后旋转等动态平衡练习
发展协调性	跳绳、踢毽、跨步跳、单足跳、交叉步跑、后退跑、钻栏架、跳栏架、舞蹈、健美操、各种绳梯练习等

续表

目标	练习方法示例
发展爆发力	蛙跳、交替分腿蹲跳、双脚 Z 形跳小栏架、双脚跳深跳远、推铅球、药球站姿过头顶对墙掷球、增强式推撑、足球长传球、举重等
发展速度	小步跑、后蹬跑、加速跑、牵引跑、上坡跑接下坡跑、冲刺跑等
发展反应能力	固定信号源单一信号或选择信号练习、移动信号源单一信号或选择信号练习等各类信号刺激练习法，根据口令快速变换动作练习，两人一组相互模仿对方动作练习，足球、篮球、排球两人一组对抗练习等

（二）练习方法

1. 心肺耐力 + 肌肉力量循环练习

练习目的：以发展心肺耐力和肌肉力量为主，改善身体柔韧性、灵活性、协调性和基础力量，全面提高身体代谢能力。

动作方法：交替侧弓步触脚尖，平板支撑触膝，快速下蹲，屈膝俯撑侧踢腿，滑冰式，侧向爬行，简易波比跳。

降阶方法：根据学生实际调整练习与休息时间。例如，每个动作练习 30 秒，休息 30 秒，或者对某些有一定难度的动作进行降阶练习，将简易波比跳（或立卧撑）调整为走步式波比跳。

进阶方法：根据学生实际调整练习与休息时间。例如，每个动作练习 45 或 50 秒，休息 15 秒或 10 秒，或者增加某些动作的难度，将简易波比跳调整为波比跳。

练习方式：7 个动作按顺序练习，每个动作练习 40 秒，休息 20 秒，完成 3~5 组，间歇 60 秒。

注意事项：在充分做好热身的基础上进行练习，关注每个动作的正确用力方式与动作姿态，记住动作完成质量比完成数量和速度更重要；当具备一定体能基础后，尽量在规定时间内重复完成更多的练习。

2. 瑞士球俯桥旋转

练习目的：发展核心力量，提高身体稳定性和控制力。

动作方法：双手俯撑于地面，双脚夹住瑞士球，核心收紧，身体成一条直线，下身缓慢左右匀速转动，注意控制身体平衡和稳定。

降阶方法：保持静力性支撑。

进阶方法：完成瑞士球俯桥收腹动作。

练习方式：每组做 30~60 秒，练习 1~3 组，间歇 30~90 秒。

注意事项：采用腹式呼吸，呼吸自然放松，控制身体平衡和稳定。

3. 双脚跳深跳远

练习目的：发展下肢爆发力，提高动作速度。

动作方法：两脚开立与肩同宽，站在跳箱或台阶上，从跳箱或台阶上跳下后快速向前远跳，两臂协调摆动。

降阶方法：适当减少练习次数或组数，增加间歇时间；适当降低跳箱或台阶高度。

　　进阶方法：增加跳箱或台阶高度；跳深后快速向上纵跳或进行侧向移动。

　　练习方式：每组做 8~12 次，练习 3~5 组，间歇 30~90 秒。

　　注意事项：跳下跳箱或台阶时不要往上跳，否则会改变练习高度；减少缓冲时间，通过改变跳箱或台阶高度改变练习强度；注意建立正确的动作模式，减少脚触地时间，提高动作速度；练习次数和强度由小到大，循序渐进。

🍃 思考题

　　1. 你的日常体能锻炼是否遵循体能锻炼原则？请对标体能锻炼原则，谈谈你做得好的方面或不足之处。

　　2. 请举例说明练习力量的重要性，以及发展肌肉力量和肌肉耐力的方法。

　　3. 请运用锻炼处方的四要素，针对自己的心肺耐力设计一份锻炼计划，并坚持一个阶段的练习，记录自己的锻炼感受。

第五章 田径教材教法

　　田径类运动是走、跑、跳、投掷等运动项目，以及由以上部分项目组成的全能运动项目的总称，其特点是以个人为主独立完成速度、高度或远度等的较量。本章主要介绍跑、跳、投掷，具体包括短跑、中长跑、跨栏跑、接力跑、跳远、跳高、掷垒球、掷实心球、推铅球等运动项目。

　　田径类运动对发展学生的心肺耐力、肌肉力量、肌肉耐力、位移速度，提高学生的反应能力、注意力，培养学生勇于进取、坚忍不拔、挑战自我的体育精神等方面具有独特的育人价值。

　　田径类运动通过测量时间、高度和远度来评价学生走、跑、跳、投掷的学习效果，成绩具有客观性特点。同时，田径属于体能主导类封闭式运动技能，具有单一性、重复性、周期性和以体能为主的特性。短跑项目主要发展学生的快速移动能力，提高学生的无氧代谢水平；中长跑项目主要发展学生的心肺耐力，提高学生的心肺功能；跳跃项目主要发展学生的弹跳力、身体控制力和灵敏性，提高学生跳跃的高度和远度；投掷项目主要发展学生的肌肉力量和爆发力，增加学生投掷的远度。

思维导图

```
田径
教材教法
—跑
├─ 短跑
│   ├─ 教材分析
│   │   ├─ 讲解要点 ──┬─ 蹲踞式起跑
│   │   │             ├─ 起跑后加速跑
│   │   │             ├─ 途中跑 ──┬─ 起跑
│   │   │             └─ 终点跑    ├─ 起跑后加速跑
│   │   ├─ 示范建议                ├─ 途中跑
│   │   ├─ 教学重点                └─ 终点跑
│   │   └─ 易犯错误及 ──┬─ 两腿蹬地无力
│   │      纠正方法     ├─ 起跑后加速跑时上体抬起过早
│   │                  ├─ "坐"着跑
│   │                  └─ 上体后仰,减速明显
│   ├─ 练习方法 ──┬─ 短跑的观察、模仿练习
│   │             ├─ 短跑起跑与起跑后加速跑练习
│   │             └─ 短跑的途中跑练习
│   └─ 比赛创设 ──┬─ 快速起动类比赛
│                 └─ 智力类或小组合作类游戏或比赛
│
├─ 中长跑
│   ├─ 教材分析
│   │   ├─ 讲解要点 ──┬─ 起跑及起跑后加速跑
│   │   │             ├─ 途中跑 ──┬─ 起跑及起跑后加速跑
│   │   │             └─ 终点跑    ├─ 途中跑
│   │   ├─ 示范建议                └─ 终点跑
│   │   ├─ 教学重点
│   │   └─ 易犯错误及纠正方法 ──┬─ 跑步动作僵硬不协调,上体左右摇摆
│   │                          ├─ 呼吸方法不正确,呼吸节奏不合理
│   │                          └─ 跑的节奏性差,全程体力分配不当
│   ├─ 练习方法 ──┬─ 中长跑观察、模仿练习
│   │             ├─ 各种形式的中长跑练习
│   │             └─ 各种形式的分段跑、全程跑练习
│   └─ 比赛创设 ──┬─ 班级中长跑争先赛
│                 └─ 团体小赛季积分挑战赛
│
├─ 跨栏跑
│   ├─ 教材分析
│   │   ├─ 讲解要点 ──┬─ 起跑至第一栏技术
│   │   │             ├─ 途中跑技术包括过栏技术和栏间跑技术
│   │   │             └─ 终点冲刺跑技术
│   │   ├─ 示范建议
│   │   ├─ 教学重点 ──┬─ 过栏技术
│   │   │             └─ 栏间跑技术
│   │   └─ 易犯错误及纠正方法 ──┬─ 直腿攻摆
│   │                          └─ 跳栏
│   ├─ 练习方法 ──┬─ 各种跨栏模仿练习
│   │             └─ 从栏侧或栏上做完整跨栏跑练习
│   └─ 比赛创设 ──┬─ 50米跨栏跑挑战赛
│                 └─ 趣味障碍接力赛
│
└─ 接力跑
    ├─ 教材分析
    │   ├─ 讲解要点 ──┬─ 迎面交接棒
    │   │             ├─ 上挑式交接棒 ──┬─ 迎面交接棒
    │   │             └─ 下压式交接棒    ├─ 上挑式交接棒
    │   ├─ 示范建议                      └─ 下压式交接棒
    │   ├─ 教学重点
    │   └─ 易犯错误及纠正方法 ──┬─ 迎面交接棒时减速
    │                          ├─ 不能在预定区域完成交接棒
    │                          └─ 接棒人站位错误
    ├─ 练习方法 ──┬─ 接力跑模仿练习
    │             └─ 在接力区或规定距离内完成交接棒
    └─ 比赛创设 ──┬─ 接力类、小组合作类游戏及比赛
                  └─ 小型接力类比赛
```

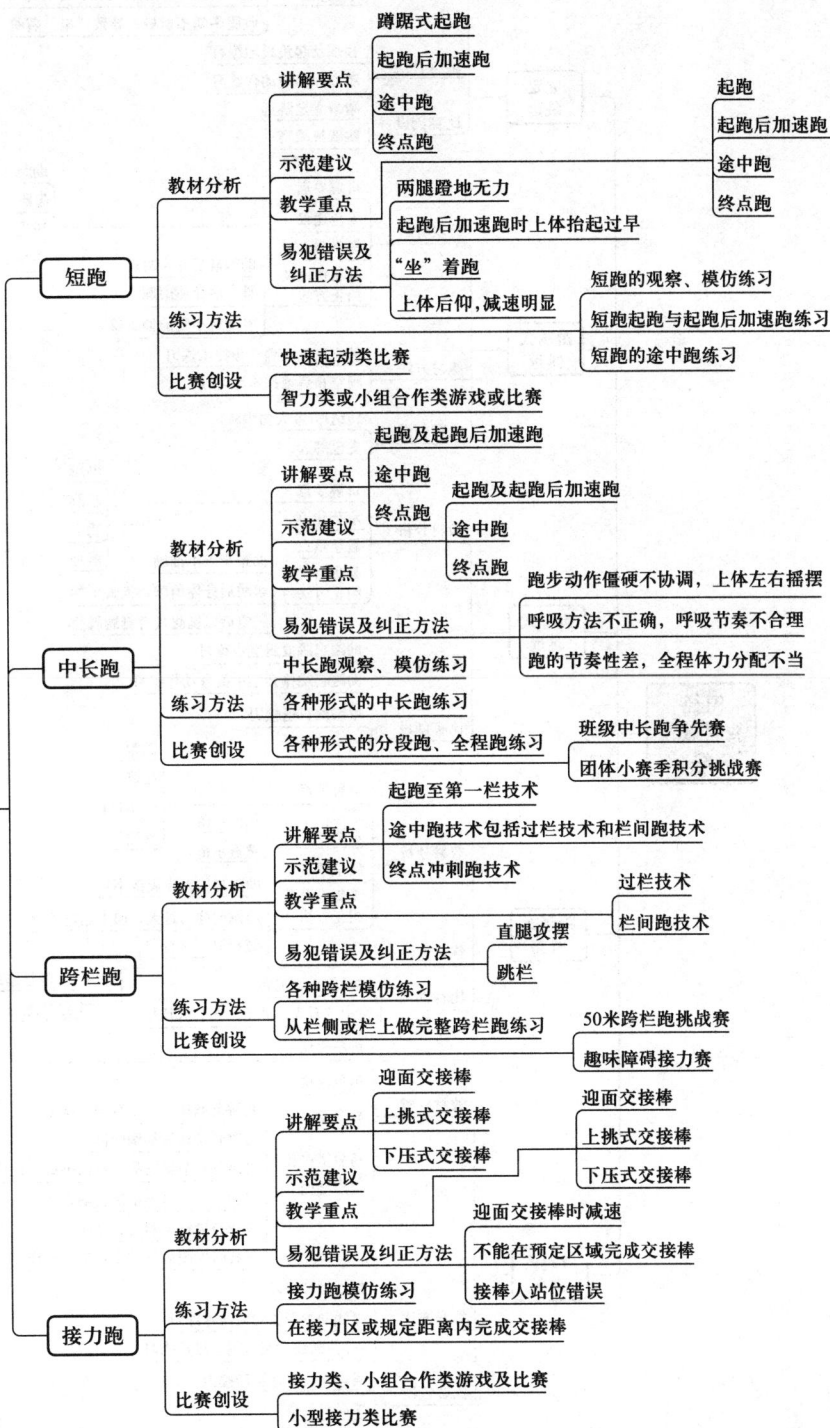

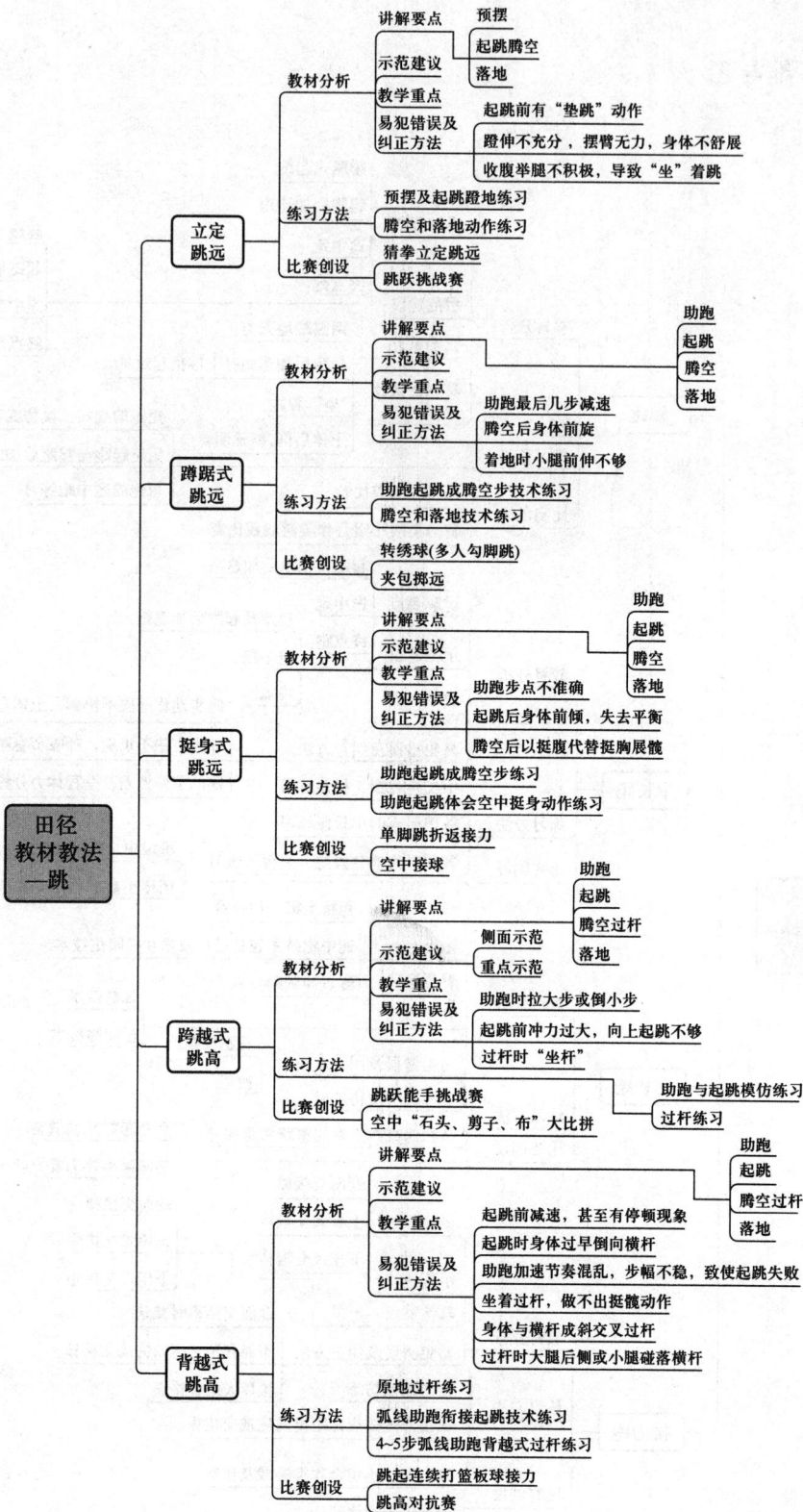

- **田径教材教法——跳**
  - **立定跳远**
    - 教材分析
      - 讲解要点
      - 示范建议
        - 预摆
        - 起跳腾空
        - 落地
      - 教学重点
      - 易犯错误及纠正方法
        - 起跳前有"垫跳"动作
        - 蹬伸不充分，摆臂无力，身体不舒展
        - 收腹举腿不积极，导致"坐"着跳
    - 练习方法
      - 预摆及起跳蹬地练习
      - 腾空和落地动作练习
    - 比赛创设
      - 猜拳立定跳远
      - 跳跃挑战赛
  - **蹲踞式跳远**
    - 教材分析
      - 讲解要点
      - 示范建议
        - 助跑
        - 起跳
        - 腾空
        - 落地
      - 教学重点
      - 易犯错误及纠正方法
        - 助跑最后几步减速
        - 腾空后身体前旋
        - 着地时小腿前伸不够
    - 练习方法
      - 助跑起跳成腾空步技术练习
      - 腾空和落地技术练习
    - 比赛创设
      - 转绣球(多人勾脚跳)
      - 夹包掷远
  - **挺身式跳远**
    - 教材分析
      - 讲解要点
      - 示范建议
        - 助跑
        - 起跳
        - 腾空
        - 落地
      - 教学重点
      - 易犯错误及纠正方法
        - 助跑步点不准确
        - 起跳后身体前倾，失去平衡
        - 腾空后以挺腹代替挺胸展髋
    - 练习方法
      - 助跑起跳成腾空步练习
      - 助跑起跳体会空中挺身动作练习
    - 比赛创设
      - 单脚跳折返接力
      - 空中接球
  - **跨越式跳高**
    - 教材分析
      - 讲解要点
      - 示范建议
        - 侧面示范
        - 重点示范
        - 助跑
        - 起跳
        - 腾空过杆
        - 落地
      - 教学重点
      - 易犯错误及纠正方法
        - 助跑时拉大步或倒小步
        - 起跳前冲力过大，向上起跳不够
        - 过杆时"坐杆"
    - 练习方法
      - 助跑与起跳模仿练习
      - 过杆练习
    - 比赛创设
      - 跳跃能手挑战赛
      - 空中"石头、剪子、布"大比拼
  - **背越式跳高**
    - 教材分析
      - 讲解要点
      - 示范建议
        - 助跑
        - 起跳
        - 腾空过杆
        - 落地
      - 教学重点
      - 易犯错误及纠正方法
        - 起跳前减速，甚至有停顿现象
        - 起跳时身体过早倒向横杆
        - 助跑加速节奏混乱，步幅不稳，致使起跳失败
        - 坐着过杆，做不出挺髋动作
        - 身体与横杆成斜交叉过杆
        - 过杆时大腿后侧或小腿碰落横杆
    - 练习方法
      - 原地过杆练习
      - 弧线助跑衔接起跳技术练习
      - 4~5步弧线助跑背越式过杆练习
    - 比赛创设
      - 跳起连续打篮板球接力
      - 跳高对抗赛

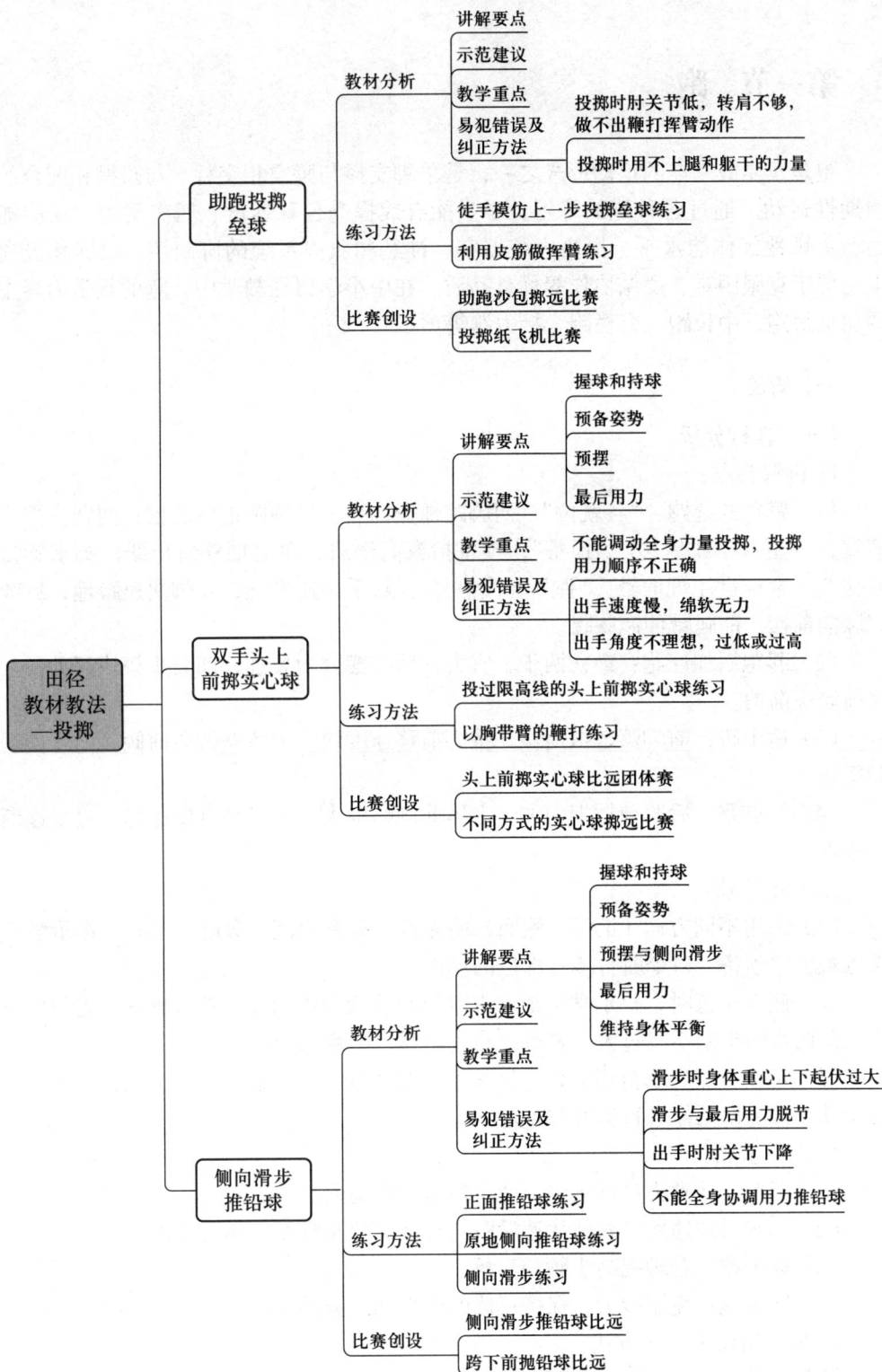

田径教材教法—投掷
├─ 助跑投掷垒球
│   ├─ 教材分析
│   │   ├─ 讲解要点
│   │   ├─ 示范建议
│   │   ├─ 教学重点
│   │   └─ 易犯错误及纠正方法
│   │   ├─ 投掷时肘关节低，转肩不够，做不出鞭打挥臂动作
│   │   └─ 投掷时用不上腿和躯干的力量
│   ├─ 练习方法
│   │   ├─ 徒手模仿上一步投掷垒球练习
│   │   └─ 利用皮筋做挥臂练习
│   └─ 比赛创设
│   ├─ 助跑沙包掷远比赛
│   └─ 投掷纸飞机比赛
├─ 双手头上前掷实心球
│   ├─ 教材分析
│   │   ├─ 讲解要点
│   │   │   ├─ 握球和持球
│   │   │   ├─ 预备姿势
│   │   │   ├─ 预摆
│   │   │   └─ 最后用力
│   │   ├─ 示范建议
│   │   ├─ 教学重点
│   │   └─ 易犯错误及纠正方法
│   │   ├─ 不能调动全身力量投掷，投掷用力顺序不正确
│   │   ├─ 出手速度慢，绵软无力
│   │   └─ 出手角度不理想，过低或过高
│   ├─ 练习方法
│   │   ├─ 投过限高线的头上前掷实心球练习
│   │   └─ 以胸带臂的鞭打练习
│   └─ 比赛创设
│   ├─ 头上前掷实心球比远团体赛
│   └─ 不同方式的实心球掷远比赛
└─ 侧向滑步推铅球
    ├─ 教材分析
    │   ├─ 讲解要点
    │   │   ├─ 握球和持球
    │   │   ├─ 预备姿势
    │   │   ├─ 预摆与侧向滑步
    │   │   ├─ 最后用力
    │   │   └─ 维持身体平衡
    │   ├─ 示范建议
    │   ├─ 教学重点
    │   └─ 易犯错误及纠正方法
    │   ├─ 滑步时身体重心上下起伏过大
    │   ├─ 滑步与最后用力脱节
    │   ├─ 出手时肘关节下降
    │   └─ 不能全身协调用力推铅球
    ├─ 练习方法
    │   ├─ 正面推铅球练习
    │   ├─ 原地侧向推铅球练习
    │   └─ 侧向滑步练习
    └─ 比赛创设
        ├─ 侧向滑步推铅球比远
        └─ 跨下前抛铅球比远

第一节　跑

跑是人体最基本的运动形式之一，是单脚支撑与腾空相交替、与蹬摆相配合的周期性运动。通过各种跑的练习，学生能有效提升位移速度、肌肉耐力、反应能力、灵敏性等体能水平，提高内脏器官、神经和肌肉系统的协调性，培养积极向上、勇于克服困难、团结协作等优良品质。在中小学田径教学中，跑的教学内容主要包括短跑、中长跑、跨栏跑、接力跑等项目。

一、短跑

（一）教材分析

1. 讲解要点：

（1）蹲踞式起跑："各就位"，两脚蹬地分前后，后膝跪地体放松；两臂直撑比肩宽，手型八字线后边。"预备"，预备抬臀高于肩，重心前移肩出线；脚掌紧抵屏住气，全神贯注听信号。"跑"（或信号），双手快速推地，双脚快速蹬地；后腿屈膝向前摆，前腿蹬伸髋膝踝。

（2）起跑后加速跑：最初两步不宜大，后蹬摆臂力要加，加大步频快起动，上体前倾逐渐抬。

（3）途中跑：前脚落地扒地快，重心前移速度快，上体略微向前倾，两臂摆动频率快。

（4）终点跑：后蹬前摆把力加，上体前倾幅度大，冲过终点要迅速，过线逐渐减速度。

2. 示范建议：

（1）采用不同方向（正面、侧面）的完整、分解示范。分解示范时，提示学生重点观察"预备"口令时身体各部位的动作。

（2）侧面示范时，提示学生重点观察起跑后的身体动作及发力顺序。起跑出发后，前两步的步幅不宜过大，之后逐渐过渡到途中跑的步幅。

（3）正面、侧面示范相结合，让学生能看到教师的分解和完整示范，还可以结合运动视频的慢动作进行讲解和示范。

3. 教学重点：

（1）起跑：注意力高度集中，两腿快速蹬离地面。

（2）起跑后加速跑：两腿快速后蹬，合理调整步幅及上体前倾角度。

（3）途中跑：合理提高步频和步幅。

（4）终点跑：克服疲劳，保持正确的姿势和步频冲过终点。

4. 易犯错误及纠正方法：

易犯错误 1：两腿蹬地无力。

纠正方法："预备"姿势，使两腿的膝关节夹角处于最佳的发力姿势。反复做蹬离地面的专门练习。例如，用弹力带做阻力起动练习，体会蹬、摆配合；反复做后腿蹬离地面的屈膝前摆辅助练习。

易犯错误2：起跑后加速跑时，上体抬起过早。

纠正方法：加强腿部力量练习；用弹力带做起跑后加速跑练习，在跑动中逐渐抬起上体。

易犯错误3："坐"着跑。

纠正方法：注意后蹬时髋、膝、踝关节的用力顺序和充分伸展动作；后蹬时，强调摆动腿前摆，带动同侧骨盆前送；加强腰腹肌力量练习，跑的时候强调腰腹肌保持适当紧张；身体保持稍前倾姿势，髋关节积极前送；加强支撑腿的肌肉群力量练习，提高支撑能力；多做高抬腿跑和后蹬跑等专项练习。

易犯错误4：上体后仰，减速明显。

纠正方法：结合全程跑，反复进行终点跑练习；明确"跑过"终点线的意义，可在终点线后设立第二终点线进行辅助练习；多进行后蹬跑和行进间高抬腿跑练习。

（二）练习方法

1. 短跑观察、模仿练习

（1）方法描述：通过观摩和反复模仿进行短跑练习。

（2）练习要求：通过观看示范加深感性理解，通过模仿练习加强肢体感觉。

（3）组织方法：利用影像资料，了解短跑项目发展概况和基本技术；观看图片或慢动作视频，了解短跑的完整技术动作；原地模仿摆臂动作；原地及行进间小步跑、高抬腿跑和后蹬跑等练习。

（4）教学建议：

① 在小学阶段可多次反复进行观察和模仿练习，增加学生的认知感和练习兴趣。

② 原地模仿练习可采用集体练习的方式，增加练习次数。

③ 行进间练习可采用小组形式进行练习。

（5）拓展练习：

① 两人相互模仿练习，互相找错。

② 用游戏进行模仿练习（看谁模仿得像，看谁模仿得快）。

2. 短跑起跑与起跑后加速跑练习

（1）方法描述：按照动作要领进行起跑及起跑后加速跑练习。

（2）练习要求：以小组为单位进行集体练习，增加练习次数。

（3）组织方法：分组练习"各就位""预备""跑"等技术环节，体会起跑技术动作要领，跑出10米左右结束；利用弹力带牵引或两人配合完成抗阻力起跑练习（要求在同伴的帮助下，根据"鸣枪"时起跑的技术要领完成）；做起跑后加速跑30~50米练习，体会起跑、起跑后加速跑与途中跑衔接技术（要求按口令完成起跑、加速跑出20~30米）。

（4）教学建议：

① 初学者（小学阶段）先学习站立式起跑，再学习蹲踞式起跑。

② 刚开始学习起跑时，不宜过早或过多地组织教学比赛，以免影响正确技术形成。

③ 在学习起跑技术的开始阶段，以集体（小组）练习为主，以便观察全体学生的动作和加大练习密度；固化起跑技术的稳定性，不过分强调身体前倾，以免影响起跑技术和起跑后加速跑技术的动作连贯性，掌握技术后再加强相应技术的要求。

（5）拓展练习：

① 快速起动练习：听到信号后，迅速完成各种规定路线和方向的起动练习。

② 快速反应练习：听到信号后，快速完成反口令跑练习及各种体能练习等。小学阶段可用简单的反口令练习，随着年级的升高，可加大反口令的难度和快速跑练习的难度。

③ 发展各种跑的专项辅助练习：各种充分伸展踝关节和发展踝关节小肌肉群力量的练习；原地（行进间）半高抬腿小步跑，原地（行进间）高抬腿跑，发展跑的蹬伸练习；原地（行进间）交换腿跳、跑，充分伸展蹬地腿，体会后蹬动作；摆动腿大腿与小腿折叠的前摆走、前摆跑，体会送髋动作。

3. 短跑的途中跑练习

（1）方法描述：按照动作要领进行途中跑练习。

（2）练习要求：根据学生实际情况反复进行途中跑练习，进一步强化快速跑的基本技术。

（3）组织方法：

① 弹性跑，体会前脚掌着地的弹性慢跑。随后逐渐加大步幅和步频，充分体会前脚掌着地缓冲后的中低速度跑。

② 30~80 米中等速度反复跑，体会全程跑的技术动作，身体自然放松、摆臂协调、步幅开阔、步频适中，学会后蹬和高抬摆动腿的正确技术。

③ 30~80 米加速跑，速度由慢到快，动作协调，身体自然放松。

④ 100 米分段加速跑，跑的速度安排为：中速跑（20 米）—加速跑（20 米）—中速跑（20 米）—加速跑（20 米）—缓冲跑（20 米）。

⑤ 行进间 30~60 米快速跑，强调快速跑技术动作的正确性。

（4）教学建议：

① 结合学生掌握技术动作的情况和情境进行教学，关注学生脚着地时的过渡缓冲动作，防止因脚着地技术动作错误而导致意外伤害事故。

② 以单人、多人和小组为单位进行练习。

③ 初学阶段不宜采用比赛形式进行教学。

④ 在不同的学段，发展步幅与步频应有所侧重。在初学阶段应侧重发展步幅的练习，使学生形成大步幅快速跑技术，同时兼顾发展步频。

⑤ 结合体能练习进行技术教学。在提高学生短跑技术的同时发展学生的体能。

（5）拓展练习：

① 在小学阶段可结合游戏进行趣味教学，如相互听跑步时脚着地的声音、看谁能在规定距离内以更快的步频跑完全程等。

② 结合接力跑进行快速跑练习。

（三）比赛创设

1. 快速起动类比赛

（1）比赛方法：学生单、双数报数，然后背对背，在规定距离内，听到哨音后一方快速起动跑出，另一方快速转身追赶对方。

（2）规则与裁判方法：听到哨音后迅速起动，先到达终点或先追到对方者获胜。

（3）比赛拓展：可以采用直线追逐跑、曲线跑或圆圈追逐跑练习。也可以要求学生在跑动过程中跨过、跳过或绕过障碍物等。

2. 智力类或小组合作类游戏或比赛

（1）比赛方法：结合智力游戏，小组合作完成游戏或比赛，如快速完成拼图类、九宫格拼接类、猜谜类和寻宝类游戏等。

（2）规则与裁判方法：在最短时间内完成即为胜出。

（3）比赛拓展：根据不同学段，可以结合各种体能练习进行游戏或比赛。

二、中长跑

（一）教材分析

1. 讲解要点：

（1）起跑及起跑后加速跑：站立式起跑，两脚前后开立，两腿弯曲，身体重心前移，身体平稳，反应敏捷，后蹬有力。

（2）途中跑：身体重心平稳，动作放松，身体稍前倾，摆臂自然，步幅与步频协调，保持正确的呼吸节奏。

（3）终点跑：结合自身体能状况，合理分配后程跑速。

2. 示范建议：

（1）起跑及起跑后加速跑：采用侧面（不同方向）的完整、分解示范。

（2）途中跑：采用一段距离的侧面示范，提示学生重点观察姿态、步幅、步频和摆臂动作。

（3）终点跑：侧面示范，提示学生重点观察分解和完整动作；也可结合信息技术播放优秀运动员的终点跑慢动作。

3. 教学重点：

（1）起跑及起跑后加速跑：保持稳定心态，集中注意力，快速向前冲出。

（2）途中跑：正确的呼吸方法与节奏，以及体力的合理分配。

（3）终点跑：临近终点的战术及冲刺跑技术。

4. 易犯错误及纠正方法：

易犯错误1：跑步动作僵硬不协调，上体左右摇摆。

纠正方法：通过讲解、示范、个别指导等方式，让学生明确，在练习中长跑时，由于跑的时间较长，距离较远，因此全身肌肉要适度放松，上下肢要协调配合，上体要保持正确姿势，摆臂、摆腿、落地等动作都要轻松、自然，以便节省体力；加强腰腹肌力量练习，如卷腹、平板支撑等；加强背肌力量练习，如腰部俯撑、负重练习等。

易犯错误 2：呼吸方法不正确，呼吸节奏不合理。

纠正方法：进一步帮助学生了解并掌握正确的中长跑呼吸方法和节奏；在全程跑练习过程中，要不定时地提示学生注意呼吸方法和节奏；尽量安排水平相近的学生一起练习，可适当降低跑的速度或配合节拍器，让学生体会跑的节奏。

易犯错误 3：跑的节奏性差，全程体力分配不当。

纠正方法：通过讲解、示范以及分段跑反复练习，培养学生的运动感觉和跑的节奏；帮助学生分析其技术特点和运动水平，确定较合理的全程体力分配计划，并通过反复的分段跑和全程跑练习加深体会，巩固和提高全程跑水平。

（二）练习方法

1. 中长跑观察、模仿练习

（1）方法描述：通过观察和反复模仿进行中长跑练习。

（2）练习要求：通过模仿加强肢体感觉，根据学生实际情况进行摆臂技术练习（直道、弯道摆臂技术的对比练习），进一步强化途中跑的基本技术。

（3）组织方法：利用影像资料，了解中长跑项目发展概况和基本技术；利用多媒体、图片等观看优秀运动员的中长跑技术；观看图片或慢动作视频，了解中长跑的完整技术动作；原地模仿摆臂动作；原地进行弯道和直道跑摆臂练习；原地及行进间小步跑、高抬腿跑、后蹬跑、车轮跑等练习。

（4）教学建议：

① 初学时，可多进行反复模仿练习，增强学生的认知感和练习兴趣。

② 行进间练习可采用小组集体进行的方式。

③ 让初学者进行变换节奏的摆臂练习，加深其正确的动作记忆。

④ 小学初学者应以发展对跑的兴趣为主，通过各种教学比赛和游戏激发学生的学练兴趣，帮助学生掌握正确的中长跑技术，提高和发展中长跑能力。

（5）拓展练习：

① 两人相互模仿练习，互相挑错。

② 用游戏进行模仿练习。

2. 各种形式的中长跑练习

（1）方法描述：按照动作要领进行多种形式的中长跑练习。

（2）练习要求：结合学生实际情况，变换练习方式，发展学生的心肺耐力。

（3）组织方法：

① 4×50 米往返跑（小学阶段）。

② 各种形式的匀速跑，如定时跑、定距跑等。

③ 各种形式的变速跑，如折返跑、重复跑、领先跑、同伴跑等。

（4）教学建议：

① 既要挖掘中长跑教学的育人价值，又要注意教学方法的多样化，并与其他

运动技能的教学相结合，以提高学生的学习兴趣，调动学生的学习积极性。

② 不仅要注意传授安全运动的方法，如自然地形跑、公路跑的注意事项，还要注意根据学生的个体差异和身体状况进行区别对待。

（5）拓展练习：

① 各种图形跑：蛇形跑、螺旋形跑、矩形跑、圆形跑、五角星跑、不规则图形跑等。

② 音乐配速跑：利用各种节奏的音乐进行不同速度的中长跑练习。

③ 校园定向跑、莱格尔跑等。

3. 各种形式的分段跑、全程跑练习

（1）方法描述：按照动作要领进行多种形式、不同距离的中长跑练习。

（2）练习要求：结合学生实际情况，变换练习方式，提高学生的心肺耐力。

（3）组织方法：

① 80~150 米（直道 + 弯道）中等速度匀速跑，体会途中跑（直道、弯道）技术动作。

② 150~200 米（直道 + 弯道）中等速度匀速跑，体会途中跑技术动作。

③ 200 米或 400 米分段跑，跑速中等、均匀、步伐轻快，体会跑速与所用时间的关系。

④ 变速跑或跑走交替练习。变速跑距离，男生 1600~2000 米，女生 1200~1500 米。

（4）教学建议：

① 提高学生的自主学练能力，指导学生形成课外中长跑锻炼的自我医务监督习惯，如控制运动负荷，能根据靶心率控制运动强度，能根据个人的具体情况设定运动量大小。

② 结合中长跑练习时人体出现"极点"时的生理反应，培养学生顽强的意志品质和拼搏精神，以及吃苦耐劳、敢于挑战自我、不甘落后等优良品质。

（5）拓展练习：

① 定时跑，累计所有团队成员跑的距离。

② 校园定向接力跑：设计多种不同点位、不同距离的定向接力跑，学生自主设计校园定向图。教师根据学校面积和学生体能水平，设计初级、中级和高级三个不同级别的点位数。例如，初级 8~12 个点位，中级 13~16 个点位，高级 17~20 个点位等。

（三）比赛创设

1. 班级中长跑争先赛

（1）比赛方法：以班级为单位开展中长跑单项比赛。

（2）规则与裁判方法：学生轮流担任裁判工作，如发令、计时和公布成绩等。

（3）比赛拓展：

① 小组间对抗赛：采用不同的距离进行对抗比赛。

② 小组总长度挑战赛：在不同学段、不同季节、不同项目中进行中长跑总长

度挑战赛。

2. 团体小赛季积分挑战赛

（1）比赛方法：以班级或小组、男女对抗等形式进行团体积分累计赛。

（2）规则与裁判方法：在规定时间内进行规定距离的团体积分争先赛，用时少者、积分多者获胜。

（3）比赛拓展：

① 小赛季定距赛、象征性冬季长跑积分赛等。

② 校园定向比赛、越野赛、团体挑战赛等。

三、跨栏跑

（一）教材分析

1. 讲解要点：

（1）起跑至第一栏技术：起跑动作与短跑的蹲踞式起跑基本相同，只是"预备"时，臀部抬得稍高一些，以便在起跑后的前几步就能获得较大的步幅；步幅准确、稳定，身体重心稍高，一般在起跨前两步时身体基本成正常的途中跑姿势。

（2）途中跑技术包括过栏技术和栏间跑技术。

过栏技术由起跨攻栏、腾空过栏和下栏着地组成。

① 起跨攻栏：起跨腿髋、膝、踝关节充分伸展；摆动腿小腿前摆，上体前倾，异侧臂前伸。

② 腾空过栏：身体腾空后，躯干积极前倾，两腿分腿角度继续增大，剪绞速度加快。

③ 下栏着地：摆动腿过栏后，大腿积极下压，同时起跨腿屈膝外展，经体侧迅速向前提拉；上体保持前倾，摆动腿的异侧臂向后划摆。

栏间跑时，下栏不制动，重心前移快，三步节奏明显，步幅稳定，身体重心高，速度快。

（3）终点冲刺跑技术：同短跑。

2. 示范建议：初学阶段采用侧面分解动作示范和完整动作示范，复习改进阶段采用正面和侧面动作示范，提示学生重点观察分解和完整动作，可结合优秀跨栏运动员的比赛图片或慢动作视频进行示范和讲解。

3. 教学重点：

（1）过栏技术：攻栏、过栏、下栏的连贯技术动作。

（2）栏间跑技术：跑跨结合技术和身体各部位协调用力。

4. 易犯错误及纠正方法：

易犯错误1：直腿攻摆。

纠正方法：观看优秀跨栏运动员的比赛录像，并将其与自己的跨栏视频进行比较，找出差距；面对肋木、墙壁等辅助器材，多做攻栏摆动练习，有意识地做大小腿折叠和向前上方摆动的动作；多做膝关节放松的摆伸练习，熟练掌握攻摆动作。

易犯错误2：跳栏。

纠正方法：鼓励学生要相信自己的运动能力，树立信心，尽量消除心理障碍；采用降低栏高或利用替代器材等方法降低过栏的难度，增强自信心，消除惧怕心理；通过讲解示范，让学生明确要积极向前攻栏，培养跨栏或跑栏的意识；标出适宜的起跨点，控制起跨距离，适当加快栏前跑的速度。

（二）练习方法

1. 各种跨栏跑模仿练习

（1）方法描述：

① 跨栏坐模仿练习：坐在小垫子上模仿过栏时手和腿配合的动作。

② 摆动腿过栏练习（鞭打练习）：摆动腿屈膝高抬，小腿前伸，积极下压。

③ 起跨腿提拉过栏模仿练习。

（2）练习要求：初步建立过栏时手腿配合的动作概念，体会摆动腿屈膝高抬，经栏上向后、向下"鞭打"动作以及起跨腿过栏技术，提高髋关节的柔韧性和灵活性。

（3）组织方法：利用影像资料，了解跨栏跑项目发展概况和基本技术；用多媒体观看优秀跨栏运动员的技术图片或慢动作视频，了解跨栏跑的完整技术动作；集体原地进行反复模仿练习。

（4）教学建议：在教学中，可采用原地模仿、原地栏侧模仿、慢走中栏侧模仿、慢跑中栏侧模仿等练习方式，但不要过多地追求动作技术的细节；以多种多样的教学方法、练习方式发展学生的位移速度、肌肉力量、灵敏性等体能以及髋关节的灵活性，提高学生的跨栏跑能力。

（5）拓展练习：

① 与短跑教学相结合，发展学生的快速跑能力。

② 结合柔韧性、灵敏性和小关节练习，发展身体的协调性。

2. 从栏侧或栏上做完整跨栏跑练习

（1）方法描述：在走步或慢跑中完成栏侧或栏上过栏动作。

（2）练习要求：

① 栏侧攻摆和提拉过栏练习：在走步中从栏侧完成过栏动作，重点体会起跨腿外展提拉动作。

② 跑动中做栏侧摆动腿、起跨腿过栏组合练习，体会摆动腿、起跨腿过栏技术。

③ 慢跑中利用栏架做跨栏步练习：慢跑至栏前，摆动腿高抬从栏上中间过栏着地，同时起跨腿蹬地，侧屈提拉至身体正前方着地，完成跨栏步动作，体会完整过栏技术。

（3）组织方法：

① 根据每个学生各自的主力腿进行左、右腿攻栏练习。

② 学生成一路纵队，间隔2个栏以上，保持安全距离，不得反向练习。

（4）教学建议：

① 设置不同难度的教学情境。例如，设置不同高度、不同栏间距，或采用橡皮筋、竹竿、泡沫等做栏板的方式，逐渐消除学生的畏惧心理，使学生在不断进步的过程中增强自信。

② 加强跨栏跑自主学习方式的研究，建议采用完整法进行教学。

③ 在条件允许的情况下，在学习的中后期采取游戏和比赛的方法，提高学生的实践能力。

④ 在教学中要强调安全意识的培养，不要进行反向跨栏练习，引导学生采用适合自己身体情况的学练方法和手段，切记不要进行超过自身能力的练习。

（5）拓展练习：

① 小组间利用不同的形式进行对比探究练习。

② 用接力游戏的形式进行跨栏跑练习。

③ 以小组为单位进行障碍跑挑战赛，只规定跑的距离和障碍数量，学生自主设计障碍。

（三）比赛创设

1. 50 米跨栏跑挑战赛

（1）比赛方法：根据学生的实际情况制定挑战标准和确定比赛人数，在规定时间内完成 50 米跨栏跑。

（2）规则与裁判方法：看哪个小组或班级达到标准的人数多，达标率高的小组或班级获胜，评选个人优胜和集体优胜。

（3）比赛拓展：

① 进行跨栏跑比赛欣赏和分析。

② 设计小型跨栏挑战赛规则和比赛方法，组织更多的人参与比赛和挑战更高的水平。

2. 趣味障碍接力赛

（1）比赛方法：采用接力形式完成各种障碍赛。

（2）规则与裁判方法：先完成的队或小组获胜。

（3）比赛拓展：

① 在障碍赛中融入智力类或健康知识类通关、积分、争先、团体赛等游戏内容。

② 在障碍赛中融入各种体能练习。

四、接力跑

（一）教材分析

1. 讲解要点：

（1）立棒式交接棒：接棒人面对交棒人，手臂尽量向前伸，交棒人将棒竖直立起传给接棒人，错肩交接。

（2）上挑式交接棒：接棒人手臂向后伸，掌心向后，虎口朝下，交棒人将棒由下向前上方送入接棒人手中。

（3）下压式交接棒：接棒人手臂向后伸直，掌心向上，虎口朝后张开，交棒人将棒的前部由上向下压入接棒人手中。

2. 示范建议：

（1）新授课时可采用边讲解边示范的方式。

（2）采用图示法或教师侧面（不同方向）的完整、分解示范。

（3）结合信息技术进行慢动作教学示范和讲解。

3. 教学重点：

（1）立棒式交接棒：接棒人的站位及接棒后跑出，在接力区内快速完成交接棒。

（2）上挑式交接棒：交接棒及交接棒后的双人配合。

（3）下压式交接棒：在接力区内快速完成交接棒。

4. 易犯错误及纠正方法：

易犯错误 1：迎面交接棒时减速。

纠正方法：在慢跑中反复模仿练习立棒式交接棒技术；用语音信号及时提醒学生不能减速交接棒；在距离接棒同学 3~5 米的地方画出标志线或放置标志物；在慢跑中距离 4 米左右时主动伸臂，完成交接棒。

易犯错误 2：不能在预定区域或接力区内完成交接棒。

纠正方法：消除接棒人在起跑前的紧张心理；反复讲解和示范正确的交接棒技术；确定起动标记，根据交棒人的速度和技术特点反复进行交接棒练习；根据两人的速度，调整起动标志位置，反复练习。

易犯错误 3：接棒人站位错误。

纠正方法：讲解各棒次要分别站在跑道内、外侧的原因；反复讲解和示范各棒次队员正确的跑进路线；在比赛情境中反复进行交接棒练习。

（二）练习方法

1. 接力跑模仿练习

（1）方法描述：通过观摩、模仿反复练习。

（2）练习要求：通过原地、慢走、慢跑中交接棒进行模仿体验练习。

（3）组织方法：利用影像资料，了解接力跑的发展概况和基本技术；利用多媒体、图片等，观看优秀团队的交接棒技术；观看图片或慢动作视频，了解接力跑的完整技术动作。

（4）教学建议：

① 小学可多进行慢速的模仿练习，增加练习者的认知感和练习兴趣。

② 行进间练习可以采用四人小组形式进行集体练习。

③ 可对初学者进行变换节奏的摆臂练习，加深摆臂的正确动作记忆。

（5）拓展练习：

① 小组间利用不同的交接形式进行模仿对比练习。

② 用游戏进行模仿交接棒练习。

2. 在接力区或规定距离内完成交接棒练习

（1）方法描述：以正确的交接棒方式在规定距离内完成交接棒。

（2）练习要求：两人默契配合，根据不同的助跑距离合理调整速度，完成交接棒。

（3）组织方法：

① 2~4 人一组完成交接棒。当交棒人用较快速度跑至标志线时，接棒人迅速起跑，完成交接棒。

② 2~4 人一组进行 4×50 米接力跑。要求在距接力区末端约 3 米处完成交接棒。

（4）教学建议：

① 接力跑教学应安排在短跑教学之后。

② 讲解交接棒技术时，应在较慢速度中示范多次，以便学生全面观察交接棒的完整过程。

③ 在进行交接棒练习时，交棒人注意发出"接"的信号，接棒人听到信号后迅速向后伸手接棒。

④ 学习交接棒技术时，通常先学上挑式技术，再学下压式技术（低年级、初学者从学习立棒式交接棒技术开始）。

（5）拓展练习：

① 小组连续进行圆周接力跑（周长 50~100 米）：学生分成 4~5 组，每组 8~10 人，用上挑式或下压式交接棒方式完成接力跑。

② 4×50 米、4×100 米接力跑。

③ 分小组连续进行 100~200 米接力跑。

（三）比赛创设

1. 接力类、小组合作类游戏及比赛

（1）比赛方法：以小组合作形式完成由不同难度、不同高度的障碍物组成的通关接力比赛。

（2）规则与裁判方法：在最短时间内完成即为胜出。

（3）比赛拓展：根据不同年级，可在游戏或比赛中融入各种体能练习。

2. 小型接力类比赛

（1）比赛方法：以 4×100 米接力比赛为基础，开展多种类型的小型运动项目竞赛。

（2）规则与裁判方法：用时最短且先完成的小组或队获胜，初学阶段可以采用泡沫接力棒。

（3）比赛拓展：

① 8~12 人 ×50（或 100）米接力赛，各队可以自主选择采用上挑式或下压式交接棒方式。

② 让距赛：男女之间、同组之间可以采用让距的形式进行接力比赛。例如，女生从第二棒位置，男生从第一棒位置同时出发，看谁最先到达终点。

③ 环形接力赛：全班学生分成两个大组，每个大组有 4 个小组。所有学生都站在直径不小于 10 米的两个同心圆内、外，第一大组在圆内，第二大组在圆外，

各小组成"十"字形站列于圆上。游戏开始后，两个组同时逆时针起跑，依次完成交接棒，看哪一组最先完成全部人员的接力。

第二节　跳

跳是人的基本活动能力之一，是人运用自身能力或借助某种运动器械，通过某种运动形式使人体腾跃一定高度或远度的运动。多种多样的跳跃练习，如单脚跳、跨步跳、蛙跳、立定跳远、纵跳、蹲跳起、助跑起跳摸高等，是发展学生弹跳力、增强学生体质以及学习和掌握跳跃技术的基础手段。学生通过学练跳跃技术和技能，能够发展弹跳力和协调性，提高运动能力，培养勇敢、果断、积极进取、挑战自我的优良品质。在中小学田径教学中，跳的教学内容主要包括立定跳远、蹲踞式跳远、挺身式跳远、跨越式跳高和背越式跳高等项目。

一、立定跳远

（一）教材分析

1. 讲解要点：

（1）预摆：两脚左右开立，与肩同宽，两臂前后摆动。前摆时，两腿蹬伸，后摆时，屈膝降低身体重心。

（2）起跳腾空：两臂由后向前上方摆动，同时两脚快速用力蹬地，向前上方跳起，并在空中充分展体。

（3）落地：收腹举腿，小腿往前伸，同时双臂用力向后摆动，屈膝落地缓冲。

2. 示范建议：以侧面完整动作示范为主，预摆、落地技术等可以进行分解示范。

3. 教学重点：摆臂、蹬地动作协调用力。

4. 易犯错误及纠正方法：

易犯错误1：起跳前有"垫步"动作。

纠正方法：强调动作要领，使学生明确"垫步"是违例动作，不要有"投机"思想；起跳前不要过于紧张，不能只想着追求远度，而应想着起跳动作；可进行双脚同时用力向上起跳的练习，或双脚同时起跳越过小障碍的练习等。

易犯错误2：蹬伸不充分，摆臂无力，身体不舒展。

纠正方法：多做原地蹬、摆练习，要求快速蹬伸髋、膝、踝三个关节，使身体充分伸展；原地蹬、摆向上跳起做挺身跳；加强腿部、腰腹部肌肉力量练习。

易犯错误3：收腹举腿不积极，导致"坐"着跳。

纠正方法：从稍高处（跳箱盖或台阶等）往下跳，要求收腹举腿，小腿前伸；加强腹背肌力量练习，如仰卧起坐、悬垂举腿、原地收腹跳、在踏板上起跳等。

（二）练习方法

1. 预摆及起跳蹬地练习

（1）方法描述：两脚左右开立，进行 2~3 次预摆后，两腿发力蹬地向上方跳起。

（2）练习要求：起跳快速有力，身体在空中充分伸展。

（3）组织方法：听教师口令集体练习。

（4）教学建议：

① 练习时，要强调"两快"（即臂前摆与制动快、蹬地快）、"三直"（即髋、膝、踝三个关节充分伸直）。

② 两人一组，比一比谁起跳最果断、展体最充分。

（5）拓展练习：

① 听教师口令做"高人""矮人""超人"游戏。听到教师喊"高人"时，两臂上举，两脚提踵；喊"矮人"时，屈膝，两臂经体侧后摆；喊"超人"时，两臂迅速前上摆，同时两脚用力蹬地跳起，然后屈膝落地缓冲。

② 两人一组，面对面站立，一人两手前平举，另一人屈膝上跳，尽量用膝盖触碰同伴的手掌。

2. 腾空和落地动作练习

（1）方法描述：在地上平铺小海绵垫 6~10 块，每块垫子间隔 0.5 米左右。练习者站在垫子后，连续跳过多个小海绵垫。

（2）练习要求：前脚掌发力，蹬摆结合，争取连续跳过多个小垫子，落地时屈膝缓冲。

（3）组织方法：把学生分成 5~6 人一组，成一路纵队站在垫子后面，第一个学生跳过第三块垫子后，后面的学生开始起跳，依次进行。

（4）教学建议：

① 垫子之间的距离可以根据学生的情况进行调整，如可以放置 2~3 种不同间距的垫子，供学生选择，并进行递进升级挑战。

② 前几组练习要求学生不能只追求前进的速度，而是要把每一跳的起跳、腾空、落地动作做清楚，在此基础上再让学生连续跳过小垫子。

（5）拓展练习：

① 连续跳过若干个不同摆放方式的垫子（如折叠立式、横放、纵放、图形垫、多块垫子叠加）或障碍架等。

② 站在一定距离的平铺小垫子后面，用立定跳远的方式跳过小垫子，然后逐渐前移小垫子，要求不能踩垫子。

（三）比赛创设

1. 猜拳立定跳远

（1）比赛方法：两人一组，从起点开始"石头、剪子、布"猜拳，赢者用立定跳远的动作向终点跳一次，比谁先到达终点。每做完一组练习，可以交换同伴，重新开始比赛。

（2）规则与裁判方法：猜拳时要同时出拳，出拳后不得反悔；每次落地后，脚不能向前移动。

（3）比赛拓展：

① 跳圈接力赛：两人一组，一人摆放呼啦圈，另一人用立定跳远的方式向终点前进。发令后，摆圈队员把手中的两个呼啦圈摆在起点线前，另一名队员从后圈跳进前圈，摆圈队员等跳圈队员跳出后圈后，立即将后圈拿起摆放为前圈，跳圈队员依次向前，到终点后互换角色，先返回起点的组获胜。

② 跳袋接力赛：把学生分成若干组，各组成一路纵队站在起跳线后，每队第一人站在跳袋内，手提跳袋的带子站好。比赛开始后，第一人向前跳出，绕过标志物后返回并将跳袋交给第二人，依次进行，先跳完的组获胜。

2. 跳跃挑战赛

（1）比赛方法：全班学生分成4组，挑战赛开始后，第一名学生双脚连续跳过三个纵向排列的呼啦圈，然后连续跳过两个呈三角形摆放的小体操垫，完成后继续向前跳过纵向摆放的小体操垫，快速跑回，与下一位学生击掌交接，依次进行。

（2）规则与裁判方法：比赛中学生必须用双脚起跳和双脚跳跃的方式进行；比赛中不能碰到呼啦圈或小体操垫。

（3）比赛拓展：全班学生分成4组，1、2组学生作为裁判，3、4组学生进入比赛场地。挑战赛开始后，学生进入场地做跳跃呼啦圈、三角形、小体操垫（纵向）以及跳上高物等组合练习，在3分钟内完成跳跃障碍次数最多的组获胜。

二、蹲踞式跳远

（一）教材分析

1. 讲解要点：

（1）助跑：节奏稳定，上体逐渐抬起，身体重心较高，最后几步助跑节奏加快，为起跳做好准备。

（2）起跳：全脚掌快速滚动着板，起跳腿快速蹬伸。

（3）腾空：摆动腿大腿向上摆动至与地面接近平行时与两臂同时制动，起跳腿屈膝前摆，积极向摆动腿靠拢，团身收腹举腿成蹲踞姿势。

（4）落地：小腿向前伸举，落入沙坑后屈膝缓冲。

2. 示范建议：以侧面完整动作示范为主，提示学生重点观察腾空步、空中蹲踞姿势。

3. 教学重点：助跑与起跳技术以及空中蹲踞姿势。

4. 易犯错误及纠正方法：

易犯错误1：助跑最后几步减速。

纠正方法：练习初期，用助跳板或在加大的踏跳区内起跳，保持助跑节奏，逐步调整助跑起始点；固定助跑的起动姿势，在助跑的5~7步处设置标记线，练习时自然准确地踏上标记线。

易犯错误2：腾空后身体前旋。

纠正方法：助跑 5~7 步做腾空步练习，要求起跳时用力摆臂、摆腿、送髋，在空中保持身体平衡；进行半程助跑蹲踞式跳远练习，要求腾空后上体保持正直，不要过于前倾。

易犯错误 3：着地时小腿前伸不够。

纠正方法：多做立定跳远练习，要求着地前小腿向前伸出；站在较高处（如跳箱盖上）上一步起跳，落地前要求小腿尽量前伸；发展腰腹肌力量和大腿后侧肌群力量，提高身体的柔韧性。

（二）练习方法

1. 助跑起跳成腾空步技术练习

（1）方法描述：助跑 1~3 步起跳成腾空步。

（2）练习要求：起跳腿快速有力踏跳，两臂配合摆动腿积极向前上方摆动，摆动腿先落地。

（3）组织方法：学生横排站立，间隔 3~4 米，听信号同时助跑起跳，助跑步数自主调整，连续练习 20~30 米。

（4）教学建议：

① 练习初期，可以让学生在踏跳板上起跳，以提高腾空高度。

② 为提高学生的练习积极性，可采用比赛方式，如 2~3 人一组，同时助跑起跳，比一比起跳后谁的腾空步飞跃距离最远。

（5）拓展练习：

① 助跑 3~5 步起跳成腾空步，设定不同远度的三条线。要求在快跑的情况下完成踏跳，保持腾空步姿势不变，达到各自设定的目标。

② 助跑 5~7 步起跳，用头触及前上方的悬挂物或跳过一定高度的皮筋。要求起跳后提肩、立腰，成腾空步姿势。

2. 腾空和落地技术练习

（1）方法描述：助跑 3~5 步，起跳成腾空步后，起跳腿向摆动腿靠拢，双腿屈膝越过一定高度的皮筋，两腿前伸，落在海绵包上。

（2）练习要求：两腿高抬靠近胸部，两臂配合向下、向后摆动，体会空中蹲踞姿势及落地前小腿前伸动作。

（3）组织方法：4~6 人一组，助跑起跳后落在海绵包或体操垫上，前一个学生离开落地区后，下一个学生再开始助跑。

（4）教学建议：

① 用助跳板或加大起跳区面积练习起跳动作，要求学生起跳果断。

② 让学生根据自己的能力选择助跑距离和步数。

（5）拓展练习：

① 从较低的高物（如跳箱盖）上一步起跳（或立定跳远），体会落地时小腿前伸动作和落地后迅速屈膝缓冲动作。

② 助跑 5~7 步、7~9 步，利用助跳板起跳，成腾空步后提收起跳腿，完成空中蹲踞姿势。

（三）比赛创设

1. 转绣球（多人勾脚跳）

（1）比赛方法：3~5 人一组，每人弯曲右腿，用脚背勾在邻近一人的膝关节处，同时自己也被别人勾住，组成一个大"绣球"。游戏开始，大家一边唱歌，一边单脚跳跃转圈。

（2）规则与裁判方法：必须用脚背勾住邻近一人的膝关节，脱节为失败；游戏中应连续跳跃旋转，不得停止。坚持时间长的组获胜。

（3）比赛拓展：

① 8~10 人成一路纵队，前后间隔 1 米左右，单腿站立，后面的学生一条腿前伸，前面的学生用手抓住他的脚踝，依此类推，组成一列"火车"，听口令同时往前跳过一定距离。人数可根据实际情况进行调整。

② 组织方式同①，前面的学生将一条腿后抬，后面的学生抓住他的脚踝，同时往前跳。

2. 夹包掷远

（1）比赛方法：学生左右间隔 3~4 米，站在起掷线后，双脚夹住沙包（或轻实心球），听口令原地起跳，同时向前甩掷沙包。

（2）规则与裁判方法：双脚起跳落地后，不能踩或超过起掷线；必须用双脚夹住沙包（或轻实心球），跳起后向前甩掷。

（3）比赛拓展：

① 夹包掷准：方法同上，要求把沙包甩掷到规定的区域。

② 夹包连续跳：在规定距离内，比一比谁跳的次数最少。

三、挺身式跳远

（一）教材分析

1. 讲解要点：

（1）助跑：逐渐加速，重心较高，有节奏，最后 4 步要加快节奏。

（2）起跳：上板快，摆臂摆腿快，蹬伸起跳快。

（3）腾空：腾空后放下摆动腿，大小腿向后摆，展髋挺胸，两腿靠拢。

（4）落地：小腿向前伸举，屈髋、屈膝，用前倒或侧倒的方式落地。

2. 示范建议：以侧面示范为主，学习挺身动作时，需要完整示范与分解示范相结合，提示学生重点观察助跑节奏、上板起跳和空中挺身姿势。

3. 教学重点：助跑与起跳结合技术，腾空后的挺身动作。

4. 易犯错误及纠正方法：

易犯错误 1：助跑步点不准确。

纠正方法：固定助跑的起动方式，正确使用助跑标志；固定助跑节奏，多次尝试不同的起跑点；在各种环境下练习，培养学生对环境的适应能力，提高助跑稳定性。

易犯错误 2：起跳后身体前倾、失去平衡。

纠正方法：反复做起跳成腾空步练习；加大空中动作幅度，注意起跳时头和上体的姿势。

易犯错误3：腾空后以挺腹代替挺胸展髋。

纠正方法：起跳要充分，上体要顶住并保持正直；腾空后，摆动腿的膝关节放松并积极下放和后摆。

（二）练习方法

1. 助跑起跳成腾空步练习

（1）方法描述：助跑5~7步，起跳后成腾空步姿势，摆动腿单脚落地后，继续跑进。

（2）练习要求：起跳时顶头、提肩、立腰、送髋，两臂协调摆动，摆动腿积极向前，体会腾空步技术。

（3）组织方法：学生横排站立进行集体练习，助跑起跳成腾空步后，落在较松软的地面（草坪、垫子等）上；学生成一路纵队，面对沙坑，依次进行助跑起跳成腾空步练习。

（4）教学建议：

① 练习初期先进行集体练习，不要过分强调起跳点；先进行3~5步助跑起跳，再逐渐增加助跑距离。要求学生起跳果断，大胆做出腾空步。

② 学生动作比较熟练后，再到沙坑上进行体验和练习。

（5）拓展练习：

① 连续做腾空步：助跑3~5步，起跳成腾空步，然后摆动腿积极着地，随之迅速转入下一个过程。

② 起跳后用头或摆动腿触标志物：短距离助跑起跳后，用头或摆动腿触及悬挂在空中的物体，然后落在松软的地面上。

2. 助跑起跳体会空中挺身动作

（1）方法描述：助跑5~7步，在助跳板或跳箱上起跳，积极体会下放摆动腿和空中挺身动作。

（2）练习要求：起跳果断，摆动腿积极下放的同时挺身送髋、展体。

（3）组织方法：把学生分成4~6组，从助跳板上起跳后落在体操垫上。

① 练习初期，踩在助跳板、跳箱盖上起跳。要求学生起跳果断，起跳后摆动腿积极下放，形成挺身动作。

② 学生动作熟练以后，让其自主选择起跳方式（如助跳板、加宽的起跳区、起跳板等）。

（4）拓展练习：

① 从高处跳下体会挺身动作。站在跳箱盖上，起跳后体会挺身动作，落地前小腿积极前伸。

② 确定助跑标记，练习全程助跑挺身式跳远。丈量助跑距离（一般10步以内助跑，可参照公式：助跑步数 × 2-2= 应走的步数），确定助跑标记，进行全程助跑挺身式跳远练习。

（三）比赛创设

1. 单脚跳折返接力

（1）比赛方法：各组成一路纵队，第一个学生以单脚跳的方式跳到折返点后，换另一只脚跳回，与第二个学生击掌接力，依此类推。

（2）规则与裁判方法：击掌以后第二个学生才能跳出；途中不能换腿，只能到折返点后才能换腿。

（3）比赛拓展：

① 单脚跳过障碍折返接力。单脚连续跳过多个障碍物（8~10 个），到折返点后快速跑回，与下一个学生击掌接力，依此类推。

② 双脚跳过障碍折返接力。双脚连续跳过多个障碍物（8~10 个），到折返点后快速跑回，与下一个学生击掌接力，依此类推。

2. 空中接球

（1）比赛方法：助跑 5~7 步后起跳成腾空步，在空中接住迎面抛来的球，落地后再将球传回给抛球者。

（2）规则与裁判方法：在空中接住球者得 1 分，最后累计得分多的组获胜。落地时和落地后接住球者以及未接住球者均不得分。练习者踏跳的同时，抛球者应立即将球向预定点抛出，以便练习者在最高点将球接住。

（3）比赛拓展：

① 助跳板起跳空中接球：助跑 5~7 步后在助跳板（弹跳板）上起跳成腾空步，在空中接住迎面抛来的球，落地后再将球传回给抛球者。抛球高度不能低于 2 米。其他方法和规则同上。

② 空中头触吊球：助跑 5~7 步（从踏板或助跳板上）起跳成腾空步，以头触固定悬吊的球，能在空中用头触到球者得 1 分，没触到球不得分，最后累计得分多的组获胜。

四、跨越式跳高

（一）教材分析

1. 讲解要点（以左脚起跳为例）：

（1）助跑：侧面直线助跑，助跑方向与横杆成 30~45 度，起动稳、步点准，轻松快跑很重要。

（2）起跳：最后一步稍小，起跳腿先以脚跟着地，然后迅速过渡到全脚掌，稍屈膝，两臂上摆，摆动腿前脚掌蹬离地面，快速有力地向前上方摆动。

（3）腾空过杆：过杆时上体前倾，摆动腿屈膝靠近胸部，脚尖内旋下压，起跳腿外旋上提。

（4）落地：两腿相继过杆，摆动腿先落地，然后起跳腿落地，屈膝缓冲。

2. 示范建议：

（1）侧面示范：学生位于横杆正前方，观看完整动作示范。

（2）重点示范：提示学生重点观察某一环节的动作，如助跑与起跳相结合、两腿依次过杆等。

3. 教学重点：助跑有力，节奏清晰，助跑踏跳紧密结合。

4. 易犯错误及纠正方法：

易犯错误 1：助跑时拉大步或倒小步。

纠正方法：反复调整助跑步点，并要求按一定节奏跑，不仅要把步点跑准，还要有稳定的节奏。

易犯错误 2：起跳前冲力过大，向上起跳不够。

纠正方法：反复练习 3~5 步助跑起跳，强化正确的起跳技术；做上一步摆腿练习，加大摆动腿的摆动幅度，体会向前送髋动作；强化助跑节奏并反复练习助跑起跳。

易犯错误 3：摆动腿摆不起来。

纠正方法：强调腾空后收腹，过杆时大腿摆动找胸部；3~5 步助跑，摆动腿触标志物。

（二）练习方法

1. 助跑与起跳模仿练习

（1）方法描述：助跑 3~5 步起跳，逐渐过渡到助跑 7~9 步起跳。

（2）练习要求：助跑动作连贯、节奏清晰，最后一步稍小，快速有力；起跳时迅速蹬伸髋、膝、踝三个关节，躯干伸展充分。

（3）组织方法：可在圆形场地上进行全班练习（场地大小根据班级人数决定）。

（4）教学建议：

① 学习初始阶段可用皮筋代替横杆，如用皮筋做各种较低高度的助跑跳跃障碍练习，提高学生快速起跳的能力。

② 在初学阶段，多安排一些助跑起跳练习，有益于学生助跑与起跳技术的衔接。

（5）拓展练习：助跑几步，单脚起跳用头或手触摸悬挂物。

2. 过杆练习

（1）方法描述：助跑起跳越过皮筋（横杆）。

（2）练习要求：3~5 步、5~7 步助跑起跳，重点体会最后三步的"嗒—嗒嗒"的助跑节奏和过杆动作。

（3）组织方法：可采用圆形场地，以圆心为中心，辐射出多个不同高度的练习场地。

（4）教学建议：

① 在圆形场地上组织教学，即在圆内设计"十"字形跨越式跳高练习场地，在圆上进行触摸高物练习。

② 针对学生练习中出现的摆动腿不积极等问题，可以借助辅助器材，如两人一组做上 3 步摆动腿触碰同伴手持的小彩旗。

（5）拓展练习：

① 人动绳不动：将四条皮筋组合成一个"十"字形，一端固定在中间杆上，另一端分别由四个学生牵拉。游戏开始，场地内的学生沿逆时针方向助跑起跳依次跳过四条不同高度的皮筋。

② 助跑起跳越过斜绳（前高后低），主要练习两腿依次摆越及提腰的技术动作。

（三）比赛创设

1. 跳跃能手挑战赛

（1）比赛方法：在平整的场地上，学生依据自身能力自选高度，挑战越过一定高度的横绳或障碍物。

（2）规则与裁判方法：每挑战成功一个高度，积1分，每个高度有3次挑战机会；在每个高度上挑战成功，方可挑战下一个高度；每个场地上有一位裁判员进行裁决，并记录成绩。

（3）比赛拓展：在场地上布置多个不同高度的障碍物（皮筋），学生在一定时间内采用双脚或单脚起跳越过障碍物。

2. 空中"石头、剪子、布"大比拼

（1）比赛方法：两人一组，面对面站立，间隔5~6米，同时助跑1~2步，跳起后在空中完成"石头、剪子、布"，输者连续做波比跳3次，然后回到原位继续进行比赛，连续进行若干次。

（2）规则与裁判方法：跳起后在空中做出两腿一上一下（跨越式）为"剪刀"，两腿并拢为"石头"，两腿左右分开为"布"。其中一人负责发令，两人同时助跑起跳，完成动作。

（3）比赛拓展：两人一组，面对面站立，间隔1~2米，在原地同时跳起，在空中完成"石头、剪子、布"（跳起后在空中做出两腿一前一后为"剪刀"，两腿屈膝并拢为"石头"，两腿左右分开为"布"），输者做1次上一步起跳跨越式跳高动作，然后回到原位继续进行比赛，连续进行若干次。

五、背越式跳高

（一）教材分析

1. 讲解要点：

（1）助跑：包括直线助跑和弧线助跑两段，每段各跑4~5步。要求节奏鲜明，起跳点距横杆垂直面60~100厘米。

（2）起跳：起跳脚脚跟先着地，迅速过渡到前脚掌，摆动腿快速向上摆起，同时向上摆臂，起跳腿的异侧臂向上伸，躯干充分伸展。

（3）腾空过杆：起跳脚离地后，身体转动背对横杆，当头和肩越过横杆后，迅速沉肩，两臂置于体侧，髋关节向上挺起，形成"背弓"。

（4）落地：过杆后以肩背部着垫缓冲。

2. 示范建议：以侧面示范为主，学习起跳、过杆等复杂动作时，需把完整示范与分解示范紧密结合,提示学生重点观察助跑节奏变化、起跳动作和腾空过杆动作。

3. 教学重点:助跑与起跳结合技术,腾空过杆技术。

4. 易犯错误及纠正方法:

易犯错误1:起跳前减速,甚至有停顿现象。

纠正方法:反复在杆前做助跑起跳练习,注意助跑后几步的身体重心要平稳,最后一步放脚要快。

易犯错误2:起跳时身体过早倒向横杆。

纠正方法:加强杆前弧线助跑练习或跳上较高海绵垫练习,注意起跳前身体内倾和起跳后垂直向上的动作以及摆腿摆臂的方向。

易犯错误3:助跑加速节奏混乱、步幅不稳,致使起跳失败。

纠正方法:调整助跑距离,找出最适宜的助跑步点,采用画线、设标记、听节拍等方式培养学生的节奏感。练习时,可先用橡皮筋代替横杆,以降低学生的恐惧心理。

易犯错误4:坐着过杆,做不出挺髋动作。

纠正方法:多做垫上送髋、倒体成桥等练习,提高髋关节的伸展性和灵活性;站在弹跳板或跳箱上做立定背越式跳高;利用踏跳板起跳做背越式过杆动作。

易犯错误5:身体与横杆成斜交叉过杆。

纠正方法:起跳时注意摆动腿的摆动方向、速度和幅度,防止身体过早后仰;3~5步弧线助跑起跳,摆动腿的膝关节触高物,同时使身体腾空后沿纵轴转体90度,摆动腿用力向异侧肩方向摆动。

易犯错误6:过杆时大腿后侧或小腿碰落横杆。

纠正方法:在杆前做原地背越式过杆练习,注意体会空中挺髋动作和过杆时收腹甩腿的时机。

(二)练习方法

1. 原地过杆练习

(1)方法描述:背对横杆,两脚开立与肩同宽,两脚用力蹬地的同时两臂上摆,背部过横杆后迅速仰头倒肩和屈膝挺髋,当臀部越过横杆后收腹举腿并上抬小腿,完成过杆,用肩背部着垫。

(2)练习要求:两脚蹬地和两臂上摆要协同配合,掌握好身体上升和后倒的时机。

(3)组织方法:一块海绵垫可以安排两名学生同时练习。

(4)教学建议:刚开始练习时可先用橡皮筋替代横杆。此练习也可在弹性踏板或跳箱盖上进行,以增加腾空的高度和时间,让学生更好地体会过杆动作。

(5)拓展练习:

① 双脚连续起跳屈膝挺髋:两脚左右开立,用力蹬地使身体腾起,腾空后提肩、立腰,并充分向上伸展,同时屈膝挺髋,两手在体后触摸脚后跟,然后自然落地,可连续做多次。

② 背对肋木或双杠挺身展髋：双手体后握住肋木或双杠，做下蹲挺髋动作。

2. 弧线助跑衔接起跳技术练习

（1）方法描述：在走动或慢跑中沿弧线连续上 3 步做起跳动作，或在跑动中沿弯道（或沿直径 10~15 米的圆圈）连续上 3 步做起跳动作。

（2）练习要求：摆动腿在前，起跳腿在后，保持身体正直，做走或跑 2 步接上步起跳动作。重点体会在身体内倾的跑动中完成起跳动作。

（3）组织方法：学生成一路纵队，前后保持适当距离，进行集体练习。

（4）教学建议：学练初期在走动中完成起跳，熟练后在跑动中完成起跳。

（5）拓展练习：

① 弧线助跑技术练习：在弧线上连续做 8~10 步的慢跑、8~10 步的节奏跑和 8~10 步的节奏跑加起跳练习。

② 4~5 步弧线助跑接起跳练习：弧线助跑起跳后摸高、头触高物、摆动腿膝盖触高物；在跳高场地上做弧线助跑起跳动作后落于垫上。重点掌握助跑与起跳技术的紧密衔接，体会在身体内倾的情况下保持助跑速度完成起跳动作。

3. 4~5 步弧线助跑背越式过杆练习

（1）方法描述：沿弧线助跑，起跳过杆，挺髋成"桥"，过杆后，肩背部平稳落在海绵垫上。

（2）练习要求：确定好起跳点，起跳果断，动作连贯，助跑快、起跳快，整个动作完成得快。

（3）组织方法：学生成一路纵队进行练习，前面的学生离开海绵垫后，后面的学生才能开始助跑起跳。

（4）教学建议：根据学校的条件，尽可能多地设置跳高场地，横杆可以用皮筋代替，并设置不同的高度，供不同能力的学生自主选择。

（5）拓展练习：

① 4~5 步弧线助跑起跳上高垫练习。

② 全程助跑起跳背越式过杆练习：8~10 步全程助跑起跳，前 4~5 步直线助跑，后 4~5 步弧线助跑。

（三）比赛创设

1. 跳起连续打篮板球接力

（1）比赛方法：学生成一路纵队站在篮球架下，第一个学生持篮球跳起抛球打板，在篮球下落过程中，后面的学生接球在空中完成抛打板，依此类推。在规定时间内打板次数最多的组获胜。

（2）规则与裁判方法：必须在空中完成接球和抛球打板，并按顺序依次抛球打板。

（3）比赛拓展：

① 在规定时间内，单人连续抛球打板比赛。

② 减少人员的抛球打板接力比赛。

2. 跳高对抗赛

（1）比赛方法：以小组为单位，每人挑战不同的高度，以跳过最高的高度为最终成绩，将每个小组所有人的成绩相加除以人数得出小组的集体高度。比一比哪一组的集体高度最高。可以在 2~4 个场地上进行比赛，每组出 3 个人到其他组担任裁判工作，负责测量、记录成绩等工作。

（2）规则与裁判方法：每人最多能选择 3 个高度进行试跳，每个高度每人有 3 次试跳机会。

（3）比赛拓展：原地背越式过杆比赛；弧线助跑摸高比赛。

第三节　投掷

投掷是人运用自身能力，将手持的规定器械投掷出去，并以远度决定胜负的运动项目。学生通过学练投掷项目，不仅可以展示健美的体魄和力量之美，发展爆发力和投掷能力，还能培养吃苦耐劳、坚毅勇敢和拼搏向上的优良品质。在中小学田径教学中，投掷的教学内容主要包括助跑投掷垒球、双手头上前掷实心球和侧向滑步推铅球等项目。

一、助跑投掷垒球

（一）教材分析

1. 讲解要点：助跑有节奏，向前迈步的同时向后引球，交叉上步、转体、挥臂等动作要连贯，将球经肩上快速用力投出。

2. 示范建议：以侧面完整动作示范为主；握球方法示范可采用正面示范，让学生看得更清楚；蹬地、转身、挥臂动作的连贯配合可采用分解示范和完整示范相结合的方式。

3. 教学重点：持球后引、交叉上步、蹬地转体、肩上屈肘、挥臂等动作连贯。

4. 易犯错误及纠正方法：

易犯错误 1：投掷时肘关节低，转肩不够，做不出鞭打挥臂动作。

纠正方法：强调动作要领，进行正误动作对比，帮助学生建立正确的动作概念；做各种转体、转肩、肩上屈肘练习，发展肩关节灵活性；手持宽皮筋做抽鞭子练习。

易犯错误 2：投掷时全身不会协调用力。

纠正方法：徒手或持轻物反复练习，体会完整的动作过程和发力顺序；原地侧向投掷轻物或垒球，体会用腿和躯干发力的感觉。

（二）练习方法

1. 徒手模仿上一步投掷垒球练习

（1）方法描述：身体面对投掷方向，左脚上一步，同时身体右转，右臂后引，成原地侧向投掷姿势，然后做蹬地、挥臂、甩腕动作。

（2）练习要求：上步、转体、蹬地、挥臂、甩腕动作要协调连贯。

（3）组织方法：学生左右间隔2~3米，听教师口令同时练习。

（4）教学建议：

① 两人一组，前后站立，一人练习，另一人发口令，同时观察同伴的动作是否正确，并互相纠正。

② 加强安全教育和课堂教学的组织纪律性，为后续的持球练习做好准备。

（5）拓展练习：

① 上一步投掷垒球练习。要求动作协调连贯、出手角度合理。

② 上三步投掷垒球分解动作练习：喊"1"左腿上步，喊"2"右腿交叉上步，喊"3"左腿再迈一步成原地侧向投掷姿势。先做分解动作，然后进行完整动作练习。

③ 助跑5~7步进行投掷练习。

2. 利用皮筋做挥臂练习

（1）方法描述：利用皮筋（宽5厘米，长1.5~2米）做挥臂练习。一人牵拉皮筋一端，一人手持皮筋另一端做蹬地转体挥臂练习。

（2）练习要求：皮筋两端要抓牢，不要轻易松开。

（3）组织方法：两人一组，前后站立，各组之间保持一定距离。

（4）教学建议：两人一组，牵拉者手的位置在肩部以下，练习者手持皮筋的高度在肩部以上。

（5）拓展练习：

① 一人牵拉皮筋一端，一人手持皮筋另一端做助走、交叉上步、蹬地转体和快速挥臂练习。

② 将皮筋卷在一起，形成一个"变形沙包"，末端用一根小皮筋捆绑，学生用"变形沙包"做助跑投掷练习。

（三）比赛创设

1. 助跑沙包掷远比赛

（1）比赛方法：学生分别位于中线两侧，各距中线8~12米。每组前面都有三条标志线，分别代表合格、良好、优秀，每个学生有3次机会进行助跑投掷。

（2）规则与裁判方法：必须用助跑投掷的方式完成比赛；每个大组安排三位裁判员，一位发令组织，一位观察落点和宣读成绩，一位记录成绩。

（3）比赛拓展：把学生分成若干组，分别体验各种投掷方式，如原地侧向掷准（近距离），上三步投掷沙包过一定高度的横绳（中距离），助跑投掷沙包落入同心圆（远距离）。

2. 投掷纸飞机比赛

（1）比赛方法：课前每人折一架纸飞机，站在线后上一步投掷纸飞机。

（2）规则与裁判方法：用上一步投掷的方式投掷纸飞机，看谁的飞机飞得远。

（3）比赛拓展：

① 消灭"老鼠"：在距离6~8米、高2~2.5米的横绳上挂若干个画着老鼠图

案的标靶，用投掷沙包或纸团消灭"老鼠"，消灭（投中）一个得1分，每人投掷5次。

②打"龙尾"：把学生分成若干组，每组6~10人，一组均匀地站在直径为8~10米的圆圈外面，另一组前后搭肩成一路纵队站在圆内，圆圈外的学生用沙包或纸团打击圆内的"龙尾"（队尾），圆内的队伍通过快速移动防止"龙尾"被打，在一定时间内交换，打中"龙尾"次数最多的组获胜。

二、双手头上前掷实心球

（一）教材分析

1. 讲解要点：

（1）握球和持球：两手大拇指成"八"字，其他四指夹持球。

（2）预备姿势：两脚前后开立，后脚跟稍离地面，持球于身体前下方。

（3）预摆：将实心球依次从身体前下方至头后上方摆动1~2次，然后上体后仰，身体成反弓形。

（4）最后用力：蹬腿、送髋，腰腹收缩用力，两臂用力向前鞭打并拨指甩腕。

2. 示范建议：握球和持球以正面示范为主，并高举实心球让学生看清楚；最后用力技术以侧面示范为主，提示学生重点观察最后用力动作。

3. 教学重点：用力顺序，出手速度，出手角度。

4. 易犯错误及纠正方法：

易犯错误1：不能调动全身力量投掷，投掷用力顺序不正确。

纠正方法：通过讲解、示范，让学生明确用力顺序和投掷过程；徒手或持轻器械反复练习，体会全身协调用力顺序；采用不同的投掷方式进行练习，提高协调用力的能力。

易犯错误2：出手速度慢，绵软无力。

纠正方法：徒手或持轻器械反复练习完整动作，要求出手速度要快；双手持轻杠铃或哑铃做斜前上方快推；向空中垂直拨球，体会手指拨球的感觉；往地上垂直砸球，体会手指拨球和手的鞭打动作；两人一组，进行拉皮筋练习，体会以胸带臂用力的感觉。

易犯错误3：出手角度过低或过高。

纠正方法：在投掷线前2~3米处设置限高线，要求实心球从限高线上面通过；面对墙上一定高度的标志物进行投掷；眼看远处的较高标志物进行投掷，要求投掷后不能低头。

（二）练习方法

1. 投过限高线的头上前掷实心球练习

（1）方法描述：在投掷线前2~3米处设置高度为2.5米左右的限高线，要求学生将实心球投过限高线。

（2）练习要求：掌握好实心球的出手时机和出手角度（38~42度）。

（3）组织方法：学生成横排站立，左右间隔约 2 米，听口令同时将实心球掷出，然后统一捡球。

（4）教学建议：

① 两人一组，前后站立，一人练习，另一人观察练习者的出手时机和出手角度是否合适。

② 根据学生情况调整投掷线与限高线的距离以及限高线的高度，也可根据学生身高设置斜线。练习初期可以用轻实心球。

（5）拓展练习：

① 往墙上投掷实心球：在离地面 2~3 米的墙上画一条标志线，站在离墙 2~3 米处进行投掷，要求实心球高度超过标志线。

② 看高远处目标投掷实心球：远看设定的目标（屋顶、树尖等）进行投掷。投掷时不能低头，出手角度在 40 度左右。

2. 以胸带臂的鞭打练习

（1）方法描述：身体成最后用力姿势，做以胸带臂的拨球鞭打动作，要求出手速度快。

（2）练习要求：重点体会拨球鞭打动作和出手速度。

（3）组织方法：学生成横排站立，左右间隔约 2 米，听口令同时掷出实心球，然后统一捡球。

（4）教学建议：练习初期进行徒手模仿或持轻实心球投掷，不要求投掷的远度，重点体会出手速度。

（5）拓展练习：

① 往地上垂直快速砸球，体会手指拨球和手臂鞭打动作。

② 弓步成单膝跪姿投掷实心球。要求身体尽力后仰，快速出手投掷。

（三）比赛创设

1. 头上前掷实心球比远团体赛

（1）比赛方法：以小组为单位，每人投掷 3 次，记录最远一次的成绩，计算小组的平均成绩，平均成绩最高的小组获胜。

（2）规则与裁判方法：只能用原地头上前掷实心球，不能助跑，不能迈过投掷线。

（3）比赛拓展：

① 头上前掷实心球掷准：在投掷线前 8~10 米处分别画直径为 1 米、2 米、3 米的同心圆，投中相应的同心圆按 3 分、2 分、1 分计算成绩。每人 5 次机会，计算总分。

② 打靶得分：在投掷线前 6~8 米处放置若干（3~5）个呼啦圈，用头上前掷实心球的方式把实心球投到呼啦圈里，投中一个得 1 分，每人 5 次机会，计算总分。

2. 不同方式的实心球掷远比赛

（1）比赛方法：用后抛、前抛、夹球掷远或侧推实心球等方式进行比赛。

（2）规则与裁判方法：确定好投掷方式，用统一的投掷方式进行比赛。

（3）比赛拓展：

① 头上前掷实心球 + 单脚跳折返接力：听到信号后采用头上前掷实心球的方式统一投掷，然后采用单脚跳的方式去捡球，捡到球后跑到折返点，再迅速跑回，把实心球交给下一位同学。

② 后抛实心球 + 快速跑折返接力：听到信号后采用后抛实心球的方式统一投掷，然后采用快速跑的方式去捡球，捡到球后跑到折返点，再迅速跑回，把实心球交给下一位同学。

三、侧向滑步推铅球

（一）教材分析

1. 讲解要点：

（1）握球和持球：握球时，五指自然分开，铅球放于指根处，两侧要扶牢；持球时，将铅球放在锁骨窝处，紧贴颈部，肘部抬起稍低于肩。

（2）预备姿势：侧对投掷方向，右腿弯曲，重心在右腿上，左脚前脚掌着地。

（3）预摆与侧向滑步：左腿侧摆和右腿蹬地要同时，右腿低滑，左腿要撑牢。

（4）最后用力：蹬（腿）、转（膝）、送（髋）、撑（身体左侧）、挺（胸）、推（球）、拨（球）协调连贯。

（5）维持身体平衡：及时换步，降低重心，维持身体平衡。

2. 示范建议：握球和持球以正面示范为主；侧向滑步推铅球完整技术比较复杂，可以将完整示范与分解示范相结合，背面示范与侧面示范相结合，以侧面示范为主。提示学生重点观察滑步过程和最后用力动作，也可组织学生观看两个动作的慢动作视频。

3. 教学重点：最后用力技术，滑步与最后用力相结合技术。

4. 易犯错误及纠正方法：

易犯错误 1：滑步时身体重心上下起伏过大。

纠正方法：通过讲解、示范，使学生明确身体重心的运动轨迹，身体移动要快，右脚不能离地过高；徒手或持轻器械反复进行滑步练习，体会左腿摆和右腿蹬的密切配合，上体不能抬起，保证身体重心相对平稳移动。

易犯错误 2：滑步与最后用力脱节。

纠正方法：多讲解、示范、观看视频，使学生明确左腿摆动后要积极主动下压，迅速取得双脚支撑，使身体处于最后用力前的最有利姿势；徒手或持轻器械反复练习侧向滑步与最后用力相结合技术，加深体会左脚滑步后一着地就开始最后用力。

易犯错误 3：铅球出手时肘关节下降。

纠正方法：通过重点提示和练习，使学生了解"推"铅球与"投、扔、抛"铅球的区别，明确铅球出手的瞬间球不能离开锁骨窝，肘关节抬平，不能下降，否则容易变成"投、扔、抛"铅球；反复进行徒手或持球原地推铅球练习，体会铅球出手时肘关节的位置。

易犯错误 4：不能全身协调用力推铅球

纠正方法：通过讲解、示范、观看视频，使学生明确髋关节等大肌肉群先发力，右腿蹬地推动髋关节积极向投掷方向移动，左肩、左臂及时制动，左腿用力支撑，挺胸抬头，右臂向前上方推铅球等，腿部、躯干、手臂等协调用力，将铅球推出；通过多种不同方式的抛、掷实心球或铅球，提高全身协调用力投掷的能力，发展综合体能。

（二）练习方法

1. 正面推铅球

（1）方法描述：两脚开立略比肩宽，两腿弯曲，右手握球置于锁骨窝处，主要利用两腿蹬地和右肩前送的力量将球向前上方推出。

（2）练习要求：练习初期，手臂不用力，重点体会两腿蹬地动作，逐渐结合右肩和手臂的力量。

（3）组织方法：学生成横排站立，左右间隔 3 米以上，听口令同时将球推出，然后统一捡球。

（4）教学建议：两人一组前后站立，一人练习，另一人观察练习者两腿是否用力蹬地。练习初期，铅球可以用垒球、胶球、轻铅球或实心球代替。

（5）拓展练习：

① 正面击掌推球模仿练习：两脚开立略比肩宽，两腿弯曲。左手手指向上，掌心向后，置于右肩斜前方约 30 厘米处。右手做好持球动作后，两腿爆发式蹬伸，右手沿 38~42 度角向斜前方伸臂击左手掌。

② 扭转推铅球：上体向右扭转，左臂位于身体前上方，使身体左侧肌肉扭紧拉长，然后右手迅速用力把铅球向前上方推出。要求充分蹬伸两腿，体会手指拨球动作。

2. 原地侧向推铅球

（1）方法描述：两脚左右开立，侧对投掷方向，右手握球置于锁骨窝处，右腿弯曲，身体重心压在右腿上，右腿用力蹬地，利用全身力量将球推出。

（2）练习要求：重点体会"蹬、转、送、撑、挺、推、拨"技术动作的用力顺序。

（3）组织方法：学生横排站立，间隔 3 米以上，听口令同时侧向推铅球，然后统一捡球。

（4）教学建议：练习初期可徒手或持轻物进行练习，以便学生正确掌握预备姿势和体会用力顺序。

（5）拓展练习：

① 原地侧向推铅球，着重体会快速推球动作。

② 推球过标志物：在距投掷圈（线）1.5~2 米的正上方拉一条高 2.5~3 米的皮筋，进行原地正面或侧向滑步推铅球过皮筋练习。学生可根据自身力量选择铅球的重量，重点体会球出手的角度。

3. 侧向滑步

（1）方法描述：徒手或持轻物做摆左腿、蹬右腿的侧向滑步练习。

（2）练习要求：体会和掌握摆、蹬的动作过程，以及摆与蹬的协调配合。

（3）组织方法：集体练习或两人一组，一人练习一人观察。

（4）教学建议：教学初期以徒手或持轻物练习为主，动作基本掌握后再持标准铅球进行滑步练习。

（5）拓展练习：

① 抗阻滑步：成预备姿势后，右手后伸，抓住同伴的手或弹力带，做摆左腿、蹬右腿的侧向滑步练习，同伴给予适当的阻力。

② 徒手或持球在投掷圈内画十字线，进行侧向滑步模仿练习。通过画十字线，明确两脚的站位。滑步时不要跳，上体保持平稳，滑步结束后仍保持最后用力姿势。

（三）比赛创设

1. 侧向滑步推铅球比远

（1）比赛方法：站在投掷圈内，身体侧对投掷方向，用侧向滑步的方式推铅球比远。

（2）规则与裁判方法：投掷后身体任何部位不能触及圈外的地面，每人3次机会，记录最远一次的成绩。

（3）比赛拓展：

① 侧向滑步推铅球团体赛：以小组为单位，每人投掷3次，记录最远一次的成绩，计算小组的平均成绩，看哪一组的平均成绩最高。

② 原地侧向推铅球比远：采用原地侧向推铅球的方式，每人投掷3次，记录最远一次的成绩。

2. 胯下前抛铅球比远

（1）比赛方法：身体成半蹲姿势，双手持铅球于胯下，两腿用力蹬地，前抛铅球，看谁抛得远。

（2）规则与裁判方法：站在投掷线后原地前抛铅球，铅球抛出后脚不能超出投掷线，每人投掷3次，记录最远一次的成绩。

（3）比赛拓展：

① 胯下前抛铅球抛准：在距离投掷线6米处画3个半径为0.5米的圆，3个圆成前后正向排列，每个圆间隔0.5米。按照由远及近的顺序，将球抛进相应的圆分别计3、2、1分。每人抛3次，计算总分。

② 单手抓铅球比多：原地站立成半蹲姿势，身体稍前倾，在胯下单手抓住铅球向上提拉，然后松手，在铅球下落过程中迅速将其抓住，连续进行。看谁抓住铅球的次数多。

◢　思考题

1. 影响快速跑成绩的主要因素是步幅和步频，请设计 2~3 个提高步幅和步频的练习方法。

2. 中长跑练习时出现"极点"怎么办？

3. 蹲踞式跳远和挺身式跳远的区别是什么？在教学中如何提高腾空后的空中技术？

4. 有一位学生掷实心球时老脱手或者投掷时用不上力，请提出有效的解决方法。

第六章 体操教材教法

体操是体育与健康课程的重要内容之一，对促进学生运动能力的形成、健康行为的养成、体育品德的培育具有重要作用。学生练习体操及其拓展内容，不仅能增强控制身体稳定性的能力，提高动作准确性、方位意识、时空概念，还能有效增强肌肉力量、肌肉耐力和灵敏性，培养独立自强、勇敢坚毅、不怕挫折、自尊自信、乐观开朗等优良品质。同时，学生学习和运用体操保护与帮助方法，可以培养责任感和安全意识。

中小学体操内容具有项目多、动作类型多、器械种类多、完成动作的时间与空间动态变化多等特点。通过体操内容的学习，学生应具有在动态运动中维持身体平衡的能力，能在掌握体操知识与技能的基础上运用体操锻炼方法发展体能，能在变化的情境中运用体操知识与技能解决生活中的实际问题。体操动作有一定的难度，其学习过程是通过反复练习强化复杂动作技能的过程，需要学生克服身体、心理困难，不断挑战自我、战胜自我、树立自信，并在提升体操专项运动能力的基础上塑造人格，锤炼意志品质。根据立德树人根本任务和儿童青少年体操健身发展的基础性、系统性、全面性、层次性、安全性、普及性要求，体操教学应遵循体操内容体系的逻辑、学生的学习特点、体操教学规律，真正达到学会、勤练、常赛目标。中小学体操项目内容主要包括徒手体操、技巧运动、器械体操等。

思维导图

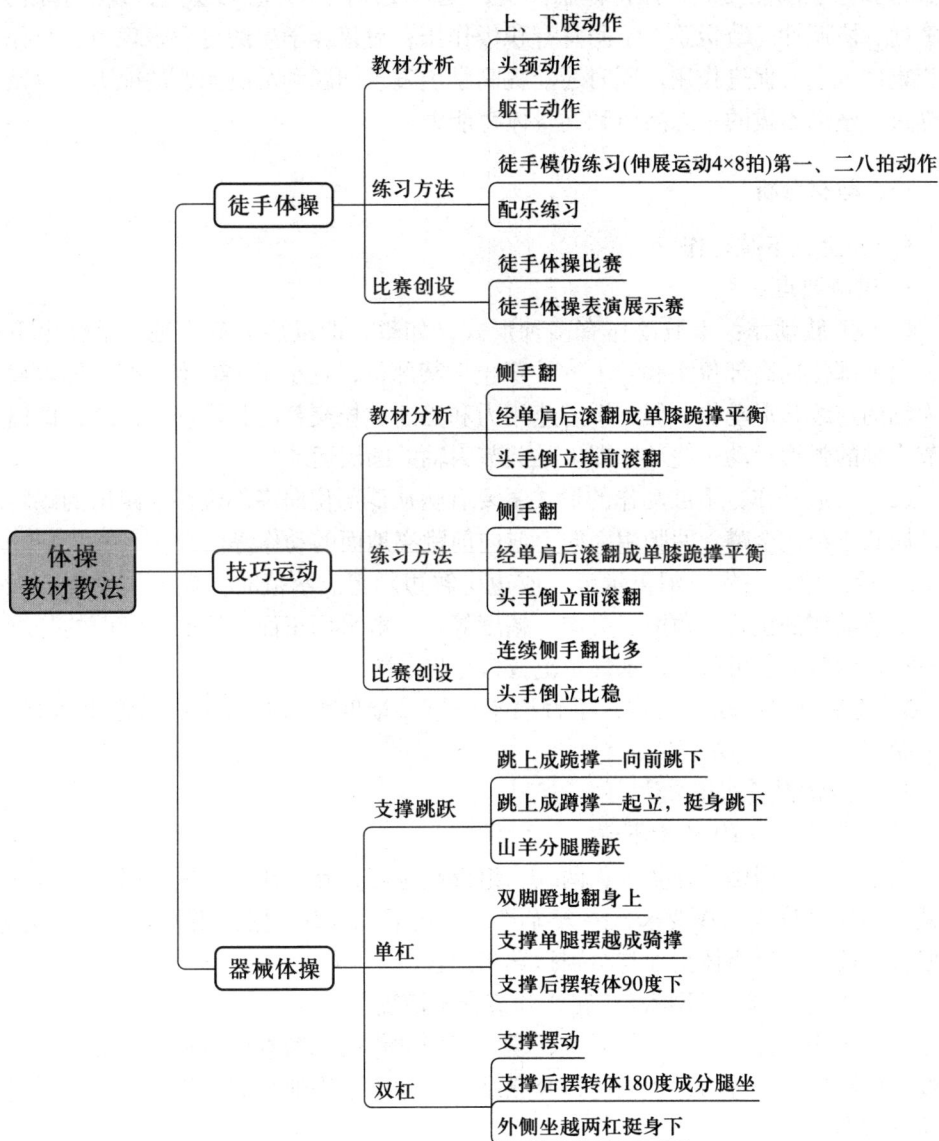

第一节　徒手体操

徒手体操动作简单易行，锻炼身体的实效性强，可以促进学生身体匀称、协调发展，矫正不良姿态，对增强骨骼、肌肉、韧带力量具有独特作用；对促进人体运动器官和内脏功能发展，保持体态健美，提高反应能力和心肺功能，发展弹跳力、灵敏性、协调性、节奏感、空间感有积极作用；对培养学生的自我表现力、合作意识和集体观念有促进作用，同时还能提高学生发现问题和解决问题的能力，以及相互尊重、坚忍不拔的意志品质和终身体育能力。

一、教材分析

（一）上、下肢动作

1. 讲解要点：

（1）上肢动作：上肢动作有多种形式，如举，即以肩关节为轴，手臂由下向上、由低部位向高部位举起、上升并停止于某部位，且小于180度；摆，即以肩关节为轴的连续弧形动作；振，即急速用力和迅速放松交替的弹性动作；绕，即以某关节为轴的弧形运动；绕环，即以某关节为轴的圆周运动。

（2）下肢动作：下肢动作的形式主要有腿从低部位向高部位快速踢出的踢腿动作，屈膝半蹲或全蹲，两脚用力向上或向前跳离地面的动作等。

2. 示范建议：先讲解再示范，或边讲解边示范。示范时，提示学生重点观察上、下肢动作的位置、角度、方向、幅度等。一般采用正面、侧面、背面的分解与完整动作示范，也可采用提示性示范或口令提示等。

3. 教学重点：动作到位，手臂横平竖直，幅度大、有力度；踢腿快速有力，脚尖绷直。

4. 易犯错误及纠正方法：

易犯错误1：动作概念不清。

纠正方法：明确动作要求，两人一组反复练习，互相纠正动作；两人一组，一人喊出动作名称或动作要求，一人练习，如横平、竖直，振臂用力，上举抬头等；根据教学情境采用集体指导与个别指导相结合。

易犯错误2：动作不标准，路线和节奏不清晰。

纠正方法：提高单个动作质量，建立正确动作的肌肉本体感觉；分解练习，或由慢动作到快动作练习；领做与口令相结合，循序渐进地掌握动作方法、动作路线和动作节奏。

易犯错误3：屈腿，动作没有力量。

纠正方法：加强下肢柔韧性，反复练习动作；讲解绷脚尖、伸直腿的生理学原理；变换节奏练习踢腿动作，体会动作效果。

易犯错误4：动作不规范，不是踢腿，而是"举腿"。

纠正方法：按节奏反复练习"小踢腿"，节奏由慢到快；加强腿部力量和腰背部力量。

（二）头颈动作

1. 讲解要点：头颈动作由屈、绕、绕环、抬头等动作组成。动作要规范、轻盈、舒缓，不能过快、过猛，节奏不能太快。

2. 示范建议：一般采用领做或边讲解要求边示范，口令的节奏控制非常重要，头颈的位置、动作幅度应严格要求。可采用正面、背面的分解与完整动作示范，也可采用提示性示范或口令提示等。头颈动作一般以镜面示范为主，分解示范为补充，注意节奏不能太快。

3. 教学重点：身体直立体态端，头颈环转要轻缓，颈椎一共有七块，灵活转动靠枢寰。

4. 易犯错误及纠正方法：

易犯错误 1：颈部动作幅度过大，没有控制。

纠正方法：讲明颈部生理结构，强调头部动作规范的重要意义；在口令、音乐配合下领做（不同示范面）；借助视频明确动作要求。

易犯错误 2：颈部动作节奏过快，没有控制。

纠正方法：明确颈部生理结构；强调头部动作规范节奏；用口令、口哨、音乐控制动作节奏。

易犯错误 3：动作方向和动作路线不正确。

纠正方法：慢动作 + 带口令的背面示范，集体喊口令慢动作领做，明确动作方向和动作路线。

（三）躯干动作

1. 讲解要点：

（1）体侧运动：镜面示范很常用，冠状面里做体侧，立髋收腹莫低头，表演展示一起做。

（2）体转运动：拉伸脊椎是目的，循序渐进莫着急，眼睛要随手来走，双腿站稳不能移。

（3）腹背运动：髋部屈伸是关键，幅度大小靠柔韧，侧面示范较直观，讲明原理更关键。

2. 示范建议：初学阶段可采用背面示范，熟练后采用镜面示范。可结合学习情境中的问题灵活运用，在重点解决问题时可采用侧面示范。

3. 教学重点：

（1）体侧运动：立髋收腹把头梗，两肩放平腿站稳，左右侧屈做到位，力量柔韧是根本。

（2）体转运动：立髋收腹头引领，两臂端平肩放稳，左右侧转做到位，两腿矗立如生根。

（3）腹背运动：髋部柔韧是关键，两腿站稳身有力。

4. 易犯错误及纠正方法：

易犯错误 1：做体侧运动时，屈髋低头，收腹塌腰。

纠正方法：加强躯干力量和柔韧性练习，并反复练习正确动作，节奏由慢到快；讲解人体解剖知识，明确动作不规范的危害。

易犯错误 2：做体侧运动时，动作不舒展，且不在一个平面上。

纠正方法：靠墙进行两臂侧举练习；靠墙按节奏进行体侧练习，节奏由慢到快。

易犯错误 3：做体转运动时，低头，松臂，弯腰。

纠正方法：加强躯干和手臂力量，反复练习动作；慢动作示范或领做，重点强调动作方向和动作路线；在学习过程中不断激励和表扬学生（尤其是低年级学生）。

易犯错误 4：做腹背运动时，腹部屈伸不到位，手触不到地面。

纠正方法：加强腹背肌力量和躯干柔韧性，反复练习动作；讲解腹背运动的解剖学原理和腰背部主要的用力肌群。腹背运动的动作幅度大，在纠正动作时注意控制节奏。

二、练习方法

（一）徒手模仿练习（伸展运动 4×8 拍）第一、二八拍动作

1. 方法描述：

（1）分解动作，左、右臂一拍一动练习。

（2）记忆动作口诀，独立思考动作，自行练习。

（3）两人结伴，一人做动作、展示，一人提示、检查，共同提高。

（4）多人结组，相互观察，共同研讨，分析问题，解决困难。

（5）请学生骨干示范，带领大家集体练习，直到每个人都能带领大家练习。

（6）采用循环与递进练习法，小组循环练习与展示相结合，通过不同形式的展示评价学生的学习效果。

2. 练习要求：态度端正，目标明确，掌握技术，理解原理。

3. 组织方法：以集体练习为主，由学生骨干带领分组练习为辅助，结合个别纠正为补充。

4. 教学建议：技术动作练习与解剖学原理讲解相结合；加强体能练习，提高身体控制能力。

5. 拓展练习：改变动作节奏，由两拍一动变为一拍一动、一拍多动；改变动作方向，下达口令，切换动作方向；用反口令或代号提示练习等。

（二）配乐练习

1. 方法描述：采用形式多样的分组形式，如 2~4 人、4~6 人、8~10 人一组，根据学生学习的熟练程度进行分组变换练习。学生按组挑选替代口令的音乐，随音乐节奏练习，如鼓点和节奏明快的音乐、熟悉且易上口的歌曲（校歌、团歌、队歌）等。

2. 练习要求：从节奏较慢的音乐逐步过渡到节奏较快的音乐，或根据音乐节奏自如转换动作的方向、路线、速度、节奏等。

3. 组织方法：各组自行选择音乐进行练习，熟练后可以轮换。每种配乐练习不少于 3 次。

4. 教学建议：

（1）示范、讲解基本练习方法，多启发学生思考、分析，主动寻找解决问题的方法。

（2）分组练习时，要先指定态度端正、有号召力的学生为骨干，以提高练习效率。

（3）动作熟练后，要尽量让更多的学生有带领大家练习的机会，以提升班级凝聚力，融洽气氛，增进友谊。

（4）适当利用信息技术手段辅助教学，如看视频纠正动作、听音乐默念和记忆动作等。

（5）技术和技能练习要与体能练习相结合，两者相辅相成、协同发展、共同提升。

5. 拓展练习：

（1）增加下肢动作变化，如将原地站立完成的动作变为踏步时、跳跃时、移动时完成。

（2）增加辅助器材，如在上下台阶或踏板时手持旗子、哑铃、沙包等器械完成动作。

（3）变换数字口令，如单数举臂、双数左臂向前等，培养学生的注意力和应变能力。

（4）增加音乐节奏变换，如可四拍一动、两拍一动、一拍一动练习。

（5）照镜子纠正动作，或两人一组相互"照镜子"纠正动作。

三、比赛创设

（一）徒手体操比赛

1. 比赛方法：班级、年级会操（各班级分别评分），累计各班得分，去掉最高分和最低分后取平均分，分数列前者获胜。

2. 规则与裁判方法：各年级抽签选择口令节奏或音乐，连续做两遍。动作整齐划一，着装整洁，发型简洁，精神面貌好；出场、退场秩序好，尊重对手，懂得赛场礼仪。

3. 比赛拓展：以标准的徒手体操动作为基础，各年级可在不改变节奏的前提下，自主组合动作，创编动作，调整动作顺序、方向、速度，形成各自特色。

（二）徒手体操表演展示赛

1. 比赛方法：年级联赛，在班级比赛的基础上，各班选出 5~8 名学生，组成年级联队，进行徒手体操表演展示赛。

2. 规则与裁判方法：评分有分工，如年级组长、德育主任给参赛者的精神面貌、着装发型等评分，学生代表、体育教师给技术动作评分，鼓励学生参与学习、练习、比赛、裁判过程。

3. 比赛拓展：学校领操员选拔赛，或学生规范动作展示赛（可个人或集体）。

第二节　技巧运动

技巧运动是以翻腾、抛接、平衡、舞蹈等徒手动作为主要内容，在音乐伴奏下结合动力性、静力性动作完成各种身体造型，按照一定的规则组成成套动作的体操项目。中小学阶段的技巧内容主要以滚翻、手翻、倒立、平衡等基础性垫上运动为主。学生练习技巧动作可以提高和改善前庭分析器官机能，发展空间定向能力，提高身体各部分的协调性、灵活性，矫正身体形态，培养良好的动作姿态等。技巧运动可作为其他体操项目的辅助练习手段，有助于学生习得日常生活中必不可少的自我保护技能。

一、教材分析

（一）侧手翻（以向左翻为例）

1. 讲解要点：侧向分腿站立，两臂侧平举；左腿侧屈，身体向左侧倒，左、右手依次撑地，同时右腿与左腿依次充分蹬摆腿，经手倒立时顶肩立腰，右脚靠近右手落地成分腿站立。

2. 示范建议：先进行正面和侧面完整动作示范，再边讲解边进行重点动作分解示范（上肢、下肢）。

3. 教学重点：两腿充分蹬摆，倒立时紧腰顶肩，侧翻时推手、顶肩、立腰。

4. 保护与帮助方法：保护与帮助者站在练习者侧后方，两臂交叉（左手在上），当练习者蹬摆腿时，双手扶其腰部助其侧翻；练习者侧翻落地时，保护与帮助者双手顺势交叉，帮助其起立成分腿站立。

5. 易犯错误及纠正方法：

易犯错误 1：倒立过程不清晰，屈髋、夹（冲）肩。

纠正方法：在保护与帮助下，反复练习靠墙手倒立成分腿倒立动作；三人一组，两人左右站立，相距 0.5~1 米，手持体操垫并立起形成一个开放式通道，另一人在通道内练习；理解"身体各部位动作应在一个垂直面完成"的动作要领，在练习者翻转落地一侧的上方设置标志物，练习者翻转时用两腿触碰标志物（标志物高度依据练习者能力逐渐提高）。

易犯错误 2：蹬地摆腿无力，翻转动力不足。

纠正方法：两臂侧举，两腿开立成"大"字形，两脚依次抬起落下，躯干配合左右摇摆、幅度由小到大。

易犯错误 3：落地时手脚不在一条直线上。

纠正方法：理解动作要领，同时在地上画一条直线，让学生按照"手—手—

脚—脚"的侧手翻动作顺序依次落在线上，反复练习；在地面或体操垫上画两条相距 0.3~0.5 米的平行线，练习时手、脚依次落在两条平行线形成的区域内。

易犯错误 4：翻转时低头含胸。

纠正方法：在地面或体操垫上标出两手着地点的位置，同时在两手着地点之间贴一个醒目的标志物，强调倒立时始终抬头看标志物。

（二）经单肩后滚翻成单膝跪撑平衡（以经右肩为例）

1. 讲解要点：从直腿坐或蹲撑开始，上体后倒，举腿翻臀，头部将要着垫子时左手肩上撑垫，右臂侧伸压垫，经右肩向后滚翻；同时左腿后上举，右脚尖先着垫，然后屈膝成跪撑，头部翻转抬起成单膝跪撑平衡。

2. 示范建议：采用正面和侧面完整动作示范，强调动作要领、保护与帮助方法。利用分解示范提示学生观察重点和难点动作，利用口令带领学生分步骤完成动作。

3. 教学重点：明确举腿、翻臀时机，翻臀与倒头的配合。

4. 保护与帮助方法：保护与帮助者站在练习者左侧（后举腿一侧），一手托肩，另一手托后举腿或双手握后举腿向后上方提拉。

5. 易犯错误及纠正方法：

易犯错误 1：翻滚时没有经过单肩。

纠正方法：强调动作要领，放慢速度反复练习徒手动作；两人一组在体操垫上练习分解动作；在头侧屈和放手一侧贴上标志物进行练习。

易犯错误 2：经单肩后跪撑方向不正。

纠正方法：从蹲撑开始，后滚经右肩翻转成双膝跪撑；两人一组在保护与帮助下练习，帮助者托扶练习者的后举腿，帮助其维持身体平衡。

（三）头手倒立接前滚翻

1. 讲解要点：两手与前额成等边三角形，一腿上举至接近垂直部位，另一腿蹬地并腿，紧腰夹臀，稳定重心。头手倒立稳定后，两手推撑，直体前倒，重心前移，低头含胸，接着颈、背着垫，快速收腿团身，上体前跟抱腿起立。

2. 示范建议：采用完整动作示范，针对重点动作边讲解边示范，强化动作概念；利用口令提示进行分解动作示范，先慢速示范再正常速度示范。

3. 教学重点：头手等边三角形的稳定性，蹬摆腿、立腰和稳定重心协调配合。

4. 保护与帮助方法：保护与帮助者站在练习者侧前方，手握其小腿并随之前移，当练习者低头含胸加速前滚时，顺势放手，并下蹲推其背部助其成蹲立。

5. 易犯错误及纠正方法：

易犯错误 1：头手位置不当。

纠正方法：在体操垫上画出以肩宽为边长的等边三角形，明确头手位置。

易犯错误 2：腰、颈松散，不能完成立腰、提臀动作。

纠正方法：明确动作要领，固定头手位置，强调梗头、夹肘，动作稳定后轻蹬离地。

易犯错误 3：举腿与展髋动作配合不协调、重心不稳。

纠正方法：靠墙或在保护与帮助下完成动作。

易犯错误 4：屈髋屈腿时机不当，前滚翻不圆滑。

纠正方法：多做前滚翻低头、含胸、团身成直腿坐练习；多做头手倒立前滚翻屈髋、屈腿顺势成蹲立练习。

二、练习方法

（一）侧手翻

1. 方法描述：练习者在保护与帮助下利用倒立凳、跳箱盖进行倒立、倒立分腿、依次蹬摆腿、推手练习，逐步过渡到在保护下独立完成动作。

2. 练习要求：手、脚六点成一线，两腿充分蹬摆腿，倒立时顶肩立腰。

3. 组织方法：两人一组利用辅助教具在相互保护与帮助下完成倒立、倒立分腿动作；三人一组，两人保护，一人练习。

4. 教学建议：

（1）利用多媒体帮助学生明确动作要领，建立直观动作概念。

（2）遵循循序渐进原则，先通过徒手模仿练习明确手和脚的位置，再分步骤进行动作练习，体会直腿蹬摆顶肩、立腰等难点动作。

（3）加强体能练习，提高上肢力量、核心力量和身体的协调性、灵敏性，鼓励学生勇于克服心理障碍并积极参与练习。

5. 拓展练习：先复习前滚翻、后滚翻、鱼跃前滚翻等技巧动作，再练习成套动作。

（1）男生成套动作：侧手翻（手倒立前滚翻）—鱼跃前滚翻—交叉转体 180 度—直腿后滚翻—挺身跳。

（2）女生成套动作：左变换步—右变换步—俯平衡—前滚翻直角坐—后倒成肩肘倒立—经单肩后滚翻成跪撑平衡—后坐成半劈腿—屈膝单腿跪立—展体向前波浪起。

（二）经单肩后滚翻成单膝跪撑平衡

1. 方法描述：在保护与帮助下练习经单肩后滚翻成单膝跪撑平衡。动作顺序为上体前屈、后倒翻臀、举腿、分腿、头侧屈、推手撑地。

2. 练习要求：翻臀、分腿、头侧屈、推手撑地时机准确，身体姿态控制良好，屈膝成跪撑动作稳定。

3. 组织方法：集体原地模仿向左倒头、左手后撑、右臂伸直动作。在保护与帮助下由肩肘倒立开始，经单肩后滚翻成单膝跪撑平衡。

4. 教学建议：

（1）利用多媒体帮助学生明确头、手、腿的位置和方向，建立直观动作概念。

（2）先原地徒手模仿练习，再分步骤进行动作练习，体会翻臀等难点动作。教师巡视指导，再通过小组展示纠正易犯错误。

5. 拓展练习：经单肩后滚翻成单膝跪撑平衡 + 跪跳起经单肩后滚翻成单膝跪

撑平衡＋后坐成半劈腿，接屈膝单腿跪立向前波浪起。

（三）头手倒立前滚翻

1. 方法描述：在练习者头手倒立稳定后，助其重心前移，完成收腿、团身、抱腿起立动作。

2. 练习要求：控制好身体姿态，倒立直且稳定。

3. 组织方法：三人一组，两人保护，一人练习，轮流进行。

4. 教学建议：

（1）观看动作视频，建立直观动作概念。

（2）遵循循序渐进原则，先通过徒手模仿练习明确动作顺序，再依据动作重难点分步骤练习。

（3）加强体能练习，提高上肢力量、核心力量和身体的协调性、灵敏性。

5. 拓展练习：头手倒立前滚翻＋挺身跳；俯平衡＋头手倒立前滚翻。

三、比赛创设

（一）连续侧手翻比多

1. 比赛方法：以小组为单位，8~10 人一组，在长 10 米的跑道上依次连续完成侧手翻。

2. 规则与裁判方法：连续完成侧手翻，累计完成次数多的小组获胜。

3. 比赛拓展：前滚翻＋侧手翻。

（二）头手倒立比稳

1. 比赛方法：全体学生同时完成头手倒立。

2. 规则与裁判方法：身体保持直立之后开始计时，倒立时间最长者获胜。

3. 比赛拓展：1 对 1 头手倒立我最稳挑战赛；俯平衡接头手倒立前滚翻。

第三节 器械体操

中小学器械体操内容包括单杠、双杠、支撑跳跃等项目。学生还可以借助肋木、云梯、体操凳、爬绳、爬杆等器械，提高体操专项运动能力，增强体能。通过器械体操练习，学生可以提高身体的灵敏性、柔韧性、协调性，培养勇敢果断、勇于克服困难等意志品质。

一、支撑跳跃

（一）教材分析

1. 跳上成跪撑—向前跳下（跳箱高 30~50 厘米）

（1）讲解要点：助跑，两脚踏跳（单起双跳），两手支撑于横放的跳箱上（两手间距与肩同宽），提臀收腹，屈膝前送成跪撑；两臂用力由后摆至前上方并制动，同时脚面和小腿用力下压器械，使身体向上腾起；迅速展体，落地时屈膝缓冲，两臂斜上举。摆臂、提腰、小腿压箱面与迅速展体动作配合协调。

（2）示范建议：采用完整动作示范。提示学生重点观察手撑器械的位置和小腿压箱动作，从多个角度观察动作示范；借助多媒体设备回看示范视频。

（3）教学重点："单起双跳"支撑上箱，下压器械，腾空展体。

（4）保护与帮助方法：练习者上箱时，保护与帮助者站在器械前，握其上臂；练习者跳下时，保护与帮助者站在落点旁，扶其腰背，防止跌倒。

（5）易犯错误及纠正方法：

易犯错误 1：跪在跳箱上，不敢跳下。

纠正方法：落实保护措施，适当降低器械高度；循序渐进，逐渐提升器械高度。

易犯错误 2：跪撑时勾脚尖。

纠正方法：提示学生脚面绷直，跪在垫子上，压脚面；在准备活动中增加跪撑动作内容。

易犯错误 3：动作不稳定。

纠正方法：降低助跑速度或反复练习。

2. 跳上成蹲撑—起立，挺身跳下（横放器械，器械高 80~90 厘米）

（1）讲解要点：助跑有节奏，双脚踏跳有力，两臂支撑，提臀、收腹，两脚踏上器械成蹲撑；腾起后，头正、挺胸展体，落地时屈膝缓冲。

（2）示范建议：示范完整动作时，提示学生重点观察手撑器械的位置和提臀收腹动作；示范分解动作时，提示学生重点观察跳上成蹲撑、挺身跳下动作。提供多个示范面，以便学生观察学习。

（3）教学重点：提臀、收腹，两脚踏上器械成蹲撑，挺身展体，屈膝缓冲。

（4）保护与帮助方法：练习者上箱时，保护与帮助者站在器械前，两手扶其肩，帮助其稳定；练习者跳下时，保护与帮助者站在落点旁，一手扶其背，一手扶其腹，防止跌倒。

（5）易犯错误及纠正方法：

易犯错误 1：单脚踏跳。

纠正方法：做原地手撑箱连续支撑双脚踏跳练习；做上一步双脚踏跳练习。提示练习者踏板时两脚并拢。

易犯错误 2：上不去器械或成跪撑。

纠正方法：反复练习从俯撑到蹲撑，接挺身跳动作；做上一步双脚踏跳两臂支撑器械练习，强化提臀、收腹、提膝动作要领。提示练习者撑箱时两臂伸直，与箱面两端保持足够的距离，以防撑空。

易犯错误 3：落地不稳。

纠正方法：做原地纵跳或挺身跳练习，加强空中身体控制及落地的稳定性；在低器械上练习，控制身体姿势，体会动作要领；加强腹背肌力量练习；循序渐进地练习从高处向低处跳下的动作。

3. 山羊分腿腾跃

（1）讲解要点：加速助跑要有节奏，前脚掌踏跳要有力量；提臀、分腿、顶肩，推手及时。

（2）示范建议：通过完整动作示范帮助学生建立动作概念。示范分解动作时，提示学生重点观察踏跳和推手动作；分步骤示范完整动作时，提示学生观察助跑、起跳、上板、第一腾空、提臀、分腿、顶肩、落地等动作环节。提供多个示范面，以便学生观察学习。

（3）教学重点：助跑与踏跳紧密结合；提臀、分腿、顶肩动作连贯。

（4）保护与帮助方法：保护与帮助者面向练习者站在山羊侧前方，两脚前后站立。当练习者手撑器械后，两手握其上臂，顺势向上提拉帮助其越过器械，然后顺势后撤一步至落地点，换成一手扶腰背，另一手护胸腹。自我保护时，如果落地不稳或身体过于前倾失去平衡，应迅速低头团身前滚翻，切勿用手撑地，以防戳伤、骨折。

（5）易犯错误及纠正方法：

易犯错误 1：不分腿，提臀高度不够。

纠正方法：原地手撑器械、台阶，练习提臀分腿。

易犯错误 2：推手动作慢。

纠正方法：用语言、信号（击掌或哨音）等提示学生及时推手；做对墙推手练习；做俯撑 45 度顶肩推手练习。

易犯错误 3：屈腿。

纠正方法：做原地连续分腿跳动作，练习绷直脚尖的动作。

（二）练习方法

1. 跳上成跪撑—向前跳下（跳箱高 30~50 厘米）

（1）方法描述：面向跳箱进行原地踏跳、助跑踏跳、上一步踏跳、3~5 步助跑踏跳及跳上成跪撑动作练习。在保护与帮助下体验完整动作。

（2）练习要求：踏跳积极，协调发力，提膝收腿。

（3）组织方法：4~6 人一组，在保护与帮助下轮流练习。

（4）教学建议：练习前充分做好手腕、上肢和腰腹等部位的准备活动。先在垫子上练习跪跳起动作，再练习上一步踏跳双手撑箱、跪箱、回落动作。在低器械上做有人保护与帮助的跪跳下练习。让学生自主选择器械高度，在同伴保护与帮助下进行完整动作练习。

（5）拓展练习：游戏"推小车"；脚置于高处成俯撑或俯卧撑；低单杠、双杠支撑移动。

2. 跳上成蹲撑—起立，挺身跳下（横放器械，器械高 80~90 厘米）

（1）方法描述：小组合作进行原地蹲撑、立卧撑或借助台阶、跳箱等进行挺身跳下练习。在保护与帮助下体验完整动作。

（2）练习要求：踏跳积极，勇敢果断，挺身展体。

（3）组织方法：4~6 人一组，在保护与帮助下轮流练习。

（4）教学建议：练习前做好场地与器材的安全检查和准备工作。通过完整示范激发学生的学习热情。先进行原地蹲撑练习，强调双手支撑用力，双脚并拢；然后做上一步双脚踏板起跳，两臂支撑器械，提腰、屈膝回落的练习。助跑距离不宜太长，8 米左右即可。先让学生体验动作，再强化动作要求。

（5）拓展练习：立卧撑；分腿立撑。

3. 山羊分腿腾跃

（1）方法描述：面向山羊站立，先分别进行原地挺身跳、分腿跳和分腿立卧撑练习，再助跑几步，进行单脚起跳双脚踏跳练习；利用领操台、乒乓球台、跳箱等做提臀分腿、回落练习。在保护与帮助下体验完整动作。

（2）练习要求：助跑踏跳连贯，推手及时，抬上体。

（3）组织方法：四人一组轮流练习。在保护与帮助下成功完成 5 次以上完整动作。

（4）教学建议：练习前做好场地与器材的安全检查和准备工作。将保护与帮助方法运用和提高安全意识教育相结合，加强保护措施。刚开始时不宜过分强调技术环节，鼓励学生参与体会动作。每节课都要安排一些助跑踏跳练习，为进行分腿腾跃完整动作练习做准备。由于学生上下肢力量较弱，不过分强调腾空高度和展体幅度。

（5）拓展练习："跳背"练习；跳上成蹲撑，向前跳下接前滚翻。

（三）比赛创设

1. 跳上成跪撑—向前跳下

（1）比赛方法：四人一组，组员轮流担任裁判员和保护与帮助者。每个学生分别体验裁判员、保护与帮助者和运动员角色，重复 4 次，计算所有小组成员总分。

（2）规则与裁判方法：有助跑，双脚起跳，规范完成动作，落地稳，累计得分多的小组获胜。

（3）比赛拓展：跳上成跪撑—向前跳下接前滚翻；跪撑追逐游戏。

2. 跳上成蹲撑—起立，挺身跳下

（1）比赛方法：同跳上成跪撑—向前跳下。

（2）规则与裁判方法：有明显助跑动作，踏跳有力，挺身跳下时动作舒展，落地稳。

（3）比赛拓展：组合跳；利用器械组合跳。

3. 山羊分腿腾跃

（1）比赛方法：六人一组，连续跳山羊 5 次。小组成员轮流体验裁判员和运动员角色，重复 4 次，计算所有小组成员总分。

（2）规则与裁判方法：助跑有节奏，踏跳有力，有第一腾空，动作舒展，落地稳，累计得分多的小组获胜。

（3）比赛拓展：过背跳；"串串香"（连续跳越障碍）。

二、单杠

(一)教材分析

1. 双脚蹬地翻身上（男生）

（1）讲解要点：蹬地举腿后上方，屈臂引体腹贴杠，两腿位于水平位，翻腕抬头挺身上。

（2）示范建议：采用完整动作示范，提示学生重点观察手臂姿势和举腿方向；提供不同角度的动作示范、慢动作示范、正确和错误动作示范对照，或指导学生借助多媒体设备回看示范录像等。

（3）教学重点：蹬地举腿与屈臂引体协调配合；遵循"蹬—引—收—举—翻—挺"的动作顺序。

（4）保护与帮助方法：保护与帮助者站在杠前练习者右侧，左手扶其背，右手托其臀（或大腿），助其上翻后，随即换成右手扶其上臂，左手托其腿。

（5）易犯错误及纠正方法：

易犯错误1：收腹举腿时没有屈臂引体。

纠正方法：复习单脚蹬地翻身上动作，加强引体向上练习；降低杠高，便于学生做屈臂引体练习；直接（扶腰托臀）或间接（口令提示、保护绳牵拉）帮助学生及时屈臂引体。

易犯错误2：翻腕抬头过早或过晚。

纠正方法：先降低单杠高度，帮助练习者完成动作，然后根据练习者身高或力量大小，在单杠前合适的位置放置体操凳或跳箱盖，借助器械给予练习者帮助；也可采用语言或信号提示学生翻腕、抬头、撑杠、顶肩的时机；复习单脚蹬地翻身上，练习蹬地、摆腿、腹贴杠、倒肩等动作，提高动作完成的稳定性。

易犯错误3：翻上后身体姿态控制不好。

纠正方法：屈体撑杠，练习翻腕、挺身；屈体撑杠，后摆挺身下杠；用信号、口令提示学生伸直腿、绷脚尖。

2. 支撑单腿摆越成骑撑（以右腿摆越为例）

（1）讲解要点：右手推杠，左臂撑顶，身体左倾，右腿侧举摆越过杠，同时右手推离杠再握杠成骑撑。

（2）示范建议：采用完整动作示范，提示学生重点观察手推离杠再握杠动作和摆腿方向；分解示范手推离杠、身体左右侧倒、腿左右摆动、单腿摆越等动作；从正、背、侧等多个面示范动作。

（3）教学重点：移重心推杠与摆腿换握时身体重心的控制。

（4）保护与帮助方法：保护与帮助者站在杠前练习者左侧，左手扶握其左上臂，右手扶托其左腿，助其维持平衡、保持身体姿态。初学时，可以增加一名帮助者，站在练习者后方，扶其左臂或右腿，辅助其右腿摆越过杠。

（5）易犯错误及纠正方法：

易犯错误1：侧移重心不够，手不能推离杠。

纠正方法：在保护与帮助下体会摆腿倒肩动作，提高练习者的安全感；多做支撑（左右）侧摆腿（或推手摆腿）练习；增强上肢和躯干力量，提高身体控制能力。

易犯错误2：摆腿时屈腿。

纠正方法：降低难度，先用体操棍代替单杠体会倒肩移重心，熟练后再上杠练习；多做支撑移动、支撑摆腿、支撑后摆下、跳上成支撑等练习。

3. 支撑后摆转体90度下

（1）讲解要点：从支撑开始，两腿前摆，肩前移，腹部弹杠，两腿用力向后上方摆起至接近最高点时，右手推杠向右转体90度，挺身跳下。

（2）示范建议：采用完整动作示范，提示学生从不同角度观察支撑后摆、腹部弹杠、推手转体等动作。

（3）教学重点：支撑后摆高，推手果断，转体及时，挺身充分，落地稳。

（4）保护与帮助方法：保护与帮助者站在杠后练习者支撑臂一侧，两手扶其髋，帮助其转体。

（5）易犯错误及纠正方法：

易犯错误1：推手无力，转体不充分。

纠正方法：在体操垫上俯撑，做推手转体练习（提示学生默念摆—推—转—挺动作顺序）；多做支撑后摆下或连续支撑后摆—支撑练习，提高上肢和躯干力量，增加后摆高度；在保护与帮助下练习小幅度后摆转体下（可在后摆最高点用信号提示练习者转体），逐步过渡到独立完成动作。

易犯错误2：后摆高度不够，转体过早或过晚。

纠正方法：通过支撑摆动练习提高后摆高度；在帮助下练习小幅度后摆转体下；利用信号、口令提示转体时机；用观看视频回放的方式分析查找问题。

（二）练习方法

1. 双脚蹬地翻身上（男生）

（1）方法描述：站在单杠前，两手前伸握杠，双脚蹬地举腿、屈臂引体、腹部贴杠、翻腕挺身成杠上支撑。

（2）练习要求：保持良好的身体姿态，蹬地举腿与屈臂引体、腹部贴杠动作协调配合，两腿过杠水平面后及时翻腕抬头挺身。

（3）组织方法：8~10人一组，在保护与帮助下轮流完成动作；培养学生骨干，协助保护与帮助，带动全体学生练习。

（4）教学建议：做好心理引导工作，帮助学生克服畏难情绪。技术学习结合体能练习，循序渐进地提高学生的专项运动能力。在教学中善用信号、标志物、跳箱盖、体操凳等辅助教学器材；引导学生养成做准备活动的习惯，加强相互保护与帮助意识，避免发生伤害事故。

（5）拓展练习：引体向上、屈臂悬垂、悬垂移行、悬垂举腿、支撑移行、连续翻上和翻下等体能练习；成套动作练习，如双脚蹬地翻身上—左（右）腿向前摆越成骑撑—左（右）腿向后摆越成支撑—后摆转体90度下。

2. 支撑单腿摆越成骑撑

（1）方法描述：以杠上支撑为准备动作，做侧移重心、推手摆腿、摆腿过杠、握杠成骑撑。

（2）练习要求：保持身体姿态，直腿绷脚尖，身体挺直；把握好侧摆腿与顶肩、推手移重心的时机。

（3）组织方法：8~10人一组，在保护与帮助下轮流完成5次完整动作。根据学生能力分组、分层练习。

（4）教学建议：练习单杠支撑移行；练习推杠摆腿成骑撑。

（5）拓展练习：支撑（左、右）侧摆腿触标志物；支撑（左、右）推杠和移重心（杠上横向移动）。

3. 支撑后摆转体90度下

（1）方法描述：从杠上支撑开始，屈体向后上方摆腿，一手推离杠，然后身体侧转90度，在空中挺身抬头后双脚落地。

（2）练习要求：注意力集中，保持身体姿态，提高后摆高度，推手转体及时。

（3）组织方法：8~10人一组进行动作展示。根据学生能力分组、分层练习。

（4）教学建议：在垫上俯撑，练习推手转体动作；练习杠上支撑后摆下、小幅度后摆转体下或听信号转体下。

（5）拓展练习：连续支撑后摆回落成支撑；连续支撑后摆腿触标志物。

（三）比赛创设

1. 每课一赛（合理运用技术动作和提高体能水平）

（1）比赛方法：8~10人一组，按顺序做双脚蹬地翻身上接力。

（2）规则与裁判方法：连续完成动作，在规定时间内累计完成动作数量多的小组获胜。

（3）比赛拓展：连续翻身上；连续支撑后摆回落成支撑；连续支撑后摆腿触标志物展示或比赛。

2. 成套动作展示（技术动作拓展）

（1）比赛方法：8~10人一组，每组使用一副单杠，一人按组合套路比赛，其他人保护与帮助，依次轮换。

（2）规则与裁判方法：依据《体育与健康》教材中相关评价方法和《青少年体操运动技能等级标准与测试方法》进行评分，累计得分最高的组获胜。

（3）比赛拓展：双脚蹬地翻身上—左（右）腿向前摆越成骑撑—左（右）腿向后摆越成支撑—后摆转体90度下。

三、双杠

（一）教材分析

1. 支撑摆动

（1）讲解要点：直臂顶肩，以肩关节为轴摆动，前摆举腿送髋，后摆紧腰夹臀，回摆时直体自然下落；摆过支撑点垂直面后，两腿迅速向前（后）上方摆动。

（2）示范建议：先进行完整动作示范，讲解动作要点，提示学生重点观察两腿加速前（后）摆。

（3）教学重点：强调以肩关节为轴、直臂顶肩；两腿加速前（后）摆。

（4）保护与帮助方法：保护与帮助者站在练习者侧面，一手握其上臂，帮助支撑，另一手推其腰臀部，助其摆动。

（5）易犯错误及纠正方法：

易犯错误1：摆动时以髋关节为轴。

纠正方法：在杠端练习小幅度的支撑摆动，体会脚尖发力前后摆动。

易犯错误2：摆动中肩部移动过大，造成掉、漏杠。

纠正方法：在保护与帮助下逐渐加大摆动幅度。

2. 支撑后摆转体180度成分腿坐（以向右转为例）

（1）讲解要点：支撑后摆过杠面，脚尖带髋身体转，转髋分腿有先后，推手握杠及时换。

（2）示范建议：示范完整动作，帮助学生建立直观动作概念；示范分解动作，提示学生重点观察动作要点；演示保护与帮助方法。

（3）教学重点：后摆过杠面，转髋与分腿时机协调配合。

（4）保护与帮助方法：保护与帮助者站在练习者转体一侧，当练习者两腿摆过杠面后，两手迅速顺势搓送其髋部，帮助其完成转体成分腿坐。

（5）易犯错误及纠正方法：

易犯错误1：后摆未出杠面就转体，两腿碰杠。

纠正方法：练习支撑摆动后摆下，体会后摆过杠面；俯撑做转髋分腿练习。

易犯错误2：转体后屈髋、身体不正。

纠正方法：支撑后摆时身体充分伸直，先转体后分腿。

3. 外侧坐越两杠挺身下

（1）讲解要点：外侧坐开始，后腿充分伸直展髋，前腿屈膝绷紧，挺胸紧腰；迅速收腹踢腿向另一侧上方摆起，同时两臂用力撑杠，两腿接近最高点时，伸腿送髋推杠换握，挺身跳下。（动作口诀：挺胸紧腰外侧坐，收腹踢腿至高点，两臂推撑移重心，送髋换握挺身下）

（2）示范建议：示范完整动作，重点讲解动作要领，强化动作概念；先慢动作示范，再逐渐过渡到正常速度。

（3）教学重点：两腿上摆，两臂推撑和移重心协调配合。

（4）保护与帮助方法：保护与帮助者站在练习者坐杠一侧后方，一手握其上臂，另一手在其腾起离杠时托其臀部顺势推送，助其摆越过杠面。

（5）易犯错误及纠正方法：

易犯错误1：摆腿无力。

纠正方法：反复练习向上摆腿和支撑摆腿及回落动作。

易犯错误2：摆腿与推撑不协调。

纠正方法：反复练习外侧坐摆腿与推撑至另一杠成外侧坐，再摆腿腾起换握挺身跳下。

（二）练习方法

1. 支撑摆动

（1）方法描述：从杠间或杠上支撑开始，直臂顶肩，以肩关节为轴，脚尖带动身体前后摆动。

（2）练习要求：注重细节，掌握技术，了解动作原理。

（3）组织方法：以小组为单位进行练习，摆动5~6次为一组，练习2~3组，依次轮换。练习时双杠外侧左右各一名学生负责保护与帮助。

（4）教学建议：小幅度支撑摆动，逐渐加大幅度直至摆越超出杠面；从杠端支撑移动至远端跳下；加强体能练习，提高上肢、核心力量和身体协调性。

（5）拓展练习：从杠端跳起成分腿坐；支撑摆动接分腿坐 + 分腿坐向前进。

2. 支撑后摆转体180度成分腿坐

（1）方法描述：从杠上支撑开始，支撑后摆出杠面后，脚尖带动髋关节转动，两臂推撑杠接转体，双手换握杠，随即分腿坐杠。

（2）练习要求：支撑摆动高，转体分腿快，落杠分腿大，换手支撑稳。

（3）组织方法：以小组为单位练习，一名学生负责保护与帮助，其余学生站在离杠1.5米远的地方观察，轮流练习。

（4）教学建议：支撑摆动后摆下，练习2~3次；在垫上俯撑，两脚蹬地后摆，两脚交叉转体180度，成分腿后撑，练习3~4次；在杠端后摆转体180度跳下，练习2~3次；引导学生在保护与帮助下练习完整动作，通过小组展示纠正易犯错误。

（5）拓展练习：支撑摆动分腿坐 + 弹杠 + 支撑后摆转体180度成分腿坐；支撑后摆转体180度成分腿坐 + 前摆挺身下。

3. 外侧坐越两杠挺身下

（1）方法描述：从杠上外侧坐开始，紧腰挺胸，后腿伸直，前腿压杠；迅速收腹，两腿摆至接近最高点时两臂推撑移重心，同时伸腿、送髋、换握杠挺身下。

（2）练习要求：外侧坐舒展，摆腿高，两臂推撑快，换手移重心及时，落地稳。

（3）组织方法：6~8人一组，在保护与帮助下轮流完成动作2~4次。根据学生能力分组、分层练习和展示。

（4）教学建议：通过动作视频帮助学生建立直观动作概念；遵循循序渐进原则，先练习分解动作，再练习完整动作；加强体能练习，提高肩带肌肉和核心力量，以及身体控制能力和灵敏性。

（5）拓展练习：支撑摆动分腿坐，接分腿前进一次成外侧坐 + 外侧坐越两杠挺身下；支撑摆动外侧坐 + 转体180度成分腿坐 + 支撑摆动前摆挺身下。

（三）比赛创设

1. 支撑摆动积分赛

（1）比赛方法：将学生分成人数相等的小组，小组成员轮流进行支撑摆动比赛。

（2）规则与裁判方法：每组一人同时做支撑摆动，前、后摆动均要超出杠面。最后一名下杠者记 5 分，次之记 3 分，第三名记 1 分，第一个下杠者不计分。小组成员得分之和最高的组获胜。

（3）比赛拓展：从双杠的一端支撑移动到另一端，用时最少者获胜；连续双杠摆动臂屈伸，完成次数最多者获胜。

2. 支撑后摆转体 180 度成分腿坐

（1）比赛方法：全班分为四个小组，每组 8~10 人，依次完成动作。

（2）规则与裁判方法：支撑摆动，后摆转髋分腿坐，无砸杠、漏杠、身体不正现象，动作连贯，姿态优美，稳定性好，有节奏感。累计总分最高的组获胜。

（3）比赛拓展：连续完成两次支撑后摆转体 180 度成分腿坐；支撑后摆转体 180 度成分腿坐接前摆挺身下。

🍃 思考题

1. 简述体操在中小学体育与健康课程中的作用。

2. 根据所学体操技巧动作内容和不同年级特点设计技巧组合动作。

3. 根据所学器械体操动作内容设计体操专项体能练习。

4. 如何在体操教学中贯彻落实"学会、勤练、常赛"目标？

第七章 足球教材教法

　　足球运动是一项古老的体育运动，其前身"蹴鞠"起源于我国，后经阿拉伯人由中国传至欧洲，逐渐演变发展为现代足球。现代足球始于英国，从1857年成立第一个足球俱乐部开始，便迅速风靡全球，并于1900年正式成为奥林匹克运动会比赛项目。足球运动是一项以脚支配球为主，两队互相攻守对抗，以射球入门多少判定胜负的球类运动。它具有对抗激烈、战术多变、攻防转换频繁、场上局势瞬息万变、参与人数多、品牌赛事多等特点，被誉为"世界第一运动"。

　　学生参与足球运动时，需要快速奔跑、急停急起、身体对抗和在极限情况下攻防竞争，可以综合发展肌肉力量、位移速度、灵敏性、肌肉耐力、柔韧性等体能；在激烈的攻防竞争中，学生摆脱防守，快速完成传接球，可以培养意志力、判断力和思维能力；场上队员相互配合，可以促进同伴间积极沟通与交流，获得良好的运动体验，激发运动兴趣。

　　中小学足球教学重点是足球的基本技术、战术和实战能力。主要包括运球与突破、传接球与射门、抢截球与守门员技术、基本战术和足球比赛等。教师应根据中小学生的身心特点合理安排技术动作难度、场地大小、参与者数量、评判规则和激励措施，做到精讲多练，课课有比赛，每个单元都让学生有完整的项目体验，以在游戏中学、练习中学、比赛中学的理念开展足球教学。

🍃 思维导图

- **足球教材教法**
  - **运球与突破**
    - 教材分析
      - 脚背外侧运球
      - 脚背内侧运球
    - 练习方法
      - 慢速直线运球
      - 变向运球练习
      - 组合技术练习
    - 比赛创设
      - 运球绕杆接力赛
      - 运球绕杆射门赛
      - 4对4攻防踩线比赛
      - 5对5教学比赛
  - **传接球与射门**
    - 教材分析
      - 脚内侧传球
      - 脚内侧接球
      - 脚背正面射门
      - 脚内侧弧线射门
    - 练习方法
      - 脚内侧传球
      - 脚内侧接球
      - 脚背正面踢球
      - 脚内侧踢球射门
      - 组合技术练习
    - 比赛创设
      - 传球击准赛
      - 定点射三门比赛
      - 4对4传抢挑战赛
  - **抢截球与守门员技术**
    - 教材分析
      - 正面抢截球
      - 跪式接地滚球守门员技术
    - 练习方法
      - 踩绳子练习
      - 正面抢截球练习
      - 移动中的跪式接地滚球徒手练习
      - 移动中的跪式接地滚球练习
    - 比赛创设
      - 正面抢截球积分赛
      - 3对3、5对5教学比赛
  - **基本战术**
    - 教材分析
      - 局部二过一配合
      - 整体边路进攻战术
    - 练习方法
      - 单人对墙传球接应练习
      - 小组传切配合练习
      - 局部边路攻防练习
    - 比赛创设
      - 攻端线比赛
      - 3对2比赛
      - 小场地比赛

第一节　运球与突破

运球是用脚连续控制球的技术。运球技术动作连贯，方向速度变化多，一般与突破过人技术相连接，在比赛中运用合理，能造成以多打少，突破防守创造射门时机。在学练过程中应充分认识到传球比运球快，在比赛中要善于把握时机，第一意识是传球，其次是运球突破，以加快攻防推进速度，获得进攻机会。

一、教材分析

（一）脚背外侧运球

1. 讲解要点：小步幅放松跑动，运球脚膝关节微屈，脚跟提起，脚尖稍内转，用脚背外侧推拨球的后中部，通过改变拨球部位进行直线运球和变向运球。

2. 示范建议：先完整动作示范，再边讲解边做分解动作示范。可采用侧面示范，提示学生重点观察脚触球的部位和支撑脚的位置。

3. 教学重点：运球时撑、蹬、摆、送动作连贯完成，运球脚前摆触球。

4. 易犯错误及纠正方法：

易犯错误 1：运球时脚型控制不好。

纠正方法：确定支撑脚位置和触球脚部位后在走动中运球，体验动作要领。

易犯错误 2：推拨球力量控制较差。

纠正方法：练习时变换运球方向，强调推拨球动作顺序。

（二）脚背内侧运球

1. 讲解要点：小步幅放松跑动，运球脚膝关节微屈，脚跟提起，脚尖稍外转，用脚背内侧推拨球的后中部，通过改变拨球部位进行直线运球和变向运球。

2. 示范建议：先完整动作示范，再边讲解边做分解动作示范。可采用侧面示范，提示学生重点观察脚触球的部位和支撑脚的位置。

3. 教学重点：运球时撑、蹬、摆、送动作连贯完成，运球脚前摆触球。

4. 易犯错误及纠正方法：

易犯错误 1：身体重心过高或倾斜，影响运球方向。

纠正方法：采用固定球练习，确定支撑脚位置，体会重心前移。

易犯错误 2：触球时脚型不稳，影响运球效果。

纠正方法：练习时放慢运球速度，固定运球脚型，体会控球的感觉。

二、练习方法

（一）慢速直线运球

1. 方法描述：学生成横排站立，在慢跑中用单脚或双脚交替运球，体会推拨球动作。

2. 练习要求：设计视觉信号训练，重视培养学生的观察习惯；设定限制条件，强化左、右脚运球控球能力协调发展。

3. 组织方法：体操队形，学生之间的距离以练习过程中不出现碰撞为宜。

4. 教学建议：

（1）在指导运球技术学练时要突出学以致用原则，引导学生掌握运球技术要领，准确地做出运球技术动作。

（2）让学生骨干带领其他同学进行原地拨球、拉球、扣球、颠球等熟悉球性的练习。

（3）在慢速移动中进行推拨球练习，体会脚触球部位与支撑脚站位。

（4）在慢速移动中直线运球 15~20 米，练习 3~4 次。

（5）在中速移动中直线运球 15~20 米，练习 2~3 次。

（6）提示学生练习时不要急躁，从原地触球逐渐过渡到在走动中运球，再到慢速、正常速度运球，循序渐进。

5. 拓展练习：

（1）在快速跑动中直线运球 15~20 米，练习 2~3 次。

（2）在移动中接球后快速直线运球 15~20 米，练习 2~3 次。

（二）变向运球练习

1. 方法描述：学生成纵队站立，在慢速移动中进行变向运球练习，体会变向运球过程中身体重心的变化。

2. 练习要求：上体保持正直，重心微降，在慢速移动中变向运球，动作协调连贯。

3. 组织方法：学生分小组成纵队站立，练习时组与组之间、学生前后之间保持适当的距离。

4. 教学建议：

（1）教学要突出学以致用原则，引导学生准确做出变向运球技术动作，发展体能，形成良好的锻炼习惯。

（2）听口令或看手势进行原地变向运球，体会脚触球部位和支撑脚站位。

（3）在慢速移动中进行行进间变向运球，从无障碍变向运球到绕杆运球，由易到难，循序渐进。

（4）提示学生练习时注意目视前方，观察运球方向的情况。

5. 拓展练习：

（1）在慢速移动中进行无障碍或绕杆变向运球 15 米，练习 2~3 次。

（2）在慢速或中速移动中进行运球过消极防守队员练习，运球距离 15 米，练习 2~3 次。

（三）组合技术练习

1. 方法描述：在掌握基本运球与突破技术基础上，在指定的路线和距离内，由易到难，完成慢速、中速移动中运球突破防守队员并做出传球或射门组合技术练习。

2. 练习要求：2~3 人一组，跑动积极，加强配合，注意相互间的距离和跑进方向。

3. 组织方法：以小组为单位，根据场地实际情况合理布置，由组长带领学生进行组合技术练习。

4. 教学建议：

（1）教学时要突出学以致用原则，重点指导学生将所学运动技术运用到真实情境和比赛中，加强学生团队协作意识的培养。

（2）适用于进阶练习。在学生掌握基本运球技术的基础上，安排学生进行短距离配合练习。

（3）练习时注意提醒学生想练结合，思考如何跑位，加强相互之间的配合。

5. 拓展练习：

（1）传接球—运球—传接球：两人一组，接球者快速运球，传球者跑位，再次接球、运球，练习距离 20~30 米，做 2~3 次。要求两人协同配合，争取完成多次传接球配合。

（2）运球—运球过人—传球（或射门）组合练习：三人一组，运球者突破消极防守队员后传球给第三名队员，然后交换角色练习，练习距离 20~30 米，做 2~3 次。

三、比赛创设

（一）运球绕杆接力赛

1. 比赛方法：以小组为单位，从规定起点出发，用所学运球技术进行绕杆运球迎面接力赛。

2. 规则与裁判方法：小组所有学生依次按照要求运球绕杆接力，用时最少的小组获胜。

3. 比赛拓展：运球绕杆往返接力。

（二）运球绕杆射门赛

1. 比赛方法：以小组为单位，从规定起点出发，用所学运球技术绕杆运球到指定区域射门。

2. 规则与裁判方法：在规定时间内完成比赛，进球多者获胜。

3. 比赛拓展：根据学情，改变运球绕杆距离，增减标志杆数量，改变运球绕杆后的射门方式（正脚背射门、脚内侧推射等）。

（三）4 对 4 攻防踩线比赛

1. 比赛方法：以小组为单位进行 4 对 4 攻防比赛，采取人盯人战术，进攻方将球推进到对方底线，并将球踩在线上。

2. 规则与裁判方法：在攻防中通过传接球配合或运球突破将球踩在对方底线上为胜一球。

3. 比赛拓展：限制接触球次数；调整比赛场地大小；调整攻防人数。

（四）5 对 5 教学比赛

1. 比赛方法：以小组为单位进行 5 对 5 比赛。

2. 规则与裁判方法：在规定时间内进球多的组获胜。当进攻队员运球突破后只面对一人防守时，防守方应消极防守，给进攻队员创造射门机会。

3. 比赛拓展：调整比赛场地或球门大小。

第二节　传接球与射门

传接球技术是足球运动的基本技术之一，初步掌握传接球技术，尤其是脚内侧传接球技术，是快速参与足球运动的有效方法。射门是指队员在比赛中有意识地用脚或头将球射入或顶入对方球门的动作。射门是所有进攻战术配合的最终目的，也是最重要的进攻得分手段。

一、教材分析

（一）脚内侧传球

1. 讲解要点（以右脚传球为例）：

（1）助跑：直线助跑。

（2）支撑脚选位：脚尖指向传球方向，膝关节微屈，距球约 15 厘米。

（3）踢球腿摆动：大腿带小腿，膝踝外展，脚尖稍翘。

（4）脚触球：脚内侧触球的中后部。

（5）随前动作：踢球后腿随前摆动，身体和髋关节向前送。

2. 示范建议：先完整动作示范，再按照动作完成顺序分解示范各个技术动作。正面示范和侧面示范相结合，提示学生重点观察小腿、膝踝关节和击球部位。

3. 教学重点：支撑脚选位与屈膝，踢球腿摆动与脚型固定，触球部位准确。

4. 易犯错误及纠正方法：

易犯错误 1：对距离判断不准确，步点混乱，导致发力不充分。

纠正方法：可从原地、上一步助跑过渡到多步助跑；从无球助跑过渡到有球助跑；从小碎步调整到正常步法。

易犯错误 2：踢球腿前摆时膝关节伸直，形成直腿扫踢。

纠正方法：先做原地无球摆腿练习，强调屈膝，待动作定型后，两人协作，一人踩球，一人触球，交替练习。

（二）脚内侧接球

1. 讲解要点：

（1）观察移动，判断球的运动方向和速度。

（2）接球姿势和脚内侧传球动作相同。

（3）脚触球瞬间迅速后撤，将球停在脚下。

2. 示范建议：先完整动作示范，再按照动作顺序依次示范各个技术动作，边示范边讲解。

3. 教学重点：接球部位准确，接球动作正确。

4. 易犯错误及纠正方法：

易犯错误1：接球时球从脚下漏过。

纠正方法：准确判断来球的运动轨迹，接球脚脚形固定，触球部位准确。

易犯错误2：接球后球不能停在理想位置。

纠正方法：准确判断来球的运动轨迹、速度和力量，做好加力或减力（缓冲）准备，触球时脚形成合理的反射角。

（三）脚背正面射门

1. 讲解要点：

（1）助跑：直线助跑。

（2）支撑脚选位：支撑脚向前跨一大步至球的一侧并屈膝。

（3）踢球腿摆动：踢球腿大腿向后微摆，小腿充分后摆。

（4）脚触球：脚面向下绷紧，踢球腿摆动发力，脚背正面充分接触球。

（5）随前动作：踢球后支撑腿略微弯曲站立，身体和髋关节向前送。

2. 示范建议：先完整动作示范，再边讲解边做分解动作示范。正面示范和侧面示范相结合，提示学生重点观察踢球脚触球部位。

3. 教学重点：踢球射门动作、力量和方向的控制。

4. 易犯错误及纠正方法：

易犯错误1：支撑脚选位不当。

纠正方法：结合图片或视频提示学生"偏后球要飞、偏前脚戳地"；按照徒手模仿—做分解动作—踢固定球射门的顺序进行练习，练习时重心前移，后摆腿充分伸展，击球瞬间膝关节、踝关节和脚型固定。

易犯错误2：踢球腿摆踢路线不直。

纠正方法：强调用中等以下力量击球，控制击球点，运用敲击的方式固定脚型；前摆击球时，膝关节向目标方向顶送，以保证作用力方向。

（四）脚内侧弧线射门

1. 讲解要点：

（1）助跑：斜线助跑。

（2）支撑脚选位：支撑脚向前跨一大步，落在球的侧后方，身体重心偏向支撑脚。

（3）踢球腿摆动：大腿后摆，小腿折叠由后向前快速挥摆。

（4）脚触球：摆动腿脚尖外展，脚背绷直，切削式踢球后中部或中下部。

（5）随前动作：踢球后身体稍后仰，自然转向目标方向。

2. 示范建议：先完整动作示范，再边讲解边做分解动作示范；正面示范和侧面示范相结合，提示学生重点观察踢球脚触球部位以及后摆低、前摆高，体会提拉球的感觉。

3. 教学重点：触球部位准确，不要过度发力。

4. 易犯错误及纠正方法：

易犯错误1：脚触球部位不准确。

纠正方法：先做徒手模仿练习，再做分解动作练习和踢固定球射门。练习时，重心偏向支撑脚，身体稍后仰，击球时踢球脚要有提拉的感觉。

易犯错误 2：发力过度。

纠正方法：先做徒手模仿练习，再做分解动作练习和踢固定球射门；不发力，体会提拉球的感觉，让球产生旋转；找准目标，不断增加与目标的距离，逐渐增加击球力度。

二、练习方法

（一）脚内侧传球

1. 脚内侧传定位球练习

（1）方法描述：原地小碎步做脚内侧传球动作，踢球的中后部，体会有球的击球动作。

（2）练习要求：支撑腿脚尖朝前并屈膝降重心，踢球腿大腿和膝、踝关节外展成平面，脚尖上翘，动作协调，做完击球动作后收回。

（3）组织方法：两人一组面对面站立，学生之间互不干扰即可。

（4）教学建议：

① 引导学生体会脚内侧传球时支撑腿的动作和踢球腿摆动，相互观察纠错。

② 两人一组面对面站立，一人踩球将球固定，另一人做原地脚内侧击球动作 15~20 次，然后交换，练习 2~3 组后，左右脚交换，循环练习。

③ 五人一组，每人一球，用脚内侧踢固定球击打标志桶（2 米以内）。

④ 鼓励两人互助练习，指出同伴传球动作的问题并纠错。注意练习时击球力量适中，触球部位准确。

（5）拓展练习：

① 脚内侧传定位球练习：两人相距 2 米面对面站立，一人将球停好，原地小碎步准备，然后用脚内侧传球给同伴，同伴接球后做相同动作。

② 击打标志桶练习：五人一组，每人一球，用脚内侧踢固定球击打标志桶（3~5 米），在一分钟内击中次数最多的组获胜。

③ 上步传定位球练习：两人相距 2 米面对面站立，一人将球停好，在距球一步的位置小碎步准备，然后上步用脚内侧传球给同伴，同伴接球后做相同动作。

2. 脚内侧传各个方向来的地滚球练习

（1）方法描述：原地小碎步做准备，根据来球情况进行调整、移动并正对来球，当来球滚动到距身体 1 米左右时，上步支撑，用脚内侧传地滚球。

（2）练习要求：把握好上步支撑时机，脚尖指向传球方向，大腿和膝、踝关节外展充分，形成平面正对来球，小腿爆发式摆动击球。

（3）组织方法：学生之间保持安全距离，互不干扰即可。

（4）教学建议：

① 在练习过程中注意观察学生的站位和踢球腿的动作，提示学生注意控制传球方向，提高学生的灵敏性和协调性。

② 正向传球：两人面对面站立，相距 2 米，相互传球。

③ 斜线传球：三人一组成正三角形站位，小碎步调整，迅速移动面对来球，根据来球情况做好支撑，强调支撑脚的脚尖指向传球方向，保证球与脚的相对位置准确。

④ 踢球击准：五人一组，每人一球，用脚内侧踢固定球击打不同方位上的标志桶（相距 3 米），在一分钟内击中次数最多的组获胜。

⑤ 鼓励两人互帮互助，相互指出传球动作的问题并及时纠正。

（5）拓展练习：

① 对墙上步传正面来球：距墙 5 米，小碎步调整、移动，正对来球，当来球距身体 1 米左右时，上步支撑并脚尖朝前，同时用脚内侧传地滚球。

② 踢球击准：五人一组，每人一球，要求学生用脚内侧踢固定球击打不同方位上的标志桶（相距 5 米），在一分钟内击中次数最多的组获胜。

（二）脚内侧接球

1. 脚内侧接地滚球

（1）方法描述：原地小碎步做准备，根据来球调整、移动并用脚内侧接球。

（2）练习要求：脚内侧正对来球，做好前迎、后撤动作。

（3）组织方法：两人一组，相距 3 米面对面站立，一人传球，一人用脚内侧接球。

（4）教学建议：

① 通过学习脚内侧接球动作，使学生初步体验用脚内侧接地滚球的基本动作。在教学中，鼓励学生积极展示，培养学生对足球运动的兴趣。

② 原地接球：两人相距 2 米面对面站立，一人正向传球，另一人用脚内侧接球，每组做 15 次，练习 3~4 组后左右脚交换。

③ 跑动中接球：两人一组相距 5 米面对面站立，一人斜向传球，另一人根据对方传球的方位准确跑位，并用脚内侧接球，每组做 15 次，练习 3~4 组后左右脚交换。

④ 三人传接球：三人一组成正三角形站位，小碎步调整，面对来球迅速移动，根据来球情况做好支撑，强调支撑腿脚尖指向传球方向，保证球与脚的相对位置准确。

⑤ 先接力量较小的来球，再逐渐增加来球力量。

（5）拓展练习：

① "夺宝"游戏：五人一组，每组一球，四人成正方形站位，派一人去其他组抢球，抢球队员站在四人中间干扰对方传球（传地滚球），一分钟内传接球成功次数最多的组获胜。

② 小场地比赛：五人一组，四人进攻，一人守门，采用地滚球的方式传接球和射门。

2. 脚内侧接反弹球

（1）方法描述：判断好落点后小碎步移动调整，球反弹瞬间用脚内侧轻推其中上部。

（2）练习要求：脚内侧正对接球后的运行方向。

（3）组织方法：自抛自接，自己选择接球后的运行方向。

（4）教学建议：

① 停球效果的好坏直接影响下一个动作能否顺利完成。引导学生养成在积极跑动中接控球的习惯，提示学生在练习时应根据来球落点，准确判断并移动到位。

② 颠球练习：用脚内侧颠球，要求学生合理运用控球技术，统计一分钟颠球次数。

③ 接正面反弹球练习：两人一组，相距 4 米，一人抛球，一人接反弹球，使球向正前方移动，每组做 20~30 次，练习 3~4 组。

④ 接墙面的反弹球练习：距墙 5 米，小碎步调整、移动，正对来球，接墙面反弹球，要求学生控制好传球的方向和力度。

（5）拓展练习：

① 对墙上步接不同方向的反弹球练习：两人一组，距墙 5~8 米，通过传不同方向的反弹球，让对方准确跑位并用脚内侧接反弹球。

② 小组比赛：在比赛中，运用脚内侧接反弹球技术并射门进球的队双倍积分，提高学生运用脚内侧接反弹球技术的能力。

3. 脚内侧接空中球

（1）方法描述：判断好落点小碎步移动调整，在适当高度时，用脚内侧做前迎、后撤动作，将球接住。

（2）练习要求：两人相距 6 米，接完球后，用脚内侧将球传给同伴，练习 15~20 次后，交换练习。

（3）组织方法：一人抛球，一人接球，练习时注意小组间的安全距离。

（4）教学建议：

① 提醒学生反复练习，体验脚内侧接空中球的触球部位。

② 接正面空中球练习：两人一组相距 2~3 米面对面站立，一人传高空球，一人接球，每组做 20~30 次，练习 3~4 组后交换。

③ 移动中接高空球练习：两人一组，移动中一人传一人接，接球者根据来球的速度和路线提前到达接球点，降重心，脚内侧完成前迎、后撤动作准备。适用于基本功比较扎实的学生。

④ 同伴之间配合呼应，接球者做好准备，练习时督促学生自我总结、互相监督，增进学生对技术动作的理解，达到相互纠错的目的。

（5）拓展练习：

① "导弹拦截"游戏：五人一组，一人发射高空球，其余四人及时跑位，并准确找到接球点，用脚内侧接空中球的方式准确接球。

② 小组足球赛：在比赛中，运用脚内侧接空中球技术并射门进球的队双倍积分，提高学生运用脚内侧接空中球技术的能力。

（三）脚背正面踢球

1. 方法描述：在移动中（速度由慢到快）对准来球，控制球的方向，利用脚背正面踢球技术完成传球或射门。

2. 练习要求：体验脚背正面踢球射门技术，掌握移动中支撑脚落地和踢球脚触球的时机，控制踢球的方向和力度。

3. 组织方法：把学生分成人数适宜的若干小组，在规定区域内，小组成员根据口令用脚背正面踢球技术进行移动中传球和射门练习。

4. 教学建议：

（1）在指导动作技术学练中，有意识提高学生的认知能力，帮助学生掌握脚背正面踢球射门和移动中脚背正面踢球技术，发展体能。

（2）踢固定球练习：两人一组相距 3~5 米面对面站立，利用原地脚背正面踢球 10~20 次。

（3）移动中脚背正面踢球练习：两人一组相距 5 米面对面站立，斜向传球，做行进间脚背正面踢球和接球练习 20~30 次。

（4）原地脚背正面踢固定球射门练习：五人一组成一路纵队，以脚背正面踢固定球的方式射门。射门的距离可以根据学生的完成情况从 3 米、5 米、7 米依次递增。

（5）抢球练习：以小组为单位，在圆形或方形的区域内进行抢球游戏，抢球者数量根据场地大小和总人数而定。要求传球者采用脚背正面踢球技术。

（6）小组比赛：强调在比赛中尽量采用脚背正面踢球的技术完成传球和射门。

5. 拓展练习：

（1）"九宫格"游戏：在墙上画一个九宫格，在每一格里设置不同的分值，越往上、越靠边分值越高。每个小组一个九宫格，学生原地脚背正面踢球射门，练习 5~10 分钟后进行小组射门比赛，一分钟内小组所有成员击中九宫格的分值总和最高的组获胜。

（2）3 对 3 小场地比赛：根据场地条件进行 3 对 3 小场地比赛，用标志桶或标志杆等物品设置球门，不设置守门员，比赛时间 5~8 分钟。要求学生在比赛中尽量采用脚背正面传球和射门，用脚背正面传球 2 次及以上并射门进球，双倍计分，得分最多的队获胜。

（四）脚内侧踢球射门

1. 方法描述：运用脚内侧踢球技术射门。

2. 练习要求：体验脚内侧射门触球部位和发力点。

3. 组织方法：把学生分成若干小组，由小组长带领组员按要求依次练习。

4. 教学建议：

（1）原地脚内侧踢固定球射门练习：一人一球对墙练习，射门距离从 3 米开始，根据学生掌握情况，逐渐加大射门距离，体会触球部位和发力点。

（2）移动中脚内侧射门练习：两人一组，一人传球，一人移动中脚内侧踢球射门，每人练习 10~20 次。

（3）定点射门比赛：设置小球门，五人一组成一路纵队，在一分钟内以脚内侧踢固定球的方式射门，进球多的组获胜。

（4）小组比赛：以小组为单位开展小场地足球赛，以脚内侧踢球射门进球双倍积分，得分多的组获胜。

5. 拓展练习：

（1）运球射门：把学生分成若干组，在 15 米内，两名学生完成 2 次传接球后，以脚内侧踢球射门，3 分钟内进球数量最多的组获胜。

（2）小场地比赛：以小组为单位开展小场地足球赛，以脚内侧踢球射门进球双倍积分，得分多的组获胜。

（五）组合技术练习

1. 方法描述：运用运球、传接球组合技术完成射门或在有对抗的情况下完成射门。

2. 练习要求：根据临场情况充分利用已学运球、传接球和射门技术；在快速移动中完成运球、传接球及射门动作；练习时，注重小组协作、团队配合，对胜利充满渴望。

3. 组织方法：以小组为单位，根据运动场实际情况合理布置，小组长带领组员进行组合技术练习。

（1）移动中接传球，运用脚背正面完成射门练习。

（2）移动中接传球，运球绕过标志杆后完成射门练习。

（3）运球至标志点将球传给同伴，往前跑动中接球，运球绕杆后采用各部位完成射门练习。

4. 教学建议：

（1）通过游戏、比赛等对抗性活动，提高学生的团队配合能力和抗干扰能力，让学生感受足球的魅力和团队的力量。

（2）在掌握基本运球、传接球、射门技术基础上，可在小区域内进行趣味性配合练习，鼓励学生充分运用已掌握的各类技术动作。

（3）组合技术动作练习应充分遵循"教会、勤练、常赛"原则，在学生反复练习各项技术动作的前提下，进行各类组合技术小比赛，充分激发学生的学习积极性。

（4）巡回观察学生练习，用激励性语言及时给予学生反馈，同时要有意识地发挥体育骨干的示范引领作用。

5. 拓展练习：

（1）2 对 1 射门练习：三人一组，两人进攻，一人防守。进攻队员 A 向前运球，并在防守队员做出抢断动作前将球传给快速前插的进攻队员 B（可以将球传到进攻队员 B 的脚下，也可以传到他的跑动路线上），后者接球后迅速用脚背正面完成射门。运球距离 20 米，完成 3~4 次后轮换。

（2）5 对 5 实战比赛：根据场地条件，组织单场比赛或多场比赛同时进行。用标志桶或标志杆等物品设置球门，根据上课人数、球门大小决定是否设置守门员，比赛时间为 5~8 分钟。比赛时，一方必须传接球 5 次以上才可以射门，比赛没有越位，不允许铲球，设置学生裁判，保障比赛顺利进行。

三、比赛创设

（一）传球击准赛

1. 比赛方法：把学生分成人数相等的若干组，采用脚内侧传地滚球的方式轮流击打不同方向的标志物。

2. 规则与裁判方法：每组设置一名裁判员，踢完球的学生轮流担任捡球员，击中得 1 分，在规定轮次内积分多的组获胜。

3. 比赛拓展：

（1）增加标志物的远度。

（2）增加时间限定，如一分钟自击自捡挑战。

（3）击打移动标志物挑战。

（4）增加防守，击打不同方向的标志物。

（二）定点射三门比赛

1. 比赛方法：将学生分成两组，两组队员交替射大、中、小三种球门，每个球门有 3 个定点球（距球门 8~10 米），在规定时间内将球射进球门为有效进球并计分。

2. 规则与裁判方法：射进大门计 1 分，射进中门计 2 分，射进小门计 3 分；每名队员必须在一分钟内完成射门，超时进球无效，不计分。

3. 比赛拓展：调整球与球门的距离。

（三）4 对 4 传抢挑战赛

1. 比赛方法：用标志桶划定小范围比赛区域，四人一组，两组对抗，一组为进攻方，一组为防守方；设置裁判一名，进攻方在划定范围内传接球，尽量提高传球次数；防守方努力抢断球，抢断成功后完成射门，然后两组互换角色。

2. 规则与裁判方法：在比赛过程中，若防守队员成功抢断，但未将球射进球门，视为无效。在规定时间内，进攻方连续传接球 10 次积 1 分，防守方将球射进球门积 1 分，积分多的组获胜。

3. 比赛拓展：

（1）根据球员实力调整对战人数，如 4 对 5，4 个实力较强者传接球，5 个实力稍弱者防守。

（2）缩小区域范围，提高传接球难度。

第三节　抢截球与守门员技术

抢截球和守门员技术是足球比赛中攻防转换的重要技术。在对抗中合理运用抢截球技术，能快速有效地改变攻防态势、化险为夷，为本方积极主动地进攻打下基础。其运用方式主要包括正面抢截球、侧面抢截球和侧后方抢截球三种防守动作。守门员技术的主要表现形式是用手接球、扑球、击托球、发球或用身体其他部位控制球等。根据防守过程，守门员技术可分为观察判断、移动选位、准备姿势、防守答应和接球后的行动五个阶段。在激烈的足球比赛中，合理有效地运用抢截球技术和守门员技术有助于加快由守转攻速度和提高球队的竞技能力。

一、教材分析

（一）正面抢截球

1. 讲解要点：正面迎向对手，两脚前后开立，支撑脚位于球的侧方，与球保持适当距离；屈膝降重心，眼睛紧盯对手身体动作；在对手推球或传球瞬间，用脚内侧封堵球路，将球拉至身体侧方，完成抢截；抢截完成后合理运用身体占位优势控制好球并迅速寻找机会进攻。

2. 示范建议：采用侧面示范，先完整示范，再按照讲解要点依次做分解动作示范。

3. 教学重点：准确的抢截动作和上抢时机。

4. 易犯错误及纠正方法：

易犯错误1：上抢时机掌握不好，不能抢先触球。

纠正方法：紧盯对手身体动作，提前做好预判，不能贸然上抢。

易犯错误2：触球后重心跟进不及时，影响下一个动作衔接，不能有效控球。

纠正方法：从弱到强进行对抗练习，体会腿部发力动作。

（二）跪式接地滚球守门员技术

1. 讲解要点：找准来球路线，选定接球位置；支撑腿内扣跪地，另一条腿屈膝成锐角；两手掌心面对来球，接住球后含胸夹肘，将球牢牢抱在怀中并及时寻找有利的出球时机。

2. 示范建议：侧面示范和正面示范相结合，先完整示范，再按照讲解要点依次做分解动作示范。

3. 教学重点：接球位置选择准确，动作运用合理。

4. 易犯错误及纠正方法：

易犯错误1：选位不准，身体没有正对来球，接球容易失误。

纠正方法：多进行快速脚步移动练习和接收信号的反应练习，使身体及时到位接球。

易犯错误2：屈臂收球不夹肘，球从两臂间漏掉。

纠正方法：多进行模仿练习，强调手型和屈臂夹肘动作。

二、练习方法

（一）踩绳子练习

1. 方法描述：两人一组面对面站立，防守队员手持绳子一端，绳子另一端放在地上，距离进攻队员1米，进攻队员突然起动，在防守队员将绳子移开之前踩住绳子。

2. 练习要求：防守队员重心下沉并找准出脚时机，加强动作的连贯性。

3. 组织方法：体操队形，学生之间的距离以不会相互碰撞为宜。

4. 教学建议：

（1）踩绳子练习强调的是把握出脚时机，对提高学生的出脚速度和快速反应能力作用明显。在教学中要提示学生把握出脚（拦截）时机。

（2）防守队员在5次机会中可以用任意脚踩绳。

（3）要求学生在完成每一次动作时必须保持专注。

5. 拓展练习：

（1）听口令踩绳子练习：两人一组面对面站立，防守队员手持绳子一端，绳子的另一端放在地上，距离进攻队员1米，进攻队员原地小碎步跑，听到口令后突然起动，在防守队员将绳子移开之前踩住绳子。

（2）听口令正面抢截绳球练习：两人一组，把球置于网兜内，防守队员手持网兜置于地上，进攻队员在边长为1米的正方形内做前后左右移动，听到口令后迅速向前抢截球。

（二）正面抢截球练习

1. 方法描述：两人一组间隔2米面对面站立，进攻队员运球向前进攻，同时防守队员起动，尽可能在2米内完成正面抢截。

2. 练习要求：攻防双方同时起动，防守队员找准抢截时机用脚内侧完成正面抢截。

3. 组织方法：两人一组，各组学生保持安全距离，相互不干扰即可。

4. 教学建议：

（1）攻防双方把握好起动与出击时机，在规定区域内完成突破或抢截球。

（2）可以根据球权决定攻防角色，也可以根据练习时间或次数决定攻防角色。

（3）每次练习时都要求攻防双方合理运用动作技术。

5. 拓展练习：

（1）两人攻防转换练习：在防守队员后方设置3个大小不一的球门，攻守双方在规定区域内完成突破和正面抢截，突破成功则运球越过球门得分，突破后形成射门机会则迅速完成射门得分，抢截成功则角色互换，防守队员必须进行二次防守和拦截。

（2）5次拦截抢球练习：四人一组，在8米×8米区域内，三人运球，一人完成5次正面抢截球。

（三）移动中的跪式接地滚球徒手练习

1. 方法描述：在一条长为5米的门线上左右移动，听到口令后迅速做出跪式接地滚球徒手动作。

2. 练习要求：降重心，观察全面，动作迅速。

3. 组织方法：一人一组，练习时队员之间不会相互干扰即可。

4. 教学建议：适用于初学者。在高频率的节奏下完成10次动作为一组，2分钟后再进行下一组,主要发展学生的快速应变能力。

5. 拓展练习:在正方形(5米×5米)的4个角分别设置为1、2、3、4号位,学生根据口令往相应的号位方向移动,当听到口哨声后迅速做出跪式接球动作。

(四)移动中的跪式接地滚球练习

1. 方法描述:在一条长5米的门线上左右移动,判断来球路线后迅速做出跪式接地滚球动作。

2. 练习要求:降低重心,选位准确,动作迅速准确。

3. 组织方法:攻防双方两人一组,设置若干球门,但相互不能干扰。

4. 教学建议:主要提高守门员的快速起动和处理球的能力,进攻方找准机会射门,守门员在移动中观察来球路线,并准确地将球接住,完成10次后互换角色。

5. 拓展练习:三人一组,两名进攻队员在距离球门线15米的地方进行传接球配合,守门员根据传球路线变化在移动中做好接球准备,进攻队员选准时机射门,完成10次射门后交换角色,接住球多者获胜。

三、比赛创设

(一)正面抢截球积分赛

1. 比赛方法:两人一组,攻防双方在规定的长方形区域内完成突破和正面抢截球,突破成功并完成射门或抢截成功后互换角色。

2. 规则与裁判方法:拦截成功次数多者获胜。

3. 比赛拓展:扩大攻防范围;增加攻防人数。

(二)3对3、5对5教学比赛

1. 比赛方法:以小组为单位进行人数相等的教学比赛。

2. 裁判与规则方法:鼓励学生在攻防转换中运用正面抢截球技术,在规定时间内正确运用该技术且抢截成功次数多者获胜。

3. 比赛拓展:调整攻防区域大小;调整攻防人数。

第四节 基本战术

足球战术是指在比赛中根据主客观实际所采取的个人行动和集体配合的方法,由进攻战术和防守战术组成。在比赛中从个人到局部,从局部到整体,最常见的基本战术就是二过一配合,其方法有撞墙式二过一、直(斜)传斜(直)插二过一和后插上二过一等。在教学和比赛中,教师要在加强学生个人技术能力的基础上进行局部战术练习,强调练习的针对性,还原比赛真实场景,做到循序渐进,由易到难,同时逐步渗透比赛规则,并引导学生在比赛中加以运用,促使学生掌握裁判方法,形成规则意识。

一、教材分析

（一）局部二过一配合

1. 讲解要点：局部二过一配合是指在局部区域由两名进攻队员连续两次及以上的传球过一名防守队员的配合方法，是足球比赛中最常用、最有效、最简捷的进攻配合方式。通常情况下，当防守队员身后空当较小或防守队员盯防较紧时采用撞墙式二过一；当传球队员前方有一定的纵深距离时可采用直（斜）传斜（直）插二过一或后插上二过一。

2. 示范建议：无对抗的完整动作示范和分解动作示范相结合；有对抗的完整动作示范和分解动作示范相结合。

3. 教学重点：选择最佳传球时机和接应路线。

4. 易犯错误及纠正方法：

易犯错误 1：持球人传球的力量和方向掌握不好。

纠正方法：加强行进间传接球（地滚球）练习，提高传接球能力。

易犯错误 2：持球人传球后不能快速摆脱防守向前插入空当接应，错失时机。

纠正方法：在对抗条件下进行传接球和跑位练习，强调传球的准、快和跑位及时、准确。

易犯错误 3：二次传球的力量和方向不当，导致切入空当的队员难以在最佳时机接控球。

纠正方法：多练习消极防守下的跑位和传接球，强调主动找身体对抗。

（二）整体边路进攻战术

1. 讲解要点：边路进攻是足球比赛中常用的进攻战术，是指球员得球后，迅速通过边路向前推进，伺机传球给中路包抄的队友，为射门做准备。边路进攻以倒三角回传地滚球和直接起高空球两种配合方式最为常见。

2. 示范建议：无对抗的完整动作示范和分解动作示范相结合；有对抗的完整动作示范和分解动作示范相结合。

3. 教学重点：推进速度快，传球及时，门前包抄迅速且有层次。

4. 易犯错误及纠正方法：

易犯错误 1：练习中传球时机把握不准。

纠正方法：队友之间可以通过语言进行提示。

易犯错误 2：练习中推进不及时。

纠正方法：强调队员之间的配合以一脚球为主。

易犯错误 3：边路进攻最后传球方式选择方式不合理。

纠正方法：要求进攻队员加强观察，根据场上情况选择合适的传球方式。

二、练习方法

（一）单人对墙传球接应练习

1. 方法描述：每人一球成一路纵队，从慢速运球开始，用脚内侧连续进行多次对墙传球接应练习。

2. 练习要求：传球力度控制得当，接应时机和传球部位把握准确；纵队站立，依次进行，确保练习的频率和质量。

3. 组织方法：学生成一路纵队站立，确保观察视野。

4. 教学建议：

（1）通过连续多次对墙踢斜线球练习，提高学生运用二过一战术的能力。练习时，注意提示学生踢球后选择合适的接应位置。

（2）通过多次对墙踢斜线接球练习，提高学生把握接球时机的能力。

（3）运球绕杆接对墙踢斜线＋接球练习，强调传球时机和跑位接球时机。

5. 拓展练习：小组配合传切练习，3~5人为二次传球队员，强调以一脚传球为主，把握传球路线和接应时机。

（二）小组传切配合练习

1. 方法描述：从两人无防守到两人有防守练习；从局部二过一到区域连续二过一练习。

2. 练习要求：找准传球时机，把握接应时机，防守积极主动，提高一脚传球质量。

3. 组织方法：可分区域设多个小组同时进行，确保练习频率，提高练习实效。

4. 教学建议：

（1）要求学生具备基本战术素养和快速移动能力。

（2）两人一组在规定区域内进行传切配合练习。

（3）在规定区域内进行二过一配合练习。

（4）在规定区域和时间内进行二过一射门练习，统计射门成功次数。

（5）在30米×30米区域内进行多人连续二过一射门练习，注意包抄射门不能越位。

5. 拓展练习：

（1）无球绕过固定障碍物跑动练习：练习者绕过摆好的障碍物进行有节奏、有速度的跑动，强调摆脱的节奏和时机，注意起动后突然加速。

（2）无球有防守跑动练习：练习者面对消极防守队员，降低重心，变换节奏，突然加速，快速摆脱。

（三）局部边路攻防练习

1. 方法描述：控球队员将球传给接应的进攻队员，然后选择切入路线；进攻队员把握传球和切入时机，防守队员积极拦截，做到保中放边，人球兼顾；进攻队员突破防守后选择下底传中，其他进攻队员完成包抄射门。

2. 练习要求：传球与切入时机吻合，跑动与传球时机吻合。

3. 组织方法：在固定区域内进行传切进攻和边路进攻练习。

4. 教学建议：

（1）练习时循序渐进，不急不躁。

（2）鼓励学生传球后跑位接应。

（3）提醒学生包抄时避免越位且有层次。

5. 拓展练习：

（1）以多打少的半场边路攻防练习：从进攻半场的边路发起进攻，经过局部配合突破，下底传中，包抄完成射门。

（2）中路进攻练习：两边边锋拉开，牵制对方中后卫，给中路进攻队员创造有利的进攻空间。

三、比赛创设

（一）攻端线比赛

1. 比赛方法：将学生按 8~10 人分为两队，在 1/4 足球场上用标志杆确定中线，以两头的端线为进攻目标进行分队比赛。

2. 规则与裁判方法：比赛时，两队通过配合把球停在对方端线上即可得 1 分，在规定时间内得分多者获胜。

3. 比赛拓展：增加自由人，实现进攻有利；扩大场地区域，增加参赛人数。

（二）3 对 2 比赛

1. 比赛方法：在 20 米 × 30 米场地内进行 3 对 3 比赛，设置两个球门，控球方 3 人参与进攻，防守方一人退回当守门员，场上形成 3 打 2，进攻方射门成功或防守方断球则进攻方转换角色，双方连续往返攻防。

2. 规则与裁判方法：在规定时间内运用合理战术进球数多的队获胜。

3. 比赛拓展：缩小场地区域；加快比赛节奏，提高攻防转换速度。

（三）小场地比赛

1. 比赛方法：在 1/4 足球场上进行 7 对 7 或 5 对 5 小场地比赛。

2. 规则与裁判方法：在规定时间内进球数多的队获胜。

3. 比赛拓展：强调争抢球，寸土必争；增加身体对抗。

思考题

1. 足球运球突破技术教学的重难点是什么？教学设计如何根据重难点实现结构化思考和情境化实施？

2. 如何有效把握正面抢截球的上抢时机？在实战情境下，抢截成功后如何有效对球进行二次处理与运用？如何引导学生实践体验？

3. 边路进攻下底传中后，多名进攻队员该如何有效完成包抄射门？如何引导学生有效练习？

第八章 篮球教材教法

　　篮球运动于 19 世纪 90 年代传入中国，是深受大众喜爱的球类运动项目之一，在学校体育中占有十分重要的地位。篮球运动是以投篮为中心，以得分多少定胜负而进行的攻守交替、集体对抗的竞技性运动项目。学生经常参加篮球运动，可以改善中枢神经系统的机能，使运动分析器、前庭分析器受到良好的训练，提高观察力、判断力和反应力，发展位移速度、肌肉耐力、灵敏性和肌肉力量等体能，对培养意志品质、团结协作意识、集体主义精神等具有重要意义。

　　中小学篮球学习的重点是篮球的基本技术、战术和实战能力等。篮球教学应根据学生的年龄特点、运动能力、场地与器材等条件，合理选择教学内容。课堂教学要做到"教会、勤练、常赛"，让学生真正体验到篮球运动的魅力。

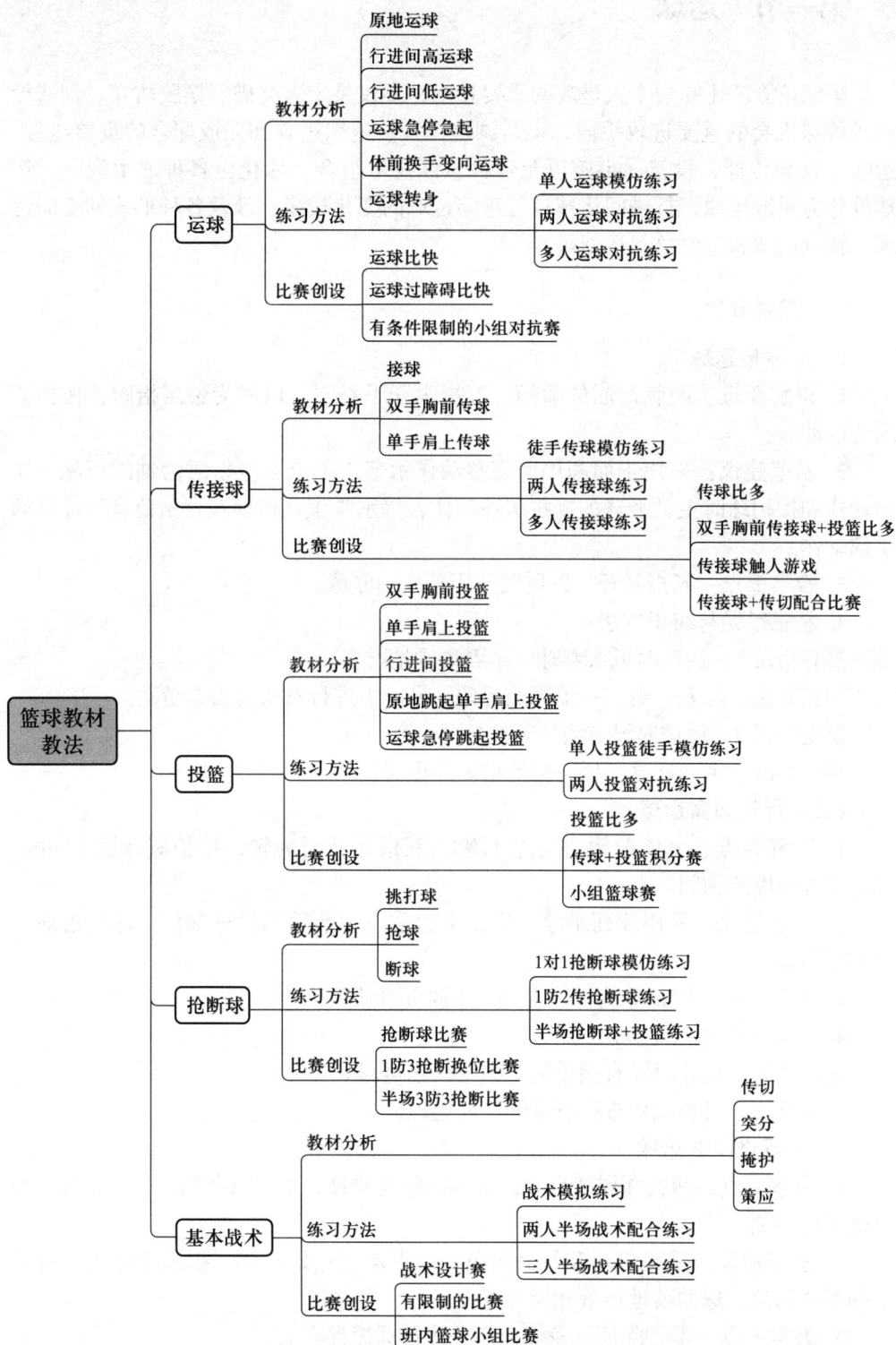

思维导图

```
篮球教材
教法
├─ 运球
│   ├─ 教材分析
│   │   ├─ 原地运球
│   │   ├─ 行进间高运球
│   │   ├─ 行进间低运球
│   │   ├─ 运球急停急起
│   │   ├─ 体前换手变向运球
│   │   └─ 运球转身
│   ├─ 练习方法
│   │   ├─ 单人运球模仿练习
│   │   ├─ 两人运球对抗练习
│   │   └─ 多人运球对抗练习
│   └─ 比赛创设
│       ├─ 运球比快
│       ├─ 运球过障碍比快
│       └─ 有条件限制的小组对抗赛
├─ 传接球
│   ├─ 教材分析
│   │   ├─ 接球
│   │   ├─ 双手胸前传球
│   │   └─ 单手肩上传球
│   ├─ 练习方法
│   │   ├─ 徒手传球模仿练习
│   │   ├─ 两人传接球练习
│   │   └─ 多人传接球练习
│   └─ 比赛创设
│       ├─ 传球比多
│       ├─ 双手胸前传接球+投篮比多
│       ├─ 传接球触人游戏
│       └─ 传接球+传切配合比赛
├─ 投篮
│   ├─ 教材分析
│   │   ├─ 双手胸前投篮
│   │   ├─ 单手肩上投篮
│   │   ├─ 行进间投篮
│   │   ├─ 原地跳起单手肩上投篮
│   │   └─ 运球急停跳起投篮
│   ├─ 练习方法
│   │   ├─ 单人投篮徒手模仿练习
│   │   └─ 两人投篮对抗练习
│   └─ 比赛创设
│       ├─ 投篮比多
│       ├─ 传球+投篮积分赛
│       └─ 小组篮球赛
├─ 抢断球
│   ├─ 教材分析
│   │   ├─ 挑打球
│   │   ├─ 抢球
│   │   └─ 断球
│   ├─ 练习方法
│   │   ├─ 1对1抢断球模仿练习
│   │   ├─ 1防2传抢断球练习
│   │   └─ 半场抢断球+投篮练习
│   └─ 比赛创设
│       ├─ 抢断球比赛
│       ├─ 1防3抢断换位比赛
│       └─ 半场3防3抢断比赛
└─ 基本战术
    ├─ 教材分析
    │   ├─ 传切
    │   ├─ 突分
    │   ├─ 掩护
    │   └─ 策应
    ├─ 练习方法
    │   ├─ 战术模拟练习
    │   ├─ 两人半场战术配合练习
    │   └─ 三人半场战术配合练习
    └─ 比赛创设
        ├─ 战术设计赛
        ├─ 有限制的比赛
        └─ 班内篮球小组比赛
```

第一节 运球

运球是篮球比赛中个人进攻的重要技术，不仅是个人突破、摆脱防守、创造投篮或传球机会的重要进攻手段，也是调整位置、组织进攻和完成配合的重要纽带。运球可以与传球、投篮、突破以及各种急停技术组合，演化出各种战术配合。运球可分为原地运球、行进间运球。行进间运球的变化较多，涉及各种形式的变向运球、转身运球和急停急起运球等。

一、教材分析

（一）原地运球

1. 讲解要点：两膝微屈体前倾，五指张开手心空，以肘为轴压指腕，按拍篮球要缓冲。

2. 示范建议：采用正面和侧面完整动作示范，重点示范以肘为轴的压腕、压指动作和按拍球时主动触球的提拉缓冲动作，提示学生从侧面观察示范者触球时的手部动作。

3. 教学重点：五指张开，以肘关节为轴按拍篮球。

4. 易犯错误与纠正方法：

易犯错误 1：运球时低头看球，不看周围情况。

纠正方法：两人一组，一手原地运球，另一手进行石头剪刀布游戏。

易犯错误 2：运球时没有缓冲就按拍球。

纠正方法：主动迎球，比一比谁把球拉得高。

（二）行进间高运球

1. 讲解要点：上体前倾向前走（跑），五指分开肘为轴，按拍篮球后上（侧）部，反弹高度腰胸间。

2. 示范建议：采用侧面示范，提示学生重点观察手的触球部位、球的落地位置和反弹高度。

3. 教学重点：按拍球的部位合理，手脚配合协调。

4. 易犯错误与纠正方法：

易犯错误：运球时没有用手腕、手指按拍运球。

纠正方法：设置障碍进行行进间变向运球。

（三）行进间低运球

1. 讲解要点：两腿深屈降重心，上体前倾身护球，短促按拍后上（侧）部，控球落于体两侧。

2. 示范建议：采用正面和侧面示范，重点示范运球动作，提示学生重点观察手的触球部位、球的落地位置和反弹高度。

3. 教学重点：重心降低，身体前倾，按拍球短促有力。

4. 易犯错误与纠正方法：

易犯错误：运球时球的落点在正前方。

纠正方法：两人一组进行干扰运球，一人运球向前推进，一人双手抱球滑步防守干扰。

（四）运球急停急起

1. 讲解要点：按拍篮球前上部，跨步急停站得稳，按拍篮球后上部，后脚蹬地重心移，急停急起重节奏，蹬跨超越防守人。

2. 示范建议：采用侧面示范，重点示范跨步急停动作，提示学生重点观察跨步急停时手按拍球的方法和快速起动时手按拍球的位置。

3. 教学重点：重心转移快，脚蹬、抵地要有力，手按拍球的部位要正确。

4. 易犯错误与纠正方法：

易犯错误1：低头运球。

纠正方法：用信号指挥（如看老师手势），反复练习。

易犯错误2：急停急起时重心控制不好。

纠正方法：多做原地高低运球和行进间高低运球练习。

（五）体前换手变向运球

1. 讲解要点：左脚上前降重心，右手拍球右侧部，球从体前变方向，换手运球体压肩，右脚随球快跟上，变向前进拍后部。

2. 示范建议：采用正面和侧面示范，也可用多媒体示范换手上步动作，提示学生重点观察左脚上步方向以及换手探肩和上步动作。

3. 教学重点：急停变向时降低重心，转体探肩，蹬跨突然，起动快速。

4. 易犯错误与纠正方法：

易犯错误1：换手时，手离球的距离过近或过远，拍球的部位不正确。

纠正方法：练习时强调体前变向的距离、按拍球的正确部位和速度。

易犯错误2：换手后没有及时跨步侧身保护球，造成失误。

纠正方法：根据球的运行方向，正确按拍球的不同部位，反复练习推、拉、变向运球。

（六）运球转身

1. 讲解要点：贴近防守侧肩对，左脚在前为中枢，步子要稳降重心，右手拉球撤右脚，腰髋转动贴对手，超越对手向前冲。

2. 示范建议：采用正面和侧面示范，也可用多媒体示范运球转身时手用力的方法和脚部动作，特别是最后一次运球的用力方法，提示学生重点观察转身时手按拍球的部位，以及如何将球拉向身体后侧方落地反弹。

3. 教学重点：最后一次运球的用力方向，身体重心平稳，转身迅速，动作连贯协调。

4. 易犯错误与纠正方法：

易犯错误1：在运球转身过程中出现翻腕动作或手臂和腰夹球动作。

纠正方法：最后一次按拍球要用力，转身时手掌触球的侧前部顺势往后拉，反复练习转身动作。

易犯错误 2：上步准备动作离防守队员过远或过近，造成转身不过人或转身撞人等现象。

纠正方法：左脚要插在防守队员两脚之间，与防守队员之间要有屈臂护球的空间。

易犯错误 3：右手带球转身后没有及时更换为左手运球，且转身放球位置不正确，没有贴近自己身体，同时没有护球动作。

纠正方法：转身后放球位置应超出自己的右脚，然后立即更换为左手运球，同时右手手臂屈臂抬起，做出护球动作，反复练习。

二、练习方法

（一）单人运球模仿练习

1. 方法描述：模仿原地运球、行进间运球、急停急起、换手变向以及转身运球等动作，并进行反复练习。

2. 练习要求：运球时以肘为轴做按拍动作，能根据不同的运球动作按拍球的正确部位，并将球控制在自己身边。

3. 组织方法：体操队形，相互之间做动作时不碰触即可。

4. 教学建议：

（1）这个练习适用于所有运球动作的初学者。

（2）关注运球动作的持续性，注重培养球性。原地运球时，关注运球手型及触球部位，强调按拍有力且有缓冲；变向换手运球、急停急起运球、转身运球时，要强调降低身体重心，注重动作的规范性。

5. 拓展练习：

（1）运球＋传球组合练习：两人一组，相距 3 米，两人同时运球交换位置后再同时传球给对方，循环练习。

（2）体前换手变向运球＋投篮组合练习：在三分线弧顶放置障碍物，练习者从中圈开始运球至障碍物，采用体前换手变向运球方式绕过障碍物后用自己喜欢的方式投篮。

（3）转身运球＋行进间低手投篮组合练习：在中线靠近边线 2 米处放置标志杆，练习者从底线运球至标志杆后转身运球，将球运到篮下后采用行进间低手投篮。

（二）两人运球对抗练习

1. 方法描述：在一个直径为 3 米的圆内，一人运球，一人防守，当球出界或被抢断时两人互换角色。

2. 练习要求：持球者用身体护球，表现出"人—球—人"关系。

3. 组织方法：两人站在一个直径为 3 米的圆内进行练习。

4. 教学建议：

（1）这个练习适用于大多数篮球动作的学练。

（2）练习时要强调"人—球—人"关系和护球方法。

（3）强调教学内容在本练习中的有效运用，可以适当改变规则。

5. 拓展练习：

（1）体前换手变向运球过人练习：AB 两人一组，A 运球进攻时 B 上来防守，要求 A 采用体前换手变向运球过人的方式突破，B 双手放在背后采用滑步防守，当运球出区域或进攻成功时，两人互换角色。

（2）运球转身过人练习：AB 两人一组，A 运球进攻时 B 上来防守，要求 A 采用转身运球过人的方式突破，B 双手抱篮球采用滑步防守，当运球出区域或进攻成功时，两人互换角色。

（3）真实对抗运球过人练习：AB 两人一组，A 运球进攻时 B 上来全力防守，当运球出区域或进攻成功时，两人互换角色。

（三）多人运球对抗练习

1. 方法描述：多人在同一场地内运球的同时抢断他人的球。

2. 练习要求：将球控制在自己身边，用急停急起、转身、换手变向等运球方式躲避别人的干扰和抢断，学会用身体、手、脚护球。

3. 组织方法：全班学生在一个篮球场内或半个篮球场内进行练习，也可以 3~5 人在 5 米 ×5 米的场地内进行练习。

4. 教学建议：

（1）这个练习适用于大多数篮球动作的学练。

（2）练习时要向学生渗透篮球规则。

（3）在学习某一内容时，要强调该内容在练习时的使用方法。

5. 拓展练习：

（1）2 对 2 消极防守对抗赛：四人一组，2 人进攻，2 人防守。防守者双手放在背后滑步防守，进攻者从底线出发，通过运球或传球的方式推进到前场投篮。

（2）3 对 2 篮球赛：5 人在半场内进行篮球赛，两人一组，剩下的一人为中间人，一直帮助进攻方，形成 3 对 2 进攻队形，按照篮球规则进行比赛。

三、比赛创设

（一）运球比快

1. 比赛方法：行进间运球比快。

2. 规则与裁判方法：在规定距离内，比一比哪一组（哪一人）最先运球跑完全程，用时少的组（人）获胜。

3. 比赛拓展：

（1）改变距离或参赛人数。

（2）改变运球线路或运球形式。

（3）改变练习环境，如增加障碍物等。

（二）运球过障碍比快

1. 比赛方法：行进间运球过障碍比快。

2. 规则与裁判方法：在规定距离内设置若干个障碍，要求参赛者采用体前换手变向运球（转身运球、运球急停急起）方式过障碍，用时少的小组或个人获胜。

3. 比赛拓展：

（1）改变距离或参赛人数。

（2）改变运球线路或障碍数量。

（三）有条件限制的小组对抗赛

1. 比赛方法：3 对 3 篮球对抗赛，每次进攻只能传一次球，防守队员双手放在背后滑步防守。

2. 规则与裁判方法：在规定时间内按篮球规则比赛，进攻方在一次进攻中只能传一次球，防守方要注意不要阻挡。

3. 比赛拓展：

（1）改变进攻传球次数和防守方法。

（2）改变参赛人数，增加限制条件或全力防守。

第二节 传接球

传接球是篮球基础技术之一，是组织配合的重要手段，是篮球技战术配合演化得分的催化剂。传接球可以与移动、投篮、持球突破、各种急停等技术串联形成组合技术，可以将不同队员串联形成多种组合练习，并演化出各种战术配合，创造得分机会。传接球技术包括传球和接球两个部分，传球主要有双手胸前、双手头上、单手胸前、单手肩上、单手背后、单手体侧等方式，接球主要有双手接球、单手接球两种。

一、教材分析

（一）接球

1. 讲解要点：主动伸臂迎来球，触球随球向后引，缓冲持球胸腹间。

（1）双手接球：双手前迎，接球后引。

（2）单手接球（以右手接球为例）：单手向前迎球，自然张开成勺形，触球后立刻后引，左手接应持球于胸腹间。

2. 示范建议：先完整动作示范，再依次示范接球的手部动作，可正面和侧面示范触球引球以及手指、手掌动作。重点示范主动伸臂迎球动作。

3. 教学重点：接球手型，缓冲时的屈臂动作。

4. 易犯错误与纠正方法：

易犯错误：手指僵硬不自然。

纠正方法：加强球性练习，多做各种抛接球及接高抛反弹球练习。

（二）双手胸前传球

1. 讲解要点：

（1）持球：双手持球胸腹间，两膝弯曲身护球。

（2）传球：蹬地伸臂身前移，翻腕拨指球平直，拇指下压球后转，移动传球要侧身。

（3）随球：出球姿势随球动，传球远近看幅度，传后随时要移动。

2. 示范建议：先完整示范动作的用力顺序和方法，再分解示范翻腕、拨指动作，侧面示范伸臂等。重点示范翻腕、拨指。提示学生重点观察手臂、手腕动作。

3. 教学重点：传球时蹬地、伸臂、翻腕、拨指。

4. 易犯错误与纠正方法：

易犯错误1：肘关节外张。

纠正方法：持球位置要在腰腹间，握球时手臂手腕一条线，传球时手臂从腹部前上方伸出，多做传球动作、徒手伸拨练习等。

易犯错误2：传球落点不准。

纠正方法：目视胸前目标，传球时要充分蹬地伸臂，练习近距离对墙传点。

（三）单手肩上传球（以右手传球为例）

1. 讲解要点：

（1）持球：双手持球胸腹间，两膝弯曲身护球。

（2）传球：左脚前迈视前方，右手托球肩上引，肘张上臂平地面，手腕屈伸人侧身，蹬地转体前臂甩，屈腕拨指球传出。

（3）随球：球出身体随前移，迈步保持身体稳，随时移动做接应。

2. 示范建议：先完整动作示范再分解动作示范。分解示范上肢传球动作时，重点示范手臂引球动作。提示学生重点观察侧身引球和传球用力动作。

3. 教学重点：上步侧身引球和蹬、转、挥摆臂、屈腕动作。

4. 易犯错误与纠正方法：

易犯错误：后撤步引球和侧身引球不足，肘关节低于肩，传不远。

纠正方法：引球要到肩上方，多做徒手引球动作；传不远主要是肘关节低于肩部，蹬地、转体、挥摆不协调，多练习两人近距离传球。

二、练习方法

（一）徒手传球模仿练习

1. 方法描述：以徒手持球为准备姿势，重复做各种徒手传球模仿动作。

2. 练习要求：以"三威胁"[①]持球为准备姿势，注重蹬地发力向手指端延伸，整个动作协调一致。

3. 组织方法：体操队形，相互之间做动作时不碰触即可。

4. 教学建议：

---

① 打篮球时进攻队员所做的一种动作，这个动作对防守队员有传球、投篮和运球突破三个威胁状态。

（1）适用于低年段各种传接球动作的初学者。增加练习次数、组数，如 10~15 次一组，练习 2~3 组。

（2）关注动作的规范性，注意准备姿势时低重心，传球后手指指向传球方向。鼓励初学者耐心体会动作发力顺序。

5. 拓展练习：

（1）接球和传球组合模仿练习。徒手站立，将接球和传球模仿练习组合在一起，可以"1"为传球、"2"为接球，相互交替，由慢到快练习，依次练习多组。

（2）传球＋移动组合练习。练习模仿传球后增加向不同方向的移动练习，注意左右间隔，可以传球后左右移动触地，也可以向后快速移动后返回等。

（二）两人传接球练习

1. 方法描述：两人一球进行原地或行进间传接球练习。

2. 练习要求：传球动作连贯、规范，发力协调，将球传至同伴胸腹间。行进间传球时，落点要有一定的提前量。

3. 组织方法：两人原地间隔不小于 3 米，也可根据个人能力、动作需要、练习要求选择合适的间距。行进间传接球时，两人一组，可一人固定、一人移动，也可以半场或全场两人同时侧身移动传接球。

4. 教学建议：

（1）从两人原地传接球，到一人固定一人移动传接球，再到两人行进间传接球＋单手肩上投篮，逐步提升练习难度。

（2）强调接球者主动迎接球，并做好缓冲，传球时要根据同伴的位置传球，移动中的传球要有提前量。

（3）传球路线可以是弧线、直线和反弹，反弹球落点要注意 2:1 原理。

（4）可以提高传球速度，缩短球的飞行时间，减小传球动作幅度，强调抖腕、拨指和球的旋转，方便同伴接球。也可以进行定时传球或定量传球练习。

（5）对墙传接球，距离由近到远，提高传接球能力。

5. 拓展练习：

（1）传接球＋移动练习（移动＋接球＋传或运球＋移动＋接球组合）：两人一组或多人一组，间距 2~3 米或更远。传球后移动方法可以采用后转身摆脱、侧身跑切入等；传球后可以做模拟传切、掩护、策应等练习。

（2）传接球＋运球练习（接球＋运球＋传球组合）：两人一组或多人一组，间距 2~3 米或更远。接球后，原地运球或运球到指定点，再将球传回，依此类推。完成传球者也可以进行移动等练习。

（三）多人传接球练习

1. 方法描述：多人多点进行传接球练习。

2. 练习要求：传球落点准确，传球和接球时要及时调整身体姿势，做出快速、连贯、协调、有力的传接球动作，提高传球的速度，减小传球动作幅度，强调抖腕、拨指和球的旋转。多人行进间传接球时，注重侧身跑等移动与传接球动作的组合，关注传球落点的准确性和前瞻性。

3. 组织方法：多人多点，相距 3~4 米等距站立，可成三角形、四角形、五角形等，各点人数可以适当增加。

4. 教学建议：

（1）适用于有一定传接球基础的学习者，教师可以根据需要组织学生进行定时、定量练习。

（2）传球距离先近后远，注意传球速度和方向的变化，体现传接球方向不一致时的身体调整。可以采用传多球形式，提高学生的快速传接球能力。

（3）练习时可以先从多点固定传接球开始，再向多点移动传接球深化。移动传接球时，关注传球的前瞻性，提高传球能力。

5. 拓展练习：

（1）多人传接球 + 跑动练习：如多（三、四）角传接球、3 人 8 字传接球。可以依据学生情况，适当增加球数。也可以增加单手肩上投篮、扩大练习场地、改变第二次传球后跑进的路线和加入反弹球等，提高传球难度。

（2）三传两防传接球练习：五人一组，3 人成三角形站立，相距 3~4 米，2 人为防守队员，站在三角形内。3 人传球，2 人移动抢断。抢断后和传球失误者交换角色。可以通过改变防守者活动范围增加练习难度。

三、比赛创设

（一）传球比多

1. 比赛方法：两组间传球比多。

2. 规则与裁判方法：在规定时间内，传球成功次数多的组获胜。

3. 比赛拓展：

（1）改变时间、传球距离、每组人数和点位。

（2）增加移动，规定传球次数，看谁传球快。

（3）创设不同的传球情境，如两人之间画一个圆圈，要求将球传过圈等。

（二）双手胸前传接球 + 投篮比多

1. 比赛方法：每组 4~6 人，用"双手胸前传接球 + 投篮"方式，比比哪一组投进次数多。

2. 规则与裁判方法：小组之间相互做裁判，投进次数多的组获胜。

3. 比赛拓展：

（1）结合不同的投篮方法，如原地单手肩上投篮、跳投、行进间单手低手投篮等。

（2）采用不同的传接球方法或增加传接球次数、改变投篮点。

（三）传接球触人比赛

1. 比赛方法：在半场或全场内，把学生分为传球者和跑动者，持球者用球触碰到跑动者，该学生就转化为传球者，传球者通过快速移动和相互传接球触碰身边的跑动者，直至所有跑动者被转化，比赛结束。适用于有一定传接球能力的学生。

2. 规则与裁判方法：传球者不能拿球跑，球触碰到跑动者的四肢或后背才算成功，先拿球再触碰才有效。

3. 比赛拓展：

（1）增加场上的篮球数量。

（2）改变传球者人数与持球者移动步数。

（3）改用其他球作为传球器材。

（4）在场地内设置一些掩体障碍。

（四）传接球＋传切配合比赛

1. 比赛方法：三人传接球从后场推进到前场，运用传切配合进行 3 对 3 比赛，防守方抢篮板后发起反攻，攻守双方互换角色。适用于中高段水平的学生进行传接球实战运用。

2. 规则与裁判方法：接球后不能运球。其他规则同正式篮球比赛。

3. 比赛拓展：

（1）改变规则，如可以持球走 1~3 步，或运球 1~3 次。

（2）改变篮筐大小，如用球门、跨栏架、移动的人筐进行比赛。

（3）改变场地大小，如可以在篮球场或足球场上比赛。

第三节　投篮

投篮是篮球比赛中唯一的得分手段，运动员在比赛中运用各种技术和战术的最终目的都是为了投篮得分。投篮包括原地单手肩上投篮、原地双手胸前投篮、行进间单手肩上投篮、急停跳起投篮等多种形式。由于比赛环境比较复杂，因此在投篮教学时，要重点引导学生做到投篮速度快、出手点高等。

一、教材分析

（一）双手胸前投篮

1. 讲解要点：双手持球于胸前，眼睛注视瞄准点，蹬地同时伸上肢，两腕外翻指拨球，提踵展身自然随。

2. 示范建议：先侧面示范完整动作，再侧面示范分解动作，重点示范持球方法与位置以及出手方向与角度。

3. 教学重点：前臂内旋，手指拨球用力协调。

4. 易犯错误与纠正方法：

易犯错误 1：持球方法不正确。

纠正方法：重复讲解和示范动作要点，通过反复练习建立正确的持球动作概念。

易犯错误 2：左右手用力不均匀，伸臂不充分。

纠正方法：两人一组练习双手胸前传接球，逐步由平传球过渡到向上传球。

（二）单手肩上投篮

1. 讲解要点：两脚开立膝微屈，翻腕持球于肩上，蹬伸拨指要柔和，中指食指控方向。

2. 示范建议：先侧面示范完整动作，再侧面示范分解动作，重点示范原地持球方法以及蹬地、伸臂、拨指的方法，特别强调拨指方向。

3. 教学重点：抬肘伸臂要充分，压腕拨指要柔和。

4. 易犯错误与纠正方法：

易犯错误 1：投篮时肘关节外展。

纠正方法：重复讲解和示范动作要点，在持球准备时主动压肘或由同伴帮助其肘关节垂直于地面，通过反复徒手投篮或持球投篮练习进行纠正。

易犯错误 2：投篮时伸臂不充分，拨指后球不旋转。

纠正方法：采用信号刺激法，通过抬肘、伸臂、压腕等口令，在练习中纠正手臂过早前伸动作。采用两人一组面对面单手肩上投篮练习，练习时注意拨指动作。

（三）行进间投篮（以右手投篮为例）

1. 讲解要点：

（1）行进间单手肩上高手投篮：右脚跨大步收球，左脚制动步短促，跳起腾空球上举，拨指打板入篮筐。

（2）行进间单手肩上低手投篮：跨步收球胸腹间，两步连贯高跳起，托球伸臂近篮圈，挑腕拨指要柔和。

2. 示范建议：先侧面示范完整动作，再侧面示范分解动作，重点示范第一步起跨时的收球动作和最后的投篮动作。

3. 教学重点：三步节奏清楚，收球、伸臂、投篮动作连贯。

4. 易犯错误与纠正方法：

易犯错误 1：第一步起跨时收球过早或过晚，造成走步违例。

纠正方法：两人一组，一人单手托球于胸前，一人助跑到持球队员身旁时跨一大步，在空中主动伸手拿球，再完成第二步和投篮动作，两人交换，循环练习。

易犯错误 2：第二步制动不够，造成投篮不稳定。

纠正方法：重复讲解示范，明确脚后跟先着地制动，然后反复进行徒手练习，逐步掌握动作。

（四）原地跳起单手肩上投篮（右手）

1. 讲解要点：屈膝持球于胸前，重心落在两脚间，用力蹬地向上跳，双手举球右肩上，右手持球左手扶，接近高点右臂伸，压腕拨指向篮圈，落地屈膝有缓冲。

2. 示范建议：正面示范与侧面示范相结合，重点示范在最高点时伸臂、压腕和拨指动作。

3. 教学重点：垂直向上跳起，举球、投篮动作协调，接近最高点出手。

4. 易犯错误与纠正方法：

易犯错误：双手拨球投篮，投篮动作不协调。

纠正方法：多做原地单手肩上投篮徒手模仿练习，强化投篮动作。

（五）运球急停跳起投篮

1. 讲解要点：急停收球胸腹间，快移重心向上跳，举球投篮要协调，屈膝缓冲落地稳。

2. 示范建议：正面示范与侧面示范相结合，重点示范一步或两步急停收球与跳起投篮动作的衔接。

3. 教学重点：急停与起跳投篮动作衔接连贯。

4. 易犯错误与纠正方法：

易犯错误：行进间急停不稳，造成球脱手。

纠正方法：反复徒手模仿练习急停的第一步与第二步，做到跳步急停或跨步急停稳。

二、练习方法

（一）单人投篮徒手模仿练习

1. 方法描述：模仿原地双手胸前投篮、原地单手肩上投篮、行进间投篮、原地跳起单手肩上投篮、运球急停跳起投篮等动作，并进行重复练习。

2. 练习要求：原地投篮时从持球开始，蹬地、伸臂、拨指动作协调；行进间投篮时从预跑开始，第一步起跨时主动收球，蹬跨有力，第三步要高高跃起做出投篮动作。

3. 组织方法：原地投篮可采用体操队形，行进间投篮需分小组练习，也可按体操队形分排从前往后逐一练习。

4. 教学建议：

（1）此练习适用于运球动作的初学者。

（2）关注投篮动作的规范性，注意原地投篮时准备姿势要降重心，投篮后手指指向投篮方向；行进间投篮时关注第一步起跨时的主动收球动作，鼓励学生耐心体会发力顺序，建立动作规范。

5. 拓展练习：

（1）运球 + 投篮组合练习：两人一组，一人运球 5~8 米后投篮（投篮动作根据所学动作而定），抢到篮板球后传球给同伴，同伴照此方法进行练习。

（2）传球 + 投篮组合练习：两人一组，持球者站在中场，接球者站在弧顶，持球者传球给同伴后迅速跑向 3 分线内，接同伴回传球后投篮。传球和投篮方式根据已有基础而定。

（二）两人投篮对抗练习

1. 方法描述：在长 8 米、宽 3 米的场地一端挂篮筐（挂在其中一条 3 米线上方，并在距这条线 2 米的地方画好投篮线），两人一组从无篮筐的一端出发，一人运球推进，一人双手放背后滑步防守，当推进到投篮线时防守者回到起点，进攻者采用已学的投篮动作投篮，投篮结束后互换角色，中途球出界也互换角色。

2. 练习要求：持球者用身体护球，投篮时动作规范。

3. 组织方法：在篮球场内可以用 4 个标志桶规定练习区域，1 个标志垫表示投篮点，全班学生根据标志桶划分的区域进行练习。

4. 教学建议：

（1）这个练习适用于运球动作的初学者。

（2）长 8 米、宽 3 米的场地可以根据实际情况调整，也可以用半场。练习时可以根据学生的运球能力逐步增强防守（单手防守或全力防守），以确保比赛能够顺利进行为标准。

5. 拓展练习：

（1）传接球 + 行进间投篮练习：两人一组相距 3~5 米进行行进间传接球，从篮球场的一端向另一端推进，由其中一个学生接球后完成行进间投篮。

（2）传接球 + 跳起投篮练习：两人一组从篮球场中线开始进行行进间传接球，由其中一个学生接球后完成跳起投篮。

（3）1 对 1 对抗练习。在 3 分线内，两人一组进行 1 对 1 对抗练习，一人全力防守，一人运球突破后投篮。

三、比赛创设

（一）投篮比多

1. 比赛方法：比一比谁的进球个数多。

2. 规则与裁判方法：在规定距离后，运用正在学习的投篮方法进行投篮比赛，投篮 10 次，投进个数多者获胜。

3. 比赛拓展：

（1）改变投篮距离、个数、人数等。

（2）改变投篮方式，如增加运球、传球等。

（3）改变投篮环境，如增加障碍物或防守等。

（二）传球 + 投篮积分赛

1. 比赛方法：将学生分成人数相等的两队，在半场内进行投篮比赛。

2. 规则与裁判方法：在比赛时不能运球，只能通过传球和无球跑动转移球，在规定时间内用正在学习的投篮动作投篮，投进个数多的组获胜。

3. 比赛拓展：

（1）改变篮圈个数。

（2）改变防守方式，如手放背后、单手、双手等。

（3）改变投篮方式。

（三）小组篮球赛

1. 比赛方法：在半场内进行 3 对 3 篮球比赛。

2. 规则与裁判方法：按照篮球比赛规则进行比赛，得分多的一组获胜。

3. 比赛拓展：

（1）改变比赛人数，可以是 2 对 2 或 4 对 4，也可以是 2 对 1 或 3 对 2。

（2）改变记分方法、篮筐大小、篮筐高度与个数等。

第四节　抢断球

抢断球是最具攻击性的防守技术之一，是积极防守的体现，能够帮助球队主动获得控球权。抢断球技术分为打、抢、断技术，教师在教学中要依据赛场情况和学生特点，允许个性化抢断动作。在学生练习时，要强调规则意识，注重抢断球动作的合理性。抢断球教学要注重培养学生的攻守转换意识，提高抢断后的得分转化率。针对不同年龄的学生要循序渐进、区别对待，不宜过早强调抢断的技术规范性，多注重抢断意识的培养。

一、教材分析

（一）挑打球

1. 讲解要点：

（1）下打球：移动选位占先机，看准球后快挥臂，动作隐蔽果断打，打下球后速还击。

（2）上挑球：移动选位占先机，对手持球未警惕，准确判断手上挑，断球轻巧不费力。

2. 示范建议：先完整动作示范再分解动作示范。重点示范挑、打动作，注意正面示范和侧面示范相结合。

3. 教学重点：判断挑打球时机，打球动作的选择和运用。

4. 易犯错误与纠正方法：

易犯错误：挑打球动作太大，速度慢。

纠正方法：多练习挑打固定球练习，减小挑打动作幅度，提高动作速度。

（二）抢球

1. 讲解要点：

（1）转抢：观察判断等时机，一旦暴露速靠近，双手触球用力抢，臂拉扭转是关键。

（2）拉抢：观察判断等时机，发现暴露速靠近，双手触球猛后拉，快速夺球向后引。

2. 示范建议：先完整动作示范再分解动作示范。重点示范转抢、拉抢动作，注意正面示范和侧面示范相结合。

3. 教学重点：判断转拉抢球时机，转抢和拉抢动作。

4. 易犯错误与纠正方法：

易犯错误 1：抢球时机判断不好。

纠正方法：多练习两人一组互相抢球。

易犯错误 2：抢球动作不迅猛。

纠正方法：多练习两人一组抢夺固定球动作及发力。

（三）断球

1. 讲解要点：

（1）横断球：防守观察待时机，准确判断果断移，横向蹬跨伸手臂，双手断球稳落地，看准传运快攻起。

（2）纵断球：防守观察待时机，站位身后也不急，判断准确要果断，右脚侧蹬左跨上，双脚用力身跃起，绕到身前伸手臂，截获来球快攻起。

2. 示范建议：先完整动作示范再分解动作示范。重点示范脚蹬跨及伸臂断球动作，注意正面示范和侧面示范相结合。

3. 教学重点：判断断球时机，脚蹬跨及双手断球动作。

4. 易犯错误与纠正方法：

易犯错误：断球时机判断不好，动作慢。

纠正方法：多练习原地传接球抢断，提高判断能力。

二、练习方法

（一）1防1抢断球模仿练习

1. 方法描述：两人一组，一人持球举于胸前，一人尝试模仿挑打球、抢球、断球动作。

2. 练习要求：要快速、果断出击，不要犯规。

3. 组织方法：两人一组，一人举球，一人练习抢断，练习12次后互换角色。

4. 教学建议：

（1）此练习适用于水平较高的学生。练习时强调观察和判断的训练。

（2）挑打球、抢球、断球三种技术轮换练习，持球位置可以变化，注意安全。

（3）控制好抢球动作和抢断速度，不要随意上抢，每人练习6组，每组做12次，鼓励学生探讨抢断动作幅度等。

5. 拓展练习：

（1）防守姿势 + 抢断球：先做好防守动作再进行抢断球模仿练习，持球者可以改变球的位置。两人轮换练习。

（2）移动 + 抢断：一人持球，一人防守，持球人将球向前高抛，防守者抢断球后将球传回给同伴，同时快速移动上抢、打球。两人轮换练习。

（3）不同形式的1对1抢断球：持球者可以改变持球位置或运球，提高抢断球的判断难度。抢断者快速判断并做出不同抢断动作，抢断后进行角色更换，提高抢断球的趣味性。

（二）1防2传抢断球练习

1. 方法描述：三人一组，2人相距4米进行传接球练习，防守者选好位防守其中一人，观察传球，及时做出断球动作，如果未能断球，就地进行抢、打球。三人依次轮换练习。

2. 练习要求：防守队员选好防卫位置，传球者不要做假动作，以便提高抢断球成功率。出击果断，动作快速、隐蔽，采用先断球后抢、打球等方法。

3. 组织方法：三人一组，2 人相距 4 米进行传接球练习，1 人练习防守抢断，可适当调整距离。组与组间隔 2 米以上。

4. 教学建议：

（1）抢断 12 次后依次轮换练习。

（2）传球时不要做假动作，传球距离可根据学生能力进行调整。

（3）进行断球和抢、打球技术练习时，防守选位要有变化，强调观察和判断，不要过早暴露目的。抢断不成功，要立即调整防守位置。

（4）可以先练习横断球，再练习纵断球。

5. 拓展练习：

（1）1 防 3 传抢断球：在 1 防 2 传抢断球练习的基础上，进行 1 防 3 传抢断球练习，增加抢断难度。3 人三角形站位进行传球，防守者随机选位进行抢断球，成功后与失误者互换角色。

（2）2 传 2 防抢断球：在 1 防 2 传抢断球练习的基础上，进行原地 2 防 2 传抢断球练习，或 2 人行进间传接球推进到前场，前场 2 人等候防守，抢断后快速传接球推进反击，另外 2 人在前场等候防守抢断。依次进行攻防转换练习。

（三）半场抢断球 + 投篮练习

1. 方法描述：全班分成 3 组，2 组进行传接球练习，1 组防守，防守者抢断后快速运球单手肩上投篮。

2. 练习要求：可增加传球距离，抢断要果断、快速，断球不成功后要立刻采用适当方式抢球。注意选位合理，始终保持低重心。

3. 组织方法：全班分成 3 组，进攻的两组相距 4~6 米，防守组站在无球组一侧，做好防守姿势，抢断后轮换位置。

4. 教学建议：

（1）传接球站位可根据需要调整，可以增加传球距离，也可以在半场练习。

（2）注意防守选位，强调抢球时机的判断和选择。

（3）练习次数根据具体要求设计，学生要有适当的防守技术基础，知道正确的选位和抢断动作。

5. 拓展练习：

（1）全场断球反击和回防：进攻队员 A 传球给进攻队员 B，防守队员伺机抢断，抢断成功后快速运球进攻，传球失误的进攻队员 A 上前防守。如果未能抢断成功，进攻队员 B 接球后运球进攻，防守队员上前防守，并伺机抢、打球。

（2）全场断球反击：固定传球人站在中圈内，进攻队员 A 和固定传球人传球，防守者进行抢断。抢断成功后快速运球推进单手肩上投篮，被抢断的进攻队员 A 转为防守队员，快速跟防。另一侧练习方法相同，相互交换位置，依次练习。

三、比赛创设

（一）抢断球比赛

1. 比赛方法：全班分成两组，进攻组两人一球相互传递，防守组随意抢断，防守组队员抢到球后也相互传递，进攻组无球队员进行反抢断。

2. 规则与裁判方法：持球队员不得运球或持球跑，抢断球时不能犯规。在规定时间内抢断球次数多的组获胜。每组选一名队员当裁判，判断抢断动作是否犯规，犯规则抢断无效。

3. 比赛拓展：适当改变球的数量；适当限制运球次数，提高防守抢断难度。

（二）1 防 3 抢断换位比赛

1. 比赛方法：3 人成三角形站位进行传接球，1 人防守，防守者抢断球后与失误者交换位置。

2. 规则与裁判方法：进攻队员持球不能超过 5 秒，移动距离不得超过 1 米，参与者自觉遵守规则。

3. 比赛拓展：

（1）增加抢断人数，提高传球难度。

（2）增加进攻人数和抢断人数，但始终保持进攻人数多于抢断人数。

（3）人数较多时，可以增加球的数量。

（4）拓展为半场或全场以多打少的攻防比赛。

（三）半场 3 防 3 抢断比赛

1. 比赛方法：进行 3 对 3 半场比赛，要求全场盯人防守，最后统计抢断次数和得分情况。

2. 规则与裁判方法：比赛规则同正式篮球比赛规则，裁判员分别由两队学生担任。每次抢断算 3 分，累计得分高的组获胜。

3. 比赛拓展：进行全场比赛；增加比赛人数，如 4 对 4、5 对 5 等。

第五节 基本战术

篮球战术是比赛队员之间以技术为基础，以统一行动为原则，相互协同完成有目的、有组织的进攻和防守的配合方法。篮球战术复杂、多变，因时、因地、因情境、因需要而不断变化，充满智慧。掌握篮球战术，有助于感受篮球运动的丰富内涵，体会篮球运动的魅力，真正建立全面的篮球观。篮球战术包括进攻战术和防守战术，有局部配合，也有整体攻防。每一个战术都需要以个人技术为基础，以队员位置、移动路线、技术的选择和运用进行相互配合，从而达成既定目的。战术教学既要注重无防守练习，也要注重有防守演练，更要注重实战运用。本节主要介绍进攻基础战术配合和防守基础战术。

一、教材分析

（一）传切

1. 讲解要点：

（1）空切：无球队员摆脱防守队员，切入空位或篮下接球投篮或与同伴进行战术配合。摆脱切入迅速。

（2）一传一切：有球队员将球传出后摆脱防守队员切入篮下接回传球，如果有机会立即投篮。摆脱切入迅速，传球路线合理，传球有提前量。

2. 示范建议：先完整动作示范再分解动作示范，可先用战术板或多媒体进行演示，再让学生演练。重点示范摆脱切入动作，注意正面示范和侧面示范相结合。

3. 教学重点：摆脱切入方法、切入时机，传球时机。

4. 易犯错误与纠正方法：

易犯错误1：摆脱不了或侧身不足。

纠正方法：多练习摆脱切入动作，从摆脱障碍物到摆脱防守人等，提高摆脱和侧身切入能力。

易犯错误2：传球不到位，太靠后或太靠前。

纠正方法：多练习行进间传接球，强调侧身跑和提前量，提高传球成功率。

（二）突分

1. 讲解要点：

（1）方法：运球突破迎补防，快速传球给空当，同伴接球机会棒。

（2）动作：突破接上单手传，如果不行双手传，传球快速且隐蔽，同伴接球不匆忙。

（3）要求：突破同伴引补防，传球视野要开阔，及时传球才得当，球到同伴才算棒，接球舒服更漂亮。

2. 示范建议：先完整动作示范再分解动作示范，可先用战术板或多媒体进行演示，再让学生演练。重点示范突分动作，注意正面示范和侧面示范相结合。

3. 教学重点：突破后运球与传球衔接及传球的方法和视野。

4. 易犯错误与纠正方法：

易犯错误1：运球和传球衔接慢，导致传球不及时。

纠正方法：两人一组进行原地运球＋传球组合动作练习，或进行运球突破后接传球组合动作练习。

易犯错误2：突破后视野不开阔。

纠正方法：多进行运球时看同伴等抬头观察练习。

（三）掩护

1. 讲解要点：

（1）方法：两人配合有交流，一看同伴被盯守，及时上前用身留，或侧、或前、或后挡对手，同伴投突功劳有。

（2）动作：两脚着地膝微屈，身正略倾手护身，挡后积极转身切。

（3）要求：掩护还需有默契，吸引注意时机巧，及时抢占好路线，预判留距伤不了，掩护过后跟进早，配合成否耐心要。

2. 示范建议：先完整动作示范再分解动作示范，可先用战术板或多媒体进行演示，再让学生演练。重点示范掩护动作，注意正面示范和侧面示范相结合。

3. 教学重点：掩护动作，掩护位置、时机的选择。

4. 易犯错误与纠正方法：

易犯错误 1：掩护动作不正确。

纠正方法：多练习掩护动作，结合移动 + 掩护或掩护 + 后转身进行练习。

易犯错误 2：掩护配合不够默契，未能形成有效掩护。

纠正方法：多练习小组合作掩护配合，讨论掩护方法，固定搭档练习掩护。

（四）策应

1. 讲解要点：

（1）方法：外线拿球看内线，中锋摆脱把球要，接球举球左右传，串联全员找突防，内外联通威力强。

（2）动作：背对篮筐身前挡，马步要位空间展，伸手主动要接球，接球护球举上头，有时也可转身传。

（3）要求：位置时机要选好，技术动作要用好，策应接应都要到，瞬间机会要抓牢，果断出手才有效。

2. 示范建议：先完整动作示范再分解动作示范，可先用战术板或多媒体进行演示，再让学生演练。重点示范策应动作，注意正面示范和侧面示范相结合。

3. 教学重点：策应要球动作及时机。

4. 易犯错误与纠正方法：

易犯错误 1：策应队员要位不合理。

纠正方法：多练习绕前要位动作，身体重心要下降，侧面或正面伸手要球，主动前迎接球。

易犯错误 2：策应队员传球视野不开阔、时机不合理。

纠正方法：多练习举球转身和头上传球动作，开阔传球视野，提升传球的及时性和准确性。

二、练习方法

（一）战术模拟练习

1. 方法描述：通过观看战术视频、战术沙盘等了解战术配合路线、传球方法、技术动作要求等。

2. 练习要求：战术中个人技术运用合理，不同组合技术衔接合理，战术细节到位。

3. 组织方法：4~6 人一组或集体观看战术视频，再分组进行战术沙盘模拟演练。

4. 教学建议：

（1）观看战术沙盘或视频要关注战术配合路线，强调观察重点。

（2）练习时要培养学生的观察和判断能力，提高学生的配合意识。

5. 拓展练习：

（1）战术复盘模拟练习。学生分组观看战术视频后画出战术配合路线，或用沙盘演练战术配合，或进行分组模拟演示，并口述战术要求，每组练习1~2次。也可以让学生在课后复画战术路线图并上交。

（2）战术中的个人技术模拟练习。在战术中运用掩护、策应要球、切入、突破后传球等技术进行练习。每组做20次，练习2~3组。

（二）两人半场战术配合练习

1. 方法描述：两人一组，在半场的不同位置进行战术配合练习。

2. 练习要求：练习位置要根据战术特点选择，重点关注战术的关键点和关键技术。

3. 组织方法：全班分成两组，相距3~4米，在半场的不同位置进行练习。

4. 教学建议：

（1）固定位置反复练习，帮助学生建立战术认知。

（2）鼓励分小组练习，通过小组讨论、演练提高学生的战术配合意识。

（3）注意战术配合时机和循环练习路线设计。

（4）在战术练习后增加一些发展灵敏性的体能练习，或熟悉球性的专项技术练习，提高运动负荷。

5. 拓展练习：

（1）面对障碍物的战术配合练习。两人相距3~4米面对障碍物进行战术练习。可以将普通障碍物换成模拟假人，增加障碍物个数、宽度，提高过障碍物要求等，提高防守情境的真实性。

（2）有条件防守的2对2战术练习。在前一个练习的基础上，将障碍物换成防守人，适当限制防守动作、防守距离等，依次循环练习。每组做16~20次，练习2~3组。可以通过固定分组合作的形式，让学生边做、边思、边观察、边讨论。

（3）全场两人战术练习。两人一组，一人持球，进行全场行进间连续传切、掩护、突分、策应战术练习。练习时，两人间隔3~4米，练习10~12次。休息时融入一些体能练习。也可以先在后场传接球推进，过中线后再进行战术练习。

（三）三人半场战术配合练习

1. 方法描述：三人一组，一人持球，在半场进行战术组合练习。

2. 练习要求：预先设计好战术路线，并通过视频、战术沙盘了解每人在战术中的任务、移动路线、位置等。相互轮换，体验不同角色。

3. 组织方法：全班分成若干组，并设小组长，站在三分线上的3个相距3~4米的点上。

4. 教学建议：

（1）设计路线从单一战术开始，路线不要太复杂。可分组学练，引导学生多讨论。

（2）每一个角色都要体验，3 次练习为一轮，每组进行 10 轮，练习 2~3 组为宜。

（3）在学生掌握某一种战术后，可以融合设计不同战术之间的组合，提高学生的技战术运用能力。

5. 拓展练习：

（1）小组创设战术练习。三人一组或多人一组，通过已学的两人战术配合，进行 3 人小组战术创编和训练。提供黑板、战术沙盘、场地供学生演练、讨论、练习。

（2）有条件防守的半场 3 对 3 战术练习。在进行 3 对 3 半场战术练习时，除了设置障碍或假人等模拟情境外，还可以加入有条件防守的学生进行练习，防守的学生可以只移动或只在一定范围内移动，提高战术进攻的成功率。

（3）半场 3 对 2 战术练习。在半场进行 3 对 2 指定战术练习或多种战术组合练习，可以要求防守者左右站位、前后站位、斜站位，积极防守，提高学生在实战中合理运用战术的成功体验。

（4）半场或全场三人战术练习。根据特定战术和路线设计练习方法，注意练习组数，务必让每一位学生都能体验不同角色。3 人从后场传接球推进到前场后进行半场战术练习。也可以进行全场 3 人掩护练习和全场 3 人突分练习。练习组数要以每人每个位置体验一轮为基数。

三、比赛创设

（一）战术设计赛

1. 比赛方法：学生设计战术，看谁设计的战术路线多、组合多，使用不同战术多等。

2. 规则与裁判方法：在综合运用战术时，一种战术最多可用两次，涉及多种战术时，每种战术只能用一次，位置和移动路线相似则视为一种，两种不同战术设计要有明显区别，最后由学生评审团进行裁判。

3. 比赛拓展：

（1）两人或多人一组进行团队战术设计赛。

（2）小组展示战术比赛。

（二）有限制的比赛

1. 比赛方法：在比赛中限制某种技术运用的次数，如要求不能运球完成进攻等。

2. 规则与裁判方法：必须按限制条件进行比赛，其他规则不变。学生担任裁判，运用战术完成投篮得 2 分，否则得 1 分。

3. 比赛拓展：

（1）限制战术种类运用的比赛。每次进攻必须通过传切配合完成，或者每次进攻前要有传切配合或掩护配合等。

（2）限制战术运用次数的比赛。每次进攻必须运用某种战术 2 次以上得分才有效。

（3）自定比赛人数，可以是半场比赛，也可以是全场比赛。

（三）班内篮球小组比赛

1. 比赛方法：把全班学生分成若干个小组，以小组为单位进行篮球比赛。

2. 规则与裁判方法：按篮球比赛规则进行比赛，没有上场的队员担任裁判员和工作人员。

3. 比赛拓展：

（1）进行积分赛、淘汰赛、攻擂赛、循环赛等。可以升级为班与班之间的篮球联赛。

（2）自定比赛人数，如半场3对3，也可以全场3对3，甚至6对6。

🍃 思考题

1. 在篮球教学中，如何创设真实情境让学生体验真实比赛？请用运球、传球等举例。

2. 在篮球教学中，如何落实"学练赛"一体化设计。

3. 在篮球课堂教学之外，如何布置有梯度的课外篮球作业？

第九章　排球教材教法

　　排球是一项个人技术与团队配合要求较高的隔网类攻防对抗集体项目。其场地设施灵活，规则简单，不同年龄、不同性别、不同技术水平的人都可以参与活动或比赛，具有广泛的群众性，有助于学生养成终身体育习惯。中小学生经常参与有一定强度的排球运动，不仅可以提高平衡能力、反应能力和动作预判能力，还能促进身心健康发展。

　　排球比赛主要体现为双方激烈的进攻与稳固的防守。同伴之间的密切配合以及攻防迅速转换带来的乐趣和挑战，往往能给参与者带来良好的成功体验。排球运动一直是我国人民喜爱的运动项目之一，"女排精神"激励和鼓舞着一代又一代中国人。中小学生经常参加排球比赛，不仅可以学会很多控制情绪和调节心理状态的手段与方法，还有助于形成正确的价值观和良好的体育品德。

　　中小学排球教学的重点是指导学生掌握排球基本知识与技能，在排球游戏或比赛中合理运用技术和战术组合，进行排球项目的完整学习，体验排球运动的乐趣。本章主要介绍垫球、发球、传球、扣球与吊球、进攻与防守战术等内容，通过对重点教材内容的分析，突出单一技术到组合技术、徒手模仿到实战运用、个人学练到集体练习的练法与赛法创新，强调培养学生的学练意识和比赛意识，增强学生的集体责任感和荣誉感。

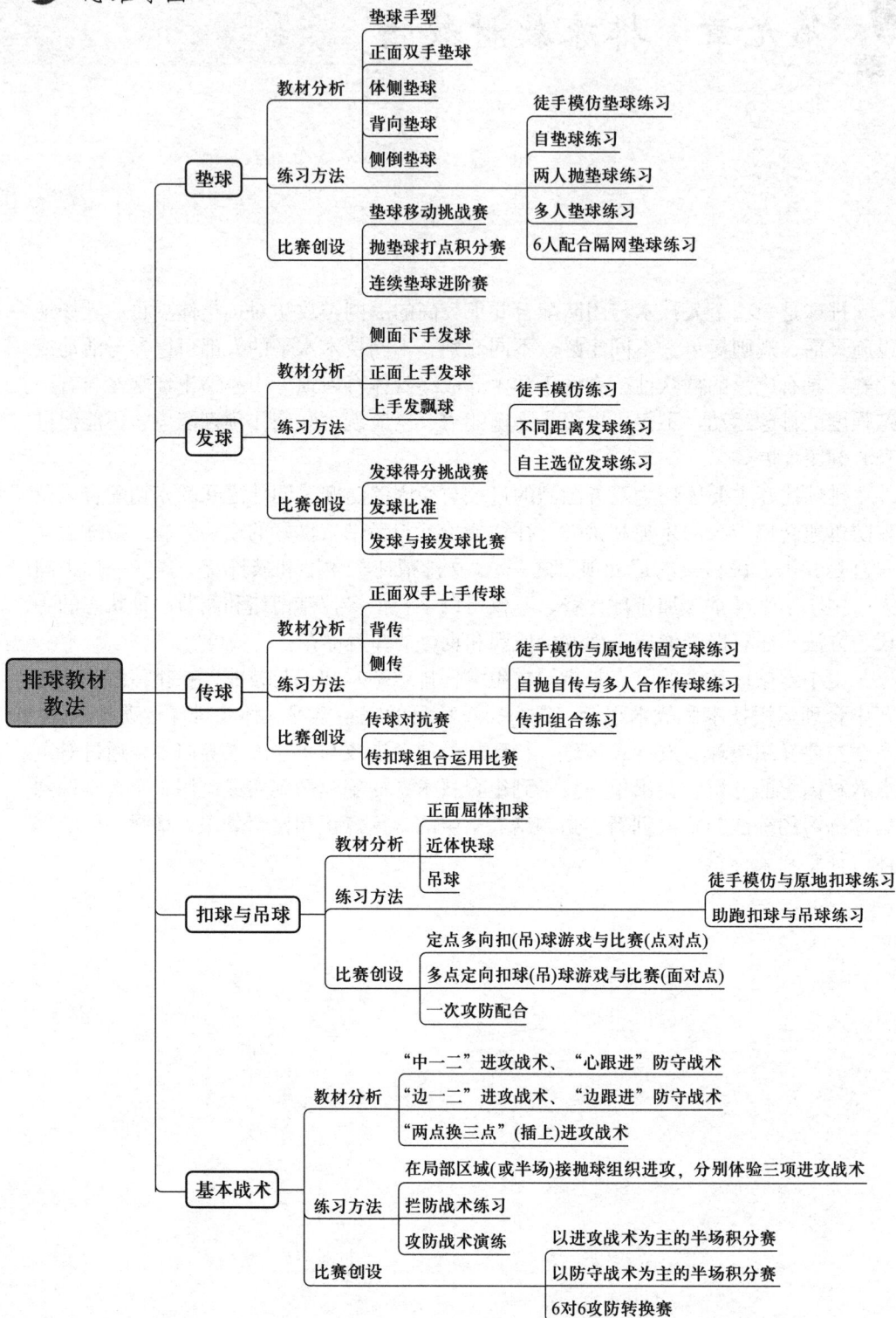

🫘 思维导图

排球教材教法
- 垫球
  - 教材分析
    - 垫球手型
    - 正面双手垫球
    - 体侧垫球
    - 背向垫球
    - 侧倒垫球
  - 练习方法
    - 徒手模仿垫球练习
    - 自垫球练习
    - 两人抛垫球练习
    - 多人垫球练习
    - 6人配合隔网垫球练习
  - 比赛创设
    - 垫球移动挑战赛
    - 抛垫球打点积分赛
    - 连续垫球进阶赛
- 发球
  - 教材分析
    - 侧面下手发球
    - 正面上手发球
    - 上手发飘球
  - 练习方法
    - 徒手模仿练习
    - 不同距离发球练习
    - 自主选位发球练习
  - 比赛创设
    - 发球得分挑战赛
    - 发球比准
    - 发球与接发球比赛
- 传球
  - 教材分析
    - 正面双手上手传球
    - 背传
    - 侧传
  - 练习方法
    - 徒手模仿与原地传固定球练习
    - 自抛自传与多人合作传球练习
    - 传扣组合练习
  - 比赛创设
    - 传球对抗赛
    - 传扣球组合运用比赛
- 扣球与吊球
  - 教材分析
    - 正面屈体扣球
    - 近体快球
    - 吊球
  - 练习方法
    - 徒手模仿与原地扣球练习
    - 助跑扣球与吊球练习
  - 比赛创设
    - 定点多向扣(吊)球游戏与比赛(点对点)
    - 多点定向扣球(吊)球游戏与比赛(面对点)
    - 一次攻防配合
- 基本战术
  - 教材分析
    - "中一二"进攻战术、"心跟进"防守战术
    - "边一二"进攻战术、"边跟进"防守战术
    - "两点换三点"(插上)进攻战术
  - 练习方法
    - 在局部区域(或半场)接抛球组织进攻，分别体验三项进攻战术
    - 拦防战术练习
    - 攻防战术演练
  - 比赛创设
    - 以进攻战术为主的半场积分赛
    - 以防守战术为主的半场积分赛
    - 6对6攻防转换赛

第一节　垫球

垫球技术是排球运动中最基础、最常见的技术，是初学者必须掌握的排球技术之一。学生初步掌握垫球技术便可尝试参加小型排球比赛（如隔网垫球比赛），感受排球运动的乐趣。垫球技术有多种动作变化，如正面双手垫球、体侧垫球、背向垫球、侧倒垫球等，适用于不同比赛情境，是防守与得分的有效手段。垫球教学应有效结合学生的身心特点，遵循因材施教原则，由易到难、循序渐进地实施。除进行垫球技术学练外，还可以通过多种趣味性学练赛方法激发学生学习排球的兴趣。

一、教材分析

（一）垫球手型

1. 讲解要点：

（1）叠掌式：双手掌根靠近，两手叠掌互握，拇指平行向前。

（2）抱拳式：双手抱拳握紧，拇指平行向前。

（3）互靠式：两腕放松靠近，拇指平行向前。

2. 示范建议：先完整示范再分解示范，提示学生重点观察手的位置、叠掌方法、拇指方向。

3. 教学重点：两手靠紧，掌根靠近，两拇指指向前方。

4. 易犯错误与纠正方法：

易犯错误 1：手型错误。

纠正方法：提示正确手型方法，两人结组，相互检查手型。

易犯错误 2：手型抱握位置不准确。

纠正方法：让学生反复观察正确的动作示范，并进行模仿练习。

（二）正面双手垫球

1. 讲解要点：

（1）插：移动后重心降低，双臂插于球下。

（2）夹：两手叠放掌根靠，两臂内收并夹紧。

（3）压：垫球时压腕顶肘保持前臂平面。

（4）提：垫球时提肩抬臂，用前臂平面垫球。

（5）移：垫球时身体重心移动。

（6）蹬：垫球时蹬地发力把球垫起。

（7）跟：垫球后迅速参与防守。

2. 示范建议：先完整动作示范再分解动作示范，依次示范准备姿势、移动取位、垫球动作，提示学生重点观察垫球手型和手臂垫球位置。

3. 教学重点：准确判断，移动取位，压腕顶肘，垫球部位准确。

4. 易犯错误与纠正方法：

易犯错误1：判断不准确，移动不到位。

纠正方法：通过双人抛接球练习判断来球方位，强调通过并步、滑步快速移动。

易犯错误2：发力顺序与时机不准确。

纠正方法：提示垫球动作要点，反复练习正面双手垫球徒手动作，感受由下至上的发力顺序，利用垫固定球和主动移动迎球找准垫球时机。

（三）体侧垫球

1. 讲解要点：半蹲准备眼盯球，跨步交叉选侧位；同侧肩比异侧高，转髋带动两臂垫。

2. 示范建议：示范方法与正面双手垫球类似，提示学生重点观察侧面垫球姿势和手臂垫球位置。

3. 教学重点：同侧手臂在上，异侧手臂在下，形成一个击球面。蹬腿转髋发力，双臂保持平面垫球。

4. 易犯错误及纠正方法：

易犯错误1：垫不到球。

纠正方法：提示学生注意观察，快速移动，两人一组，反复练习体侧抛垫球，调整抬臂高度。

易犯错误2：体侧垫球无力。

纠正方法：利用蹬地、转髋发力垫球，多次练习低网体侧垫球过网动作。

（四）背向垫球

1. 讲解要点：观察跑动选球位，转身背对要同步；蹬地展腹快挥臂，准确垫球质量高。

2. 示范建议：示范方法与正面双手垫球类似，提示学生重点观察顶髋、展腹的背弓动作与垫球位置。

3. 教学重点：手臂伸直，选择合理的击球点，准确判定球网的方位，控制垫球方向与力量。

4. 易犯错误及纠正方法：

易犯错误：垫球不过网。

纠正方法：提示学生注意观察和判断球的落点，准确选取垫球部位和击球时的抬臂高度。练习背向自抛自垫，或两人一组，反复练习一人抛球一人背向垫球，确定准确的垫球位置。

（五）侧倒垫球

1. 讲解要点：侧跨一步正对球，压腕顶肘快垫球；垫球之后侧倒地，摆腿收腹快站起。

2. 示范建议：示范方法与正面双手垫球类似，重点明确来球方向、判断落点位置。

3. 教学重点：跨大步，正对来球并将其垫起，然后顺势倒地，迅速站起。

4. 易犯错误及纠正方法：

易犯错误：垫球后没有快速站起。

纠正方法：提示学生准确判断，垫球后快速站起。多练习侧倒垫球，养成跨步取位侧倒后快速推手起立的习惯。

二、练习方法

（一）徒手模仿垫球练习

1. 方法描述：以稍蹲为正面垫球的准备动作，做插、夹、提、压、移、蹬、跟等垫球动作练习。

2. 练习要求：两腿弯曲降低重心，准确判断球的落点，快速移动取位，上体前倾，蹬腿、提肩、顶肘、压腕，动作协调连贯。

3. 组织方法：多人分组，相互之间的距离以垫球过程中不出现碰撞为宜。

4. 教学建议：

（1）适用于初学垫球（自垫球）教学。每组做 15~20 次，练习 5~6 组。

（2）在学练抛垫球前，先进行抛接球练习，提升判断能力，形成移动取位意识，增强正面垫球的准确性。

（3）鼓励学生积极参加学练，利用移动、抛接球等游戏，提高快速移动、协调发力等技术，建立正确的神经肌肉敏感性。

5. 拓展练习：

（1）原地徒手模仿练习：原地稍蹲站立，上下肢协调发力，连续完成正面垫球动作，掌握夹臂、压腕、顶肘、抬臂的动作要领。每组做 15~20 次，练习 4~6 组。

（2）上一步垫球徒手模仿练习：做好正面垫球准备姿势，上一步做正面垫球徒手模仿练习，完成动作后再回到准备姿势。每组做 15~20 次，练习 4~6 组。

（二）自垫球练习

1. 方法描述：以半蹲为正面垫球的准备动作，做插、夹、提等垫球动作，随球移动连续垫控球。

2. 练习要求：降低身体重心，准确判断球的落点，快速移动取位，上体前倾，眼睛盯球，蹬腿、提肩、压腕、顶肘，动作协调连贯，垫球部位准确。

3. 组织方法：体操队形或散点站位，确保安全垫球间距即可。

4. 教学建议：

（1）自垫球练习。每组做 15~20 次，练习 4~6 组。

（2）采用连续垫球练习，提高学生的垫控球技能。

（3）利用限时计次、限次比快等趣味游戏，提高学生的垫球能力。

5. 拓展练习：

（1）高低垫球：采用正面垫球方式进行高低交替垫球练习，垫球部位准确，上下肢协调发力。每组连续做 15~20 次，练习 4~6 组。

（2）垫球摸膝：反复做正面垫球后双手摸膝动作，感受上下肢协调发力。每组做 15~20 次，练习 4~6 组。

（三）两人抛垫球练习

1. 方法描述：两人一组，一人抛球，另一人以正面垫球技术连续垫球。

2. 练习要求：合理控制抛球力量和抛球弧度。垫球者准确判断球的落点，迅速移动取位，上体前倾，眼睛盯住来球，蹬腿、提肩、压腕、顶肘，动作协调连贯，垫球部位准确。

3. 组织方法：两人一组散点取位，避免垫球过程中出现碰撞即可。

4. 教学建议：

（1）在学生具备一定垫球能力后，增加距离进行抛垫球练习。每组做 8~10 次，练习 4~6 组。

（2）3~5 米距离连续抛垫球练习。每组做 15~20 次，练习 4~6 组。

（3）依据学生能力选择不同距离、人数、隔网条件的抛垫球练习，提高垫球技术和比赛能力。

5. 拓展练习：

（1）往返跑抛垫球：两人一组，一人抛球，一人往返跑。在规定时间和距离的条件下，两人相互配合抛垫球，练习快速移动，增强体能，感受移动与垫球技术的结合。每组做 15~20 次，练习 4~6 组。

（2）隔网抛垫球：两人一组，利用低网（高 1.5 米）在规定时间和距离的条件下进行抛垫球练习。练习时间与次数根据学生实际能力酌情而定，每组做 15~20 次，练习 4~6 组。

（四）多人垫球练习

1. 方法描述：多人分组配合连续垫球，形成默契配合意识。

2. 练习要求：练习时主动喊出"我来"，根据球的落点由最佳接球人垫球。运用蹬腿、提肩、压腕、顶肘等垫球动作，准确地将球垫到最佳位置。

3. 组织方法：圆形队列或散点站位，确保安全垫球间距即可。

4. 教学建议：

（1）在学生具备一定正面垫球水平后，要求垫球者喊出"我来"，培养学生的责任意识与担当意识，使其知道做好接球准备与主动判断的重要性。每组做 15~20 次，练习 4~6 组。

（2）合理安排分组，以便学生形成默契配合，提高多人协作能力。

（3）结合实战安排场上位置，在明确规则的前提下，进行多种具有实战意义的集体练习或比赛活动。

5. 拓展练习：

（1）多人限时垫球：多人在 4 平方米区域和限定时间内轮流垫球。

（2）多人隔网垫球：多人分组在标准比赛场地内利用球网进行垫球练习（可降低球网）。练习时间与次数根据学生实际能力酌情而定。

（五）6 人配合隔网垫球练习

1. 方法描述：6 人相互配合，勇于担当，主动配合，利用垫球动作完成 3 次垫球过网练习。

2. 练习要求：练习时根据就近原则在垫球前主动喊出"我来"，并通过相互配合完成 3 次垫球，把球垫过球网并落入有效得分区域内。

3. 组织方法：6 人在比赛区域的半场进行练习。

4. 教学建议：

（1）在学生具备较强的垫球能力后，要求学生在学练过程中主动喊出"我来"，培养勇于担当与主动配合的意识，并知道相互协作完成任务的重要性。每组做 15~20 次，练习 3~5 组。

（2）可根据学生的运动能力与垫球水平合理分组，形成进阶式互助配合团队，提高学生的垫球技能与协作配合能力。

5. 拓展练习：

（1）垫球过网：6~7 人结组在标准比赛场地上进行垫球过网练习。

（2）隔网垫球对抗：6 人结组在标准比赛场地上利用球网进行 6 对 6 垫球过网练习。

（3）垫传球比准：两人或多人结组在标准场地上垫传球，在限定时间内垫传球落入有效区域。

（4）多人垫传球过网：多人结组在标准场地上利用球网进行多人配合垫球过网练习。

三、比赛创设

（一）垫球移动挑战赛

1. 比赛方法：场地长 8~9 米，比赛开始，学生从起点出发，连续垫球前行 8~9 米后，绕过标志桶返回，先返回起点的人获胜。

2. 规则与裁判方法：不得越线起跑，必须按指定路线行进。球掉落后需要在掉落位置捡起球继续完成比赛。

3. 比赛拓展：

（1）适当缩短场地距离或增减障碍物或人数，培养学生勇于克服困难的优良品质。

（2）通过往返、换球等比赛，培养学生坚忍不拔、顽强拼搏的优良品质。

（二）抛垫球打点积分赛

1. 比赛方法：在标准场地上，一人隔网抛球，一人将球垫至指定得分区域，在规定时间内得分多者获胜。

2. 规则与裁判方法：每组限定 10 个球，抛球不过网也被算作整体比赛次数。

3. 比赛拓展：

（1）将场地划分为不同分值进行积分赛，培养学生的比赛意识和拼搏精神。

（2）增加人数进行垫球过 2 米网挑战赛，培养学生乐于比赛和勇于争先的体育精神。

（三）连续垫球进阶赛

1. 比赛方法：多人一组，每组一个排球。比赛开始，第一人垫球，失误后第二人垫球，以接力形式完成50、60、80个球的进阶赛，在规定区域内先完成的组获胜。

2. 规则与裁判方法：在规定区域内垫球，不得以任何形式干扰他人垫球。

3. 比赛拓展：

（1）适当增减垫球进阶个数。

（2）适当扩大、缩小区域或增减参赛人数。

第二节　发球

发球是一项受他人制约较少的排球基本技术，是一种由发球者独自完成的有效进攻方式。发球技术有多种分类，根据击球点高低可分为上手发球和下手发球，根据出球性能可分为飘球和旋转球，此外还有原地发球和跳起发球等。教师在进行发球教学时，不仅要让学生熟练掌握发球技术，保持发球稳定性，而且还要引导学生通过多种方法不断提高发球技能，形成良好的心理素质，从而培养学生勤学苦练、锲而不舍的优良品质。

一、教材分析

（一）侧面下手发球

1. 讲解要点：身体侧对球网，两脚开立略比肩宽，左手抛球稳且直，右手外展快速引臂，蹬地转体挥右拳，腹前击球的后中下部，然后迅速进场接回球。

2. 示范建议：先完整动作示范再分解动作示范，合理运用镜面示范和侧面示范，提示学生重点观察发球手型、击球位置和出球方向。

3. 教学重点：抛球高度，击球部位，出球方向。

4. 易犯错误及纠正方法：

易犯错误1：击球部位不准确。

纠正方法：利用同伴互助方式纠正发球手型；利用固定球练习挥臂击球动作；找准击球部位，同时强调发球时眼睛要注视球。

易犯错误2：发力顺序和力量控制不好。

纠正方法：对着墙壁反复体会单手抛接球与发球动作，感受发球的发力顺序；利用大力发球、发球比准来调控发球力量。

（二）正面上手发球

1. 讲解要点：面对球网，两脚前后开立，左手平托球上送；右臂抬起肘后引，蹬转收腹快挥臂，手掌击球的后中下部，然后迅速进场接回球。

2. 示范建议：示范方法与侧面下手发球类似，提示学生重点观察抛球、上肢鞭打和全手掌包满球的动作。

3. 教学重点：垂直抛球，腰腹发力，击球部位，出球方向。

4. 易犯错误及纠正方法：

易犯错误 1：抛球不到位。

纠正方法：明确手掌托球垂直上抛，面对墙面练习托抛球动作，强调发球时眼睛注视球。

易犯错误 2：发球不过网。

纠正方法：击球部位不准确时，采用一手托球于墙面，另一手击打固定球；力量不足时，增加上肢力量练习，同时体会发球感觉，明确向前上方发球。

（三）上手发飘球

1. 讲解要点：两脚前后开立，左手平托球垂直上抛至右肩的前上方；右臂抬肘后引，收腹转体快挥臂，击球迅猛，力量集中，掌根击球的后中下部，然后迅速进场接回球。

2. 示范建议：示范方法与侧面下手发球类似，提示学生重点观察抛球、手臂伸直高点击球、击球部位、击球后手臂突停。

3. 教学重点：抛球至右肩前上方，击球用力迅猛集中，掌根击球的后中下部，球不旋转飞向前。

4. 易犯错误及纠正方法：

易犯错误：发球旋转但球不飘。

纠正方法：击球部位不准确时，采用一手托球于墙面，另一手击打固定球；发球时手臂没有突停动作，可以反复进行徒手动作练习，体会手臂突停的感觉。

二、练习方法

（一）徒手模仿练习

1. 方法描述：两脚自然开立，右臂抬起，左手抛球，蹬地、转体、挥臂做手掌击球的发球动作。

2. 练习要求：击球时重心在左脚，腰腹发力，上肢做出鞭打动作，击球点在头上方最高点，动作协调连贯。

3. 组织方法：体操队形或两人一组，避免相互干扰即可。

4. 教学建议：

（1）初学阶段以徒手模仿为主。每组做 15~20 次，练习 4~6 组。

（2）发球前先进行自抛自接球练习，提升抛球稳定性与发球判断力，形成协调、连贯的发球动作。

（3）模仿攻防游戏，稳定情绪，控制抛球高度、发球位置等，形成正确的动作表象和肌肉感觉。

5. 拓展练习：

（1）原地徒手模仿练习。原地自然站立，连续完成发球动作，形成抛得稳、发得准的发球能力，上下肢协调发力。每组做 15~20 次，练习 4~6 组。

（2）上一步发球徒手模仿练习：做好发球准备姿势，上一步做抛球后的发球徒手模仿动作，完成动作后进入场内做出准备姿势。每组做 15~20 次，练习 4~6 组。

（3）徒手发球：两人一组面对面站立，帮助者直臂将球举至发球位置，练习者做出发球动作,用手掌轻触排球的后中下部。每组做 15~20 次,练习 4~6 组。

(二)不同距离发球练习

1. 方法描述:选择发球方式,站在距球网不同距离的发球线后完成发球。

2. 练习要求:结合自身发球能力选择不同发球距离,动作协调连贯,击球部位准确。

3. 组织方法:散点站位,避免与发球线后的学生发生肢体碰撞或干扰即可。

4. 教学建议:

(1)一看线,二看球,三看落点。每组做 15~20 次,练习 4~6 组。

(2)自我判定发球能力,尝试在发球线后的不同位置发球,提高发球成功率。

(3)分组进行发球与接发球相结合的练习,积累比赛经验,逐渐形成比赛能力。

5. 拓展练习:

(1)不同距离的阶梯发球练习。设定不同的发球距离,自选发球方式,在规定时间内完成规定个数的发球,形成稳定的发球技术。

(2)利用规定发球方式进行不同距离的发球练习。做好发球准备姿势,利用规定发球方式,分别从不同距离的发球位置完成规定个数的发球。

(3)选择发球距离进行定点发球练习。多人分组自主选择发球距离,在规定个数的发球中进行定点发球练习。

(三)自主选位发球练习

1. 方法描述:站在发球线后,两脚自然开立,右臂抬起,左手抛球,通过蹬地、转体和快速挥臂进行发球练习。

2. 练习要求:抛球稳定,腰腹发力,上肢做出鞭打动作,击球点在头上方最高点,击球位置准确,动作协调连贯。

3. 组织方法:依据个人能力选择发球距离。分组练习时应避免发生肢体接触。

4. 教学建议:

(1)自选发球距离,进行进阶性发球练习,提高发球成功率。

(2)自选发球线路,进行近中远、高中低等发球练习,增加发球的多变性。

(3)自选发球角度与落点,提高发球的攻击性,形成战术意识。

5. 拓展练习:

(1)发球比远:采用正面上手发球的方式进行发球比远练习。发球时手的击球部位准确,上下肢协调发力。

(2)发球比准:把场地划分为多个区域,采用正面上手发球的方式,努力将球发到指定区域,感受上下肢协调发力,击球部位准确。

(3)发球进区:在场地中放置多种颜色的呼啦圈,采用正面上手发球的方式,努力将球发到不同分值的呼啦圈内,感受蹬地、挥臂发力、击球点与发球的关系。

三、比赛创设

（一）发球得分挑战赛

1. 比赛方法：在正规比赛场地上比赛，每位学生有 10 次发球机会，在规定时间内发球过网且落在有效区域内次数多者获胜。

2. 规则与裁判方法：在规定时间内完成比赛，按照比赛规则进行判罚。

3. 比赛拓展：

（1）依据学生的发球能力适当设置发球距离，培养学生积极进取、勇于挑战的优良品质。

（2）增减发球次数，提高发球成功率，培养学生沉着冷静、自我调控的心理素质。

（3）创设多种比赛情境激发学生的参赛兴趣，培养学生的合作意识和竞争精神。

（二）发球比准

1. 比赛方法：在正规场地上比赛，每位学生有 10 次发球机会，在规定时间内发球过网且落在规定区域内多者获胜。

2. 规则与裁判方法：在规定时间内完成比赛，按照比赛规则进行判罚。

3. 比赛拓展：

（1）将落点区域划分为前后区、六位置、九宫格，培养学生乐于挑战、勇于拼搏的优良品质。

（2）设计人数不等赛、人数均等赛等多种赛制，培养学生坚韧果敢、顽强拼搏的体育精神。

（3）增加防守队员，逐步形成小型比赛，培养学生的竞争精神和比赛意识。

（三）发球与接发球比赛

1. 比赛方法：将学生分成人数相等的两队，进攻队员每人一个排球。比赛开始，进攻队员每人发球一次，防守队员完成接发球过网，全部进攻队员发球结束后攻防转换。发球与接发球得分多的小组获胜。

2. 规则与裁判方法：按照排球比赛规则进行判罚。

3. 比赛拓展：

（1）增减发球个数，培养学生沉着冷静的心理素质。

（2）增减接发球人数，培养学生勇于挑战、顽强拼搏的体育精神。

（3）实施过渡性、限制性比赛，培养学生相互协作、荣辱与共的集体主义精神。

第三节　传球

传球是排球运动的基本技术之一，是利用手指和手腕的弹击力量将球传至一定目标的击球动作。传球技术分为正面传球、背向传球和侧向传球三类。这三类传球方式都可以在原地传或跳传。其中，正面双手上手传球是掌握和运用其他传球技术的基础，主要用于二传，是实施进攻战术的桥梁，直接影响进攻质量和技战术发挥。最基础的二传技术运用是顺网正面传球，其余的还有调整传球、传快球等。学习传球技术，可以发展学生的反应能力、灵敏性、协调性等体能，培养学生沉着冷静、机智灵活的意志品质。

一、教材分析

（一）正面双手上手传球

1. 讲解要点：

（1）准备姿势：面对来球方向稍蹲，屈臂、垂肘，双手置于额前上方，抬头看球。

（2）传球手型与手指触球部位：双手自然张开成半球状，手腕稍后仰，拇指相对成"一"字形或"八"字形。以两拇指、食指、中指承担来球冲力，无名指和小指触球两侧，辅助控制球的方向。

（3）击球点与击球部位：击球点在额前上方，击球后中下部。

（4）迎球：当球接近额前时，蹬地、伸膝、伸臂，重心上升，手指微张，主动迎球。

（5）击球：主要靠伸臂力量与下肢蹬地力量协调配合，通过手指和手腕将球传出。

（6）伴送：当球离开手后，两臂、手腕和手随之前送，随即重心下降，还原成准备姿势。

2. 示范建议：先做完整动作示范，然后正面示范准备姿势、传球手型，侧面示范击球点和发力顺序。提示学生重点观察传球手型、击球点和发力顺序。

3. 教学重点：传球手型和全身协调用力。

4. 易犯错误及纠正方法：

易犯错误1：击球点过前或过后，过高或过低。

纠正方法：击球点过前时多做自传，过后时多做平传或平传与自传来回转换，过高时多做接球传远，过低时多做对墙近距离传球。

易犯错误2：用力不协调，没有蹬地发力。

纠正方法：徒手模仿传球，体会协调用力；一人用传球手型持球于额前上方，另一人用手轻按住球，持球人用传球方法向上展臂，体会手型、手指用力和全身协调用力。

（二）背传

1. 讲解要点：同正面双手上手传球。主要区别在于背对传球方向，上体正直或稍后仰。触球时手腕稍后仰，掌心向上，拇指托于球下，击球的下部。用力顺序由下向上，蹬地、展体、抬臂、送肘，手指、手腕主动向后上方用力，两拇指主动上挑，协调用力将球向后上方传出。

2. 示范建议：采用侧面示范。提示学生重点观察击球点和击球部位，强调上体向后上方伸展。

3. 教学重点：击球点和展体，抬臂送肘协调用力。

4. 易犯错误及纠正方法：

易犯错误1：没有蹬地和展体动作。

纠正方法：原地徒手传球，体会蹬地、展体、抬臂、送肘等技术动作。

易犯错误2：击球点或击球部位不准确。

纠正方法：原地传固定球，体会击球点或击球部位。

易犯错误3：抬臂和送肘不充分。

纠正方法：多做接抛球后的长传练习，体会蹬地、展体、伸臂动作的协调配合。

（三）侧传

1. 讲解要点：同正面双手上手传球。主要区别在于身体侧对出球方向。击球点偏向传出方向一侧，击球的侧下方。上体和双臂向传球方向一侧伸展，一侧手臂动作幅度更大一些。击球时两腿蹬地伸展，双臂和上体侧屈用力将球传出。

2. 示范建议：采用正面示范。重点强调身体侧向伸展迎击球动作。

3. 教学重点：两腿蹬地伸展，双臂和上体侧屈的协调动作。

4. 易犯错误及纠正方法：

易犯错误1：侧传时身体侧倒太大。

纠正方法：三人三角传球，体会侧向伸展和传球到位。

易犯错误2：侧传时角度不够。

纠正方法：3号位背对球网，采用自抛自传的方式向4号、2号位传球。

二、练习方法

（一）徒手模仿与原地传固定球练习

1. 方法描述（以正面双手上手传球为例）：原地做正面双手上手传球的徒手动作；两人一组面对面站立，一人双手持球伸向同伴头的前上方，另一人在球下做好准备姿势，用传球动作触球（轻发力）。也可结合跨步、交叉步等移动步法进行练习。

2. 练习要求：注意发力顺序和全身协调用力，体会正确的手型和击球方式。

3. 组织方法：两人一组，间隔1米以上，确保练习时肢体不发生冲突。

4. 教学建议：

（1）适用于传球学习的初级阶段。每组做10~20次，练习2~3组。

（2）适合纠正错误动作时采用，如用力不协调。每组做10~20次，练习2~3组。

（3）引导学生互帮互学，培养学生的自主学练能力。

5. 拓展练习：

（1）背传和侧传技术的徒手模仿及传固定球练习。练习方法同正面传球徒手模仿及传固定球。注意准备姿势时身体重心的位置、击球点和用力方向。

（2）顺网正面二传的徒手模仿及传固定球练习。在网前 3 号位或 2、3 号中间进行徒手模仿练习；也可结合滑步和交叉步移动进行，一人持球固定在网前适宜高度，另一人在 2、4 号位拦网起跳后迅速移动到固定球位置，对准出球方向进行正面二传的徒手模仿及传固定球练习。

（3）传近体快球的徒手模仿练习。二传与进攻队员配合跑位，进行传快球的徒手模仿练习。

（二）自抛自传与多人合作传球练习

1. 方法描述：在原地或移动中，接自己或同伴抛球或传球，在头顶上方做迎球和击球伴送完整动作，可结合并步、交叉步等移动步法进行练习。

2. 练习要求：面对出球方向，运用并步、滑步、交叉步等移动步法取位，蹬地发力，协调用力，注意传球手型和击球点。

3. 组织方法：体操队形自抛自传；前后两人一组（或水平相近的人一组）进行互抛互传。避免学生相互干扰即可。

4. 教学建议：

（1）自抛自传：球的高度不低于 50 厘米。每组做 10~15 次，练习 2~3 组。

（2）2~4 人抛球、垫球、传球结合，重点突出传球练习，球的高度不低于 50 厘米。每组做 10~15 次，练习 2~3 组。

（3）开展隔网 3 米线内的传球对抗赛。注意观察赛场，找准对方空位。

5. 拓展练习：

（1）连续正面向上自传或对墙正面连续自传、侧传或背传，以形成正确的传球手型，体会传球发力顺序。

（2）原地或移动中的双人抛传或对传练习。

（3）原地或移动中的三人三角传球练习。

（三）传扣组合练习

1. 方法描述：扣球者在 3 米线附近将球传给 3 号位的二传，二传将球顺网传到 4 号位（或 2 号位），扣球者上步扣球。

2. 练习要求：传出的球顺网飞行，落点准确，高度和弧度适宜，便于扣球队员进攻。

3. 组织方法：两人一组，传球队员捡球，交替轮换做传扣练习。可两个半场同时进行 4 号（或 2 号）位传扣球练习，但要注意防对面扣出的球滚落到脚下，避免发生意外伤害。

4. 教学建议：

（1）适用于有一定传球基础和能运用扣球技术的学生。每组做 15~20 次，4 号位和 2 号位各练习 1 组。

（2）相互呼应，二传要转向出球方向取位，传出球的弧度、高度以及与网的距离要适宜。

（3）鼓励学生主动沟通和交流传扣体会，帮助传球者提高传球质量。

5. 拓展练习：

（1）3 号位半高球传扣练习。

（2）3 号位近体快球传扣练习。

（3）2 号位背溜传扣练习。

（4）4 号位和 2 号位平拉开传扣练习。

（5）结合时间差、交叉、梯次等进攻战术的多人练习。

三、比赛创设

（一）传球对抗赛

1. 比赛方法：5~8 人一组，每组一球，以运用正面双手上手传球技术将球传起为准，成功一次，集体累计报数，同一人连续多次传球仅算一次成功。累计次数多的组获胜。

2. 规则与裁判方法：球落地为失败，停止报数，采用垫球、脚球等其他方式将球垫起的不计成功次数。教师巡回检查，各组相互监督。

3. 比赛拓展：

（1）可进行无球网传球练习，也可隔网进行 3~6 人仅限传球的对抗比赛。

（2）可进行限制落球区域在 3 米线以内的传球对抗比赛，以促进学生开阔视野，提高找空位和控制球的能力，培养进攻意识。

（二）传扣球组合运用比赛

1. 比赛方法：根据学生的技术能力，在标准排球场地上组织传扣球比赛。双方轮流抛球给不同位置的队员，二传将垫到 3 号位的球传给前排不同位置，传球成功即可得分，扣球成功可另加分。

2. 规则与裁判方法：抛球入场，一传垫球给二传。有界内、界外、触网、持球、连击等规则，其他规则可依据学生的技术掌握情况适当放宽，传球成功得 1 分，扣球成功得 2 分。学生可推选裁判，也可由教师判罚。

3. 比赛拓展：

（1）一传垫球至 3、2 号位，由二传将球传起组织进攻。

（2）二传传球至 4、2、3 号位或后排等不同位置组织进攻。

（3）规则相对完整的比赛。

第四节　扣球与吊球

扣球是排球运动中攻击性最强的一项基本技术，是排球比赛中的主要得分手段，是将高于球网上沿的球有力地击入对方区域的一种击球方法。强有力且富有战术的扣球可使对方难以防守和组织反击，有利于进攻方掌握比赛主动权。正面屈体扣球是最常采用的一种扣球方法，其他扣球技术都是在此基础上发展和派生出来的。不同扣球技术的主要技术环节与技术要点基本一致，只是在助跑与起跳时机、挥臂速率、击球点与方向等方面有所区别。吊球是扣球的一种变化，是队员在进攻或扣球时根据对方防守情况或人球配合不佳时采用的一种有效的进攻手段。扣球与吊球趣味性强，不仅有助于培养学生善于观察、随机应变的能力，还能提高学生勇敢果断、团结协作、积极进取的竞争意识和团队观念。

一、教材分析

（一）正面屈体扣球

1. 讲解要点：

（1）准备：在距网 3 米左右处观察二传来球，随时准备选择合适的方向助跑起跳。

（2）助跑与起跳：可采用一步、两步及多步助跑的方法。助跑的时机、方向、步法、速度、节奏是根据来球的方向、速度和弧线决定的。扣球者通常采用双脚起跳。

（3）空中击球：起跳后全身协调用力，身体在空中成反弓。挥动击球手臂，选择合理的击球路线，当跳至最高点时，用全掌击球的后中部，屈腕屈指向前推压球。

（4）落地：顺势屈膝自然落地，脚不过线，身不触网。

2. 示范建议：可选择侧面示范与正面示范、分解动作示范与完整动作示范相结合。重点示范助跑最后两步、起跳、空中姿态和击球，助跑与起跳、空中姿态、转体收腹带动手臂和挥臂击球可进行分解动作示范。

3. 教学重点：助跑与起跳的时机及空中姿态，空中击球发力方法和击球时机。

4. 易犯错误及纠正方法：

易犯错误 1：助跑最后一步过小，起跳前冲。

纠正方法：反复练习助跑起跳，强调最后一步时下肢超越躯干，双脚并步制动起跳，两臂划弧摆动配合起跳，解决双脚并步制动和内收不够问题。

易犯错误 2：空中击球发力方法错误。

纠正方法：加强空中转体收腹带动挥臂击球练习，解决空中击球发力顺序问题。

易犯错误 3：击球时机把握不好与击球点错误。

纠正方法：加强二传与扣球手之间的多频次磨合，解决助跑与起跳时机、二传与扣球手配合时机、选择空中击球位置等问题。

（二）近体快球

1. 讲解要点：

（1）准备：在一传稳定到位的前提下，随时准备助跑起跳。

（2）助跑与起跳：多采用 1~3 步助跑的步法，要求助跑快而短促，根据自身位置与二传配合的时机，可选择单脚或双脚起跳，与二传传球同步或滞空等二传来球。

（3）空中击球与落地：同正面屈体扣球。主要区别在于要和二传配合默契，击球速度更快。

2. 示范建议：采用正面完整动作示范，重点示范与二传配合。

3. 教学重点：与二传配合的方法，滞空及击球时机。

4. 易犯错误及纠正方法：

易犯错误1：起跳时上下肢不协调，造成前冲。

纠正方法：加强最后一步大步支撑起跳，两臂积极向上划弧摆动配合起跳，解决单脚支撑起跳不充分和上肢配合不协调等问题。

易犯错误2：打不到球或不能全手掌包球。

纠正方法：加强与二传协调配合练习，反复练习滞空时以不同的速度击球。

（三）吊球

1. 讲解要点：触球手指要适度紧张且有弹性，用力适当，以便控制出球角度和球的落点。

2. 示范建议：可选择侧面示范与正面示范相结合的方法，重点示范手型、出球力度和出球方向。

3. 教学重点：手型、击球力度及出球时机与方向。

4. 易犯错误及纠正方法：

易犯错误1：持球。

纠正方法：原地反复自抛自练吊球，在手指适度紧张且有弹性的情况下完成出球。

易犯错误2：手掌击球。

纠正方法：多利用起跳滞空接同伴的传球或抛球，解决触球时机与手指紧张问题，动作不脱节。

二、练习方法

（一）徒手模仿与原地扣球练习

1. 方法描述（以正面屈体扣球为例）：模仿练习时，可采用原地练习挥臂击打右前上方标志物或前伸的左手臂，可结合起跳进行练习。原地扣球练习时，可利用墙壁反弹方法，原地自抛自扣，可结合起跳进行练习。

2. 练习要求：扣球完整动作要靠身体扭转自然带动手臂迅速鞭甩发力，挥击目标。

3. 组织方法：徒手模仿练习组织形式多样，只要便于完成教学任务即可。原地扣球可利用墙壁、墙角等，采用单人自练、双人或多人合作学习的组织方法。

4. 教学建议：

（1）徒手挥臂甩腕练习与甩腕击球练习。每组做10~15次，练习1~2组。

（2）原地自抛自扣练习与对墙连续扣球，体会发力顺序和击球手法。

（3）创设有利于学练的场景，引导学生积极观察，提高学练质量。

5. 拓展练习：

（1）原地双脚起跳结合空中挥臂击打标志物练习。每组做 6~10 次，练习 2~3 组。

（2）利用墙壁反复进行原地挥臂击球练习。每组做 6~10 次，练习 2~3 组。

（3）一步助跑起跳练习，要求上下肢配合协调，体会空中扣球手臂发力顺序。每组做 6~10 次，练习 2~3 组。

（二）助跑扣球与吊球练习

1. 方法描述：充分助跑起跳，在 2、3、4 号位或后排扣自抛球或者接同伴抛球、传球过网，可选择低网或中网增加学生的成功体验感。

2. 练习要求：在最高点扣球，发力顺序准确，体会不同起跳方法、不同落点，力度适宜。

3. 组织方法：可采用单人、双人或多人合作学习、分组学练等方法。

4. 教学建议：

（1）在网前自抛自扣（吊）球过网练习，或多步助跑起跳扣（吊）球过网练习，体会空中扣球手臂发力顺序及击球时机。

（2）两人一组，一人持球举至击球点位置，另一人挥臂击固定球，体会击球点和手型。

（3）2~3 人一组配合，一人抛球或传球，两人交替在 4、3、2 号位连续扣直线球、斜线球或吊球，体会协同配合。

5. 拓展练习：

（1）多人配合，结合一传、二传，在 4 号位和 2 号位进行调整球、快球练习。

（2）在网前扣（吊）探头球或在后排扣（吊）球。

（3）多人配合，完成一传、二传、扣（吊）球过网、接扣球等技战术组合（根据学情择机练习近体快球、背飞等技术，扣直线球、斜线球或吊球），体验接近实战的完整动作组合。

三、比赛创设

（一）定点多向扣（吊）球游戏与比赛（点对点）

1. 比赛方法：可选择个人对抗或小组对抗形式，在 2、3、4 号位或后排分别向对方场地不同点位或区域扣球或吊球。

2. 规则与裁判方法：击球不违例，以固定次数内的扣（吊）球成功率决定胜负。制定分组对抗形式和判定胜负的方法，利用排球场地，选择合适网高组织实施。

3. 比赛拓展：

（1）可重点突出 2、4 号位正面屈体扣球等进攻方式组织比赛。也可进攻与防守组合，让学生体验接近实战的练习。

（2）可重点突出 3 号位近体快球、2 号位单脚背飞等进攻方式组织比赛。也可进攻与防守组合，让学生体验接近实战的练习。

（二）多点定向扣（吊）球游戏与比赛（面对点）

1. 比赛方法：可选择个人对抗或小组对抗形式，分别从 2、3、4 号位或后排向对方场地固定点位或区域扣球或吊球，以组合形式完成一个轮次（即四点对一点）。

2. 规则与裁判方法：击球不违例，以固定次数内的扣（吊）球成功率决定胜负，利用排球场地，选择合适网高组织实施。

3. 比赛拓展：

（1）多人组合，高质量一传、二传、进攻，突出前排扣球进攻战术组合的实战体验。

（2）多人组合，高质量一传、二传、进攻，突出打吊结合技战术组合的实战体验。

（三）一次攻防配合

1. 比赛方法：以小组合作形式，分别突出扣球与吊球、一二传与扣吊组合等不同重点，利用合适网高组织实施。

2. 规则与裁判方法：位置互换、传球、击球不违例，以规定轮次内的扣（吊）球成功率判定胜负。

3. 比赛拓展：

（1）突出扣球与吊球，采用固定参赛人数、降低每局分数、可多次过网等降低比赛难度的方法，激发学生的学习兴趣。

（2）突出一二传与扣吊组合，采用固定参赛人数、降低每局分数、可多次过网等降低比赛难度的方法，激发学生的学习兴趣。

第五节　基本战术

排球战术是指在比赛中根据比赛规则和运动规律及临场比赛情况的变化和发展，有意识地合理运用个人技术和战术配合所采用的有组织、有计划的行动。中小学以"中一二""边一二""两点换三点"（又叫插上）等进攻战术和"心跟进""边跟进"等防守战术为主要教学内容。在进行战术教学前，要先让学生了解主要的排球裁判知识，特别是位置错误犯规。战术教学要从学生的实际出发，根据学生的技术水平、技术特点、体能水平等情况选择合适的教学顺序和方法。一般先教进攻战术，待学生熟悉进攻战术后，再教防守战术，最后结合实战教攻防转换方法。在实战中，常把进攻战术和防守战术组合运用。合理运用战术不仅能促进同伴之间协调配合，培养默契感，更好地体验排球运动的乐趣，还有利于培养学生相互鼓励、顽强拼搏的优良品质。

一、教材分析

(一)"中一二"进攻战术、"心跟进"防守战术

1. 讲解要点:

(1)"中一二"进攻战术:3号位学生担任二传手,4号位或2号位学生在3米线附近伺机助跑起跳扣球进攻,1、6、5号位学生做好跟进保护。也可由3号位组织后排进攻。

① 站位:二传手在网前面向4号位稍蹲姿势站立,稍靠近2号位,避免与6号位学生重叠影响其视线,判断一传落点后及时移动取位,向4号位或2号位传球,组织进攻。

② 变化:当二传手轮到2号位或4号位时,可以发球后换到3号位。

(2)"心跟进"防守战术:固定由6号位队员跟进防吊球和前区球。多在对方吊扣结合时采用,以防止"心"空。初学者因进攻能力较弱,多以垫、传、吊等方式将球处理过网。

2. 示范建议:用战术板演示;利用小面积场地或排球场半场,找6名学生做演示,同时教师进行讲解。

3. 教学重点:场上位置与分工;采用"中一二"进攻战术时注意一传到位,二传稳准,以便充分发挥扣球的作用;采用"心跟进"防守战术时注意落位正确,跟进及时,战术配合协调。

4. 易犯错误及纠正方法:

(1)"中一二"进攻。

易犯错误1:二传手传出的球不明确,学生场上视野窄,相互之间接应不主动。

纠正方法:可采用多种形式的教学比赛或固定位置接发球的定位小战术配合练习,加强垫、传、扣的配合,用语言呼应提示。

易犯错误2:发球换位时脚下移动过早,造成位置错误犯规。

纠正方法:多进行教学比赛,注意判断换位时机。

(2)"心跟进"防守。

易犯错误1:补位不及时,防守时重心太高。

纠正方法:抛、扣、吊结合,使球落在前区"心"附近,6号位及时跟进,将球垫或传给二传。

易犯错误2:防守阵型转换慢。

纠正方法:多做组合及实战练习,提示学生相互喊话呼应。

(二)"边一二"进攻战术、"边跟进"防守战术

1. 讲解要点:

(1)"边一二"进攻战术:2号位学生担任二传手,将球传起,3、4号位学生在3米线附近跑动,伺机扣球进攻。1、6、5号位学生跟进保护。也可在2号位组织后排进攻。

(2)"边跟进"防守战术:1号位或5号位跟进防吊球及前区球。主要运用于

对方进攻力量较强、战术变化较多的情况下。

2. 示范建议：用战术板演示；利用小面积场地或排球场半场，找 6 名学生做演示，同时教师进行讲解。

3. 教学重点：场上位置与分工；换位、取位与同伴之间的协作配合。

4. 易犯错误及纠正方法：

（1）"边一二"进攻战术。

易犯错误 1：换位不及时。

纠正方法：多进行各种形式的跑位、换位练习和教学比赛。

易犯错误 2：进攻没有隐蔽性，进攻点不明确。

纠正方法：二传手多练习由 2 号位向 3、4 号位的定点传球，多进行与 3、4 号位扣球者的传扣组合练习。

（2）"边跟进"防守战术。

易犯错误 1：1 号或 5 号位学生跟进不及时，重心太高，造成防扣球或吊球失误。

纠正方法：隔网采用 4 号位或 2 号位高台扣球或吊球，双人拦网，用 1 号位或 5 号位"边跟进"阵型进行防守反击。多球演练，强化 1 号位或 5 号位队员低姿移动、跨步或侧倒垫球、快速跟进防守的能力。

易犯错误 2：同伴之间协作配合不严密，"边跟进"时，6 号位学生没有及时向跟进队员防守区域一侧补位。

纠正方法：多做徒手跑位、组合及实战练习，并提示学生相互喊话呼应。

（三）"两点换三点"（插上）进攻战术

1. 讲解要点：后排队员插到 2、3 号位中间担任二传手，将球传给前排 3 人或后排组织进攻。可进行各种跑动中的战术配合，如 1 号位插上、6 号位插上和 5 号位插上。插上队员站在同列队员右后侧，尽量缩短插上距离。后排另两位队员注意及时向插上队员一侧补位，以保证一传到位。

2. 示范建议：用战术板演示；利用小面积场地或排球场半场，找 6 名学生做演示，同时教师进行讲解。

3. 教学重点：多点进攻换位快，二传手组织进攻要明确。

4. 易犯错误及纠正方法：

易犯错误 1：换位中跑位不准确，影响传球准确性。

纠正方法：多进行各种形式的跑位、换位练习和教学比赛。

易犯错误 2：二传手组织进攻战术不明确，传扣及掩护不协调。

纠正方法：多进行各种前排进攻战术组合练习，结合教学比赛进行演练。

二、练习方法

（一）在局部区域（或半场）接抛球组织进攻，分别体验三项进攻战术

1. 方法描述：学生在局部区域（或半场）按照"中一二""边一二""两点换三点"进攻阵型站位，接教师在对方场区内的抛球并组织进攻，一攻过网后，场上

学生轮转换位。

2. 练习要求：熟悉一传、二传与进攻过网配合，以及站位和轮转换位时机。

3. 组织方法：分组轮换。

4. 教学建议：

（1）让初学者轮转到二传位置担任二传手，组织4、2、3号位的队友扣"一般球"。

（2）将传球好的学生和进攻队员搭配，让他们换位做二传手，以便充分发挥攻击力量。

（3）根据学生技术掌握情况，完成规定数量的进攻后轮转。

（4）形成相对固定的战术进攻形式，专人专位扣战术球。

5. 拓展练习：

（1）接对方发球区的发球，完成一攻。

（2）接攻击性发球，形成相对固定的战术进攻形式，如专人专位。

（3）在实战情境下，打出有难度的战术组合，如主攻位置的"夹塞""梯次""4号位平拉开"，副攻位置的"近体快""背后近体快""平快""时间差"等。

（二）拦防战术练习

1. 方法描述：学生在局部区域（或半场）按照"心跟进""边跟进"的防守阵型站位，本方无拦网（或有拦网）防起从场外原地或高台上扣来的球，并组织进攻。

2. 练习要求：熟悉无拦网（或有拦网）防守阵型的站位及防守区域，了解补位方法。

3. 组织方法：分组轮换。

4. 教学建议：

（1）先在局部区域（或半场）进行无拦网防守练习，再逐步过渡到本方单人拦网、双人拦网、三人拦网防守练习。

（2）根据学生技术掌握情况，完成规定数量的防反后轮转，如3~5次防反成功。

（3）设置对方拦网强、攻手强等情境，进行拦防战术演练。

5. 拓展练习：

（1）扣拦对抗：接教师场外抛球或扣球，双方队员完成固定在4号位、2号位或3号位做交替拦网加保护进攻的练习。

（2）攻拦对抗：在双方增加拦网队员的基础上，做接扣球及进攻、接拦回球及进攻、接处理球及进攻的练习。

（三）攻防战术演练

1. 方法描述：运用"中一二""边一二"进攻战术，了解"两点换三点"进攻战术；运用"心跟进""边跟进"防守战术完成6对6教学比赛，可结合本队实际情况制定符合本队水平的进攻和防守战术。教师随时叫停指导。

2. 练习要求：提高所学技术动作的完成质量，较有效地运用已学的战术方法组织战术配合，增加来回球次数。

3. 组织方法：分组轮换。

4. 教学建议：

（1）根据学生实际情况降低规则要求，也可组间相互商量制定规则，如 5~10 球一局等。

（2）本着"先攻后防，先易后难，逐步提高"原则，先学习"中一二"进攻，后学习"边一二"进攻，再学习"两点换三点"进攻。

（3）培养学生积极参与活动、认真遵守规则的意识和踏实认真的学习态度。

5. 拓展练习：

（1）基本技术、组合技术相结合进行战术演练。

（2）注重进攻阵型与防守阵型之间的转换、衔接，并在此基础上练习各种高、难打法。

三、比赛创设

（一）以进攻战术为主的半场积分赛

1. 比赛方法：六人一组，在半块排球场地内以"中一二""边一二"或"两点换三点"进攻阵型站位，教师 6 次抛球入场到不同位置（每次抛球后要求学生轮换位置），指导学生接抛球组织进攻，并点评位置与分工。

2. 规则与裁判方法：有位置错误、持球、触网等判罚，学生可推选裁判，也可由教师判罚。

3. 比赛拓展：

（1）教师抛球找人（主要找场上接发球能力差的学生），促进学生相互补位，提高学生相互配合的能力，引导学生完成有组织的进攻战术。

（2）教师隔网发飘球、大力发球、跳发球，增加一传到位的难度，促进学生运用调整传球、吊球等技术组织进攻，培养学生在赛场上的位置意识和分工意识，促使学生大声呼应，增强相互配合。

（二）以防守战术为主的半场积分赛

1. 比赛方法：六人一组，在半块排球场地内以"心跟进""边跟进"防守阵型站位，教师 6 次抛球入场到不同位置（学生完成进攻后要轮换位置），指导学生接抛球组织进攻，并点评位置与分工。成功运用所学技术把球处理过网一次得 1 分，得分多的组获胜。

2. 规则与裁判方法：有位置错误、持球、触网等判罚，学生可推选裁判，也可由教师判罚。

3. 比赛拓展：

（1）教师从高台扣球入场，指导学生演练半场防接扣球，并组织有效进攻的比赛。

（2）隔网加双人拦网队员，指导学生防接拦回球，并组织有效进攻的比赛。

（三）6 对 6 攻防转换赛

1. 比赛方法：教师在场外抛球，一方接发球组织一攻，另一方拦网防守后组织反攻，成死球后计分，然后继续进行攻防转换比赛。

2. 规则与裁判方法：抛球入场，有界内、界外、触网、持球、连击等判罚。学生可推选裁判，也可由教师判罚。

3. 比赛拓展：

（1）进行"边一二"进攻、"心跟进"、"边跟进"防守比赛，培养学生沉着冷静和胆大心细的心理品质。

（2）用吊球、发球、处理球、高台扣球或拦回球等方式使球入场，培养学生在赛场上的位置意识和分工意识，以及角色担当、责任意识和包容豁达的优良品质。

（3）进行规则完整的对抗赛，培养学生遵守规则的意识和正确的胜负观。

（4）组织班级排球队，开展年级内的排球联赛，培养学生的集体荣誉感。

思考题

1. 以女排精神为体育品德教育因素，思考在中小学排球教学中如何创设学生体育品德教育情境。

2. 自选一个年级，完成一节面向所有学生的排球比赛课教学设计。

3. 自选一个排球基本技术，完成该基本技术＋移动步伐、体能、组合、战术、情境等的结构化进阶教学思维导图。

第十章 乒乓球教材教法

乒乓球起源于英国，被称为"桌上网球"。乒乓球运动是由两名或两对选手分别在球台两端用球拍轮流击球的一项球类运动，其特点是球小、速度快、变化多、趣味性强等。乒乓球运动具有广泛的适应性和较好的身体锻炼价值，有利于提高神经灵敏度和手眼联动能力，有利于发展学生的协调性、灵敏性和快速反应能力。

乒乓球教学设计要基于结构化教学思想，突出运动技能在真实情境中的综合运用，以乒乓球游戏或比赛的方式进行递进呈现。教材体系由低向高逐渐增加关键运动技能，拓展应用条件，实现运动技能和项目技能螺旋上升。教学设计要遵循"教会、勤练、常赛"原则，注重运动负荷，注重乐教巧教，以发展乒乓球关键技战术运用能力为载体，促进学生的健康行为和体育品德素养同步发展。

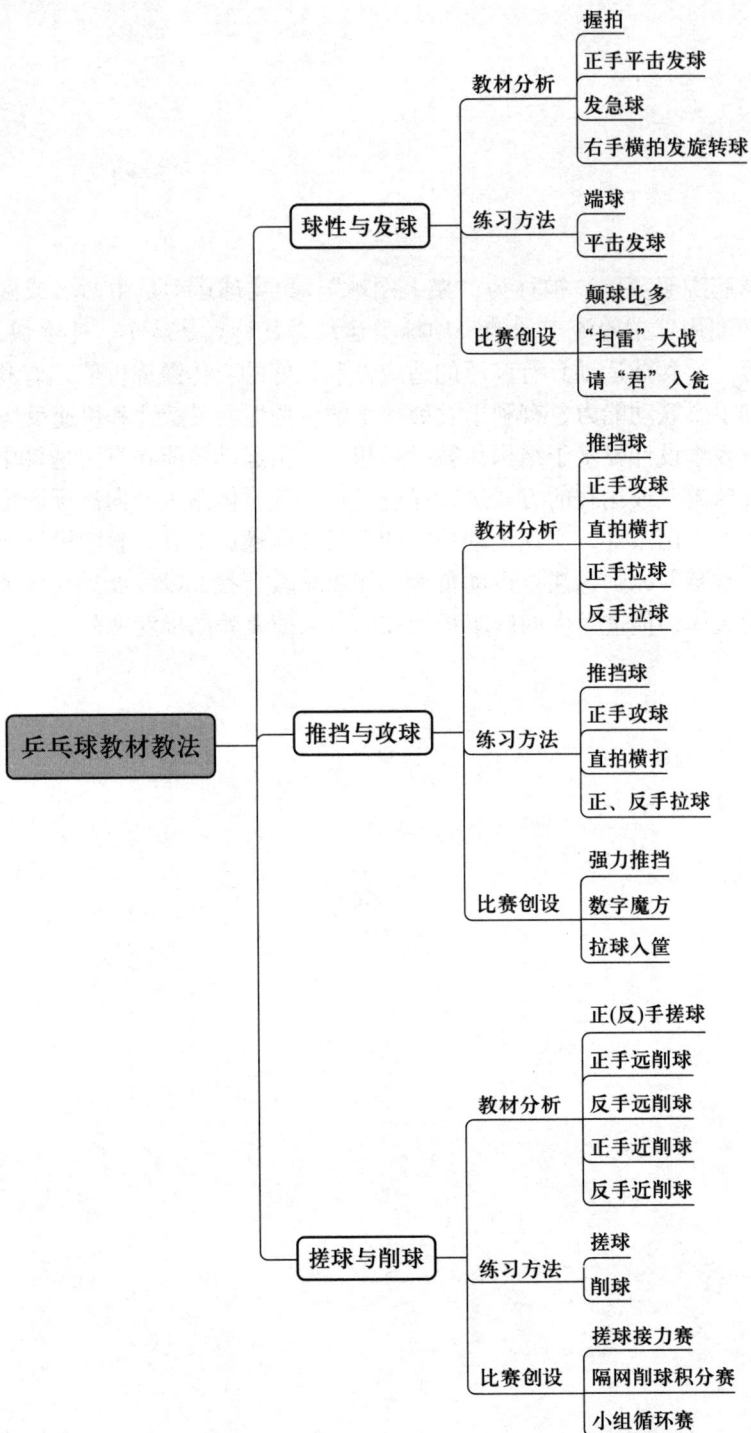

思维导图

乒乓球教材教法

球性与发球
- 教材分析
  - 握拍
  - 正手平击发球
  - 发急球
  - 右手横拍发旋转球
- 练习方法
  - 端球
  - 平击发球
- 比赛创设
  - 颠球比多
  - "扫雷"大战
  - 请"君"入瓮

推挡与攻球
- 教材分析
  - 推挡球
  - 正手攻球
  - 直拍横打
  - 正手拉球
  - 反手拉球
- 练习方法
  - 推挡球
  - 正手攻球
  - 直拍横打
  - 正、反手拉球
- 比赛创设
  - 强力推挡
  - 数字魔方
  - 拉球入筐

搓球与削球
- 教材分析
  - 正(反)手搓球
  - 正手远削球
  - 反手远削球
  - 正手近削球
  - 反手近削球
- 练习方法
  - 搓球
  - 削球
- 比赛创设
  - 搓球接力赛
  - 隔网削球积分赛
  - 小组循环赛

第一节 球性与发球

　　球性是感知球类项目的开始，其好坏会直接影响运动技能水平。发球是乒乓球运动的一项基本技术，掌握好发球技术，可以为发球抢攻创造有利条件甚至直接得分。教师在进行球性和发球教学时，应注重将运动技能融入游戏情境中，强调技术动作规范和在比赛中的运用。

一、教材分析

（一）握拍（以右手为例）

　　1. 讲解要点：球拍的结构（拍柄、拍面）、种类（横拍、直拍），基本的握拍方法（直拍握法、横拍握法），根据个人习惯选择球拍和握拍方法。

　　（1）直拍握法：像握笔写字一样，以食指第二指关节和拇指第一指关节在拍的前面构成一个相距 1~2 厘米的钳形，拍柄贴住虎口，另外三个手指在球拍反面自然弯曲重叠，以中指第一指节贴于拍面 1/3 的上端。

　　（2）横拍握法：像与别人握手一样，中指、无名指、小拇指握拍柄，虎口贴住拍肩，大拇指和食指自然贴在球拍的正反面，根据攻防态势，随时调整大拇指、中指的位置。

　　2. 示范建议：联系生活中的常规动作（写字、握手），正面示范和反面示范相结合，重点示范球拍两面的手指握法和位置，提示学生巩固和明确握拍方法。

　　3. 教学重点：在各种动作技术运用情境中保持正确的握拍方法。

　　4. 易犯错误及纠正方法：

　　易犯错误：握拍过紧或过松。

　　纠正方法：在正确握拍的基础上进行灵活变换不同角度的徒手持拍练习，强化正确握拍动作要领。

（二）正手平击发球（以右手横拍为例）

　　1. 讲解要点：

　　（1）准备姿势：身体稍屈靠左边，左掌托球眼看前。

　　（2）引拍：球抛起时，右臂稍向后引拍。

　　（3）击球：球下落至接近网高时，右臂从右后方向前挥击球的中上部。

　　（4）还原：发球完后随即还原成两脚平行、足跟稍提、两膝微屈内扣站位。

　　2. 示范建议：先做完整动作示范，再依次示范准备姿势、引拍、击球、还原动作。正面示范和侧面示范相结合，提示学生重点观察前臂与手腕配合向下发力以及球的落点。

　　3. 教学重点：击球的时机，球抛起后下落至接近网高时击球以及发球后球的落点。

　　4. 易犯错误及纠正方法：

易犯错误1：手捏住球向上抛。

纠正方法：讲解裁判规则，多徒手练习手掌托球垂直向上抛球动作。

易犯错误2：发球下网。

纠正方法：通过观察球从抛起到下落的过程，找准击球时机（下降至接近网高时击球）。

（三）发急球（以右手横拍为例）

1. 讲解要点：

（1）准备姿势：身体侧向微屈靠左站，左掌托球，同时观察对方。

（2）引拍：球抛起后，右臂向后上方引拍。

（3）击球：球下落至接近网高时，前臂迅速从后向左前方挥动，拇指压拍，拍面略向左偏斜，身体稍前倾，球拍沿球的右侧中部向中上部快速摩擦击球，击球后前臂和手腕顺势随挥。

（4）还原：击球后，迅速成两脚平行、足跟稍提、两膝微屈内扣站立姿势。

2. 示范建议：先做完整动作示范，强调动作的完整性和连贯性，再做分解动作示范，强调发球站位和发球后的预备接球动作。侧面示范重点强调前臂迅速由后向前挥拍击球，正面示范提示学生重点观察拍面角度、拇指压拍并确保击球的中上部。

3. 教学重点：击球时的拍面角度，拇指压拍，前臂迅速由后向前挥拍。

4. 易犯错误及纠正方法：

易犯错误1：发球速度不够快。

纠正方法：徒手模仿前臂迅速由后向左前方挥拍。

易犯错误2：发球后未及时还原成准备姿势。

纠正方法：集体讲解和个例展示，并在活动中强调动作要领。

（四）右手横拍发旋转球（以左侧下旋为例）

1. 讲解要点

（1）准备姿势：左脚在前、右脚在后，发球站位准备好。

（2）引拍：左手抛球，右手向侧后方充分引拍并转腰。

（3）击球：球下落接近网高时，右手由侧后向前，大拇指压拍击球中下部并快速摩擦球，击球后顺势随挥。

（4）还原：击球后，迅速成两脚平行、足跟稍提、两膝微屈内扣站立姿势。

2. 示范建议：先做完整动作示范，重点提示动作的完整性，特别是引拍充分和发球后还原站位，再做分解动作示范，强调把握引拍与击球时机，特别是手腕快速向左上方转动的细节动作和拍面触球的部位。

3. 教学重点：发球时的引拍动作和球拍触球部位。

4. 易犯错误及纠正方法：

易犯错误：发球不转。

纠正方法：徒手体会引拍后快速向左下方挥拍的动作。

二、练习方法

(一) 端球

1. 方法描述：任选一种握拍方法，做原地和各个方向的移动端球练习，尽量不让球掉落。

2. 练习要求：握拍方法正确，手腕和手指控制球拍操控球。

3. 组织方法：在规定场地内散点式随意移动。

4. 教学建议：

(1) 从端泡沫球、海绵球、网球等逐步过渡到端乒乓球，体会用手持短拍操控不同大小的圆形物体的感受，逐渐掌握手持短器械操控乒乓球的方法和技巧。

(2) 进行不同方向、不同速度、不同姿势的端球练习和游戏，不断增加难度，激发学生兴趣，同时促使学生掌握动作技能。

(3) 设置游戏情境，如端球开小火车、端球过山洞、端球交朋友等。注重问题式引导，如怎样端球才能使小火车开得更快等。通过让学生在情境中遵守游戏规则，思考获胜方法，掌握动作技能，发展其健康行为和体育品德。

(4) 注重双手协调发展和左右大脑的发展，如左右手都练习，或一手端球，另一手做其他动作。

5. 练习拓展：

(1) 持拍运球：在场地内用球拍的正面、反面或交替拍球，待球从地面反弹后再拍并向前后、左右移动，注意握拍方法正确，用手腕和手指的细微动作操控乒乓球。

(2) 颠球比多：手持球拍进行颠球练习，练习时可变换拍面（正、反面颠球）、高低颠球、对墙颠球、两人或多人对颠球。在正确握拍的基础上，提高学生判断球的下落位置、找准时机、手腕和手指持拍操控球的能力。

(3) 抛击比准：一手持球（不同的球），一手握拍，抛球后，持拍手引拍找准时机挥拍击球，将球击打至指定范围。

(二) 平击发球

1. 方法描述：以发球站位为准备动作，两人互发平击球。

2. 练习要求：站位准确，引拍到位，触球时机恰当，发球后立即还原成准备接球姿势。

3. 组织方法：四人一个球台，两人一组进行对角发球练习。

4. 教学建议：

(1) 低年段学生可以先用大点的泡沫球进行练习，以便找准击球时机，随后再逐渐改成乒乓球。

(2) 在比赛情境中进行发球练习，如 10 个发球的成功率。

(3) 练习时注意纠正引拍动作及发球后及时还原成准备接球姿势。

(4) 先练对角斜线发球，再过渡到直线发球。

(5) 练习时观察同伴的技术动作及球的落点，培养学生的观察和评价能力。

（6）结合接发球进行练习，一人发球，另一人接发球，强调接发球者的站位和判断。

5. 练习拓展：

（1）单人发多球：连续发多个球，前期看成功率，后期看球的落点，斜线发球和直线发球相结合，强化发球技术动作。

（2）变换发球类型：连续发多个球，但每次都要发不同类型的球（平击、急球、旋转等）。通过不同类型的发球强化手腕和手指对球拍的控制，提高发球技能。

（3）变换发球落点：连续发多个球，但每次都要指定落点区域（近台、远台等）。通过不同落点的发球提高发球技能。

（4）接发球结合：两人一组，一人发球，另一人接发球。练习时强调发球者的观察和接发球者的站位。

三、比赛创设

（一）颠球比多

1. 比赛方法：学生每人一拍一球，连续颠球。

2. 规则与裁判方法：连续颠球次数最多者获胜。

3. 比赛拓展：

（1）正反面颠球、高低交替颠球比多。

（2）一手颠球，一手做其他动作（写数字、拿东西等）比稳。

（3）对墙颠球比多或比准（对准墙上的标记）。

（4）两人一球，面对面颠球比多。

（二）"扫雷"大战

1. 比赛方法：将半个台面划分为九宫格，将九宫格的每一格视为一个"地雷"，学生持拍发球"扫雷"，球落入其中一个格为扫雷成功一次，扫完所有"地雷"即为完成比赛。

2. 规则与裁判方法：按规则发球，先扫完"地雷"者获胜。

3. 比赛拓展：

（1）小组合作比赛，每人轮流发一个球，比哪一组最先完成。

（2）限定发球类型（如平击发球、急球、旋转球等）。

（3）按照各区域不同积分进行比赛，个人或小组的得分相加比得分。

（4）发球与接发球对抗赛，发球者选择任意一种发球方式，接发球者未将球接到对方半台则发球者得分，将球接到对方半台则接发球者得分。

（三）请"君"入瓮

1. 比赛方法：在乒乓球台一侧中远端放一个桶或筐，学生在另一侧发球，球落入桶或筐中得1分。

2. 规则与裁判方法：按比赛规则发球，得分高者获胜。

3. 比赛拓展：

（1）改变桶或筐的位置（左右、远近）和大小。

（2）一人发球，一人用桶或筐接球（强调提前判断和合理运用步法）。

（3）把多个桶或筐放在不同位置，并赋予不同的分数（强调发球旋转和球的落点）。

第二节 推挡与攻球

推挡与攻球都是乒乓球基本技术，掌握推挡与攻球技术是开展乒乓球比赛的基础。推挡是直拍快攻打法的基本技术之一，包括平挡、快推、加力推、减力推、推下旋、推挤等。攻球是在比赛中争取主动和得分的重要手段。教师在进行推挡与攻球教学时，要结合学生的身心特点，将运动技能融入游戏情境中，在学练中强调技术动作规范，注重技术动作在比赛中的合理运用。

一、教材分析

（一）推挡球（以右手横拍为例）

1. 讲解要点：

（1）准备姿势：两脚平行站立，右脚稍后，身体靠近球台。

（2）引拍：击球前由前向后引拍。

（3）击球：拍面与台面近乎垂直，由后向前在球的上升期击球。

（4）还原：击球后迅速成两脚平行、足跟稍提、两膝微屈姿势，准备下一次击球。

2. 示范建议：先完整动作示范，帮助学生建立完整动作概念，然后徒手示范，强调动作路线和发力顺序。正面示范时强调站位和基本姿势，在分解动作示范和局部动作示范时强调推挡的拍面角度、食指与拇指对球拍的控制，以及推挡完成后下一个动作的预备动作。

3. 教学重点：拍面角度，击球时机（在上升期击球），手臂前伸。

4. 易犯错误及纠正方法：

易犯错误 1：击球时机不对。

纠正方法：把球弹击过网，放慢来球速度，找准击球时机。

易犯错误 2：手臂前伸不够。

纠正方法：在球台的远端设立目标，规定推挡后球的落点，促使手臂前伸。

（二）正手攻球（以右手横拍为例）

1. 讲解要点：

（1）准备姿势：两脚平行站立，右脚稍靠后，两膝微屈，上体略前倾。

（2）引拍：击球前引拍至身体右侧成半横状。

（3）击球：当球从台面弹起时，手臂由右侧向左前上方迅速挥动，以前臂发力为主。

（4）还原：击球后迅速成两脚平行、足跟稍提、两膝微屈姿势，准备下一次击球。

2. 示范建议：正面示范时强调站位和基本姿势，侧面示范时强调转髋和引拍，局部示范时强调大小臂折叠到位、食指放松和拇指压拍，完整动作示范时强调击球后的还原。

3. 教学重点：转髋和引拍，前臂发力，拇指压拍，击球时机。

4. 易犯错误及纠正方法：

易犯错误1：转髋不够充分。

纠正方法：徒手模仿动作，通过多球练习强化。

易犯错误2：拍面角度不对。

纠正方法：讲解手指压拍细节，徒手模仿练习，通过挥拍练习强化动作。

（三）直拍横打（以右手直拍为例）

1. 讲解要点：

（1）准备姿势：左脚在前，右脚稍后，重心偏左，前臂端起，自然放松。

（2）引拍：击球前腰左转，身体向右移动，带动手臂引拍，手腕内收。

（3）击球：腰向右转，带动手臂自然随挥，在来球上升期向前上方击球的中上部。

（4）还原：击球后迅速成准备接球动作。

2. 示范建议：先正面示范直拍横打的握拍方法和徒手动作，再正面和侧面示范分解动作，强调手腕内收角度和击球时机，最后进行完整动作示范，强调引拍路线、发力顺序和手指控制球拍的方法。

3. 教学重点：握拍方法，发力顺序，击球时机和部位。

4. 易犯错误及纠正方法：

易犯错误：握拍太紧，手腕不够灵活。

纠正方法：多做徒手模仿练习和多球训练，强化动作要领。

（四）正手拉球（右手横拍为例）

1. 讲解要点：

（1）准备姿势：两脚开立略比肩宽，两膝微屈，重心降低，稍退台。

（2）引拍：身体右转，球拍后引至腰高，重心移至右脚。

（3）击球：在球的高点期击球的中上部，球拍稍前倾，向前、向上发力摩擦球，大臂带动前臂快速收缩。

（4）还原：击球后球拍顺势挥至前额，然后迅速制动还原。

2. 示范建议：先完整动作示范，强调引拍位置和拍面角度，再依次示范分解动作。提示学生重点观察击球时手臂、手腕动作以及球拍的运行轨迹和击球时机。

3. 教学重点：发力顺序（腿—腰—肩—大臂—小臂—手腕）。

4. 易犯错误及纠正方法：

易犯错误：握拍太紧，手卡在拍柄处，击球时可调控的空间小。

纠正方法：多做徒手挥拍和多球练习，强化动作要领。

（五）反手拉球（右手横拍持拍为例）

1. 讲解要点：

（1）准备姿势：两脚开立略比肩宽，两膝微屈，重心降低，右脚稍前，根据来球选择站位远近。

（2）引拍：手臂外旋，腰、髋向左旋转，手腕内收，将球拍引至身体左后略下方。

（3）击球：在球的高点期或下降前期，拍面前倾，腰、髋向右转动，肘关节内收，前臂以加速向前为主，手腕外展，击球的中上部。

（4）还原：击球后手臂继续向前上方顺势挥动，然后迅速制动还原。

2. 示范建议：先完整动作示范，帮助学生建立完整动作概念，然后依次示范分解动作。侧面示范时，提示学生重点观察发力顺序，强调蹬转动作和身体重心从左脚移至右脚。

3. 教学重点：击球时机和部位。

4. 易犯错误及纠正方法：

易犯错误：没有根据来球落点的高低调整球拍的倾斜角度。

纠正方法：通过多球练习，体会不同来球落点的高低和拍形的变化。如果球的落点高，拍形就平一些，拉过去的球弧线低；如果球的落点低，拍形就立一些，以便球拍与球充分摩擦。

二、练习方法

（一）推挡球

1. 方法描述：两人一组进行推挡球练习。

2. 练习要求：站位姿势正确，引拍转腰充分，连续多拍，击球时机和击球部位正确。

3. 组织方法：四人一个球台，两人一组进行直线和斜线推挡球练习。

4. 教学建议：

（1）练习时可从自弹自推球开始，最初强化击球时机及拍面角度的控制，逐步过渡到同伴发球到指定位置，然后两人互推球连续多拍，再过渡到直线和斜线转换。

（2）进行改变力度、方向、落点的推挡球练习。在教学过程中注重培养学生的认知和思维能力，引导学生体验不同条件下的练习方式，自我调整身体和空间感受。

（3）运用游戏和比赛进行练习，如两人最多连续多少拍、直线与斜线转换、两点练习多少拍等。在练习过程中注重结构化和差异性，可以用闯关和对抗的方式进行学练。

（4）将发球和接发球技术结合起来进行练习，注意培养学生判断发球的能力，引导学生观察发球者的拍面角度及触球瞬间的位置，在适宜的时机运用不同的推挡球技术。

5. 练习拓展：

（1）推挡比多：两人或多人进行推挡球练习，两人推挡采用比多的方式进行评价，多人推挡采用接力的方式进行评价，重点强调准备动作和击球时机及击球后还原动作。

（2）推挡比稳：进行限定区域的推挡球练习，如在台面画出不同的区域进行推挡球比稳练习，也可以改变线路（直线与斜线）或落点（两点或三点循环等）。

（3）接发球推挡：结合发球进行推挡球练习，练习时根据对方发球方式的不同，判断来球，并选择合适的接发球推挡方式（如挡球、加力推、减力推等）。

（二）正手攻球

1. 方法描述：两人多球练习，一人喂球，一人正手攻球。

2. 练习要求：小臂快收，击球时机正确，落点准确。

3. 组织方法：四人一个球台，两人一组进行直线与斜线结合的攻球练习。

4. 教学建议：

（1）低年段学生可以自己将球弹起做正手攻球练习，逐渐过渡到同伴用手从对面反弹球到适宜区域，动作定型初期可采用给对方喂球的方式进行练习，待动作有一定基础后以两人对练的方式进行练习。

（2）在强化动作技术定型的时期，注重练习的趣味性，创设以赛促练的情境，如比攻球到对方半台的成功率、连续成功的次数、落点在指定区域等。

（3）两人在互相喂球或对练时注意改变力度、落点、线路，逐步增加动作技术的难度。在练习过程中，注意引导学生观察不同条件下动作的细微变化，积极进行自我总结与小组合作探讨，注重发展学生的思维。

（4）将发球、接发球、推挡球技术结合起来进行练习，强调动作技术的组合与衔接，重点培养学生在比赛中合理运用技术动作的能力。

（5）在练习过程中，注重技战术渗透，如发球抢攻和接发球抢攻等。提示学生根据对方来球选择攻球方式，并强调落点，直至得分，鼓励学生主动进攻，细致判断，稳固防守，培养学生的整体思考能力和顽强拼搏的体育精神。

（6）练习时引导学生观察同伴的技术动作及球的落点，培养学生的观察和评价能力。

5. 练习拓展：

（1）单人正手攻球：连续自弹自攻，前期关注攻球过网的成功率，强化基本技术动作，后期看攻球的落点，提高控制攻球落点的能力。练习时可以将斜线攻球和直线攻球相结合，逐步强调攻球的发力，提高攻球的得分率。

（2）变换攻球方式：连续攻球，每次攻球到不同的位置。要求攻球力度、线路有所改变，如左推右攻、两点攻等。

（3）连续对攻球练习：两人一组进行连续对攻球练习。

（4）对攻得分练习：通过攻球迫使对方失误，如改变球的落点、力度、线路等。

（三）直拍横打

1. 方法描述：两人多球练习，一人喂球，一人直拍横打攻球。

2. 练习要求：引拍到位，手腕灵活，落点准确。

3. 组织方法：四人一个球台，两人一组进行直线与斜线攻球结合练习。

4. 教学建议：

（1）低年段学生可以自己将球弹起直拍横打练习，逐渐过渡到由同伴徒手将球反弹到对方接球的适当位置进行直拍横打练习，循序渐进，注重差异。

（2）由同伴喂球或发球到反手进行连续直拍横打练习，强调技术动作的正确性，同时可以进行横打过网成功率比拼。

（3）两人喂球或对练时注意改变力度、落点、线路，逐步增加动作难度。

（4）将发球、推挡球、正手攻球技术结合起来进行练习，重视不同技术动作在比赛中的运用，如强化直拍横打技术时，尝试用直拍横打得分可多记 1 分的方式，促使学生运用此技术。

（5）从单个动作练习、组合动作练习逐渐过渡到简化规则的比赛，在练习过程中注意渗透发球抢攻、接发球抢攻等技战术。

5. 练习拓展：

（1）单人直拍横打攻球：连续自弹自攻，前期看成功率，后期看球的落点，斜线攻球和直线攻球相结合，强化攻球技术动作。

（2）两人喂球直拍横打：一人喂球，一人直拍横打，可先在练习者旁边徒手喂球，然后到练习者对面徒手喂球、用拍子喂球，再过渡到发球。

（3）变换攻球方式：由同伴喂球或发球进行连续直拍横打攻球，每次攻球到不同的位置，或采用不同速度、线路。

（4）连续直拍横打对攻球：两人一组进行连续直拍横打对攻球练习。

（5）直拍横打对攻：采用直拍横打攻球迫使对方失误，如改变球的落点、力度、线路等。

（四）正、反手拉球

1. 方法描述：一人发下旋球，一人进行正、反手拉球练习。

2. 练习要求：充分引拍，拍面角度正确，控制拉球落点。

3. 组织方法：两人或多人一个球台，两人一组进行一人发下旋球，一人正、反手拉球练习。

4. 教学建议：

（1）学习拉球的前期可进行喂球练习（将下旋球喂到指定位置），后期可以结合乒乓球步法进行不定点的拉球练习，水平提高以后可进行互拉球练习。

（2）在拉球练习的过程中，重点强调拍面角度及引拍和转髋技术动作。

（3）设置适宜的情境进行拉球比成功率、比落点、比力度、比旋转等练习，以及根据发球判断接发球练习。

（4）将发球、推挡球、正手攻球等技术结合起来进行练习，重视不同技术动作在比赛中的合理运用。

（5）引导学生练习时观察同伴的技术动作及球的落点，培养学生的观察和评价能力。同时可以在教学中逐步培养学生的裁判能力。

5. 练习拓展：

（1）单人正、反手拉球：连续自弹自拉，感受引拍、转髋和手指控制拍面角度的动作以及球的落点变化，前期看成功率，后期看球的落点，斜线拉球和直线拉球相结合，并同步强化拉旋转球的技术动作。

（2）两人或多人拉球比落点：一人对一人或多人发球，根据发球选择合适的拉球动作，尽量控制球的落点。

（3）连续对拉球：两人一组进行连续对拉球练习。

（4）对拉球：通过拉球迫使对方失误，如改变球的落点、力度、线路等。

三、比赛创设

（一）强力推挡

1. 比赛方法：两人一组，一人发球，一人推挡球击打摆在对方台面的空矿泉水瓶。

2. 规则与裁判方法：在规定拍数或时间内打倒瓶子多者获胜。

3. 比赛拓展：

（1）自弹自推比准。

（2）不断缩小物体或加大距离，增加难度。

（3）限定推挡球线路（直线和斜线推挡球交替进行）。

（二）数字魔方

1. 比赛方法：两人一组，一人发球，另一人用正手攻球或直拍横打接发球，使球落到提前设置的不同数字区域。

2. 规则与裁判方法：按照提前规定的数字区域，最接近者获胜。

3. 比赛拓展：

（1）攻球"打电话"（在台面上设置0—9的数字键），击球拨打亲人、朋友的电话，看谁先成功。

（2）连续攻球比数大，把所有球打到的数字相加，分数大者获胜。

（3）攻球比赛，除了发球，所有得分手段必须要用攻球。

（三）拉球入筐

1. 比赛方法：在乒乓球台的中远端放一个桶或筐，一人持拍发球，另一人用正、反手拉球入筐。

2. 规则与裁判方法：按规则拉球，拉球入筐一次得1分，得分高者获胜。

3. 比赛拓展：

（1）改变桶或筐的位置（左右、远近）和大小。

（2）三人一组，一人发球，一人拉球，一人抱筐接球，强调提前判断和合理运用步法。

（3）把多个桶或筐放在不同位置，并赋予不同的分数，强调发球的旋转和球的落点。

第三节　搓球与削球

搓球是近台和台内回击下旋球的过渡性技术，也是初学削球时必须掌握的一种技术。削球是一种防御性技术，具有稳健性好、冒险性小等特点。初步掌握这两项技术就可以参与乒乓球比赛，享受乒乓球运动带来的快乐。教师在搓球与削球的教学中，要强调动作技术的规范性，保证学练活动的趣味性，对年龄和运动能力有差异的学生，要采用不同的教学方法和手段，提出不同的等级要求，做到循序渐进，因材施教，让每个学生都有所收获。

一、教材分析

（一）正（反）手搓球（以右手横拍为例）

1. 讲解要点：

（1）准备姿势：身体离球台约 40 厘米，右脚稍向前。

（2）引拍：球拍向右（左）后上方引，动作不宜过大，拍面稍后仰。

（3）击球：击球时，球拍要明显地摩擦球。球拍向前下方挥动，以前臂发力为主，快搓时在球的上升期搓球，慢搓时在球的下降期搓球。

（4）还原：击球后球拍自然向前送出并还原。

2. 示范建议：先完整动作示范，然后依次进行分解动作示范。可采用正面示范、侧面示范、背面示范的方法，提示学生重点观察击球时手臂、手腕和球拍的运行轨迹。

3. 教学重点：挥拍路线以及前臂和手腕的用力方法。

4. 易犯错误及纠正方法：

易犯错误 1：引拍不够致使击球时前臂由上向下的动作不明显。

纠正方法：持拍练习前臂和手腕向上再向下做切的动作。

易犯错误 2：击球时拍面后仰不够。

纠正方法：在球的下降期搓对方发来的下旋球，体会拍面后仰前送动作。

易犯错误 3：前臂前送力量不够，击球后动作停止。

纠正方法：两人对练慢搓，体会击球后小臂继续前送的动作。

易犯错误 4：击球点离身体太远，身体重心偏后，击球部位不准。

纠正方法：两人近台站位对练慢搓，在球的下降期击球的中下部。

（二）正手远削球（以右手横拍为例）

1. 讲解要点：

（1）准备姿势：右脚稍后，上体右转，重心在右脚，手臂自然弯曲。

（2）引拍：根据来球方向向右上方引拍至与肩同高，拍面后仰。

（3）击球：手臂向左前下方挥动，拍面稍后仰。触球瞬间前臂加速削击球的中下部，同时手腕向下辅助发力。

（4）还原：击球后，球拍顺势前进，重心移至左脚。

2. 示范建议：先完整动作示范再分解动作示范，引导学生从教师的正面、侧面、背面观察示范过程，提示学生重点观察击球时手臂、手腕和球拍的运行轨迹。

3. 教学重点：前臂提起，球拍上举；上臂带动前臂向左前下方用力；球拍稍后仰，触球中下部，手腕加速发力摩擦球。

4. 易犯错误及纠正方法：

易犯错误：引拍上提不够，削击路线短。

纠正方法：按动作要点反复做徒手引拍练习。

（三）反手远削球（以右手横拍为例）

1. 讲解要点：

（1）准备姿势：右脚稍前，上体左转，重心在左脚，手臂自然弯曲。

（2）引拍：球拍向左上方引至与肩同高，拍柄朝下。

（3）击球：手臂向前下方挥动，拍面稍后仰。触球瞬间前臂和手腕加速削击球的中下部。

（4）还原：击球后，上体向右转，球拍随挥至身体右侧，重心移至右脚。

2. 示范建议：先完整动作示范，然后依次进行分解动作示范，引导学生从教师的正面、侧面、背面观察示范过程，提示学生重点观察击球时手臂、手腕和球拍的运行轨迹。

3. 教学重点：引拍方向，击球动作，挥拍时前臂和手腕的发力。

4. 易犯错误及纠正方法：

易犯错误：击球后上臂前送不够使球下网。

纠正方法：多练远削球，体会上臂前送动作。

（四）正手近削球（以右手横拍为例）

1. 讲解要点：

（1）准备姿势：左脚稍前，上体右转，重心在右脚，手臂自然弯曲。

（2）引拍：球拍向右上方引至与肩同高，拍柄朝下。

（3）击球：前臂用力向右前下方挥动，手腕积极下压，在球的上升后期或高点期击球的中部或下部。

（4）还原：击球后，球拍顺势前进，重心移至左脚。

2. 示范建议：先完整动作示范再分解动作示范，引导学生从教师的正面、侧面、背面观察示范过程，重点提示学生观察击球时手臂、手腕、球拍的运行轨迹。

3. 教学重点：引拍方向，击球动作，挥拍时以前臂发力为主，手腕配合下压。

4. 易犯错误及纠正方法：

易犯错误：大臂带动小臂发力。

纠正方法：多做大臂不动的正手近削球模仿练习，体会前臂发力动作。

（五）反手近削球（以右手横拍为例）

1. 讲解要点：

（1）准备姿势：右脚稍前，上体左转，重心在左脚，手臂自然弯曲。

（2）引拍：球拍向左上方引至与肩同高，拍柄朝下。

（3）击球：前臂用力向左前下方挥动，手腕积极下压，在球的上升后期或高点期击球的中部或下部。

（4）还原：击球后，球拍顺势前进，重心移至右脚。

2. 示范建议：先完整动作示范再分解动作示范，引导学生从教师的正面、侧面、背面观察示范过程，提示学生重点观察击球时手臂、手腕和球拍的运行轨迹。

3. 教学重点：引拍方向，击球动作，挥拍时以前臂发力为主，手腕配合下压。

4. 易犯错误及纠正方法：

易犯错误：大臂带动小臂发力。

纠正方法：多做大臂不动的反手近削球模仿练习，体会前臂发力动作。

二、练习方法

（一）搓球

1. 方法描述：先面对镜子做无球徒手挥拍练习，再对墙进行有球练习，最后进行两人对搓练习。

2. 练习要求：判断来球，确定搓球时机和搓球部位，搓球前身体重心降低；充分利用前臂和手腕的力量。

3. 组织方式：3~4 人一个球台，多球练习，有发球、搓球、捡球等轮转。

4. 教学建议：

（1）徒手模仿搓球动作，掌握正、反手搓球技术动作要领，创设情境搓球比成功率、比落点、比旋转等，激发学生的练习兴趣。

（2）两人互搓球练习，比搓球成功率、连续完成次数、搓球入指定区域等，注意引导学生在条件改变时自我总结手腕、手指、步法的变化。

（3）创设搓球比赛，整个比赛过程全部用搓球，双方通过落点、力度、旋转的变化得分，获得比赛胜利，如搓网前、搓中路、搓斜线、搓远台等。

（4）注重技术动作的组合和结构化，如发球后将对方的来球搓到其追身位等。通过创设不同的情境，引导学生自我总结或小组探究技术动作的运用方法和临场判断。

5. 练习拓展：

（1）仅用横拍正、反手搓球技术进行比赛，发球可以不执行规则。

（2）两人一组互搓球练习，可以搓网前、搓中路、搓远台组合进行。

（3）多人搓球接力，强调判断与步法的合理运用。

（4）搓球与其他组合技术相结合的练习，如发球接搓球、搓球接推挡、搓球接攻球等。

（5）四人或多人一组进行正、反手搓球接力赛，看哪一组失误最少，搓球接力的次数最多、最准确，练习者围绕球台逆时针或顺时针轮转。

（二）削球

1. 方法描述：以横拍正、反手削球准备姿势开始，练习引拍动作和挥拍击球动作，再还原至准备姿势。

2. 练习要求：选好站位，两膝微屈，重心降低，注意手臂、腰、腹和腿协调用力。

3. 组织方式：3~4 人一个球台，练习球数不断增加，分工明确，有发球、削球、捡球等轮转。

4. 教学建议：

（1）徒手模仿削球动作，掌握正、反手削球技术动作要领，逐步过渡到多球练习和互削球练习。

（2）一人发球一人削球，刚开始比成功率，逐步过渡到比连续成功次数、比落点等。

（3）注重创设比赛情境，如两人互削球比赛，比连续成功次数、比得分等。在比赛过程中引导学生积极思考，根据对方的站位，通过手上的细微动作控制球的落点，从而达到得分目的。

（4）强调技术动作组合，如削球和攻球组合、削球与搓球组合，同时创设运用情境，培养学生的临场判断和技战术运用能力。

5. 拓展练习：

（1）仅用横拍正、反手削球技术进行比赛，发球可以不执行规则。

（2）两人互削球练习，比成功率、比落点等。

（3）喂多球练习，一人喂球，一人进行削球练习，先求成功率，再逐步强调球的落点。

（4）创设各种削球游戏和比赛，如削球入筐、削球积分、削球至指定位置等。

（5）四人或多人一组进行正、反手削球接力赛，看哪一组失误最少，削球接力的次数最多、最准确，练习者围绕球台逆时针或顺时针轮转。

三、比赛创设

（一）搓球接力赛

1. 比赛方法：将学生分成若干组进行搓球接力赛，看哪一组在规定时间内搓球的次数最多。

2. 规则与裁判方法：在规定时间内，连续搓球次数最多的组获胜，获胜组进行全班展示。裁判为每组组长或小组推荐的学生。

3. 比赛拓展：

（1）对搓球时可划线设定搓球位置，要求搓球点在指定线后。

（2）变换接力赛要求，可设置全部正手、全部反手、一正一反等规则，增加难度。

（二）隔网削球积分赛

1. 比赛方法：把学生分成若干组，轮流正手削球或反手削球，使球进入指定区域的箱子。

2. 规则与裁判方法：削球进入指定区域的箱子才能得分，累计分数最高的组获胜。发球人为当轮裁判员。

3. 比赛拓展：

（1）削球距离由发球人把握，可近可远。

（2）把箱子设定为大号、中号、小号，箱子越小难度越大，分数越高。

（三）小组循环赛

1. 比赛方法：利用所学正（反）手搓球和削球技术进行正规比赛。3~4 人一组，进行小组循环赛，决出小组第一。

2. 规则与裁判方法：比赛采用三局两胜制，每局采用 11 分制，先得 11 分的一方获胜。如果 10 分平，先多得 2 分的一方获胜。不参加比赛的小组轮流担任裁判员。

3. 比赛拓展：

（1）举行团体比赛，在比赛中渗透排兵布阵（田忌赛马）方法。

（2）红黄队对抗赛。把学生平均分成红黄两队，自由配对挑战，赢者积 1 分，最后算各队的总得分。

🍃 思考题

1. 如何以乒乓球的关键技战术为载体，设计促进学生核心素养发展的教学方案？

2. 如何将乒乓球的发球、接发球、抢攻三项技术与战术变化相融合进行比赛设计？

3. 为指导学生合理科学地开展假期体育锻炼，请针对不同水平层次的学生布置不同的假期乒乓球作业。

第十一章 羽毛球教材教法

　　现代羽毛球运动因其特有的普及性与观赏性已经成为一项世界性运动项目，1992年巴塞罗那奥运会将羽毛球设置为正式比赛项目后，更是迎来了蓬勃发展。羽毛球运动在我国有着较好的群众基础，深受不同年龄阶段人群的喜爱。学生长期坚持羽毛球运动，不仅能促进身体发育、增强体质，而且有益于身心健康发展。此外，羽毛球运动具有对抗性和高负荷特征，要求学生具有顽强的意志品质，并且在双打比赛中还要有良好的协作意识，因此，不仅能培养学生的协作能力和集体主义精神，还能使学生在胜败中锤炼意志、磨砺品性。

　　中小学羽毛球教学的重点是基本技术、步法及二者在比赛中的协调配合与运用。在教学中，教师应根据不同阶段学生的学习能力、人数、场地与器材等实际情况合理安排教学内容，科学安排运动负荷，采用多样化的教学方式调动学生的学习积极性，精讲多练，引导学生自主学习，同时要重视实战和体能练习，做到"教会、勤练、常赛"，使学生循序渐进地掌握羽毛球运动技能。

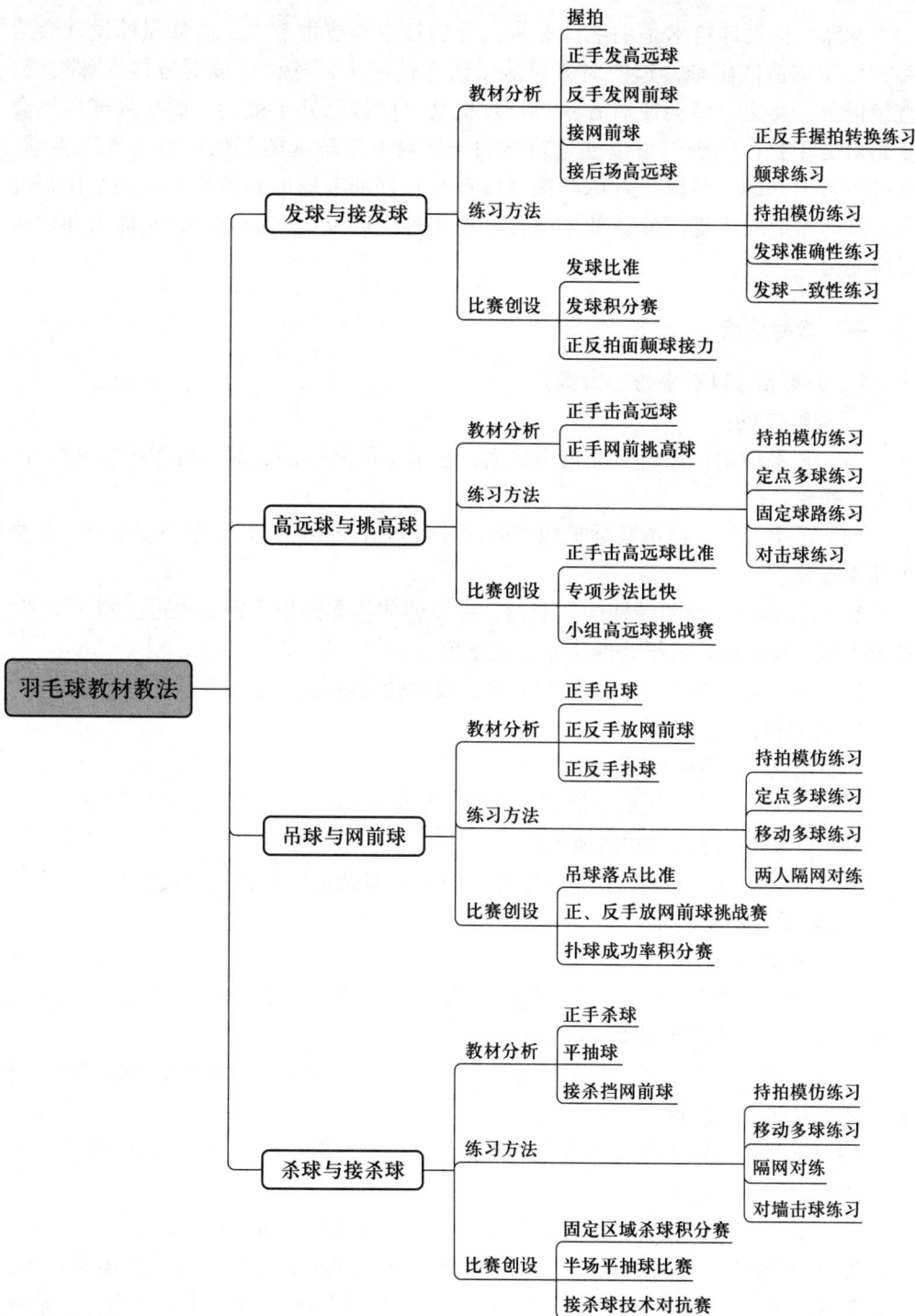

思维导图

```
                                                          握拍
                                                          正手发高远球
                                          教材分析          反手发网前球
                                                          接网前球
                                                          接后场高远球      正反手握拍转换练习
                              发球与接发球                                 颠球练习
                                          练习方法                        持拍模仿练习
                                                                        发球准确性练习
                                                          发球比准          发球一致性练习
                                          比赛创设          发球积分赛
                                                          正反拍面颠球接力


                                                          正手击高远球
                                          教材分析          正手网前挑高球
                                                                        持拍模仿练习
                                          练习方法                        定点多球练习
                              高远球与挑高球                               固定球路练习
                                                                        对击球练习
                                                          正手击高远球比准
                                          比赛创设          专项步法比快
                                                          小组高远球挑战赛

羽毛球教材教法
                                                          正手吊球
                                          教材分析          正反手放网前球
                                                          正反手扑球
                                                                        持拍模仿练习
                                          练习方法                        定点多球练习
                              吊球与网前球                                移动多球练习
                                                                        两人隔网对练
                                                          吊球落点比准
                                          比赛创设          正、反手放网前球挑战赛
                                                          扑球成功率积分赛


                                                          正手杀球
                                          教材分析          平抽球
                                                          接杀挡网前球
                                                                        持拍模仿练习
                                          练习方法                        移动多球练习
                              杀球与接杀球                                隔网对练
                                                                        对墙击球练习
                                                          固定区域杀球积分赛
                                          比赛创设          半场平抽球比赛
                                                          接杀球技术对抗赛
```

第一节　发球与接发球

发球与接发球技术是羽毛球非常重要的技术和战术节点。高质量的发球会给对方接发球造成困难，迫使对方只能做防守性回击，甚至造成对方接发球失误，直接得分。反之，则会使对方获得进攻机会，使自己处于被动。而接发球虽然会受到对方干扰，但仍然可以通过将球回击到对方接球区的任何一点来取得主动，为进攻打下基础。所以，发球与接发球都是打好羽毛球的必备技术，关乎比赛胜负，练习时要着重提高发球的准确性和稳定性，以及接发球时的预判能力和快速反应能力。

一、教材分析

（一）握拍（以右手持拍为例）

1. 讲解要点：

（1）正手握拍：虎口对准拍柄窄面，手掌下部靠拍柄后部，食指中指稍分开，其他三指要合拢。

（2）反手握拍：拇指紧贴拍柄宽面，其余四指轻环握，切记掌心要空出，拇指推动很重要。

2. 示范建议：指明拍柄的宽窄面，虎口朝前找准握拍位置。也可以侧面示范，伸出手臂，展示握拍位置，便于学生观察模仿。

3. 教学重点：掌心空出，握拍放松，及时转换握拍方式。

4. 易犯错误及纠正方法：

易犯错误1：握拍太紧。

纠正方法：掌心和拍柄之间留出空隙，空出掌心。

易犯错误2：握拍方式转换不及时。

纠正方法：做好预判，快速转换握拍方式，多做正反手握拍方式转换练习。

（二）正手发高远球

1. 讲解要点：

（1）准备姿势及站位：中场侧身站，距前发球线约1米，两脚前后站，身体重心在右脚上，左手持球右手持拍看前方。

（2）引拍：左手持球，然后松开让其自然下落，右手从后自下而上画半弧，同时转体、身体重心前移。

（3）击球：击球点在身体右前下方，上臂带动前臂内旋，展腕屈指巧发力，用球拍正面击球。

（4）随挥：击球后，球拍随挥至左肩上方，身体重心移至左脚。

2. 示范建议：可采用正面示范和侧面示范。正面示范时先做连贯慢速挥拍，边示范边讲解，提示学生重点观察球拍的运行轨迹和挥拍转体动作，注意引拍固定、挥拍放松。侧面示范时提示学生重点观察击球点。

3. 教学重点：击球点在身体右前下方；展腕屈指发力；用正拍面击球；击球时不可过手过腰。

4. 易犯错误及纠正方法：

易犯错误 1：挥拍动作僵硬，挥拍与放球结合的时机把握不准。

纠正方法：放松进行慢速挥拍练习，放球时手指自然松开，使球垂直下落，不要抛球。放球的同时引拍，找准击球时机。

易犯错误 2：击球点离身体太近或太远、太左或太右，切面击球。

纠正方法：多做持拍模仿练习，找准击球点，注意观察是否用球拍正面击球。

（三）反手发网前球

1. 讲解要点：

（1）准备姿势及站位：两脚前后开立，身体正对球网，左手持球右手持拍，前臂抬起拍子略倾斜，目视前方。

（2）引拍：前臂稍外旋，向后回拉动作小。

（3）击球：前臂带动手腕向前推拍，手腕和手指用力，动作小、速度快很重要。

（4）随挥：击球后，球拍随身体前倾由后向前挥出，手臂伸直与肩同高。

2. 示范建议：采用侧面示范，提示学生重点观察引拍和击球后的制动，以及大拇指发力和向前推拍动作。示范时可转换角度。

3. 教学重点：球下落瞬间击球；击球时向前推拍；尽量提高击球点，降低球过网的弧线。

4. 易犯错误及纠正方法：

易犯错误 1：击球时出现不同角度的切球动作，影响发球的角度和高度。

纠正方法：通过多球练习体会手腕和手指发力的感觉，避免击球动作过大或过小。

易犯错误 2：重心过度前移。

纠正方法：多做徒手模仿练习，重心随身体转动自然转移。

（四）接网前球

1. 讲解要点：

（1）准备姿势：两脚左右开立，右脚前脚掌着地，身体微前倾，球拍侧斜举于头顶；正手握拍，手腕松，掌心空，眼睛盯住球。

（2）接球：正手握拍，拍头稍下沉，手腕略高于拍头，拍面低于网顶，判断来球，左脚蹬右脚跨，搓击球底用正拍面，使球旋转过网，落于对方前场网前为最好。

2. 示范建议：可采用侧面示范，提示学生重点观察手臂和球拍位置，右臂略高于左臂，身体微前倾，右脚前脚掌着地，以便随时起动。

3. 教学重点：做好预判，迅速起动，可与前发球线保持 1.5 米距离。具体站位应视自身情况灵活处理，如后场移动能力强则稍靠前站立，后场移动能力弱则稍靠后站立。

4. 易犯错误及纠正方法：

易犯错误 1：拍头低于手腕。

纠正方法：多做固定姿势练习。

易犯错误 2：身体僵直。

纠正方法：身体放松，稍前倾，两腿微屈，右脚跟微抬，前脚掌着地，结合多球练习。

（五）接后场高远球

1. 讲解要点：

（1）准备姿势：同接网前球。

（2）接球：判断来球，转体转髋移重心，自然屈肘，向后引拍。接球时，右脚蹬地，右手持拍举过头顶击球，击球后球拍顺势收回。接球时可结合对方位置、发球高度等选择高远球、吊球和杀球等动作击球。

2. 示范建议：同接网前球示范建议。重点示范左脚前脚掌外侧蹬地并顺势转体转髋、动作连贯。

3. 教学重点：提前预判，迅速退到后场，尽量退至球的后面，尽量把球打到对方后场，尽量击出高弧线后场球。

4. 易犯错误及纠正方法：

易犯错误 1：球拍掉在下方。

纠正方法：强化练习，默念提醒，结合多球练习。

易犯错误 2：移动不到位。

纠正方法：多做转体转髋练习，移动迅速。

二、练习方法

（一）正反手握拍转换练习

1. 方法描述：听口令，反复练习正反手握拍方式转换。

2. 练习要求：当球拍朝向相同时，正手握拍时拇指应横向贴于拍柄，反手握拍时拇指应竖起来。

3. 组织方法：可原地以体操队形散开做练习，也可以教师为圆心、队伍成扇形进行练习。注意保持间距，确保安全。

4. 教学建议：

（1）这种方法适用于初学者，每组做 30~40 次，练习 3~4 组。

（2）握拍应松弛有度，不要握得太紧。正手握拍时掌心空出，反手握拍则着重体会拇指前顶发力的感觉。练习时可两人一组，互相纠错，提高学生的沟通合作能力。

（3）鼓励学生细心体会正反手握拍的区别和发力感觉。

（4）初次学习之后，每节课都要安排握拍练习，将握拍和挥拍结合起来，如正手握拍时结合正手高远球挥拍模仿练习。只有反复练习，不断巩固，才能在比赛中灵活运用正反手握拍转换。

5. 拓展练习：

（1）单人颠球练习：原地正反手交替颠球，熟练后可加快正反手转换速度。每组做 20~30 次，练习 2~3 组。

（2）双人颠球练习：两人面对面站立，相距 2~5 米进行正反手颠球练习，相互适应后可加快正反手转换速度。每组做 20~30 次，练习 2~3 组。

（二）颠球练习

1. 方法描述：正手（反手）握拍，将球放在球拍上，连续将球向上击出。

2. 练习要求：连续将球击出，不让球落地；注意控制拍面，反手握拍时，大拇指和前臂向上挥拍，前臂和拍杆保持 120~130 度，手腕要灵活。

3. 组织方法：体操队形，加大间距，留足空间，保证安全。

4. 教学建议：

（1）这种方法适应于初学者，正反手每组各做 30~40 次，练习 3~4 组。

（2）刚开始练习颠球时，球的位置可以低一点，随着控球能力的增强不断提高颠球高度，最后可以使出全身力量颠球，而且要连续多次。熟练后可进行高低颠球交替练习，感受发力大小的变化，增强球感。

（3）鼓励颠球稳定性高的学生做示范，并与同学们分享自己的动作体会。

（4）学生练习时，教师要关注全场，做出安全提示，尽量避免学生发生碰撞。

5. 拓展练习：

（1）正反手交替颠球：正手握拍，把球放在球拍上，将球向上击出后，改正手为反手向上击球，正反手颠球交替进行。练习时，手腕要灵活，拇指的用力程度也要相应变化，每组做 30~40 次，练习 3~4 组。

（2）无障碍行进间颠球：在无障碍场地上一边行进一边颠球，可先正手颠球后反手颠球，也可正、反手交替颠球，每次往返 10~20 米，练习 2~3 次。

（3）穿越障碍物颠球：在场地上有规律地设置若干个标志桶，一边穿梭于标志桶之间，一边颠球，每次行进 20~30 米，练习 2~3 次。切记注意安全。

（三）持拍模仿练习

1. 方法描述：从准备姿势及站位开始，做引拍、击球和随挥动作，再还原成准备姿势，重复练习。

2. 练习要求：注意运用手腕和手指力量击球，手腕要有弹性，身体重心随着随挥动作转移；反手发球时尽可能提高击球点；由慢到快，把握动作的准确性。

3. 组织方法：以教师为圆心成圆形站立练习，也可成扇形站立练习。注意保持合理间距，确保练习安全。

4. 教学建议：

（1）这种方法适用于初学者，每组做 30~40 次，练习 4~5 组。

（2）先做分解练习，再做连贯的慢速持拍模仿练习，熟练后进行完整的快速挥拍练习。教师一定要强调挥拍的重要性，引导学生不可操之过急。

（3）在慢速挥拍时要注意观察是否用正拍面击球；在快速挥拍时要提示学生体

会手腕和手指发力。

（4）掌握正确挥拍动作后，也可用网球拍、小哑铃等进行负重挥拍练习，增强手臂、手腕和手指的力量。

5. 拓展练习：

（1）两人手掌发球、接球：两人相距 3~4 米，一人用手掌当球拍发球，一人用手接球，正、反手动作每组各做 20~30 次，练习 2~3 组。

（2）对墙挥拍：适用于初学者，每组做 30~40 次，练习 3~4 组。

（四）发球准确性练习

1. 方法描述：

（1）正反手发网前球时，站在左（右）前场靠近中线位置，分别向对方对角线区域前发球线的左、中、右三个点发球，左右两侧交替练习。

（2）正反手发高远球时，站在左（右）中场靠近中线位置，分别向对方对角线区域底线的两个角发球，左右两侧交替练习。

2. 练习要求：发球时，球要自然放落；仔细体会不同发球方式的发力感觉，注意击球时的手腕和手指发力以及击球后的随挥动作。

3. 组织方法：分组练习，每组 3~6 人，成一路纵队，连续发球，交替进行。

4. 教学建议：

（1）这种方法适用于初学者和进阶练习者，每组做 10~30 次，练习 3~4 组。

（2）鼓励动作标准或击球准确性高的学生进行示范展示，并说出他们好在哪里；对于有典型错误动作的学生，也可以鼓励其展示，并说出他们错误点及改进方法。

（3）一人练习时，其他人注意观察动作姿势和球的落点，练习结束后相互交流指正。

（4）教师巡回指导，及时点评，多用"我很欣赏……""好球""很有想法"等鼓励性语言，也可参与到学生擂台赛中，提高学生的学习热情和积极性。

5. 拓展练习：

（1）大区域落点发球：在距底线约 40 厘米处画一条横线，要求发高远球（平高球）落在这个区域内，每组做 20~30 次，练习 3~4 组。适用于初学者。

（2）小区域落点发球：在前发球线后约 30 厘米处画一条横线，要求发网前球落在这个区域内，每组做 20~30 次，练习 3~4 组。适用于初学者。

（3）小方框落点发球：在发球区的四个角上划好小方框，要求将球落在方框内，每组做 20~30 次，练习 3~4 组。适用于进阶练习者。

（五）发球一致性练习

1. 方法描述：用同一个准备姿势，交替发不同弧线和不同落点的球。

2. 练习要求：练习发平高球、平快球时，发球的准备姿势、站位、引拍、挥拍动作与发高远球动作基本一致，仅在发球瞬间力量有所变化。

3. 组织方法：分组练习，每组 3~6 人，两组一块场地，分别在两个半场中间站成一路纵队，同时连续发 4~6 球，交替进行。

4. 教学建议：

（1）这个方法适用于发球技术的进阶教学。重点提示学生在发球准备姿势一致的情况下，体会采用不同发球方式时，手腕和手指的发力感觉和发球方向的变化。

（2）练习时可采用多球对练的方法，即双方都可用两个球，当一个球失误时，不用去捡球，而是将手中的球再发出去。这样做不仅可以增加练习时间和击球次数，还能提高练习密度和练习强度。教师要提示学生做好每一球的总结。

（3）鼓励学生在比赛时通过发球时间、发球线路的变化，以及长短球的结合、直线对角球的结合，自己组合发球技术并灵活运用。针对不同的对手选择多变的发球技术。

5. 拓展练习：

（1）单人固定落点发球练习：固定羽毛球落点进行多球练习，4~6 人一组成一路纵队，轮流进行，每人发 20~30 球。

（2）双人发球、接发球对抗：两人一组，一人发球，一人接发球，球落地，重新开始，每组做 3~5 分钟，练习 3~5 组。

三、比赛创设

（一）发球比准

1. 比赛方法：把学生分成人数相等的若干组，在定点位置放一个桶。学生轮流向桶内发球，球落入桶内计数。

2. 规则与裁判方法：小组轮流发球，在规定时间内进球数量最多的小组获胜。

3. 比赛拓展：

（1）固定多个点进行发球。

（2）一人连发四个点，或小组每人固定一个点进行发球。

（二）发球积分赛

1. 比赛方法：把学生分成人数相等的若干组，在定点位置放一个桶，固定发球方式，每人发 5 球，一球 1 分，比谁发球进桶的数量更多，小组队员轮流上场直至全部完成。

2. 规则与裁判方法：发球进桶数量最多的组获胜。教师要注意观察是否发球违例。

3. 比赛拓展：

（1）固定发球方式，发两点或四点，小组比多。

（2）固定发球落点，落点区域可由大到小，小组比多。

（三）正反拍面颠球接力

1. 比赛方法：把学生分成人数相等的若干组，在 20~30 米处放置标志物，往返接力。

2. 规则与裁判方法：球落地后捡回至掉球位置继续比赛，速度最快的小组获胜。

3. 比赛拓展：

（1）单人连续颠球比多。

（2）两人一球或两球面对面颠球比赛。

（3）连续颠球比高。

（4）在行进路线上设置障碍物进行颠球接力。

第二节　高远球与挑高球

高远球号称羽毛球技术之母，可见其在羽毛球技术中的重要性。高质量的高远球不仅能迫使对方退至底线回击，还有利于调整站位，调动对方位置，减弱对方攻击力。挑高球是将对方击至前场低手位的球，以由下至上的弧线回击到对方后场端线上空的技术，是在被动情况下为赢得回位时间而经常采用的一种过渡性防守技术。高远球和挑高球都是羽毛球运动的基本技术，应用较为广泛。在教学中，教师要引导学生在掌握这两种技术动作要领的基础上不断练习并在比赛中灵活运用。

一、教材分析

（一）正手击高远球

1. 讲解要点：

（1）准备动作：判断来球迅速移动，使球在身体前上方。

（2）引拍：身体向右转，侧对网，左脚在前，右脚在后，右手上举向后引拍，重心在后脚上，注意保持身体平衡。

（3）击球：转体转髋移重心，大臂上抬拍后引，力量自下向上传，前臂内旋腕发力。

（4）随挥：击球后，球拍随挥至身体左腋下方。

2. 示范建议：先正面和侧面完整动作示范，提示学生重点观察球拍的运行轨迹和前臂旋内动作。再分解动作示范，提示学生重点观察球拍正面击球点在头顶前上方最高点，且手臂与球拍成一条直线。

3. 教学重点：在最高点击球时转肩抬肘的挥拍动作，手臂与球拍成一条直线。

4. 易犯错误及纠正方法：

易犯错误1：击球点位置不正确。

纠正方法：多做高点击球练习，如将羽毛球吊至适当高度，确保击球时身体可以充分伸展，以其为目标进行引拍、挥拍练习，多次击球，提高学生对高点击球位置的感知程度。

易犯错误2：引拍时易出现坠肘动作。

纠正方法：强调引拍时大臂与肩齐平，多进行原地架拍练习，形成动作自动化。

（二）正手网前挑高球

1. 讲解要点：

（1）准备动作：两脚开立，微屈膝提踵，正对球网，右脚稍前左脚稍后，正手握拍举在胸前。

（2）引拍：右脚向网前跨大步，身体重心前移臂外旋，手腕后伸引拍至右下方。

（3）击球：前臂内旋屈腕发力，用球拍正面击球托的后下部，自下而上向前快速挥拍。

（4）随挥：击球后，球拍向前上方随挥至胸前，两脚快速垫步回位。

2. 示范建议：先正面完整动作示范，再侧面分解动作示范，提示学生重点观察球拍的运行轨迹，提示击球前前臂充分外旋、手腕尽量后伸，击球后手臂顺势旋内至左肩上方。

3. 教学重点：根据球离网的远近适当调整拍面角度和用力方向，击球瞬间要爆发用力。

4. 易犯错误及纠正方法：

易犯错误1：正手直臂挑球。

纠正方法：加强挥拍练习，正手挑球挥拍时注意将手腕后展。如果在击球时手腕发力不好，就多做展腕击球练习，不用前臂挥动，待形成手腕发力感觉后，再增加前臂配合动作。

易犯错误2：击球后随挥过度。

纠正方法：强调放松挥拍，在击球时有一个握紧球拍弹送球的动作，击球后立即放松，不要继续用力挥拍。进行多球练习，体会制动动作。

二、练习方法

（一）持拍模仿练习

1. 方法描述：以正手击球的引拍动作为准备动作，反复做挥拍击球和随挥至体前的完整动作练习。

2. 练习要求：面向来球，引拍、抬肘倒拍到背后，手臂伸直，前臂急速内旋带动手腕和手指屈收发力、闪动击球。蹬地转髋时全身协调发力，随挥到位。

3. 组织方法：自由组合，两人一组，间距2米，做完整持拍模仿练习。

4. 教学建议：

（1）这种方法适用于初学者，每组做40~50次，练习4~5组。

（2）做对镜挥拍练习，以便从镜中观察击球点的位置及击球拍面等是否正确，感知手腕和手指小肌肉群的发力。

（3）击球时强调蹬地、转髋和全身协调发力。

（4）两人或多人互助练习，互相指出挥拍动作中存在的问题。

（5）注意练习时学生之间的距离，避免出现挥拍伤到其他同学的情况。

5. 拓展练习：

（1）靠墙挥拍：面对墙壁练习挥拍，在击球点的位置接近墙壁，并与墙壁平行，熟练后可加快挥拍速度，每组做 40~50 次，练习 4~5 组。

（2）负重挥拍：使用挥拍器械或带有阻力拍套的羽毛球拍进行挥拍练习，每组做 10~15 次，练习 3~4 组。

（3）对墙击球：对墙击球时用球拍的"甜区"击球，可通过改变练习者与墙的距离（由远及近）和击球力量（由小到大）等方式来调整练习难度，每组做 30~40 次，练习 3~4 组。

（4）击吊线球练习：侧对击球方向，利用蹬转挥拍动作，用球拍正面击吊线球（球的高度适宜，在最高点击球），每组做 30~40 次，练习 3~4 组。

（二）定点多球练习

1. 方法描述：挥拍与击球配合，进行完整挥拍击球练习。

2. 练习要求：动作准确，寻找最佳击球点，用球拍的"甜区"击球，随挥充分。

3. 组织方法：四人一组，多球练习。A 在球场一侧的双打后发球线位置挥拍击高远球过网，B 在球场另一侧持续发高远球，C 在场外进行挥拍练习，D 捡球，四人轮转练习。

4. 教学建议：

（1）这种方法适用于初学者，每个动作做 30~40 次，练习 4~5 组。

（2）强调每次击球前做侧身架拍动作，以便养成侧身击球的习惯。

（3）击球时强调用球拍的"甜区"击球，提高击球准确率。

（4）供球者发出的球要足够高，以便球垂直下落在练习者的头顶上方，使练习者减少移动，这有利于初学者动作定型。

（5）供球者在喂多球时，发球速度不宜过快，要等练习者击完上一个球并完全还原后才能发下一个球。发现练习者动作错误时，应及时停止练习并加以纠正。

5. 拓展练习：

（1）正手后退一步击球：做好击球准备姿势，侧身转体，后退一步完成正手击高远球动作，每组做 15~20 次，练习 3~4 组。

（2）定点移动击球：供球者发出高远球，练习者将球回击至对方后场，每组做 30~40 次，练习 3~4 组。

（三）固定球路练习

1. 方法描述：按规定的击球技术和线路，采用并步或交叉步移动至后场击球，进一步体会击球动作要领。

2. 练习要求：采用后退步法移动至后场（移动顺序是：中场准备—退至后场正手区—回至中场—退至后场头顶区—回至中场）。

3. 组织方法：利用多球喂球，让练习者移动到位击球。四人一组，A 击球，B 发球，C 在场外进行步法练习，D 捡球，四人轮转练习。

4. 教学建议：

（1）这种方法适用于进阶教学，每组做 20~30 次，练习 5~6 组。

（2）供球者发出高远球，不需要把球发到准确位置，而是让练习者自己寻找最佳击球位置和击球点。

（3）注意控制练习强度，喂球速度不要太快，应等练习者回到中场后再发球。发现练习者动作错误时，要及时停止练习并加以纠正。

5. 拓展练习：

（1）一点打两点三角移动练习：两人一组，一人固定在底线的某个角，不固定地发直线或斜线高远球至对方底线的两个点，另一个人则加强判断，通过三角移动，将球回至固定点（直、斜线正手高远球），左、右场区交替进行，每组做 30~40 次，练习 5~6 组。

（2）两点斜线高远球多球练习：供球者无规律地将球发至练习者的正手后场位置和头顶后场位置，练习者通过连续"后退—回中"移动步法，回击后场正手斜线高远球和头顶斜线高远球，每组做 30~40 次，练习 5~6 组。

（四）对击球练习

1. 方法描述：两人一组在半场进行模拟比赛练习。为加大练习者的判断难度，可增加步法移动的不确定因素，使练习进一步接近比赛。

2. 练习要求：控制好球的方向和力度，选择好适宜的移动步法和击球方式。

3. 组织方法：使用多球单练的方式，击打一个球直到失误后再用下一个球继续对练。

4. 教学建议：

（1）这种方法适用于高阶教学，每组做 8~10 分钟，练习 3~4 组。

（2）击球时强调后退步法要准确，击后场球时拍型要保持一致。

（3）教师巡回指导，也可组织师生互动练习，如教师守擂，学生挑战。

5. 拓展练习：

（1）半场多人直线对拉球：在羽毛球半场进行多人依次直线对拉球接力练习，每组做 15~17 次，练习 4~6 组。提示学生控制好出球角度和力量，确保球的落点在有效区域内。

（2）对角区域多人斜线对拉球：在羽毛球场的对角区域进行多人依次斜线对拉球接力练习，每组做 15~17 次，练习 4~6 组。提示学生控制好出球角度和力量，确保球的落点在有效区域内。

三、比赛创设

（一）正手击高远球比准

1. 比赛方法：两人一组，每人一拍，一人发高远球，一人接球，每人发 5 球。

2. 规则与裁判方法：接发球者将球打到指定区域次数多者获胜。

3. 比赛拓展：

（1）一点移动打直线或斜线高远球。

（2）后场一点打两点。

（3）后场二点打两点。

（二）专项步法比快

1. 比赛方法：把学生分成人数相等的若干组，在球场底线排队，进行前场挑球和后场高远球步法练习，每人做 3~5 次，完成动作后回到队尾，依次循环进行。

2. 规则与裁判方法：完成时间最短的小组获胜。

3. 比赛拓展：

（1）把前后两点步法移动增加到前后四点步法移动。

（2）每人在步法移动前要完成 3~5 次俯卧撑、波比跳等体能练习，提高比赛难度。

（三）小组高远球挑战赛

1. 比赛方法：把学生分成人数相等的若干组，要求采用高远球回球，每人打 5~8 球，胜者留在场上迎接挑战，挑战者依次上场。

2. 规则与裁判方法：得分多者获胜，每组可设置一名裁判员站在球网处观察球的落点并记录分数。

3. 比赛拓展：

（1）单人或双人比赛。

（2）先在小组内进行，各组胜出者进行班级挑战赛。

第三节　吊球与网前球

吊球与网前球都是羽毛球运动中比较基本和常用的技术，适用于各级水平的练习者，而且对于过渡球和调动对手具有重要作用。吊球作为羽毛球运动的一项进攻技术，虽然没有杀球那么酣畅淋漓，但是在比赛中一拍出其不意的贴网吊球往往能够直接得分。而网前球技术因球飞行距离较短、落地快，威胁较大，常使对手措手不及而直接得分或为下一拍创造进攻机会。所以有效掌握这两种技术至关重要。在教学中，教师既要帮助学生掌握吊球与网前球技术，又要让学生在学练赛过程中体会羽毛球运动的乐趣。

一、教材分析

（一）正手吊球

1. 讲解要点：

（1）准备动作：侧身对网站立，左脚在前右脚在后，屈肘举拍于体侧，目视来球方向。

（2）引拍：球拍上提并后引，躯干略成反弓形。

（3）击球：转体送髋，前臂外旋，小臂带动手腕和手指往下扣，用斜拍面摩擦球托右侧后下部。

（4）随挥：击球后，球拍顺势随挥至左腋下方。

2. 示范建议：采用侧面示范，提示学生重点观察手腕和手指向下以及斜拍面摩擦球托的动作。重点提示击球时动作不要太用力，而是用斜拍面摩擦球托。

3. 教学重点：用斜拍面摩擦球托，击球动作要快、力量要轻。

4. 易犯错误及纠正方法：

易犯错误1：击球点低，球不过网。

纠正方法：可用一根细绳将球悬吊在适当高度，反复做击球动作，体会爆发用力，并结合多球练习进一步巩固。

易犯错误2：击球正面。

纠正方法：吊对角球时应切击球托右侧后下部，吊直线球时应切击球托正面后下部，而不是击球正面。按照动作要领反复做原地挥拍练习，掌握动作后，进行多球定点练习。

（二）正反手放网前球

1. 讲解要点：

（1）准备动作：右脚在前左脚在后，两脚间距略比肩宽，右手握拍于胸前，身体前倾、收腹。

（2）引拍：两脚蹬跨至右前方，手臂跟随步法要及时，球拍举至最高点，前臂外旋拍头低。正手放网前球掌心向上，反手放网前球掌心向下。

（3）击球：击球瞬间轻上提，碰击球托后底部，使球过网后垂直下落。

（4）随挥：击球后，球拍随挥至胸前，右脚收回。

2. 示范建议：先正面示范，提示学生重点观察在左脚前脚掌外侧蹬地的同时开始引拍，注意拍头低于手腕。再侧面示范，提示学生重点观察击球点在腰际以下，触球时不是搓切，而是轻轻上提，使球过网后垂直下落。

3. 教学重点：控制好触球的力量，步法移动和放网动作相结合。

4. 易犯错误及纠正方法：

易犯错误1：上网慢，出手慢，击球点低。

纠正方法：反复练习上网前和网前击球动作，正手握拍上右网前，一步垫步上网前，两步跨步上网前，三步交叉跨步上网前，同时结合手抛球进行放网前球练习。

易犯错误2：球过网太高。

纠正方法：击球时要控制好力量，主要靠手腕控制球拍向前上方轻轻上提，使球贴网而过，防止被对方扑击。

（三）正反手扑球

1. 讲解要点：

（1）准备动作：两脚平行站立，两脚间距略比肩宽，右手握拍举于胸前，身体稍前倾并收腹。

（2）引拍：左脚先蹬离地面，右脚向网前蹬跃起，同时前臂前伸将球拍上举，正手扑球时手腕外展，反手扑球时则用大拇指捻动球拍，拇指顶压拍柄宽面，其余三指并拢。

（3）击球：击球瞬间，手臂伸直，正手扑球时手腕由外展至内收闪动，手指紧握拍柄；反手扑球时拇指顶压发力，加速挥拍击球。

（4）随挥：击球后，立即屈肘，手腕由内收至外展，放松回收。

2. 示范建议：采用侧面示范，重点提示学生移动到拍面高于球网的部位击球，击球瞬间手腕闪动发力，及时回位。

3. 教学重点：击球动作小而快，判断快、起动快、出手快。

4. 易犯错误及纠正方法：

易犯错误1：触网犯规。

纠正方法：多做持拍模仿练习，动作要小，伸拍要快。

易犯错误2：球飞出底线。

纠正方法：抢高点击球，手腕发力制动，使球有向下飞行的趋势，多做多球定点练习。

二、练习方法

（一）持拍模仿练习

1. 方法描述：以正、反手击球的引拍动作为准备动作，做挥拍击球和随挥动作练习，熟练后结合上网步法，重复练习。

2. 练习要求：蹬转迅速，重心稳定，持拍到位，脚掌外展，手腕和手指适度用力控制球拍，击球后迅速回位。

3. 组织方法：把学生分成四组，两组对立站于前发球线后，另两组在其后2米处做模仿练习，练习30~40次后交换。

4. 教学建议：

（1）这种方法适用于初学者，每组做30~40次，练习3~4组。

（2）持拍模仿练习时，先引导学生慢速仔细体会手腕和手指发力的感觉，然后结合脚步做持拍模仿练习。此时，教师可用技术关键词大声提示，如有错误动作要及时纠正。

（3）提示学生到位之后要控制手腕和手指力量，动作准确，不要心急，同时注意技术动作细节。

（4）提示学生注意网前球前期动作的一致性，利用手腕和手指控制球拍，选择适合的技术，达到出奇制胜的目的。

（5）提示学生及时回位，随时准备迎接下一拍来球。

5. 拓展练习：

（1）上一步正、反手持拍模仿练习：做好击球准备动作后，上一步完成击球动作，然后回到中心位置并迅速还原成准备动作。注意击球过程中要控制好手腕和手指力量。正、反手动作每组各做30~40次，练习3~4组。

（2）上两步正、反手持拍模仿练习：做好击球准备动作后，垫步一次后，上两步完成击球动作，然后回到中心位置并迅速还原成准备动作。注意边移动边引拍，移动过程中保持身体平衡，步法与击球动作协调配合，脚到手到。正、反手动作每组各做30~40次，练习3~4组。

（二）定点多球练习

1. 方法描述：抛球者站在球网对面抛固定球，练习者持拍跨步击球，击球后迅速回位，重复练习。

2. 练习要求：抛球者抛球稳定，练习者持拍到位，拍面略倾斜，抢高点击球，控制好手腕和手指力量，前期动作一致，击球后及时回位。

3. 组织方法：分组练习，每组 3~6 人，成一路纵队，交替进行。

4. 教学建议：

（1）这种方法适用于初学者和进阶练习者，每组做 20~30 次，练习 3~4 组。

（2）通过反复练习找到准确的击球点和击球拍面，提高动作稳定性和定点击球的控制能力。

（3）重点提示学生抢高点击球。

（4）一人练习时，其他人注意观察其动作姿势和球的落点，练习结束后可相互交流指正。鼓励动作比较标准或击球准确性较高的学生进行动作示范。

（5）教师巡回指导，也可组织并参与师生互助练习，及时指正学生的错误动作。

5. 拓展练习：

（1）上一步正、反手击球：做好击球准备动作，上一步完成击球动作，然后回到中心位置并迅速还原成准备动作。正、反手动作每组各做 20~30 次，练习 3~4 组。注意步法准确到位，抢高点击球。适用于初学者。

（2）上两步正、反手击球：做好击球准备动作，垫步一次后，上两步完成击球动作，动作完成后回到中心位置并迅速还原成准备动作。正、反手动作每组各做 30~40 次，练习 3~4 组。注意运用手腕和手指调整拍面击球角度，控制球的落点。

（三）移动多球练习

1. 方法描述：抛球者站在球网对面抛不固定球，练习者持拍击球，击球后迅速回位，重复练习。

2. 练习要求：判断准确、反应快，步法准确到位，抢高点击球。

3. 组织方法：分组练习，每组 5~8 人，一人抛球，其他人成一路纵队轮流击球。

4. 教学建议：

（1）这种方法适用于初学者和进阶练习者，每组做 20~30 次，练习 3~4 组。

（2）可以在球场的中心位置放一个羽毛球桶或其他标志物，练习者站在标志物后做准备，每次击球后必须迅速回到标志物后。这对学生养成击球后迅速回位的习惯非常有效。

（3）对于进阶练习者，抛球者可通过逐渐加快球速或使抛球位置更靠近球网等方式来加大练习难度。

（4）提示学生前场击球时注意脚的朝向，要向来球方向跨步，脚尖对准羽毛球，这样可以有效减少失误。

5. 拓展练习：

（1）两点交替抛球：抛球者分别向正、反手位置连续抛球，练习者站在中心位置，上网进行正、反手击球，每组做 20~30 次，练习 3~4 组。提示学生熟练步法配合，提高正反手握拍转换能力。适用于初学者。

（2）不定点抛球：抛球者向网前抛出不同角度的球，练习者根据身体和步法移动情况，选择相应的回球方式，每组做 20~30 次，练习 3~4 组。这个练习主要提高学生的判断能力和起动能力。适用于初学者和进阶练习者。

（3）不定点增加假动作抛球：抛球者向网前抛出不同角度的球的同时增加假动作迷惑练习者，练习者选择相应的回球方式，每组做 20~30 次，练习 3~4 组。这个练习主要提高学生的判断能力和第二次起动能力。适用于进阶练习者。

（四）两人隔网对练

1. 方法描述：两人隔网站立，或搓或勾或挑，击球后迅速回到中心位置，迎接对方来球，重复练习。

2. 练习要求：准确判断，起动迅速，步法到位，熟练引拍动作，掌握发力技巧，抢高点击球。

3. 组织方法：两人一组，分组练习。

4. 教学建议：

（1）这种方法适用于初学者和进阶练习者，每组做 20~30 次，练习 3~4 组。

（2）提示学生前臂要迅速往前上方举起，球拍略向前伸，搓、推、勾球前期动作相同，在击球瞬间灵活运用多种手法击球。

（3）运用手腕和手指调整拍面击球角度，控制球的落点。

（4）场地不充足时，也可以选择其他空地进行练习。注意提示学生击球点位置不要过低。

5. 拓展练习：

（1）固定落点练习：两人进行隔网对练，固定落点，先在网前进行练习，然后进行前后场结合练习，每组做 3~5 分钟，练习 2~3 组，轮换练习。注意快速起动，动作准确，回球到位，及时回位。适用于进阶练习者。

（2）不固定落点练习：两人进行隔网对练，不固定落点，先在网前进行练习，然后进行前后场结合练习，每组做 3~5 分钟，练习 2~3 组，轮换练习。注意提前预判，快速起动，灵活运用。适用于进阶练习者。

三、比赛创设

（一）吊球落点比准

1. 比赛方法：把学生分成人数相等的若干组，在场地上画一个方框为落点区域，每组一人发球、一人吊球，全组每人吊球 5 次，直至小组成员全部完成击球，看入框球数。

2. 规则与裁判方法：球落入方框数量最多的组获胜。

3. 比赛拓展：

（1）固定两个点或多个点进行吊球。

（2）一人连吊两点，也可小组内进行吊球和放网前球结合。

（二）正、反手放网前球挑战赛

1. 比赛方法：把学生分成人数相等的若干组，每人 5 球，站于半场中线位置进行正、反手放网前球。在对面半场设置 3 个边长为 80 厘米的正方形落点区域，对应分值分别为前发球线最左边方框区域 2 分、中间方框区域 1 分、最右边方框区域 2 分，每次回球自行选择落点区域，球落入相应区域获得对应分数，分数高者获胜。

2. 规则与裁判方法：每次击球后迅速回到中心位置，不可犯规击球，得分多者挑战成功。各组可互派一名代表进行监督。

3. 比赛拓展：

（1）落点区域由大变小。

（2）起动点可设置在中线或两边，进行一点回三点放网前球比赛，三个点的分值依次是 1、2、3 分。

（三）扑球成功率积分赛

1. 比赛方法：把学生分成人数相等的若干组，每人 3~5 球，在前发球线放标志物，进行扑球比赛，每次扑球后回到标志物后。

2. 规则与裁判方法：每成功一球积 1 分，触网、过网击球都算失误不计分，每组全体成员完成后计算总积分。每组可选派一名裁判进行交换执裁。

3. 比赛拓展：

（1）从不固定回球线路到固定回球线路。

（2）从不固定落点区域到固定落点区域。

第四节　杀球与接杀球

羽毛球的中后场击球技术主要分为主动处理和被动处理。主动处理包括杀球技术和平抽球技术，被动处理包括接杀挡网前球技术，每个技术都分正手位和反手位。主动处理需要学生具备良好的腰腹力量，发挥瞬时爆发力，抓住机会用跳杀球或突击杀球进攻，并及时举拍准备平抽，使对方处于被动。在处于被动状态时可利用接杀放网前球技术缓冲过渡，以便随时将被动转化为主动。中后场技术动作尤为考验学生的位移速度和爆发力，妥善处理关键球是自己过渡和制约对手的法宝，在双打比赛中尤为重要。

一、教材分析

（一）正手杀球

1. 讲解要点：

（1）准备动作：面对球网侧身站立于后场，重心倾向右脚，两臂架起，目视来球，找准击球位置（在头顶上方）。

（2）引拍：右脚前脚掌用力蹬地跳起，左臂下压，右手持拍内旋转动至右臂正上方。

（3）击球：大臂带动前臂，手腕自然下压，击球要用球拍正面。

（4）随挥：击球后，右臂随惯性挥至身体左下方，身体重心移到前脚。

2. 示范建议：主要采用正面示范，重点示范准备时的两臂架拍动作以及随挥后动作的完整性与流畅性，切勿做完下压挥拍就停止动作。

3. 教学重点：持拍手的同侧脚用力蹬地起跳；转髋引拍；手腕快速下压；左脚落地后右脚向前迈步保持身体平衡并向前移动至中场。

4. 易犯错误及纠正方法：

易犯错误1：判断不准确，杀球时机不对导致失误。

纠正方法：球的落点一定要在头顶正上方，可先徒手抓握来球练习判断位置，熟悉球感后再持拍练习。

易犯错误2：非持拍手没有起到协调辅助作用。

纠正方法：在持拍手做下压动作前，非持拍手要先做辅助下压动作，起到带动作用。教师要完整示范慢速挥拍动作，反复强调非持拍手的作用。

（二）平抽球

1. 讲解要点：

（1）准备动作：侧弓步站立，身体和重心倾向持拍手，两臂架起准备。

（2）引拍：后脚前脚掌蹬地发力，身体从侧面向前转体时，持拍手臂肘关节成120度角。

（3）击球：快速抖动手腕将球平击过网（反手平抽球则按反手握拍，击球动作相同）。

（4）随拍：击球后，面对球网并步移动回中场。

2. 示范建议：先背面示范，提示学生重点观察腰部转体击球动作。再侧面示范，提示学生重点观察持拍手臂肘关节成120度角的击球动作。

3. 教学重点：击球瞬间重心要稳，不能因惯性前倾过多而使身体失去平衡；击球时，持拍手臂肘关节始终保持120度角。

4. 易犯错误及纠正方法：

易犯错误1：身体保持不动。

纠正方法：提醒学生上体直立，后脚蹬地时髋部从侧面转向正面。

易犯错误2：击球时伸臂过多。

纠正方法：明确持拍手臂肘关节120度角的大小，同时抖动手腕，瞬间发力，重复练习正确的挥拍动作。

（三）接杀挡网前球

1. 讲解要点：

（1）准备动作：两脚平行开立，上体保持直立，面向来球方向俯身。

（2）引拍：持拍手臂完全伸直至体侧前点。

（3）击球：球拍的拍面正对前方，持拍手的同侧脚往前迈一步，利用来球的惯性将球挡回对方网前。

（4）随拍：击球后，手腕随惯性向前推挡。

2. 示范建议：先正面示范，提示学生重点观察接球时的迈步动作。再侧面示范，提示学生重点观察击球点和击球时展腕使拍面向前的动作。

3. 教学重点：身体下蹲保持重心稳定，持拍手臂主动伸至腰部前方。

4. 易犯错误及纠正方法：

易犯错误 1：拍头下沉指向地面，向上挑球。

纠正方法：拍头与地面接近平行或稍上扬，展腕推挡。

易犯错误 2：手腕发力过度。

纠正方法：手腕无须发力，只需借助来球的惯性轻推挡球即可。

二、练习方法

（一）持拍模仿练习

1. 方法描述：从原地体前 8 字挥拍动作练习过渡到带步法挥空拍，重复练习。

2. 练习要求：手腕发力，8 字挥拍时两脚平行开立，同时需在头脑中想象正反手持拍动作，在带步法挥拍时要注意先步法后挥拍。

3. 组织方法：体操队形，注意间距。教师先带领学生练习，并巡回指正，然后可选出动作比较标准的学生带头做一对多或一对一练习。

4. 教学建议：

（1）练习要由易到难，初学者先安排 8 字挥拍，每组做 100 次，练习 2~3 组；熟练后再组织学生进行带步法的挥拍练习，每组做 20~30 次，练习 3~4 组。

（2）挥拍练习前先让学生思考"想把球击到哪个位置"，然后正面示范，提示学生调整好拍面指向的位置。

（3）提示学生逐渐加大步幅，每一步都要保持重心稳定，最后跨一大步的同时出拍。

（4）注意提示学生动作的流畅性，灵活运用手腕，原地练习压腕、画小圈动作。

5. 拓展练习：

（1）击打悬挂物：两人互相合作练习，辅助者将悬挂羽毛球的杆子放在练习者的斜前方，练习者击打悬挂的羽毛球，辅助者可以调整悬挂物的位置，以便练习者体验不同的击球位置，每组做 20~30 次，练习 3~4 组。适用于初学者。

（2）你指我练：五人一组，在场地中间画一个直径约 50 厘米的圆圈，练习者在圆圈中做好准备动作。指挥者不固定地指挥左右场区，练习者根据指挥者所指方向判断正反手球，然后做出正确的带步法挥拍动作，每次做完动作后都要回到圆圈位置做好准备，等待下次指挥，每组做 20~30 次，练习 3~4 组，轮流指挥。适用于初学者。

（二）移动多球练习

1. 方法描述：抛球者站在球网后，告知练习者抛球的固定位置，抛球者依次向固定位置抛球，练习者根据口令移动至固定位置击球，击球后回到中场做好准备，重复练习。

2. 练习要求：判断准确、反应快，步法准确到位。

3. 组织方法：3~5 人一组，按顺序轮流进行分组练习。先由教师边发球边纠正，然后可让学生发球，教师主要纠正动作。

4. 教学建议：

（1）一开始由教师抛球，速度可以慢一些，抛球的高度、距离要稳定。

（2）教师喊口令，提醒学生"准备""移动""击球"。

（3）提示学生在做平抽球反手挥拍时，前臂要在挥拍击球瞬间利用惯性回转。

（4）提示学生挥拍时身体可能会失去平衡，所以步法的最后一步必须先站稳，然后身体稍微前伸再做横向挥拍动作。

5. 拓展练习：

（1）两点交替抛球：抛球者分别向正反手位置连续抛球，练习者在中线位置准备，向两侧移动击球，每组做 20~30 次，练习 3~4 组。适用于初学者。提示学生熟练步法配合，提高正反手步法转换能力。进阶练习者可加快抛球速度，加大练习难度。

（2）不定点抛球：抛球者向练习者两边不同高度抛球，练习者根据来球及时判断并选择相应的回球方式，每组做 20~30 次，练习 3~4 组。适用于进阶练习者。

（三）隔网对练

1. 方法描述：两位技术水平相当的学生一组，利用半边场地隔网进行练习，或按照教师规定的球路进行练习。

2. 练习要求：起动迅速，步法到位，击球后迅速回中线准备再次起动；正确区分正反手步法。

3. 组织方法：两人一个半场，一人站在前场，一人站在对方后场，教师巡回指导。

4. 教学建议：

（1）教师先正面示范，然后让学生尝试练习 10 分钟。

（2）提前告知学生练习的球路，在练习时提醒学生及时走位。

（3）提示学生要保证重心稳定，每一步的步法都要稳定、清晰。

（4）教师巡回指导，及时指正。

5. 拓展练习：不固定落点练习。练习者在中线准备起动，教师不固定球路，要求学生正确判断对方的球路及球的落点，在对方出手后迅速移动，用适合的技术处理来球，每组做 10 分钟，练习 3~4 组。适用于初学者。

（四）对墙击球练习

1. 方法描述：选择一面无挂饰的墙壁，利用墙面对球的反弹力持续击球。

2. 练习要求：集中精神，每次击球后都要为下一次击球做好准备，保持半蹲姿势和双脚移动。

3. 组织方法：墙面位置较多或较大的场地可以一人一墙，场地不足的可以 2~3 人一组轮流练习。

4. 教学建议：

（1）示范击球时要慢一些，提示学生击墙体反弹球时要注意正、反手动作切换。

（2）强调练习时腿部保持移动，要主动迎球。

（3）提示学生每次击球后都要举拍准备迎击第二次来球。

（4）提示学生击球时不要过于紧张，身体要保持放松和稳定。

5. 拓展练习：

（1）加速击球：利用墙面对球的反弹力持续击球，加大击球力量，使球加速反弹。两脚开立与肩同宽，加快移动速度和击球速度，使球不落地。

（2）扩大区域击球：利用墙面对球的反弹力持续击球，扩大墙面范围，加大左右移动幅度，也可加大前后移动距离，主动迎击回球，使球不落地。

三、比赛创设

（一）固定区域杀球积分赛

1. 比赛方法：四人一组，杀球区域为前场，教师发球，学生采用杀球技术将球击至固定区域，小组成员每人完成 20 球，直到所有成员轮换完为止。

2. 规则与裁判方法：球过网并且落在指定区域内为有效球，计 1 分，累计分数最多的组获胜。

3. 比赛拓展：

（1）缩小落点区域：用胶带贴出固定位置，提高球落点的准确性。

（2）增加区域数量：规定两个落点区域，要求参赛者交替将球击入区域内。

（二）半场平抽球比赛

1. 比赛方法：利用正、反手平抽球技术进行半场对抽球比赛。

2. 规则与裁判方法：谁先将球抽出界、不过网即淘汰，胜者积一分，分数多的一方获胜。

3. 比赛拓展：缩小移动范围或落点范围。

（三）接杀球技术对抗赛

1. 比赛方法：把学生分成两组，在半场内，一组利用杀球技术将球击过网，另一组接杀球。接杀下网或出界则对方得 1 分，先得 15 分者获胜。一局结束后两组队员交换，最后统计大比分。

2. 规则与裁判方法：3~4 人一组，分两组，每组按数字抽签，如 1—1、2—2、3—3。两人对抗，赢的一方加 1 分，计小组总分，积分高的组获胜。

3. 比赛拓展：

（1）先通过小组内比赛选出优胜者，再进行各组大比拼。

（2）扩大区域，可用一个球场进行正反手接杀球技术对抗赛。

思考题

1. 在进行羽毛球组合动作技术教学时，如何通过有效的教学方法促使学生掌握好技术动作的衔接？请举例阐述。

2. 在日常教学中，如何引导学生将羽毛球基本技战术运用到实战情境中？

3. 如何在高中羽毛球模块教学中渗透健康行为？请结合一种羽毛球技术或战术举例说明。

第十二章　网球教材教法

　　网球是一项优美而激烈的体育运动，孕育在法国，诞生在英国，开始普及和形成高潮在美国，现在盛行全世界。网球被冠以高雅运动和文明运动的美誉，具有和谐性、趣味性、技巧性等特点，适合不同年龄、不同性别的人练习。

　　网球是一项有氧和无氧供能交替进行的运动。学生经常进行较长时间有一定强度的网球锻炼可以大大改善心肺功能，发展位移速度、肌肉力量、柔韧性、灵敏性等体能。文明高雅是网球运动的代名词，诚实守信是网球运动的核心内涵。网球运动能够培养学生诚实守信、谦虚谨慎和公平正义等优秀品质。

　　中小学网球教学的重点是网球基本技术、练习方法和比赛方法，通过比赛让学生感受网球的独特魅力，并在学练和比赛中不断完善网球基本技术，增进身心健康。本章包括正反手击球、截击球、发球和高压球等内容。在教学时，教师应根据学生的实际能力、场地与器材条件等情况进行合理规划与设计，做到精讲多练、多比赛，使学生在每个单元的学习中都能获得完整的项目体验。

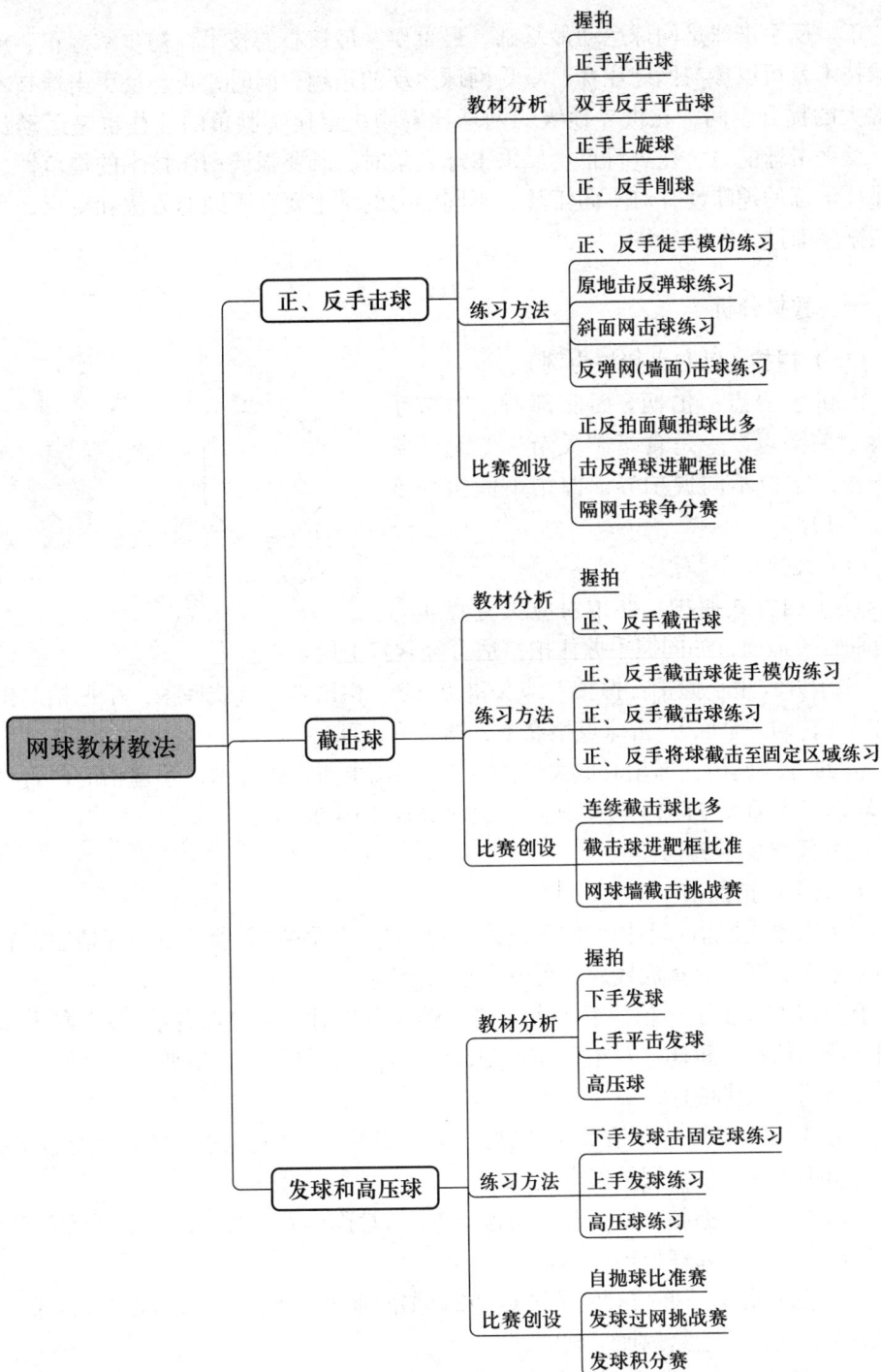

思维导图

```
                                              握拍
                                              正手平击球
                                  教材分析    双手反手平击球
                                              正手上旋球
                                              正、反手削球

                                              正、反手徒手模仿练习
                      正、反手击球          原地击反弹球练习
                                  练习方法    斜面网击球练习
                                              反弹网(墙面)击球练习

                                              正反拍面颠拍球比多
                                  比赛创设    击反弹球进靶框比准
                                              隔网击球争分赛

                                  教材分析    握拍
                                              正、反手截击球

网球教材教法          截击球              正、反手截击球徒手模仿练习
                                  练习方法    正、反手截击球练习
                                              正、反手将球截击至固定区域练习

                                              连续截击球比多
                                  比赛创设    截击球进靶框比准
                                              网球墙截击挑战赛

                                              握拍
                                              下手发球
                                  教材分析    上手平击发球
                                              高压球

                                              下手发球击固定球练习
                      发球和高压球        上手发球练习
                                  练习方法    高压球练习

                                              自抛球比准赛
                                  比赛创设    发球过网挑战赛
                                              发球积分赛
```

第一节 正、反手击球

正、反手击球是网球运动最基础、最重要、最核心的技术，初步掌握正、反手击球技术就可以参与网球比赛，享受网球运动的乐趣。同时，正、反手击球技术有非常大的提升空间，在世界顶级的网球比赛中决定比赛胜负的往往也是运动员的正、反手击球能力。在进行正、反手击球教学时，既要强调动作技术的规范性，也要保证学练的趣味性，对不同年龄、不同能力的学生要有不同的方法和要求，力求做到循序渐进、区别对待。

一、教材分析

（一）握拍（以右手持拍为例）

1. 讲解要点：拍柄 8 面底部看，对应手掌两个关键点，一是食指掌关节，二是手掌左下角，定位不同握拍异，握拍不同击球变（图 12-1）。

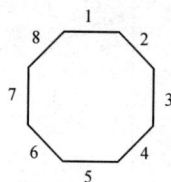

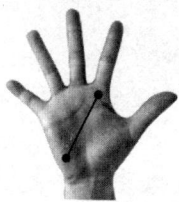

图 12-1

（1）经典正手握拍：

① 半西方式握拍：握拍对应关键点 4/4。拍面垂直于地面，如同握手握住拍，适合经常打上旋。

② 东方式正手握拍：握拍对应关键点 3/3。相比半西方式握拍，手握拍的位置稍内转（转动一个面），击球点稍靠下，适合平击球。

③ 西方式握拍：握拍对应关键点 5/5。相比半西方式握拍，手握拍的位置稍外转（转动半个面），打出上旋更强劲，面对高球不困难。

（2）经典反手握拍：

① 双手反拍握拍：

双手东方式握拍：握拍对应关键点右手 3/3，左手 7/7。参考正手握拍法，右手微调左手来，两手靠拢底线攻，可发力也可上旋。

上手东方式正手握拍，下手大陆式握拍：握拍对应关键点右手 2/2，左手 3/3。根据来球去选择，相比"双东"左手变，两手尽力去靠拢，大多平击弱上旋。

② 单手反拍握拍：

东方式反手握拍：握拍对应关键点 7/7。对称正手东方式，左手帮助右手换，容易打出平击球，切换握拍很方便。

半西方式反手握拍：握拍对应关键点 6/6。对称正手半西式，左手帮助右手换，容易打出上旋球，高球处理也不难。

③ 大陆式握拍：握拍对应关键点 2/2。拍面垂直于地面，手的虎口按向前，此种握法手腕活，利于给球加下旋。

2. 示范建议：可以指明拍柄的 8 个面和手掌的两个点，两者对应起来握拍；

也可以背面示范，伸出手臂，展示握拍位置，便于学习者直接模仿。

3. 教学重点：不同情况下正手、反手握拍方式的选择。

4. 易犯错误及纠正方法：

易犯错误：练习时换握不及时。

纠正方法：准备阶段尽快判断来球，判断来球后迅速换握。练习者在对面喂球后第一时间大声喊出"正手"或"反手"，同时调整球拍，完成击球。此练习可以强化及时换握。

（二）正手平击球（以右手持拍为例）

1. 讲解要点：

（1）准备姿势：两脚开立降重心，两手握拍看前方。

（2）引拍：转肩转髋快上步，随带手臂向后摆。

（3）击球：击球时蹬地转体，大臂带小臂向前，拍面垂直于地面，向前推送很关键。

（4）随挥：随挥继续送拍转，手臂内旋拍收肩。

2. 示范建议：先完整动作示范，再依次分解示范准备动作、引拍、击球、随挥。也可采用正面示范和侧面示范相结合的方法，提示学生重点观察击球时手腕和球拍的运行轨迹。

3. 教学重点：击球时蹬地转体，手腕固定，击球点在身体的斜前方。

4. 易犯错误及纠正方法：

易犯错误1：只用手腕的力量击球。

纠正方法：强调蹬地转体协调用力，用躯干带动手臂击球，多做两人击掌徒手模仿练习。

易犯错误2：击球点靠后。

纠正方法：提示学生提前引拍，并多练习定点击球，养成重心前移向前击球的习惯。

（三）双手反手平击球（以右手持拍为例）

1. 讲解要点：

（1）准备姿势：两脚开立，降低重心，目视前方判断来球。

（2）引拍：换握转体后拉拍，直到下颚对上肩，同时向前跨出步，重心千万别高抬。

（3）击球：蹬地转腰拍带出，触球后部立拍面。

（4）随挥：击球后继续转体，顺势将球拍挥至肩或头部的高度。

2. 示范建议：先完整动作示范再分解动作示范，可采用正面示范和侧面示范相结合的方法。重点示范引拍时转肩、上步，以及整个动作的蹬地和腰部扭转。

3. 教学重点：引拍时，上步和腰部扭紧；击球时，向前挥拍要蹬地转体带球拍。

4. 易犯错误及纠正方法：

易犯错误1：触球较晚。

纠正方法：多做定点击球练习，巩固正确击球点；多做步法移动练习，判断好人球距离，尽早向前跨步引拍。

易犯错误 2：站立过直，击球点过高。

纠正方法：击打定点球时喂球低一些；多做坐凳引拍或低位引拍练习。

（四）正手上旋球

1. 讲解要点：

（1）准备姿势：两脚开立降重心，两手握拍看前方。

（2）引拍：转肩转髋快上步，后带手臂把拍抬。

（3）击球：击球前把拍头降，击球时由下往上，把球包住甩拍头，触球时间多一些。

（4）随挥：不仅向上还向前，收到异侧连起来。

2. 示范建议：先完整动作示范再分解动作示范，可采用正面示范和侧面示范相结合的方法。重点示范球拍的运行轨迹。

3. 教学重点：挥拍击球时，击球前拍头低于来球，击球时拍头快甩包住球。

4. 易犯错误及纠正方法：

易犯错误 1：球拍"吃"不住球。

纠正方法：在小场地反复练习上旋对拉球。

易犯错误 2：击球时拍面不稳定。

纠正方法：多做原地快速喂球练习和快速挥拍上旋击球（引拍和随挥幅度减小）练习，固定击球拍面，强化挥拍轨迹。

（五）正、反手削球

1. 讲解要点：

（1）准备姿势：两脚开立降重心，目视前方判断来球。

（2）引拍：换握转肩抬起肘，转体幅度可稍小，尤其正手切削球，但是拍头稍扬高。

（3）击球：跨步向前把拍送（尤其是反手），最后走向分着来，遇到上旋前下切，遇到下旋切后扬，球拍与球接触长，记住手腕固定好。

（4）随挥：向着出球的方向，身体重心随拍上。

2. 示范建议：先完整动作示范再分解动作示范，可采用正面示范和背面示范相结合的方法。重点示范击球部位以及拍面、手腕和球拍推切动作。

3. 教学重点：挥拍击球时，向下向前推切，球拍与球有较长的接触时间。

4. 易犯错误及纠正方法：

易犯错误 1：手腕松动向下掉。

纠正方法：在手握拍柄处前方绑网球，反复练习削球动作，手腕找网球，提醒手腕固定不能松。

易犯错误 2：切削太多，不出球。

纠正方法：在挥拍过程中不仅要切，还要推，调整拍面和球拍的运行轨迹，多做反复挥拍和多球练习。

二、练习方法

（一）正、反手徒手模仿练习

1. 方法描述：以正、反手击球动作的引拍为准备动作，做挥拍击球和随挥至肩上的动作，重复练习。

2. 练习要求：重心微降，蹬腿转髋，随挥充分，发力由下而上，上体保持正直，不要低头含胸，眼睛盯住来球方向，动作协调；重心随着挥拍逐渐前移，最终移至前脚。

3. 组织方法：体操队形或两人相对，在统一指挥下进行练习。

4. 教学建议：

（1）提示学生挥拍路线类似于写一个横向的"6"字，以便学生更快理解挥拍路线。

（2）鼓励学生认真体会动作的重心移动、发力顺序等，以便尽快建立正确的神经和肌肉感觉。

5. 拓展练习：

（1）上一步击球徒手模仿练习。做好击球准备姿势，上一步做徒手击球模仿练习，完成动作后回到准备姿势。正、反手动作每组各做 40~50 次，练习 3~4 组。

（2）持拍模仿练习。以正、反手击球引拍动作为准备动作，练习挥拍击球和随挥动作，每组做 20~40 次，练习 3~4 组。

（二）原地击反弹球练习

1. 方法描述：以正、反手击球引拍动作为准备动作，待球落地反弹到适宜高度后挥拍击球。

2. 练习要求：动作准确，发力协调，用拍面"甜点"位击球，击球时的推送和击球后的随挥充分。

3. 组织方法：两人一组，帮助者站在练习者斜前方，将网球垂直抛落，练习者完成击球动作。

4. 教学建议：

（1）对于动作较为标准或击球准确性较高的学生，可鼓励其进行全班示范。

（2）抛球人边抛球边帮助提示和纠正练习者的动作。

（3）注意强调击球和捡球时的安全。捡球时可组织比赛，看哪一组最先捡回一定数量的球，提高学生练习积极性和课堂趣味性。周边有人练习时则不捡球，避免出现伤害事故。

5. 拓展练习：

（1）上一步正手或反手击反弹球：做好击球准备姿势，小跳步一次后上一步完成正手或反手击反弹球动作。注意控制好人球距离。正、反手动作每组各做 30~40 次，练习 3~4 组。

（2）上 2~3 步正手或反手击反弹球：做好击球准备姿势，小跳步一次后上 2~3 步完成正手或反手击反弹球（帮助者抛球）动作。步伐移动和击球动作协调配合，控制好人球距离，脚步移动到位。正、反手动作每组各做 30~40 次，练习 3~4 组。

（3）小范围移动击反弹球进靶筐：做好击球准备姿势，小范围移动完成正、反手击反弹球（帮助者不定向或不定力度抛球）进靶筐。练习者提前预判来球方向及球的反弹高度，选择适宜的移动步法，积极引拍，出球后身体面向出球方向，击球角度准确。正、反手动作每组各做 30~40 次，练习 3~4 组。

（三）斜面网击球练习

1. 方法描述：面对斜面网连续进行正手击球、反手击球和正反手结合击球练习。

2. 练习要求：脚步移动快，引拍积极，随挥充分。

3. 组织方法：4~6 人一组，每人击球 3 次后轮换，依次进行。

4. 教学建议：

（1）鼓励学生努力保证每一次挥拍击球动作的准确性，学生之间互相比赛，看哪一组在最短时间内先达到规定的连续击球次数。

（2）控制好斜面网的摆放位置和角度，保障各小组有充分的练习空间和安全距离。强调捡球时注意观察周围同学练习情况，不要闯入他人练习区域，以免影响他人练习效果或对自己的人身安全造成威胁；练习者如果发现有同学闯入自己的出球区域应立刻停止练习，以保证他人安全。

（3）鼓励学生利用课余时间自主进行斜面网击球练习。

5. 拓展练习：

（1）双人斜面网对击球：两人面对斜面网左右站立，确定好正、反手位，一人一次轮流击球。也可以两人纵向站立，一人正手连续击球数次（反手连续击球或正反手结合连续击球数次均可），完成后迅速让开击球位置跑到队尾，下一人继续击球。

（2）多人斜面网击球：多人一组成纵队站立，一人正手连续击球一次或数次（反手连续击球或正反手结合击球一次或数次均可），击球完成后迅速跑到队尾，下一人继续击球。如果每组使用斜面网练习的人数较多，也可以结合敏捷梯练习，练习者完成规定的敏捷梯步法练习后快速进行击球接力。还可以结合小栏架练习，练习者完成小栏架跳跃练习后快速进行击球接力。

（四）反弹网（墙面）击球练习

1. 方法描述：两人面对反弹网（墙面）站好位置，一人进行正手位击球，一人进行反手位击球，一人击球一次进行对击球练习。

2. 练习要求：两人控制好间隔，一人击球后尽量给同伴让出下一次击球的空间，然后迅速回位，确保对击球练习的连贯性。

3. 练习组织：两人距离反弹网 4 米左右进行对击球练习。

4. 教学建议：

（1）鼓励学生练习时相互配合，可以边击球边进行语言沟通，提示对方如何才能更好地接到球，或表达自己想要接到什么样的球，以便双方更好地配合。

（2）确定距离反弹网（墙面）4 米线，两人中任意一人越线算失败。在练习和比赛过程中，要求学生自我监督和互相监督，使学生树立规则意识，同时也能培养学生的诚信品质。

（3）鼓励学生坚持不懈，快速移动，大胆发力，争取完成更多的连续击球次数。

5. 拓展练习：

（1）多人反弹网（墙面）轮流击球：多人面对反弹网（墙面）成纵队站立，一人击球一次后迅速回到队尾，下一人接力击球。提示学生击球后快速离开位置，给下一位同学让出击球空间，小组间协同配合，争取完成更多的连续击球次数。

（2）单人反弹网（墙面）连续击球：尽量正反手结合进行击球练习。提示学生脚步移动快，出球路线准确，争取完成更多的连续击球次数。

三、比赛创设

（一）正反拍面颠拍球比多

1. 比赛方法：每人一拍一球，连续颠 / 拍反弹球。

2. 规则与裁判方法：连续颠 / 拍球次数最多者获胜。

3. 比赛拓展：

（1）单人连续颠 / 拍球。

（2）两人一球 / 两球面对面颠 / 拍球。

（3）双人手拉手"隔网"颠 / 拍球。

（4）四人 2 对 2 拉手颠 / 拍球。

（二）击反弹球进靶框比准

1. 比赛方法：把学生分成人数相等的若干组，轮流击反弹球，并尽量将球打进靶框内。

2. 规则与裁判方法：小组内学生轮流击球，在规定时间内进球数量最多的组获胜。连击无效。

3. 比赛拓展：

（1）击球位置距靶框距离由近至远。

（2）击球前增加跳跃或步法移动练习。

（3）先做绳梯步法（如绳梯恰恰、进进出出、进二退一等）练习，再轮流击球，适合场地与器材不足，组内人数多于 6 人的比赛。

（三）隔网击球争分赛

1. 比赛方法：把学生分成人数相等的若干组，轮流击球，根据球的落点判断取得分数的大小。教师可根据球落点的难易程度确定对应分数。

2. 规则与裁判方法：小组内学生轮流击球，落到有效区域得分累加，出界不得分，累计分数最高的组获胜，每组可设置一位裁判员站在球网处看球的落点并宣告相应分数。

3. 比赛拓展：

（1）击球距离由发球线逐渐后移至底线。

（2）得分有效区域的范围逐渐缩小。

第二节　截击球

截击球技术是网球网前技术中的一种常用技术，回球速度快，力量足，威胁大。掌握截击球技术，可以更有机会赢得分数，也可以使技术更加全面，战术运用变化更多，在比赛中更能体会网球运动带来的乐趣。在进行截击球教学时，不仅要引导学生学习动作技术，还要对学生进行心理指导，使其敢于上网截击，培养学生勇敢、果断的意志品质。

一、教材分析

（一）握拍（以右手持拍为例）

1. 讲解要点（参考上一节握拍对应的关键点）：

（1）大陆式握拍：握拍对应关键点 2/2。类似手握刀剑柄，正、反截击无须调。

（2）大陆式握拍和东方式握拍之间的握拍：握拍对应关键点 1/2。在时间充分时使用，能加强拦截力量。

2. 示范建议：指明拍柄的 8 个面以及手掌的两个点，再对应两个关键点 2/2、2/1 握拍；也可左手将球拍托于体前，右手虎口沿球拍框竖直滑至拍柄底部握住（大陆式），或偏左握住。

3. 教学重点：截击时采用大陆式握拍方法。

4. 易犯错误及纠正方法：

易犯错误：换握不及时。

纠正方法：初学者或更多选手采用大陆式握拍截击，正、反手截击不用转动球拍，待适应或水平提升后再选择偏东方式握拍方法。

（二）正、反手截击球（以右手持拍为例）

1. 讲解要点：

（1）准备姿势：两手持拍于身前，重心落于两脚间，腰背立直盯对方，垫步后迅速判断。

（2）引拍：转肩后引幅度小，手腕固定，球拍不超过肩。

（3）击球：挥拍由后向前下，来球高低拍面调，正手截击左脚跨（反手截击右脚跨），击球腕肘固定牢。

（4）随挥：截击球后随球跟进，动作短促最关键。

2. 示范建议：采用完整动作示范和分解动作示范相结合的方法，提示学生重点观察从后上到前下的挥拍轨迹，以及手腕、拍面固定的短促截击动作。

3. 教学重点：截击球时手腕固定；整个挥拍动作短促。

4. 易犯错误及纠正方法：

易犯错误：引拍幅度过大。

纠正方法：背靠墙或挡网练习截击球引拍动作；也可以两人一组，辅助者手举球拍（作为墙）置于练习者要引拍一侧的侧后方，练习者引拍时不能碰到辅助者。

二、练习方法

（一）正、反手截击球徒手模仿练习

1. 方法描述：

（1）网球接球准备姿势，上步转身做正、反手截击球的引拍动作，重复练习。

（2）以正、反手截击球的引拍动作为准备动作，做挥拍截击球及随挥动作，重复练习。

2. 练习要求：身体重心前压，引拍转肩转身，切削击球，随挥短促。

3. 组织方法：体操队形或散点队形，确保练习过程中学生之间保持安全距离。

4. 教学建议：

（1）关注引拍上步动作，避免上错脚。

（2）提示学生动作全程保持手肘在身体前方，在体前击球。

（3）重点关注挥拍角度及方向，确保切削球充分。

5. 拓展练习：

（1）上一步截击球徒手模仿练习：站立于网前 1~2 米处，并以此为中心点，做好击球准备动作，垫步后上一步进行正、反手截击动作练习，完成后迅速回到中心点，再重新开始下一次动作练习。每组做 20~30 次，练习 2~3 组。

（2）上 2~3 步移动截击球徒手模仿练习：站立于网前 1~2 米处，并以此为中心点，做好击球准备动作，垫步后移动 2~3 步进行正、反手截击动作徒手模仿练习，完成后迅速回到中心点，再重新开始下一次动作。每组做 20~30 次，练习 2~3 组。

（3）手抓或手背截击球：两人近距离隔网站立，一人抛球，一人用手抓或手背截击。正手击球时用手抓住球，反手击球时用手背截击球。初学阶段可以先截击反弹球，待能力有所提升后再进行球不落地的截击球练习。每组做 20~30 次，练习 2~3 组。

（二）正、反手截击球练习

1. 方法描述：网前垫步做好截击球准备，待球过网后迅速完成截击动作。

2. 练习要求：注意力集中，盯住来球方向，迅速选择正手或反手截击球动作，控制好回球力度。

3. 组织方法：四人一组，一人喂球三人轮转练习。确保练习过程中人与人或人与球之间保持安全间距。

4. 教学建议：

（1）强调脚下移动的连贯性和敏捷性，连续垫步和迅速上步移动，确保移动到位后截击球。

（2）关注学生手腕的控制，确保拍头始终高于手腕，拍面保持切削角度。

（3）控制好动作幅度和出球力度，确保球落入有效区域。

（4）重点提示学生截击球结束后迅速回位，为下一次击球做好准备。

5. 拓展练习：

（1）对墙（反弹网）截击球：对墙（反弹网）进行连续截击球练习，在初始阶段可做连续截击落地球练习，熟练后再做不落地的连续截击球练习。正、反手截击球动作每组各做 30~40 次，练习 2~3 组。

（2）三人截击球、接球：两人隔网对立，一人发球（抛球或使用球拍喂球），一人截击（稍控力度），第三人站在发球人身后，用单手截击动作抓住来球。

（3）两人或四人隔网连续截击球：两人隔网站立，进行球不落地的正反手连续截击球练习，每组做 30~40 次，练习 3~4 组；四人隔网站立，可以按照顺时针、逆时针或连续"Z"字形等自定义顺序进行球不落地的连续截击球练习，每组做 20~30 次，练习 2~3 组。

（三）正、反手将球截击到固定区域练习

1. 方法描述：根据来球高度、速度以及对手的移动速度、站位等综合判断，找出要把球截击到的可能得分区域并准确地将球回击到位。

2. 练习要求：综合分析对手的打法、移动速度、站位等，判断要把球截击到的区域、方向及速度、落点等，并在回球过程中有效执行。

3. 组织方法：四人一组，一人喂球，三人轮流练习。确保练习过程中学生之间、人与球之间保持安全间距。

4. 教学建议：

（1）引导学生在练习（比赛）的过程中分析和判断队友（对手）的击球习惯、移动速度，找出同伴（对手）的防守弱势位置或区域，将截击球打到该位置或区域，以确保得分（或练习的连贯性）。

（2）思路清晰，动作到位，知行合一，确保出球方向、角度、力度等合理。

5. 拓展练习：

（1）正、反手截击球不落入规定区域：把网球场的某个区域设定为不得落入区域，并进行标示，将其视作对手在回球过程中能够防守到的区域，正反手截击回球不得落入标示区域。10~20 次有效回球为一组，练习 2~3 组。

（2）正、反手截击球进靶筐（挡板）：在对面场地某一位置放置靶筐或一块挡板，使用正、反手截击球动作将球击入靶筐或击中挡板。在初始练习阶段，靶筐或挡板可以距离练习者较近，待练习者技术提高后再适当增加靶筐或挡板与练习者的距离。10~20 次有效回球为一组，练习 2~3 组。

三、比赛创设

（一）连续截击球比多

1. 比赛方法：运用截击球技术将同伴喂的球截击过网。

2. 规则与裁判方法：在规定时间内连续截击过网次数多者获胜。

3. 比赛拓展：

（1）徒手截击动作（正／反）抓球。

（2）徒手截击球过网。

（3）一正一反组合截击球过网。

（4）手持拍把（或拍颈）对墙截击球。

（二）截击球进靶框比准

1. 比赛方法：把学生分成人数相等的若干组，轮流隔网截击球，并尽量将球打进靶框。

2. 规则与裁判方法：小组内学生轮流截击球，在规定时间内进球数量最多的组获胜。连击无效。

3. 比赛拓展：

（1）近距离喂球截击球进靶框。

（2）隔网喂球截击球进靶框。

（3）不确定来球方向截击球进靶框。

（4）组合截击球进靶框。

（三）网球墙截击挑战赛

1. 比赛方法：小组内学生轮流击球，在规定时间内记录所有组员连续击球的总和，每人最多连击 10 次后轮换，不到 10 次按照当下连击次数记录。

2. 规则与裁判方法：在规定时间内累计击球次数最多的组获胜，每组可设置一位裁判员站在一侧宣告连击次数。

3. 比赛拓展：

（1）截击反弹球。

（2）一截一击。

（3）截击球的距离由近至远。

第三节　发球和高压球

发球是网球比赛中每一分的开始，不受其他技术制约，所以学好发球技术就意味着能够直接赢得主动或直接分数。高压球动作与发球动作相似，也是能够主动得分的重要技术。在发球和高压球教学中，教师可以通过技术分解和与其他学科融合（力学等）的方法，拓宽学生的学习视角，让学生不仅在实践中掌握这两项技术，还能对网球有更多深入的了解；也可以通过整体动作的学习和动作差异的探究，引导学生发现不同，提高学生的综合学习能力，为后续组合动作和战术练习做好准备。

一、教材分析

（一）握拍（以右手握拍为例）

1. 讲解要点（参考第一节握拍对应关键点方法）：

（1）大陆式握拍：握拍对应关键点 2/2。这是上手发球的常用方法，也可用于打高压球。

（2）大陆式握拍和东方式单手反手握拍之间的握拍：握拍对应关键点 1/2。水平高的球员大多采用这种发球方式，其优点是可以最大限度地扣住腕。

（3）东方式正手握拍：握拍对应关键点 3/3。下手发球主要采用东方式，类似正手击球法。

2. 示范建议：指明拍柄的 8 个面以及手掌的两个点，再对应两个关键点 2/2、1/2 握拍；也可左手将球拍托于体前，右手虎口沿球拍框竖直滑至拍柄底部握住（大陆式），或偏左握住。

3. 教学重点：正确的握拍方法。

4. 易犯错误及纠正方法：

易犯错误 1：握拍过紧，手腕和小臂紧张，影响鞭甩（或球速）。

纠正方法：将食指前伸 1~2 厘米，食指和中指在击球前放松，击球一刹那再用力。

易犯错误 2：初学者不习惯用大陆式握拍进行上手发球，常转至东方式握拍。

纠正方法：东方式握拍平击成分多，旋转少，容易导致球下网或出界，因此应多进行大陆式握拍的挥拍动作练习，提升手感。

（二）下手发球（以右手握拍为例）

1. 讲解要点：

（1）准备姿势：两脚开立站在发球区，身体侧对发球方向，半西方式、东方式、大陆式握拍方法均可用。

（2）引拍：左手持球臂伸直，右手持拍向后引。

（3）击球：持球手将球向上抛起，随后如同打正手球，蹬地转腰带手臂，在球未落地前将其击出。

（4）随挥：击球后球拍前随，动作完成后迅速归位。

2. 示范建议：下手发球动作比较简单，类似正手击球，教师可以采用正面和侧面完整动作示范，提示学生重点观察击球时机，球要在落地前击出（空中击球）。

3. 教学重点：眼睛盯球；击球时拍面稍打开。

4. 易犯错误及纠正方法：

易犯错误 1：不能准确将球击出。

纠正方法：强调用眼睛盯住球，或先去掉引拍动作，准备时将球拍置于击球点稍后身体侧方位置，便于抛球后将球击出。

易犯错误 2：击球下网。

纠正方法：击球时拍面稍打开，随挥尽可能向前上方。

（三）上手平击发球（以右手握拍为例）

1. 讲解要点：

（1）准备姿势：两脚开立，左脚尖对右网柱，左手持球，右手握拍，两臂放松置于体前。

（2）抛球引拍：身体重心前移，两手分开，一手抛球，另一手举拍，将球抛至身体前上方（抛球高度略高于练习者挥拍击球的高度），随后眼睛盯球，屈膝，背部伸展肩倾斜。

（3）上挥击球：伸膝转髋拍头降，右肩前移肘抬高（"挠背"动作），随后大臂带小臂，臂旋内、侧挥向上，腿部蹬伸脚离地，在身体正上方扣腕击球。

（4）随挥：右臂继续旋内下降，躯干转向正前方，球拍收于身体左侧，左脚落右脚抬，保持身体平衡。

2. 示范建议：上手平击发球动作比较容易掌握，但上手发球技术本身较难，应多采用侧面分解动作示范。初学上手发球时，提示学生重点观察抛球动作和绕肩上挥击球（"挠背""鞭打"）动作。

3. 教学重点：上挥击球时，旋内鞭打；完整发球动作节奏（爆发力传递的整个链条）。

4. 易犯错误及纠正方法：

易犯错误1：球抛不稳，旋转太多，影响击球。

纠正方法：将手掌想象成电梯，平稳将球托起送出。

易犯错误2：击球晚，屈臂严重。

纠正方法：降低难度，练习击固定点完整发球动作。

（四）高压球

1. 讲解要点（以右手握拍为例）：

（1）准备姿势和引拍：侧后交叉步找位，左手上伸指来球，同时右臂屈肘，拍头指向天空。

（2）击球：挥拍方法同发球，身体重心从前向后移，击球点在头的前上方，蹬转收腹扣杀球。

（3）随挥：上体随球方向屈，身体重心移至前腿。

2. 示范建议：高压球与发球动作相似，是一种重要的强攻得分技术。在学习上手发球后，可以采用完整动作示范和重点部位示范，提示学生重点观察碎步移动，挥拍击球时腰以下的蹬转收腹，以及背面示范时右肩上方的击球点。

3. 教学重点：移动灵活准确；击球时蹬、转、收腹。

4. 易犯错误及纠正方法：

易犯错误1：移动不到位，影响击球点判断。

纠正方法：教师或同伴喂出各种角度的高球，练习者快速移动，手臂伸直在高点接住球。也可自抛各种高度的球，移动后在高点击球。

易犯错误2：击球不准。

纠正方法：高压球击球点在右肩上方（以右手持拍为例），练习时紧盯来球积极移动，在右肩上方击球，反复练习。

二、练习方法

（一）下手发球击固定球练习

1. 方法描述：使用吹球机或悬挂等方式将球固定在下手发球击球高度，重复练习下手发球动作。

2. 练习要求：引拍侧身，根据握拍方法控制好击球动作、角度及随挥动作。

3. 组织要求：两人一组，练习 10 次后交换。确保练习过程中学生之间、人与球之间保持安全间距。

4. 教学建议：

（1）关注学生击球时的拍面角度。

（2）随挥要充分，确保球推送到位。

5. 拓展练习：

（1）自抛球下手发球练习。一手持球，一手引拍，稍向上抛球，蹬地转体做挥拍击球动作，将球发到对面场地有效区域。每组做 20~30 次，练习 2~3 组。

（2）下手发下落球练习。两人一组，一人持球，松手让球垂直下落，另一人做好下手发球引拍动作，待球下落至合适高度时迅速挥拍击球。也可以使用坠球机代替持球者，反复练习下手发球动作。每组做 20~30 次，练习 2~3 组。

（二）上手发球练习

1. 方法描述：自抛球进行上手发球分解和完整动作练习。

2. 练习要求：抛球线路稳定，引拍背弓充分，跳起鞭甩快速，击球点位置准确，拍面角度适当，随挥充分到位。

3. 组织方法：四人一组，轮流练习，确保练习过程中学生之间、人与球之间保持安全间距。

4. 教学建议：

（1）持球时应用指根托球，向上抛球时注意手指拨球的动作，抛球轨迹稳定。

（2）在分解动作练习向完整动作练习过渡的过程中，应增加一个球到击球点后让练习者停住，观察抛球效果、球拍角度、拍面角度、人拍位置、人球位置的环节，以便学生能够做出正确的击球动作。

（3）注意击球后的身体制动，避免身体过度扭转或过分前倾。

5. 拓展练习：

（1）上手发球越过标志线（或反弹网）练习。站在反弹网或与反弹网高度类似的标志线前，相距 1~2 米，做上手发球练习，确保发出的球越过反弹网（或标志线），体会击球高度及出球线路。每组做 20~25 次，练习 2~3 组。

（2）对墙（反弹网）上手发球练习。距离墙（或反弹网）5~6 米进行上手发球练习，球发出后关注球的路线，保证出球路线准确。注意观察球反弹回来的角度和方向，避免出现反弹球伤到面部等情况。每组做 20~30 次，练习 3~4 组。

（三）高压球练习

1. 方法描述：面对高球，快速移动至合适的击球位置，完成后摆引拍、前挥击球及随挥跟进动作。

2. 练习要求：选择合适的步法快速移动，边移动边侧身引拍，移动到位后站定等球下落至合适高度后迅速击球。

3. 组织方法：四人一组，一人喂球三人练习，轮转互换，确保练习过程中学生之间、人与球之间保持安全间距。

4. 教学建议：

（1）提示学生盯住来球，通过球速和来球线路判断是前进迎球还是后退等球。

（2）提示学生脚步移动到位，向前移动击打高压球时不要前冲过多，导致击球时过度后仰；向后移动时眼睛余光关注身后场地情况，控制好身体重心，避免摔倒。

（3）关注学生击球时的手腕角度和随挥动作，避免出现击球后手腕过度下压、上扬或随挥不当而导致回球下网、出界等情况，也要避免仰拍或手腕、拍面控制不稳导致球直接飞出场地等情况。

5. 拓展练习：

（1）移动接高球：两人一组，一人在对面场地发出高球，另一人根据来球情况快速移动用手将球抓住。每组做 15~20 次，练习 2~3 组。

（2）对墙连续高压球：离墙面 5~6 米，自抛高球挥拍击打，球的落点在离墙面 1~2 米处，球弹起后反弹至墙面并再次弹高，连续进行高压球动作练习。每组做 15~25 次，练习 2~3 组。

三、比赛创设

（一）自抛球比准赛

1. 比赛方法：把学生分成四组，每组循环做发球抛球动作，抛出的球落于有效区域内得 1 分。

2. 规则与裁判方法：在规定时间内积分最多的组获胜。

3. 比赛拓展：

（1）在发球线前摆放一支球拍，抛起的球落于拍面上得 1 分。

（2）面对网球墙进行发球练习，在击球环节将抛起的球停于拍面上。

（二）发球过网挑战赛

1. 比赛方法：以小组为单位，轮流发球，记录规定时间内发球过网的次数。

2. 规则与裁判方法：在规定时间发球过网次数最多的组获胜。

3. 比赛拓展：

（1）用发球动作掷球过网。

（2）设定击球姿势，从跪立击球过度至站立击球。

（3）设定网高，发球过低网、常规网、增高网。

（三）发球积分赛

1. 比赛方法：将发球区设置为由大到小的区域，分值可设定为 1 分、2 分、3 分，每人左右区各发 5 次球。

2. 规则与裁判方法：累计得分最高者获胜。

3. 比赛拓展：

（1）设定发球人的站位，从网前发球后撤至发球线发球，再到底线发球。

（2）设定发球距离，如网前、发球线、底线。

（3）设定得分条件，如提升球网高度、增加发球距离、规定发球角度等。

思考题

1. 中小学网球教学应该如何落实立德树人根本任务？
2. 如何通过网球教学提高学生的核心素养？
3. 如何激发学生的网球学习兴趣？

第十三章　武术教材教法

　　武术是以中国传统文化为理论基础，以徒手和器械的攻防为主要锻炼内容，兼顾功法、套路运动、格斗运动形式的体育项目。武术具备特有的技击属性和传统文化内涵，适合不同年龄段的人群练习，其健身、防身功能深受广大群众喜爱。武术的内容丰富多样，习练武术能够培养尚武崇德的精神，磨炼百折不屈的意志品质。

　　本章包括少年拳、形神拳、健身短棍和中国式摔跤四节内容。在内容和形式选择上，既包括表演类徒手套路和器械套路，也包括可用于实战的中国式摔跤。考虑到学生能力水平的不同，小学阶段更适合安排少年拳，有条件的也可以开展中国式摔跤教学，形神拳、健身短棍和中国式摔跤均可在初中和高中开展。套路运动是遵照攻守进退、动静疾徐、刚柔虚实等规律，由踢、打、摔、拿、击、刺等攻防动作组成的具有竞技、健身、表演性质的武术技术，结构复杂，动作要求高，对发展学生的柔韧性、协调性、灵敏性和肌肉耐力等体能具有良好的效果。中国式摔跤是一种实战技术，不仅能发展学生的肌肉力量、反应能力、柔韧性和灵敏性等体能，还能培养学生坚决果断、拼搏进取的意志品质。

思维导图

武术
教材教法

少年拳
- 教材分析
  - 震脚架打
  - 蹬踢架打
  - 垫步弹踢
  - 马步横打
  - 弓步撩掌
  - 虚步架打
  - 跳步推掌
  - 撩拳收抱
- 练习方法
  - 模仿练习法
  - 语言提示练习法
  - 重复练习法
  - 个人练习法
  - 游戏练习法
- 比赛创设
  - 不落的棍
  - 摸肩比赛
  - 谁是快拳手
  - 我来比划你来猜

形神拳
- 教材分析
  - 并步抱拳礼
  - 左、右侧并步冲拳
  - 开步前推双掌，翻掌抱拳
  - 震脚砸拳，马步冲拳
  - 插步摆掌，钩手推掌
  - 弹踢推掌，弓步冲拳
  - 抢臂砸拳，弓步冲拳
  - 震脚左弓步双推掌，抢臂拍脚，弓步顶肘
  - 歇步冲拳，提膝穿掌，仆步穿掌，虚步挑掌，震脚提膝上冲拳
  - 弓步架拳，蹬腿冲拳，转身提膝双挑掌
  - 提膝穿掌，仆步穿掌
  - 仆步抢拍，弓步架栽拳
  - 收势
- 练习方法
  - 套路演示练习法
  - 语言提示练习法
  - 模仿练习法
  - 独立练习法
  - 递进练习法
- 比赛创设
  - 和谐共生
  - 金鸡独立
  - 防守反击

健身短棍
- 教材分析
  - 起势
  - 平抡斜劈
  - 挂棍前劈
  - 闪身拦架
  - 三把连击
  - 斜撩斜劈
  - 上步前戳
  - 侧身闪点
  - 左右横扫
  - 收势
- 练习方法
  - 左右换把练习
  - 戳把练习
  - 抡劈棍练习
  - 平抡棍练习
  - 平抡斜劈练习
  - 组合动作练习
- 比赛创设
  - 醍醐灌顶
  - 如意金箍棒
  - 童子拜佛
  - 翻江倒海

中国式摔跤
- 教材分析
- 练习方法
  - 徒手基本功练习
  - 双人配合练习
- 比赛创设
  - 团队表演赛
  - 个人争跤赛

- 抠腿
- 掏腿
- 大得合
- 踢
- 小得合
- 崴
- 入
- 揣
- 披
- 切
- 耙拿
- 耙子

第一节　少年拳

少年拳属于武术中的套路运动，是将具有攻防含义的技击技术按照一定规律连接而成的动作套路。习练少年拳不仅可以锤炼意志、强健身心，还能提高身体灵活性、协调性、柔韧性。

中小学生学习少年拳教学的重点是指导学生在学习武术基本功和组合动作的基础上，掌握成套动作，通过个人演练、小组演练和集体表演，展示套路动作和攻防技巧，体验习武的乐趣。教师应根据学生的实际能力，选择成套动作和具有攻防技击含义的单个动作作为基本内容，编制科学有效的教学计划，在教学中做到精讲多练，积极贯彻"教会、勤练、常赛"基本原则，落实核心素养的培育，为学生树立终身体育意识和未来深入学习武术打下基础。

一、教材分析

预备势：直立抱拳。两脚并拢直立，两手握拳于腰间，两肩后展，拳心向上，下颌微收，头向左转，目视左前方。

（一）震脚架打

1. 讲解要点：右脚提起原地震，左脚左跨成弓步；左臂内旋向上架，右拳内旋向前冲。

2. 示范建议：背面示范与侧面示范相结合，以便学生模仿。

3. 教学重点：震脚时，立腰沉髋屈左腿，左脚跨步落地轻；架拳、冲拳成弓步，劲力顺达，冲拳迅速。

4. 易犯错误及纠正方法：

易犯错误：弓步重心前移过早。

纠正方法：强调弓步规范和膝不过脚尖，可先做分解练习，动作熟练后再进行完整动作练习。

（二）蹬踢架打

1. 讲解要点：蹬踢、下压有力，蹬踢与架打动作快速、连贯，还原弓步架打迅速，后腿挺直。

2. 示范建议：背面示范或镜面示范，提示学生重点观察蹬踢和下压动作。

3. 教学重点：下压时，旋臂下沉，蹬压协调，重心稳定；架打时，身体正，撤步快、准。

4. 易犯错误及纠正方法：

易犯错误：还原弓步架打时重心不稳。

纠正方法：按照正确的动作规范，多练习静态弓步架打动作；反复练习后撤步蹬腿成弓步架打动作；加强腿部力量练习。

（三）垫步弹踢

1. 讲解要点：垫步弹踢要紧凑，弹踢力点在脚尖，脚面绷直身体正。

2. 示范建议：正面示范与侧面示范相结合，提示学生重点观察弹踢时手的位置及脚面绷直。

3. 教学重点：垫步结束后，及时移重心；弹踢时，上体正直，力达脚尖。

4. 易犯错误及纠正方法：

易犯错误：弹踢时勾脚尖。

纠正方法：脚背朝向地面，采用跪坐的方式进行练习，体会脚面绷直动作。

（四）马步横打

1. 讲解要点：右脚向前落步，随即向左转体 90 度成马步，右拳伸直由后向前平行挥摆横打。

2. 示范建议：背面示范与侧面示范相结合，重点示范发力顺序。

3. 教学重点：右脚内扣横打，转髋、拧腰、转体、挥臂横打发力顺序正确。

4. 易犯错误及纠正方法：

易犯错误 1：横打耸肩、无力。

纠正方法：用口令提示学生"沉肩"，用横打动作击打纸张、小垫子，体会发力动作。

易犯错误 2：马步重心不稳。

纠正方法：反复练习弓马步转换和脚跟落地转马步动作，重点提示脚尖内扣成马步。

（五）弓步撩掌

1. 讲解要点：向左转体 90 度，马步变弓步，右拳变掌直臂后摆，向前撩出，掌心向上，左拳变掌附于右小臂。

2. 示范建议：镜面示范与侧面示范相结合，重点示范步型变换和撩掌动作路线。

3. 教学重点：马步变弓步蹬转和后摆几乎同时进行，蹬转、拧腰要发力。

4. 易犯错误及纠正方法：

易犯错误：步型变换和撩掌动作脱节。

纠正方法：进行分解动作练习，先练习马步变弓步，再结合撩掌动作进行练习。步型变换时蹬腿、转髋，拧腰发力，增加摆撩的速度和力量。

（六）虚步架打

1. 讲解要点：左脚移至右脚前并以脚尖虚点地面，右腿直立支撑成高虚步，左掌变拳向左冲出。

2. 示范建议：先背面示范完整动作，再结合镜面示范进行教学。重点示范高虚步的变换和左冲拳的路线。

3. 教学重点：右拳横架左脚移，高虚步站定后再冲拳，发力要顺达。

4. 易犯错误及纠正方法：

易犯错误：冲拳、架拳软绵无力。

纠正方法：多做站立冲拳练习，强调拳要从腰间冲出，利用击打手靶、小垫子的方法增加冲拳力度；拿海绵棒击打练习者架拳的手臂，以增加其架拳的稳固性。

（七）跳步推掌

1. 讲解要点：左脚提起身左转，右腿屈膝左脚跳；右脚下落成弓步，右拳变掌向前推。

2. 示范建议：先背面示范完整动作，再结合镜面示范进行教学。重点示范跳步动作和马步变弓步推掌的动作路线。

3. 教学重点：左脚向前落步后要立即向前远跳，右脚落地轻；推掌时拧腰转髋，力达掌根。

4. 易犯错误及纠正方法：

易犯错误：弓步推掌发力不顺。

纠正方法：多做站立步推掌练习，利用击打纸张、手靶或小垫子等方法体会推掌发力动作，然后结合跳步进行推掌练习。

（八）撩拳收抱

1. 讲解要点：向左转体180度成弓步，右掌变拳向前撩，左拳变掌拍击响；左脚蹬地右转体，两臂上举眼看前；左脚收回向右并，两掌变拳抱腰间。

2. 示范建议：先完整动作示范，再依次示范左转撩拳、两臂上举和并步抱拳动作。背面示范与正面示范相结合，提示学生重点观察撩拳和并步的动作路线及发力顺序。

3. 教学重点：撩拳有力，左掌拍击右拳，眼随手走；并步抱拳快速有力，体现武术的精、气、神。

4. 易犯错误及纠正方法：

易犯错误：步型变换时身体重心不稳。

纠正方法：用口令提示学生两脚跟发力，反复练习和体会动作要领。

收势：直立，两拳变掌，直臂下垂，头向右转，目视前方。

二、练习方法

（一）模仿练习法

1. 方法描述：在学习动作的初始阶段，学生跟随教师的动作示范进行模仿练习。示范时要放慢速度和节奏，适时调整示范面，帮助学生逐步掌握基本动作。

2. 练习要求：模仿练习时，动作路线清晰、方法准确，手型、步型到位，发力顺达，体现武术的精、气、神。动作由慢到快、由分解动作过渡到完整动作。

3. 组织方法：体操队形或散点练习。

4. 教学建议：

（1）这种方法适用于初学阶段和巩固提高阶段的教学。

（2）动作方向与路线简单时，可采用正面示范或侧面示范；动作方向与路线复杂时，可采用背面示范。

（3）在学生进行模仿练习时，可以适时引入动作的攻防含义，将动作的技击含义通过配合、模仿演示出来，突出武术的技击属性，强化学生对武术动作的理解。

5. 拓展练习：

（1）两人一组，进行"照镜子"游戏。一人随机做出武术动作，另一人立即模仿，比一比谁模仿的动作更准确、到位。

（2）教师展示 2~3 个组合动作，学生集体模仿，挑选出优秀模仿者进行展示。

（二）语言提示练习法

1. 方法描述：学生练习时，教师利用口令、语言进行提示，帮助学生掌握动作方法、路线和节奏，提高演练水平。

2. 练习要求：

（1）教师提前约定好常用的提示口令，学生练习时注意力集中，根据口令及时改进动作，逐步做到动作连贯、发力顺达、节奏分明，体现武术的精、气、神。

（2）在动作学习初期，可以利用语言提示动作名称，帮助学生熟练掌握整套动作。

3. 组织方法：个人练习，分组练习，集体练习。

4. 教学建议：

（1）这种方法适用于初学阶段和巩固提高阶段的教学。

（2）可以由教师进行语言提示，也可以由学生相互运用此方法提升动作质量。

5. 拓展练习：

（1）连续做弓步、马步转换动作，教师用口令提示学生注意蹬腿、转髋和立腰。每组做 30 秒，练习 3~4 组。

（2）集体演练少年拳完整套路，教师提示动作名称和节奏，练习 2~3 次。

（三）重复练习法

1. 方法描述：将单个动作、组合动作、分段动作、整套动作进行重复练习。练习时有明确的目的，向学生提出具体、切合实际的要求，科学安排练习强度和负荷，逐步提高套路演练水平。

2. 练习要求：充分做好重复练习前的专项准备活动，尤其是常用步型和身体柔韧性。

3. 组织方法：体操队形，可单人练习、分组练习或集体练习。

4. 教学建议：

（1）重复练习要有明确的目的，强调需要改进、完善或提高的具体动作。

（2）注意根据学生特点、教学的不同阶段和动作的难易程度科学安排练习负荷和强度，避免发生运动损伤。

5. 拓展练习：

（1）连续演练至少 2 遍少年拳第一套完整套路。要求动作连贯、发力顺达、节奏分明。

（2）连续马步冲拳击靶：两人一组，一人拿手靶，一人面对手靶做马步冲拳动作，体会冲拳发力和马步稳健。每组做 20 次，练习 2~3 组。

（3）连续弹踢击靶：利用小垫子、脚靶等器材，两人配合，一人拿脚靶或小垫子，一人进行连续弹踢击靶练习，体会脚面绷直击靶动作，增强弹踢力度。每组做

20次，练习2~3组。

（四）个人练习法

1. 方法描述：采用散点或轮流练习的形式进行个人练习，培养学生独立演练套路和自主学练的能力。

2. 练习要求：注意动作规范，保证完成质量。

3. 组织方法：学生自由练习或轮流练习。

4. 教学建议：

（1）在动作学习的初始阶段合理利用此方法，帮助学生体会新学动作。

（2）在练习基本功、基本动作和套路时，采用个人轮流练习法互相观摩，互相学习，取长补短。

5. 拓展练习：

（1）多人行进间练习：四列横队，第一列先选择一套组合动作进行练习，练习一遍后向前平移，第二列横队与前一列横队同时练习，依此类推，每列横队演练3~4遍后回到队尾。

（2）个人轮流练习：针对学生的演练水平进行专门练习，每个人轮流完成整套动作，其他学生观摩，并对演练水平进行简单评价，取长补短，练习2~3轮。

（五）游戏练习法

1. 方法描述：在武术基本功、套路练习过程中，组织学生进行游戏，以提高学生的动作质量和体能水平，激发学生的习练兴趣。

2. 练习要求：明确游戏方法和要求，提高相应能力。

3. 组织方法：根据游戏内容合理安排和调整队形。

4. 教学建议：根据教学内容设计相应的游戏，可以与技术动作或专项体能相结合。游戏应适合学生身心发育规律，具有多样化和安全性特点，以便激发学生的学练兴趣。

5. 拓展练习：

（1）仆步拔河：两人一组，面对面侧向站立，两手互握，左（右）脚外侧相抵，同时做左仆步或右仆步，然后做仆步拔河游戏。

（2）你出击我配合：两人一组，面对面站立，一人用冲拳攻击对方腹部，另一人做蹬踢架打动作，用压肘动作防住对方冲拳，同时用低蹬腿攻击对方下肢。练习3~5次后转换角色。

三、比赛创设

（一）不落的棍

1. 比赛方法：成马步姿势，将一根短棍平放在两条大腿上，看谁的马步坚持时间更长。

2. 规则与裁判方法：大腿平行于地面，当短棍掉落时计时结束，坚持时间最长者获胜。

3. 比赛拓展：

（1）将马步改成虚步，比试虚步的稳定性。

（2）降低马步难度，如采用靠墙蹲马步的方式进行比赛。

（二）摸肩比赛

1. 比赛方法：两人一组，面对面站立，用手掌拍击对方肩部，同时依靠脚步移动躲闪对方的拍击。

2. 规则与裁判方法：在规定区域、时间内，拍击对方肩部成功次数多者获胜。也可以三人一组轮流进行，其中一人做裁判。

3. 比赛拓展：

（1）将两人一组增加至三人一组，进行互相摸肩比赛。

（2）在摸肩比赛中增加拍击膝关节动作，即"摸肩触膝赛"，手接触到对方膝关节也可得分。

（三）谁是快拳手

1. 比赛方法：两人一组，一人拿手靶或小垫子，另一人连续冲拳打靶30秒，比一比谁的出拳速度更快。

2. 规则与裁判方法：在30秒内连续冲拳次数多者获胜。

3. 比赛拓展：

（1）将站立冲拳改为马步冲拳，增加击打难度。

（2）将冲拳改为推掌或弹踢腿进行击打手靶比赛，增强动作力度。

（四）我来比划你来猜

1. 比赛方法：两人一组面对面站立，一人随机做出武术动作，另一人说出动作名称，看谁说出的名称多。

2. 规则与裁判方法：在5秒内成功说出动作名称则可进入下一个动作，完成一定数量后双方交换角色。在规定时间内说出动作名称多者获胜。

3. 比赛拓展：

（1）将游戏形式改为"照镜子"，即一方模仿对方做出的武术动作。

（2）教师展示新动作，学生根据已学知识猜出动作名称，如弓步顶肘、马步架打等。

（3）学生自编武术动作，教师猜出动作名称。

第二节　形神拳

形神拳是具有长拳风格的拳术套路，特点是结构简单，动作精练舒展，刚劲有力。套路中呈现出的许多技击方法，不仅要求发力完整，劲力顺达，步法灵活，而且手眼身法步、精神气力功必须协调配合、形神合一，这对提高学生中枢神经系统和内脏器官机能具有积极作用。形神拳可以使学生形成良好的身体姿态和行为习惯，提高对武术运动的认知，培养良好的精神面貌和武德精神，增强民族自信和文化自信。

一、教材分析

预备势：直立抱拳。两脚并拢直立，两手五指并拢，直臂下垂贴靠大腿外侧，目视前方；两手握拳于腰侧，两肩后展，拳心向上，下颌微收，头向左转，目视左前方。

（一）并步抱拳礼

1. 讲解要点：上下肢动作要一致，收腿、抱拳时动作要协调，掌拳与胸间距20~30厘米。

2. 示范建议：新授动作时，以镜面示范为主，便于学生直接模仿。

3. 教学重点：抱拳礼动作协调，刚柔相济。

4. 易犯错误及纠正方法：

易犯错误：撤步转身与两臂前后分开动作不一致。

纠正方法：用口令提示学生进行撤、分和并、抱练习。

（二）左、右侧并步冲拳

1. 讲解要点：上步、并腿、冲拳动作要同时完成，动作干净利落，挺胸、立腰、步稳，眼随手动。

2. 示范建议：可采用背面示范或镜面示范，提示学生重点观察眼随手动。

3. 教学重点：冲拳力达拳面，眼随手动。

4. 易犯错误及纠正方法：

易犯错误1：拳型不标准，把拇指放于拳心处。

纠正方法：讲解冲拳动作技击含义。

易犯错误2：冲拳无力。

纠正方法：提示学生力达拳面，通过冲拳击打手靶，体会冲拳的速度和力度。

（三）开步前推双掌，翻掌抱拳

1. 讲解要点：向前推掌时要头正、颈直、挺胸、立腰、敛臀、眼看两掌，翻掌收抱与转头快速有力，同时完成，眼看左侧。

2. 示范建议：先背面示范完整动作，分解学习时以镜面示范为主，背面示范为辅。重点示范翻掌收抱动作及其攻防特点。

3. 教学重点：翻掌收抱与转头快速有力，动作协调一致。

4. 易犯错误及纠正方法：

易犯错误：翻掌动作路线不清晰。

纠正方法：镜面示范，进行内旋缠腕抓握对方手腕的进攻练习。

（四）震脚砸拳，马步冲拳

1. 讲解要点：提膝与向上拧臂、震脚与砸拳要协调一致。砸拳时不可低头弓腰，蹬腿要平于膝，支撑腿稍屈，冲拳时拧腰、顺肩、步稳、身正，快速有力。

2. 示范建议：先背面示范完整动作，再示范分解动作。重点示范蹬腿冲拳。

3. 教学重点：步型到位，劲力顺达，动作协调连贯，体现武术的精、气、神。

4. 易犯错误及纠正方法：

易犯错误 1：震脚砸拳动作不连贯。

纠正方法：观看示范或视频并反复练习，强调提膝拧臂的同时震脚砸拳，反复体会协调用力方法，动作连贯完整。

易犯错误 2：蹬腿冲拳时身体重心不稳，力点不明显。

纠正方法：蹬腿时支撑腿稍屈膝，发力点在脚跟。

（五）插步摆掌，钩手推掌

1. 讲解要点：插步与摆掌要同时完成，转身要圆滑，钩手推掌与弓步要协调一致，快速有力。

2. 示范建议：先背面示范完整动作，再示范分解动作。重点示范插步动作以及推掌攻击对方面部或胸部。

3. 教学重点：插步与摆掌要同时完成，动作到位稳健。

4. 易犯错误及纠正方法：

易犯错误：插步落位点不准确。

纠正方法：强调正确的落点位置，从左脚后跟向练习方向画一条直线，插步时右脚前脚掌要落在直线上。

（六）弹踢推掌，弓步冲拳

1. 讲解要点：弹踢与推掌要同时完成。弓步冲拳时，转体、落步与冲拳要协调配合。

2. 示范建议：先背面完整示范，再示范分解动作。重点示范弹踢推掌。

3. 教学重点：弹踢有力，步型到位，劲力顺达，动作协调连贯，体现武术的精、气、神。

4. 易犯错误及纠正方法：

易犯错误：弹踢腿动作未提膝。

纠正方法：口令提示，先提膝击打手靶，再完成弹踢动作。

（七）抡臂砸拳，弓步冲拳

1. 讲解要点：抡臂、绕环转体要协调，砸拳与震脚要同时完成。左右冲拳要快速有力，眼随手走。

2. 示范建议：先背面示范完整动作，再示范分解动作。重点示范抡臂快速、震脚砸拳声音响脆。

3. 教学重点：抡臂动作快速，动作路线准确、协调，砸拳声音清脆响亮。

4. 易犯错误及纠正方法：

易犯错误：弓步冲拳步型转换缓慢。

纠正方法：原地练习转髋和脚后跟蹬地发力动作，动作要快速协调一致。

（八）震脚左弓步双推掌，抡臂拍脚，弓步顶肘

1. 讲解要点：上下肢动作协调一致，抡臂要走立圆，击拍脚面要准确、响亮，快速有力，干净利落。顶肘时，上体、腰、肩动作刚劲有力。

2. 示范建议：先背面示范完整动作，再示范分解动作。重点示范抡臂拍脚、弓步顶肘动作及其攻防含义。

3. 教学重点：顶肘拍脚动作协调连贯有力，力达肘尖，体现武术的精、气、神。

4. 易犯错误及纠正方法：

易犯错误 1：震脚转身弓步双推掌动作不连贯、不完整。

纠正方法：观看示范或视频并反复练习，通过慢速练习体会动作的连贯性和完整性。

易犯错误 2：抡臂不协调，拍脚时拔脚跟，送髋击拍不响。

纠正方法：提示学生抡臂肩放松，手臂走立圆，强调击拍时头上顶、直腰，踢腿要高，脚面绷直。

易犯错误 3：顶肘时，动作不协调，不会发力。

纠正方法：顶肘时，重点体会以腰发力带动上肢，用肘尖撞击，腰、肩、上体用力协调一致。

（九）歇步冲拳，提膝穿掌，仆步穿掌，虚步挑掌，震脚提膝上冲拳

1. 讲解要点：撤步与盖掌、歇步与冲拳动作要协调。仆步要拧腰、转头，上冲拳上臂贴耳，冲拳、转头、拧腰要同时完成。

2. 示范建议：先背面示范完整动作，再示范分解动作。重点示范提膝穿掌和仆步穿掌动作。

3. 教学重点：歇步、仆步、虚步步型规范到位，穿掌舒展，手眼相随。

4. 易犯错误及纠正方法：

易犯错误：歇步冲拳动作不稳。

纠正方法：强调撤步落点的准确位置，多练习撤步动作。

（十）弓步架拳，蹬腿冲拳，转身提膝双挑掌

1. 讲解要点：落步要轻、稳，弓步与架、冲拳要同时完成；蹬腿、下压要有力，提膝与挑掌动作路线要清楚，眼随手走。

2. 示范建议：先背面示范完整动作，再示范分解动作。重点示范蹬腿冲拳、提膝双挑动作以及蹬腿攻击对方胸部或腹部。

3. 教学重点：动作劲力顺达、节奏分明，体现武术的精、气、神。

4. 易犯错误及纠正方法：

易犯错误：转身提膝双挑掌站不稳。

纠正方法：加强下肢力量练习；多做分解动作练习。

（十一）提膝穿掌，仆步穿掌

1. 讲解要点：提膝穿掌时支撑腿与右臂要充分伸直，仆步甩头、拧腰、穿掌要同时完成，眼随手走。

2. 示范建议：先背面示范完整动作，再示范分解动作。重点示范提膝穿掌、左仆步下铲动作，眼随左掌。

3. 教学重点：动作稳健，协调连贯，路线清晰，步型到位。

4. 易犯错误及纠正方法：

易犯错误：左掌动作路线不到位。

纠正方法：分解练习，左掌向上、向右画弧盖压于身前，顺势立掌收至右腋下；教师讲解左掌盖掌和收掌动作的攻防含义，并让学生多体会动作，明确动作路线。

（十二）仆步抡拍，弓步架栽拳

1. 讲解要点：抡臂走立圆，向上抡臂要贴近耳，向下抡臂要贴近腿；弓步架栽拳动作身法要自然。

2. 示范建议：先背面示范完整动作，再示范分解动作。重点示范仆步抡拍的动作路线。

3. 教学重点：仆步抡拍的动作路线清晰连贯，松肩轮拍圆活脆快。

4. 易犯错误及纠正方法：

易犯错误1：仆步抡拍动作不协调、不到位，动作幅度小。

纠正方法：观看示范或视频并反复模仿练习，强调抡臂时要上贴近耳，下贴近腿，走立圆；用掌心拍地时要落在仆步腿的脚内侧。

易犯错误2：架栽拳动作无力。

纠正方法：架栽拳动作身法要自然，左栽右架要有力，架栽与转头同时完成。

（十三）收势

1. 讲解要点：上步与分掌、并步与抱拳协调配合，腿随手动。

2. 示范建议：背面示范。

3. 教学重点：动作协调，甩头快速，眼随手走，体现武术的精、气、神。

4. 易犯错误及纠正方法：

易犯错误：甩头缓慢。

纠正方法：听口令练习抱拳甩头动作，提高反应速度。

二、练习方法

（一）套路演示练习法

1. 方法描述：利用动作示范、视频等形式向学生完整展示形神拳套路2~3遍，使学生初步建立套路动作表象，了解形神拳的动作与风格特点。

2. 练习要求：认真观看教师示范或通过多媒体观看形神拳视频，加强对动作的直观记忆。

3. 组织方法：密集队形，学生选择合适位置观看教师示范。

4. 教学建议：

（1）在教学中应利用多媒体技术，组织学生观看高水平武术套路比赛，使其学会欣赏武术比赛。

（2）加强学生动作规范性和表现力的培养，注重套路的整体性、节奏感和精气神的体现。

5. 拓展练习：

（1）组合练习法：3~5个动作为一个组合，每个组合做3次，练习2~4组。

（2）分段练习法：将成套动作分为2段，每段做3次，练习2~4组。

（3）整套练习法：完整套路演练 2~4 次。

（4）超套练习法：整套动作 + 第一段动作练习，练习 1~2 次；整套动作连续做 2 遍，练习 1~2 次。

（二）语言提示练习法

1. 方法描述：教师简要提示动作要领，并运用动作名称加口令的方式指挥学生统一练习。

2. 练习要求：注意力集中，根据教师提示的动作要领及时改进，动作完成协调连贯有力，节奏分明，体现武术的精、气、神。攻防演练时点到为止。

3. 组织方法：体操队形或分组练习。

4. 教学建议：鼓励两人或多人互助练习，在指导同伴练习的同时用语言提示动作要领，每组做 3~4 次，练习 1~2 组。

5. 拓展练习：

（1）集体练习，教师提示动作要领，练习 5~7 次。

（2）分组练习，一人提示动作要领，其他人练习，练习 2~3 次。

（3）两人一组结合动作攻防特点进行练习，每组做 5~6 次，练习 1~2 组。

（三）模仿练习法

1. 方法描述：学生跟随教师动作示范进行模仿练习。教师应根据观察和学生模仿练习需要，及时调整示范面和示范位置，以便学生观察并模仿动作。

2. 练习要求：跟随教师背面或镜面示范进行模仿练习，动作协调连贯有力，劲力顺达，眼神到位，体现武术的精、气、神。攻防演练时点到为止。

3. 组织方法：体操队形或散点练习。

4. 教学建议：

（1）动作方向与路线比较简单时，可采用正面或侧面示范；动作方向与路线比较复杂时，可采用背面或镜面示范。

（2）武术套路的一招一式都具有攻防含义，教师在教学时应向学生说明和演示所学动作的攻防含义，还可组织学生两人一组，按照动作的攻防含义进行攻防演练。

5. 拓展练习：

（1）连续做快速冲拳、快速弹踢、快速蹬腿、左右仆步抡拍动作，每组做 5~7 次，练习 1~2 组。

（2）30 秒仆步抡拍、30 秒原地单拍脚或双拍脚，每组做 30 秒，练习 1~2 组。

（四）独立练习法

1. 方法描述：学生在没有动作示范或语言提示的条件下，独立完成所学组合动作或完整套路动作。

2. 练习要求：动作协调连贯，路线清晰，步型到位。攻防演练时点到为止。

3. 组织方法：

（1）散点练习，保持安全练习距离，练习 4~5 次。

（2）3~4 人一组在没有提示情况下独立完成动作，练习 4~5 次。

4. 教学建议：

（1）对于比较复杂的单个动作，可采用先分解动作练习再完整套路练习的方法进行学练，但应注意分解动作练习不宜过多，应尽早进入完整套路练习，防止出现动作脱节现象。

（2）在武术套路教学中要组织学生进行适宜运动负荷的体能锻炼。

5. 拓展练习：

（1）独自完成组合动作或成套动作，每组做 3~4 次，练习 1~2 组。

（2）独自完成左右仆步抢拍和行进间仆步穿掌，每组做 5~7 次，练习 1~2 组。

（五）递进练习法

1. 方法描述：学生学会第一个动作后，再学习第二个动作，然后把两个动作组合起来练习，学会第三个动作后，再把前三个动作组合起来练习，依此类推，直到学完全部动作。

2. 练习要求：集体练习，熟练掌握技术动作；个人练习与小组练习相结合。

3. 组织方法：体操队形或 3~4 人一组进行练习。

4. 教学建议：

（1）武术套路的动作技能属于封闭式技能，学生必须按照规定的顺序、路线、方向等完成动作。

（2）在教学时提示学生注重对眼神的运用，眼随手动，精神专注，气力贯通，表现出形神拳特有的"韵味"。

5. 拓展练习：

（1）先练习学过的动作，再结合新授动作练习。每组各做 4~5 次，练习 1~2 组。

（2）腾空飞脚，单脚落地不腾空；旋风脚，单脚落地不腾空。每组各做 5~7 次，练习 1~2 组。

三、比赛创设

（一）和谐共生

1. 比赛方法：两人一组，背对背，两脚开立略比肩宽，屈膝下蹲成马步，大腿保持水平静止状态。

2. 规则与裁判方法：马步下蹲至水平位，两人背部贴紧，不可脱离；静止时间长者获胜，3 局 2 胜或 5 局 3 胜。

3. 比赛拓展：

（1）每人头顶一本书，原地静止，坚持时间长者获胜。

（2）两人背靠背，背部夹一本书，两脚开立略比肩宽，同时下蹲，书不能掉落，蹲起次数多的组获胜。

（3）两人背靠背，肘挽肘，侧向行走，行进间移动一定距离，比哪一组移动速度快，先到达终点的组获胜。

（4）两人背靠背，肘挽肘，下蹲成马步，侧向行走，行进间移动一定距离，比哪一组移动速度快，先到达终点的组获胜。

（二）金鸡独立

1. 比赛方法：把学生分成四组，一腿支撑，一腿提膝，两臂侧平举，保持静止。

2. 规则与裁判方法：支撑腿膝关节伸直，提膝腿大腿高度不低于腰部。分组比赛，每组一名裁判，负责计时，静止时间长者获胜，3局2胜或5局3胜。

3. 比赛拓展：

（1）小组通过比赛选出一名优胜者，与其他组进行决赛，静止时间最长者获胜。

（2）将参赛者双眼蒙住，比静止时间，时间长者获胜。

（三）防守反击

1. 比赛方法：两人一组，面对面站立，相距一臂，防守方侧举右手，掌心向前，进攻方快速击打其掌心，防守方可将右手上下移动躲避击打。进攻方只能击打掌心，击中后继续担任进攻方，如果防守方躲避成功，则转换为进攻方，点到为止。

2. 规则与裁判方法：比一比是冲拳速度快还是躲避速度快，5局3胜。

3. 比赛拓展：原地击打变为行进间击打，加上移动步伐，增大比赛难度。

第三节　健身短棍

短棍是生活中非常易得的木制简便工具，是武术的短器械之一。健身短棍套路短小精悍，体现了武术器械的攻防技法特点。学生练习健身短棍，可以启发运用武术器械的意识，提高生活中躲避危险的能力，并在学习过程中感受中华民族优秀传统文化，培养勇敢果断等优良品质。

一、教材分析

健身短棍第一段。

预备势：并步持棍

1. 讲解要点：两腿夹紧、立腰、头正、颈直。

2. 示范建议：可采用背面示范或镜面示范。重点示范持棍站立时的身体姿势。

3. 教学重点：身体挺直站立，右手持棍垂直。

4. 易犯错误及纠正方法：

易犯错误：站立不挺拔，持棍无力。

纠正方法：强调收腹挺胸，持棍时棍身靠在肩前。

（一）起势

1. 讲解要点：持棍礼要规范，动作迅速到位，转头要迅速。

2. 示范建议：可采用背面示范或镜面示范。重点示范持棍敬礼动作的手眼配合。

3. 教学重点：持棍礼的双手动作。

4. 易犯错误及纠正方法：

易犯错误：持棍不正，双手无力。

纠正方法：强调持棍时两肩和两肘要平，右手用力握住棍身。

（二）平抡斜劈

1. 讲解要点：平抡和斜劈方位要准确，上下肢协调有力。

2. 示范建议：新授动作时，以背面示范为主，便于学生直接模仿。重点示范平抡和斜劈棍的运动路线。

3. 教学重点：平抡和斜劈棍的运动路线。

4. 易犯错误及纠正方法：

易犯错误：斜劈棍运动方向不对。

纠正方法：强调斜劈棍的运动路线要近乎平圆抡转，双手抡至右腰侧。

（三）挂棍前劈

1. 讲解要点：棍梢要随转身擦身而行，劈棍要沿立圆下劈。

2. 示范建议：学习分解动作时以背面示范为主，镜面示范为辅。重点示范棍梢擦身而行。

3. 教学重点：挂劈的双手配合动作。

4. 易犯错误及纠正方法：

易犯错误：双手同时抓握进行挂棍，不协调、无力。

纠正方法：强调左手持棍要活把，左手随右手而行。

（四）闪身拦架

1. 讲解要点：左腿蹬地与右手握棍把抽拉要同时进行。

2. 示范建议：先背面示范再镜面示范。重点示范左腿蹬地爆发用力。

3. 教学重点：拦架的双手动作配合协调。

4. 易犯错误及纠正方法：

易犯错误：左手握把不活，动作幅度小。

纠正方法：强调左手活把，右手持棍抽拉拧转，双手动作随步型变换而行。

（五）三把连击

1. 讲解要点：三种把法与腿法结合要上下协调，连贯有力。

2. 示范建议：先背面示范完整动作，再示范分解动作。重点示范三把连击的动作节奏和力度。

3. 教学重点：跟步挑把、钉脚盖把动作协调一致，快速有力。

4. 易犯错误及纠正方法：

易犯错误：完成钉脚的同时棍不回收。

纠正方法：强调钉脚的同时右手要活把，双手将棍收拉至身体左侧，为上步戳把做好准备。

（六）斜撩斜劈

1. 讲解要点：斜撩和斜劈动作要舒展，要借助身体拧转之力。

2. 示范建议：先背面示范完整动作，再示范分解动作。重点示范身体拧转发力动作。

3. 教学重点：斜撩棍的力点和方向。

4. 易犯错误及纠正方法：

易犯错误：斜撩棍的力点和方向不明确。

纠正方法：强调转身下挂的动作定位，想象此时双手持"刀"，"刀刃"向下，由此再用"刀刃"向上斜撩。

（七）上步前戳

1. 讲解要点：双手持棍要随转体屈臂，再将棍梢向前平戳。

2. 示范建议：先背面示范完整动作，再示范分解动作。重点示范上步步法。

3. 教学重点：前戳棍双手配合协调。

4. 易犯错误及纠正方法：

易犯错误：前戳棍双手配合不协调。

纠正方法：强调左手先向前活把，再用右手持棍把前戳。

（八）侧身闪点

1. 讲解要点：双手配合要协调，要经侧向立圆点出，力达棍梢。

2. 示范建议：先背面示范完整动作，再示范分解动作。重点示范立圆点棍路线。

3. 教学重点：侧点棍时双手配合协调。

4. 易犯错误及纠正方法：

易犯错误：侧点棍时双手配合不协调。

纠正方法：强调左手先向下活把下挂，再将棍梢经上向右侧点出。

（九）左右横扫

1. 讲解要点：横击和平抡要随转身而行，左手活把，横扫有力。

2. 示范建议：先背面示范完整动作，再示范分解动作。重点示范提膝和转身盖把横击动作。

3. 教学重点：提膝抽把动作。

4. 易犯错误及纠正方法：

易犯错误：抽把时身体和双手配合不协调。

纠正方法：强调身体右转带动右腿提膝，同时左手活把，右手随身体转动抽拉棍把。

做完左右横扫后，可以接练第二段动作（动作与第一段相同，但方向相反），也可以双手下落成"并步持棍"，结束第一段动作。

（十）收势

1. 讲解要点：精神饱满，转头迅速。

2. 示范建议：先背面示范再镜面示范。重点示范持棍定势的身体姿态和神态。

3. 教学重点：持棍姿势的定型。

4. 易犯错误及纠正方法：

易犯错误：站立不挺拔，持棍无力。

纠正方法：强调挺胸收腹，保持精、气、神。

二、练习方法

（一）左右换把练习

1. 方法描述：两脚开立，两手换把松紧适度，棍梢经头上划弧摆转。

2. 练习要求：双手换把协调自然。

3. 组织方法：体操队形，注意保持安全练习距离。

4. 教学建议：

（1）镜面示范，分解动作练习。向左平举棍—上举棍—换把—下落向右平举棍—反方向练习，每组做5~8次，练习1~2组。

（2）镜面示范，完整动作练习。左右换把动作，每组做5~8次，练习3~4组。

5. 拓展练习：结合下肢步法进行练习。马步左侧平举棍，换把时直立举棍，马步右侧平举棍，每组做5~8次，练习3~4组。

（二）戳把练习

1. 方法描述：右手持棍把屈肘于右肩前，左手在身体左侧直臂持棍，头向右转；左手推与右手侧伸相结合向右戳出，右臂伸直左臂屈，然后左臂回拉，重复练习。

2. 练习要求：双手持棍松紧适度，棍身要靠近胸前运行。

3. 组织方法：体操队形，注意保持安全练习距离。

4. 教学建议：镜面示范，强调目视戳把方向，同时介绍戳把的攻防含义。

5. 拓展练习：结合下肢步法进行练习。并步的同时右手屈肘、左臂伸直持棍，右脚侧向开步成右弓步配合戳棍动作，每组做5~8次，练习3~4组。

（三）抢劈棍练习

1. 方法描述：两脚左右开立，左手在前，右手在后，持棍于体前；身体左转，左手外旋将棍梢活把划弧下挂于身后，同时右手内旋随棍屈臂收于胸前；身体右转将棍经上向前轮转，双手将棍向前劈出，目视前方。

2. 练习要求：抢转要圆，劈棍有力。

3. 组织方法：体操队形，注意保持安全练习距离。

4. 教学建议：背面示范，强调以左手为主的双手活把配合。

5. 拓展练习：

（1）左抢劈棍组合练习：活把下挂时提膝，向前劈棍时接左弓步，练习5~8次。

（2）两人一组攻防演练：A做扫棍动作，B做活把下挂的同时提膝，A收棍后双手向上做横架棍动作，同时B做劈棍动作，每组做5~8次，练习3~4组。

（四）平抡棍练习

1. 方法描述：

（1）预备势：两脚左右开立，左手在前右手在后，棍身担于右肩上。

（2）向左平抡棍：身体向左拧转，双手配合将棍梢经身前平抡至身后，担于左肩上，头向左转。

（3）向右平抡棍：动作同向左平抡棍，方向相反。

2. 练习要求：双手紧靠，抡棍平圆，力达棍梢。

3. 组织方法：体操队形，注意保持安全练习距离。

4. 教学建议：先背面示范再镜面讲解，强调蹬地拧身的同时双手随棍自然翻转。

5. 拓展练习：

（1）正直向前做行进间向外平抡棍，每组做 5~8 次，练习 3~4 组。

（2）正直向前做行进间向内平抡棍，每组做 5~8 次，练习 3~4 组。

（五）平抡斜劈练习

1. 方法描述：

（1）预备势：两脚左右开立，左手在前右手在后，棍身担于右肩上。

（2）向左平抡棍：身体向左拧转，双手配合将棍梢经身前平抡至身后，担于左肩上，头向左转。

（3）向右斜劈棍：身体向右拧转，同时将棍梢经身前斜劈至身体右侧，右手置于右腰间，头右转，目视棍梢，然后沿原路线上挑棍，棍身担于左肩上。

2. 练习要求：沿平圆和斜圆抡转、抡劈棍均要有力。

3. 组织方法：体操队形，注意保持安全练习距离。

4. 教学建议：先背面示范再镜面讲解，强调双手随棍自然翻转。

5. 拓展练习：

（1）向左平抡棍时配合左弓步动作，然后做向右斜劈棍动作配合马步动作，每组做 5~8 次，练习 3~4 组。

（2）向右平抡棍时配合右弓步动作，然后做向左斜劈棍动作配合马步动作，每组做 5~8 次，练习 3~4 组。

（六）组合动作练习

1. 方法描述：把学过的 2~3 个动作组合起来练习，然后再将经过强化练习的若干个组合动作组合起来练习，形成成套动作。

2. 练习要求：集体练习，熟练掌握技术动作；个人练习与小组练习相结合。

3. 组织方法：体操队形集体练习，或 3~4 人小组练习。

4. 教学建议：

（1）按照规定的顺序、路线、方向等完成动作。

（2）强调"身械合一"，即把短棍看成身体的组成部分，在变换不同棍法时双手要松紧适度，变化灵活。

5. 拓展练习：

（1）起势＋平抢斜劈＋挂棍前劈为一个小组合动作，每组做 4~6 次，练习 2~4 组。

（2）闪身拦架＋三把连击为一个小组合动作，每组做 4~6 次，练习 2~4 组。

（3）斜撩斜劈＋上步前戳＋侧身闪点为一个小组合动作，每组做 4~6 次，练习 2~4 组。

（4）左右横扫＋收势为一个小组合动作，每组做 4~6 次，练习 2~4 组。

三、比赛创设

（一）醍醐灌顶

1. 比赛方法：两脚开立，马步蹲至大腿水平，双手握棍的中段，握距与肩同宽，两臂前平举，保持静止。

2. 规则与裁判方法：全班同时开始比赛，静止时间长者获胜，选出全班前三名。

3. 比赛拓展：

（1）两脚开立下蹲成马步，双手握棍中段，握距与肩同宽，两臂前平举，头顶一本书，保持书本不掉落，静止时间长者获胜。

（2）分组比赛，两脚开立下蹲成马步，双手握棍中段，握距与肩同宽，两臂前平举，然后直臂上举至头上方，两臂贴耳，重复动作，不限时，做到力竭为止，次数多者获胜。

（二）如意金箍棒

1. 比赛方法：一腿支撑，一腿提膝，两臂侧平举，把棍扛在肩上，保持静止。

2. 规则与裁判方法：提膝过腰，保持静止不晃动，静止时间长者获胜，选出全班前三名。

3. 比赛拓展：

（1）一腿支撑，一腿提膝，提膝过腰，两臂侧平举，把棍扛在肩上，闭上双眼，保持静止，时间长者获胜。

（2）一腿支撑，一腿提膝，提膝过腰，两手握棍的中段，在头上方平云棍，时间长者获胜。

（三）童子拜佛

1. 比赛方法：支撑腿屈膝半蹲，另一条腿屈膝勾脚尖紧扣于支撑腿膝后，两臂弯曲，两手合十，棍架于两肘上，保持静止状态。

2. 规则与裁判方法：支撑腿稳定不晃动，上体保持正直。分组比赛，每组一名裁判，负责计时，静止时间长者获胜。

3. 比赛拓展：

（1）小组通过比赛选出一名优胜者，与其他组进行决赛，选出全班前三名。

（2）将参赛者双眼蒙住，静止时间长者获胜。

（3）支撑腿屈膝半蹲，另一条腿盘在支撑腿大腿上，两臂弯曲，两手合十，棍架于两肘上，静止时间长者获胜。

（四）翻江倒海

1. 比赛方法：双手握棍中段，握距略比肩宽，一腿支撑，一腿从棍中间迈过，落地后原路返回，看谁在规定时间内完成的次数多，比完一侧后比另一侧。

2. 规则与裁判方法：支撑腿稳定，核心收紧，身体不晃动。两人一组进行比赛，在 60 秒内完成次数多者获胜。

3. 比赛拓展：双手握棍中段，握距略比肩宽，一腿支撑，一腿从棍中间迈过，落地后原路返回，然后换腿支撑，一左一右轮流做，在规定时间内完成次数多者获胜。

第四节　中国式摔跤

中国式摔跤是 20 世纪 50 年代我国体育工作者以中国几千年摔跤运动实践为背景，参照现代体育竞赛规则，以京津两地的摔跤技术为基础，综合了多个民族的摔法而定型的一项现代竞技运动项目。因其独特的魅力而受到人们的喜爱。

中国式摔跤对抗性很强，竞争激烈，但不野蛮、不血腥，不准使用反关节，只要对手除双脚外的第三点着地就算得分，这样可以有效减少受伤概率，因此既文明，又具有很强的观赏性。近年来，中国式摔跤的部分内容被引入中小学体育教学中，旨在让学生通过学练中国式摔跤，深入了解和掌握此项中华传统体育运动，体验和感受中华优秀体育传统文化，增强民族自信和文化自信。

一、教材分析

（一）抠腿

1. 讲解要点：

（1）跤架：甲乙双方均为右架站立。

（2）把位：甲左手抓乙小袖，右手抓乙偏门；乙左手抓甲小袖，右手扶握甲小臂。

动作要点：甲双手同时用力向下拉乙，使乙产生向上向后对抗之力，借助乙对抗之机，甲右脚迅速上滑步插入乙两腿间，左手抠乙右腿腘窝外侧，同时右手向左前下方支捅用力，将乙向后方摔倒。

动作口诀：小袖偏门向后拉，待他后坐腿前插；左手抠其右腘窝，右手支捅摔倒他。

2. 示范建议：示范双方互换位置后的完整动作，以便学生从不同角度观察技术动作的整个过程。重点示范抠腿时机。

3. 教学重点：拉揪有力，快速冲裆欺身，抠腘窝，支捅。

4. 易犯错误及纠正方法：

易犯错误 1：上下肢配合不协调。

纠正方法：多做徒手基本功练习，要求腿到手到。

易犯错误 2：抠腿时机不准确。

纠正方法：在甲做出拉撳动作时，乙主动后坐对抗甲的拉力，配合甲完成动作，两人反复配合练习。

（二）掏腿

1. 讲解要点：

（1）跤架：甲右架站立，乙左架站立。

（2）把位：甲左手抓乙小袖，右手反挂乙直门；乙左手抓甲小袖，右手扶按甲小臂。

动作要点：甲右手向左下用力支捅乙，同时紧左手，待乙产生对抗意识并向其左后方移重心时，迅速上右步至乙的左腿外侧，左手顺势下沉掏乙左腿胭窝，同时右手向右侧前下方翻压，将乙向后方摔倒。

动作口诀：左小袖来右反挂，待我右架你左架；右捅左紧要有力，看其对抗是时机；左手下沉掏其腿，上步翻压要跟上。

2. 示范建议：示范双方互换位置后的完整动作，以便学生从不同角度观察技术动作的整个过程。示范时，要注意甲在使用动作时乙的身体反应，两人要默契配合，如甲支捅乙时，乙要做出正常的对抗反应，为甲下一步使用动作创造时机。

3. 教学重点：支捅，上步，掏胭窝，翻压。

4. 易犯错误及纠正方法：

易犯错误 1：上下肢配合不协调。

纠正方法：做徒手基本功练习，要求腿到手到。

易犯错误 2：掏腿时机不准确。

纠正方法：甲做出支捅动作时，乙主动对抗甲的支捅力，配合甲完成动作。两人反复配合练习。

（三）大得合

1. 讲解要点：

（1）跤架：甲右架站立，乙左架站立。

（2）把位：甲左手抓乙小袖，右手拿乙大领；乙左手抓甲小袖，右手扶按甲臂或抓甲小袖。

动作要点：甲紧左手，同时右手突然向左下侧一摁，当乙产生相反的顶力时上左步，同时双手顺势向右侧耘横乙，把乙拉至胸前，然后右小腿贴挂并旋打对方同侧小腿内后侧，双把向前外侧旋送并用身体欺压对方，将其向后摔倒。

动作口诀：小袖大领做横耘，贴挂旋打要欺身。

2. 示范建议：示范双方互换位置后的完整动作，以便学生从不同角度观察技术动作的整个过程。重点示范上步横耘、小腿贴挂方法和动作节奏。

3. 教学重点：摁把，耘横，贴挂，旋打，欺压。

4. 易犯错误及纠正方法：

易犯错误：上步旋打不协调，急于求成。

纠正方法：通过反复徒手练习，体会动作节奏；甲乙双方做上步横耗配合练习，乙上右腿。

（四）踢

1. 讲解要点：

（1）跤架：甲右架站立，乙左架站立。

（2）把位：甲左手抓乙小袖，右手拿乙大领；乙左手抓甲小袖，右手按甲手臂。

动作要点：甲左手回拉，右手内旋下压，双手形成合力，向左下方按乙，待乙顶劲时立即上步，上把用力向反方向挣拧，然后用脚踢挡乙的踝骨侧方，翻把扭身一亮。乙由于被甲的按、冲和挣力所控，上体势必因倾斜而一脚悬空，再经甲的踢挡，就会因不能支撑而翻到。

动作口诀：小袖大领向内拧，上步翻把向外挣；伸脚踢挡脚踝处，冲挣踢亮一气成。

2. 示范建议：示范双方互换位置后的完整动作，以便学生从不同角度观察技术动作的整个过程。重点示范上步横耗、横腿的时机。

3. 教学重点：按、上步、横腿的时机，上下肢协调配合。

4. 易犯错误及纠正方法：

易犯错误1：上下肢配合不协调。

纠正方法：上步踢徒手基本功练习，要求冲、挣、踢、亮四步到位。

易犯错误2：横腿时机不准确。

纠正方法：多做两人一组的配合练习。

（五）小得合

1. 讲解要点：

（1）跤架：甲、乙右架站立。

（2）把位：甲左手抓乙小袖，右手控制乙左手；乙左手尚未抓拿，右手扶按甲臂。

动作要点：甲左手握乙右小袖紧底手，右手捻按乙左手，上左步，随后右步滑入乙裆下，同时裹右肩，然后回右手臂抉捧乙左腋，用右小腿及膝从乙方同侧小腿内侧向外侧贴挂，封锁乙左小腿下部，同时右手沿乙左侧身体和左大腿后部迅速下滑至左小腿下部并扶按乙小腿，随即坠体欺身，头部砸顶乙胸配合左手前捅，将其向后摔倒。

动作口诀：捻腕抉打，小腿贴挂，跪地欺身，头部顶砸。

2. 示范建议：示范双方互换位置后的完整动作，以便学生从不同角度观察技术动作的完整过程。重点示范两人配合时甲挂打后欺身下坠。

3. 教学重点：抉捧，贴挂，封锁，坠体，欺身。

4. 易犯错误及纠正方法：

易犯错误：欺身力量不够。

纠正方法：甲做出欺身动作时，乙用力抵抗直到倒地。

（六）崴

1. 讲解要点：

（1）跤架：甲、乙右架站立。

（2）把位：甲左手抓乙小袖，右手反挂乙直门；乙左手抓甲小袖，右手盖甲大领。

动作要点：甲左脚背步，右腿插入乙裆下并贴紧乙左腿内侧，紧底手，转体、长腰、甩脸的同时反挂直门的右肘臂支送乙左手臂，将其向侧面摔倒。

动作口诀：左脚背步右插裆，左手紧底右支肘；转体长腰要及时，甩头变脸不能忘。

2. 示范建议：示范双方互换位置后的完整动作，以便学生从不同角度观察技术动作的整个过程。重点示范背步的位置、上脚插裆的程度、两人的身体位置和长腰甩脸。

3. 教学重点：反挂门、背步、腿入裆，紧底手、肘支送，转体、长腰、甩脸。

4. 易犯错误及纠正方法：

易犯错误：背步不到位，步法不清晰。

纠正方法：在地上画点，做上步背步练习。

（七）入

1. 讲解要点：

（1）跤架：甲、乙右架站立。

（2）把位：甲左手抓乙小袖，右手抓握乙左手腕；乙左手抓甲小袖或扶臂。

动作要点：甲背左步转体，同时右手捻按乙左腕，突然上手改为挟脖颈，填腰入胯，低头、扎腰、甩脸，将乙向侧面摔倒。

动作口诀：上步背步填腰胯，紧手挟脖头下扎。

2. 示范建议：示范双方互换位置后的完整动作，以便学生从不同角度观察技术动作的整个过程。重点示范背步的位置、填腰胯、紧底手和低头扎腰。

3. 教学重点：背步转体，挟脖颈，填腰入胯，低头、扎腰、甩脸。

4. 易犯错误及纠正方法：

易犯错误 1：动作完成不协调，摔不倒人。

纠正方法：多做分解动作练习和打入练习；两人配合练习。

易犯错误 2：拿住位置后入腰不够，低头不及时。

纠正方法：多练习入空、揣空（跳崩子）动作。

（八）揣

1. 讲解要点：

（1）跤架：甲、乙右架站立。

（2）把位：甲左手抓乙小袖，右手控制乙左手；乙左手抓甲小袖或扶臂，右手尚未抓拿或扶按手臂。

动作要点：甲向前滑步捅推乙，待乙产生对抗力时，借机捻按乙左手腕、背步、钻肩、转体，使背腰、臀部贴近乙胸腹部，并迅速紧底手、扎头、扎腰、崩腿、拉擦，同时右手向后上方撩，将乙向前摔倒。

动作口诀：上步捅推和捻按，背步转体要钻肩；扎腰扎头紧底手，崩腿拉擦快甩脸。

2. 示范建议：示范双方互换位置后的完整动作，以便学生从不同角度观察技术动作的整个过程。重点示范转体钻肩的时机和扎腰崩腿拉擦动作，以分解动作过程中双方的身体位置。

3. 教学重点：捅推，捻按，背步，钻肩，转体，紧底手，扎头，扎腰，崩腿，拉擦，撩手。

4. 易犯错误及纠正方法：

易犯错误：背步不到位，低头时不崩腿拉擦。

纠正方法：反复练习基本功跳崩子。

（九）披

1. 讲解要点：

（1）跤架：甲、乙右架站立。

（2）把位：甲左手抓乙小袖，右手抓乙偏门；乙左手尚未抓拿或已抓住甲右手小袖，右手扶按甲臂。

动作要点：甲右臂支架乙同侧臂，当乙有下压之力时，迅速借力钻肩、转体、立肘成左弓步使乙胸腹部贴近自己背部，然后支右手，紧左手，牵拉乙将其向前摔倒。

动作口诀：架臂借力要钻肩，转体立肘成弓步；胸和背部贴紧时，紧手扎头向前摔。

2. 示范建议：正面示范完整动作，侧面示范双方交换位置后的完整动作。重点示范转体成弓步使乙胸部贴近自己背部，支上手，紧底手。

3. 教学重点：借力钻肩、转体、立肘、支上手，紧底手，牵拉。

4. 易犯错误及纠正方法：

易犯错误：转体、立肘、支上手配合不协调。

纠正方法：多做徒手练习、弹力带练习和打入练习。

（十）切

1. 讲解要点：

（1）跤架：甲右架站立，乙右架站立。

（2）把位：甲左手控乙右臂，右手拿乙大领；乙左手抓甲小袖，右手扶按甲臂。

动作要点：甲左手裹按乙右臂，同时右手突然向左下侧一摁，当乙产生相反的顶力时，上左步同时双手顺势向右侧耘横乙，使乙落于身后，待乙追腰时裹底手，用右腋窝卡压乙脖颈，然后顺势把身体大部分重量压在乙身上；当乙向后挣脱时，甲右小腿快速从外向后贴靠并屈膝砸压乙异侧腿，同时左脚蹬地及时前移，将乙向后摔倒。

动作口诀：裹按横耘牵拉，欺身贴靠下压。

2. 示范建议：正面示范与侧面示范相结合。重点示范横耘上步动作。

3. 教学重点：裹按，横耘，卡压，贴靠，砸压。

4. 易犯错误及纠正方法：

易犯错误：横耘上步不协调。

纠正方法：多做徒手基本功练习和两人一组配合练习。

（十一）耙拿

1. 讲解要点：

（1）跤架：甲、乙右架站立。

（2）把位：甲左手抓乙小袖，右手抓乙偏门；乙左手抓甲小袖，右手扶按甲臂。

动作要点：甲抬右臂支乙左臂，同时紧左手，若乙产生顶劲，迅速借此力上步将右脚伸入乙左脚内后侧，同时勾脚尖，回卡住乙左脚踝内后侧，然后左手松把、下移并搂扣该脚踝，右手向左侧旋推乙偏门，将其向后摔倒。

动作口诀：伸脚耙卡，下手搂扣，偏门旋推。

2. 示范建议：正面示范完整动作，侧面示范双方交换位置后的完整动作。重点示范抬臂紧手和耙卡旋推。

3. 教学重点：抬臂，紧手，搂扣，旋推。

4. 易犯错误及纠正方法：

易犯错误：使用耙拿的时机不准确。

纠正方法：多做徒手基本功练习和两人一组配合练习。

（十二）耙子

1. 讲解要点：

（1）跤架：甲、乙右架站立。

（2）把位：甲左手抓乙小袖，右手抓乙偏门；乙左手未抓甲，右手扶按甲臂。

动作要点：甲上右步，双手向下猛拉乙，待乙顶劲之时，左脚横跨一大步，左手迅速捌把，右手拉按乙偏门，并迅速伸右脚贴近和挂拉乙右脚踝后部，将乙向后摔倒。

动作口诀：支捅捌把，拉按横耙。

2. 示范建议：正面示范完整动作，侧面示范双方交换位置后的完整动作。重点示范身体重心的变化和使用耙子的时机。

3. 教学重点：捌把，拉按，横耙或旋耙。

4. 易犯错误及纠正方法：

易犯错误：使用耙子的时机不准确。

纠正方法：多做徒手基本功练习和两人一组配合练习。

二、练习方法

（一）徒手基本功练习

1. 方法描述：各种摔法的徒手基本功练习，记住动作名称及要领。

2. 练习要求：步法清晰，动作到位。

3. 组织方法：体操队形或散点练习，间距确保学生徒手练习过程中不出现碰撞即可。

4. 教学建议：

（1）把动作分解练习，每组做 10~20 次，至少练习 3 组。

（2）鼓励学生认真体会动作发力顺序和动作要点，在动作初学阶段建立正确的神经肌肉感觉。

5. 拓展练习：

（1）摔假人：以专用假人为练习对象，学生依次按照摔跤技法进行摔假人练习，要求动作准确、熟练。

（2）小组或集体徒手演练：小组或集体按照教师安排的动作顺序，依次做出各种摔跤动作，要求动作充分、准确、熟练。

（二）双人配合练习

1. 方法描述：两人一组配合练习，甲做动作时，乙积极配合甲做出反应动作。

2. 练习要求：两人配合到位，不做防守，只做出正常的反应动作。

3. 组织方法：两人一组练习，注意与其他人之间的距离。

4. 教学建议：

（1）在使用动作时可放慢动作体会用力顺序。

（2）两人互助练习，互相指出同伴动作中的问题。

（3）注意练习时组与组之间的间距，避免出现伤到其他同学的情况。

5. 拓展练习：

（1）单个动作互为对手练习：针对某些技术难度较大的动作，两人一组，互为对手，反复演练，根据对手的倒地情况和体验评价动作并加以改进。

（2）多个动作依次连续练习：两人一组，一人对若干个动作依次进行摔法练习，另一人进行评判，然后两人互换角色进行练习。

三、比赛创设

（一）团队表演赛

1. 比赛方法：自由组队，每个队不超过 6 人；表演内容可由基本腿功、徒手跤绊、抢手演练和配合表演组成。

2. 规则与裁判方法：按照摔跤技术的准确性和团队表演的整齐性两方面进行评分，满分 100 分。如果摔跤技术动作不规范、不准确，每出现一次扣 2 分，团队表演动作不整齐、不一致，每出现一次扣 2 分，得分最多的队获胜。

3. 比赛拓展：改变团队组成方法，如根据性别、级别等组队，让学生在不同的组织中比赛，可以增强学生的组织力、沟通力和领导力，以及团队意识和合作能力。

（二）个人争跤赛

1. 比赛方法：将学生分成 3~5 个级别，小组赛阶段采用三跤两胜制，淘汰赛采用一跤定胜制。

2. 规则与裁判方法：根据正式摔跤比赛规则进行裁判。

3. 比赛拓展：设置赛事筹备组，让学生轮流担任主持人、记录员、裁判员、编排员、仲裁委员等，使学生享受中国式摔跤项目带来的乐趣。

思考题

1. 少年拳的进攻动作和防守动作分别有哪些？在对练中如何运用所学动作进攻和防守。

2. 在教学中如何让学生深入体验武术的攻防含义？请设计一个充分体现攻防学练的教案。

3. 中国式摔跤动作中的"小得合"和"大得合"技术动作有何不同？如何让学生快速掌握并正确区分这两种技术？在教学方法上你有何妙招？

第十四章　游泳教材教法

　　游泳是全身肌肉都参与工作的周期性运动，健身价值很高。学生长期从事游泳运动，能增强心肺功能，促进呼吸肌发育，增加肺活量；促进新陈代谢，提高适应外界环境的能力，不惧寒冷；使身体得到全面、协调的锻炼；使身材匀称，肌肉富有弹性，肌肉力量、肌肉耐力等得到有效发展；锻炼意志品质，培养不怕困难、勇敢顽强等优良品质。

　　中小学游泳教学的重点是熟悉水性和学习游泳基本技术。游泳教学应根据中小学生身心发展规律、学习需求、实际能力，科学制定学习目标，并围绕目标设计教学单元，关注学习内容的结构化、多样化和情境化，将技能、体能和健康安全知识等有机融合，指导学生在游泳学习中形成安全运动的意识，养成良好的行为习惯，掌握游泳基本技术，促进运动能力的提升，为终身体育打好基础。

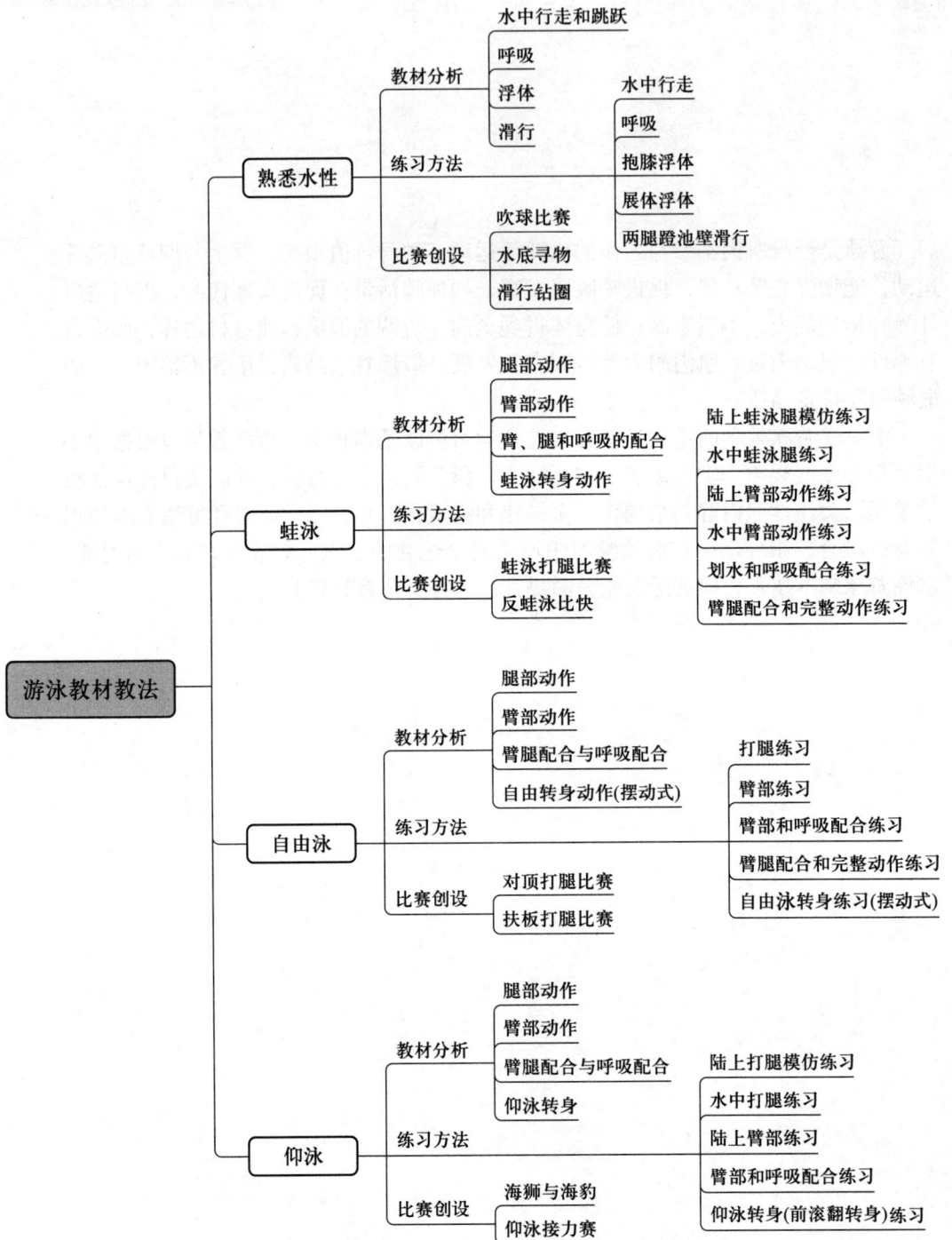

🌿 思维导图

游泳教材教法

- 熟悉水性
  - 教材分析
    - 水中行走和跳跃
    - 呼吸
    - 浮体
    - 滑行
  - 练习方法
    - 水中行走
    - 呼吸
    - 抱膝浮体
    - 展体浮体
    - 两腿蹬池壁滑行
  - 比赛创设
    - 吹球比赛
    - 水底寻物
    - 滑行钻圈

- 蛙泳
  - 教材分析
    - 腿部动作
    - 臂部动作
    - 臂、腿和呼吸的配合
    - 蛙泳转身动作
  - 练习方法
    - 陆上蛙泳腿模仿练习
    - 水中蛙泳腿练习
    - 陆上臂部动作练习
    - 水中臂部动作练习
    - 划水和呼吸配合练习
    - 臂腿配合和完整动作练习
  - 比赛创设
    - 蛙泳打腿比赛
    - 反蛙泳比快

- 自由泳
  - 教材分析
    - 腿部动作
    - 臂部动作
    - 臂腿配合与呼吸配合
    - 自由转身动作(摆动式)
  - 练习方法
    - 打腿练习
    - 臂部练习
    - 臂部和呼吸配合练习
    - 臂腿配合和完整动作练习
    - 自由泳转身练习(摆动式)
  - 比赛创设
    - 对顶打腿比赛
    - 扶板打腿比赛

- 仰泳
  - 教材分析
    - 腿部动作
    - 臂部动作
    - 臂腿配合与呼吸配合
    - 仰泳转身
  - 练习方法
    - 陆上打腿模仿练习
    - 水中打腿练习
    - 陆上臂部练习
    - 臂部和呼吸配合练习
    - 仰泳转身(前滚翻转身)练习
  - 比赛创设
    - 海狮与海豹
    - 仰泳接力赛

第一节　熟悉水性

熟悉水性是学习游泳技术前的适应性练习，是游泳教学的重要环节，其目的是体会和了解水的特性，逐步适应水环境，消除怕水心理，掌握一些基本游泳动作，如呼吸、漂浮、滑行、踩水等，为以后学习和掌握各种游泳技术打下坚实基础。

一、教材分析

（一）水中行走和跳跃

1. 讲解要点：

（1）水中行走：两臂体侧轻拨水，身体平衡轻抬腿，伸小腿下踏站稳，重心移动要协调。

（2）水中跳跃：两臂压水要上摆，两脚用力蹬池底，身体回落腿分开，屈膝站立保平衡。

2. 示范建议：采用正面或侧面示范，提示学生重点观察手臂和腿部动作。

3. 教学重点：体会并适应水的阻力和浮力，掌握在水中站立、行走和跳跃时保持身体平衡的方法。

4. 易犯错误及纠正方法：

易犯错误：在水中跳跃时向侧、向后倾倒。

纠正方法：身体稍前倾，两臂前伸保持平衡。

（二）呼吸

1. 讲解要点：吸气快、呼气匀。在水面上深吸气，头入水后稍闭气，在水下用口鼻呼气，出水面后气呼完，快吸稍闭，慢呼猛吐，呼与吸节奏连贯不停顿。

2. 示范建议：慢呼快吸是熟悉水性的难点，可先在陆上进行正面示范，再到水中进行正面示范和侧面示范，在呼吸连贯后与手臂动作配合练习。

3. 教学重点：掌握在水中的正确呼吸方法，防止呛水、喝水，克服怕水心理。

4. 易犯错误及纠正方法：

易犯错误：吸气呛水，呼吸短促。

纠正方法：向下蹲，头入水，用力吐；气吐完，头出水，张嘴吸。反复练习口吸口呼，逐渐过渡到鼻呼口吸。

（三）浮体

1. 讲解要点：

（1）抱膝浮体：吸气低头抱紧腿，屏住呼吸水中浮，随波逐流任漂浮，身体团紧如圆球。

（2）展体浮体：吸气展臂头入水，屏住呼吸水中浮，随波逐流任漂浮，身体舒展似花开。

2. 示范建议：可采用侧面示范和多媒体视频辅助的方法，提示学生重点观察浮体和站立时的动作。

3. 教学重点：掌握水中浮起、维持身体平衡及由浮体到站立的方法，进一步适应水环境，消除怕水心理，增强学游泳的信心。

4. 易犯错误及纠正方法：

易犯错误：浮体时身体重心向下，站立时重心前移。

纠正方法：吸足气，头平行于水面，浮体时身体重心向前压，尽量屈体团身抱膝或平展身体后放松身体，站立时身体重心位于臀部。

（四）滑行

1. 讲解要点：

（1）蹬池底滑行：两臂伸直夹紧耳，身体前倒脚蹬底，伸臂憋气看下方，保持平衡最重要。

（2）蹬池壁滑行：眼看前方张嘴吸，松手低头臂前伸，两脚用力蹬池壁，腿臂伸直向前滑。

（3）助力滑行：火箭发射用力推，两手并拢腿夹紧，眼看下方向前滑，先憋后吐再站立。

2. 示范建议：陆上示范，帮助学生建立流线型滑行的动作概念；水中侧面示范，提示学生重点观察水中俯卧滑行姿势。

3. 教学重点：感受水的浮力、阻力和压力，形成身体俯卧于水中呈流线型向前滑行姿势。增强学生学会游泳的信心。

4. 易犯错误及纠正方法：

易犯错误：滑行不流畅。

纠正方法：拿浮板辅助滑行，蹬池壁要快速有力，保持好流线型身体姿势。

二、练习方法

（一）水中行走

1. 方法描述：两手在体侧轻轻拨水维持身体平衡，轻抬大腿伸小腿，向前缓行。

2. 练习要求：行走时身体平衡，上下肢协调配合。

3. 组织方法：一路纵队，一个接一个地扶池边行走，注意保持前后间距。

4. 教学建议：

（1）在齐腰深的浅水区练习。

（2）带领学生扶池边行走，掌握在水中维持身体平衡的方法。可以先蹲着走、倒着走、快走，然后过渡到划水行走，手脚协调配合。

（3）学生能安全独立练习后，过渡到两人或多人自由组合手拉手行走，体会水对身体的作用力。

5. 拓展练习：

（1）扶池边跳跃：两手扶池边，两脚蹬池底，向上跳起。

（2）徒手跳跃：在水中站立，两臂向前平伸，然后向下压水，两脚蹬池底，向上跳起。

（3）两人一组，向不同方向快步走、跑、跳。

（二）呼吸

1. 方法描述：手扶池壁或同伴的双手，头在水面上，张口吸气，下蹲头入水时，用鼻呼气，吸气快、呼气匀。

2. 练习要求：水下呼气、水上吸气，吸气用口，呼气用口鼻，慢呼快吸。

3. 组织方法：在水中沿着池壁一路纵队站立，注意保持安全间距。

4. 教学建议：

（1）在陆上正面示范呼吸方法，学生模仿，再过渡到水中示范呼吸动作，学生在池边观摩后下水体验。

（2）为了消除学生呛水后的紧张心理，可以在课前利用脸盆进行呼吸练习，让学生将头浸入水中，先体验憋气，再配合水中呼吸。

（3）学生独立练习，扶池边先憋气，低头入水睁眼睛，看着池底闭紧嘴。

（4）两人一组面对面手拉手站立，一人在水面上吸气，另一个蹲入水中呼气。两人像跷跷板一样交替进行。

5. 拓展练习：组织学生个人或集体列队进行潜穿封锁线活动。把游泳池的水道线作为"封锁线"，练习者站在"封锁线"前，吸气后闭气潜入水中，头不能碰"封锁线"潜水而过。

（三）抱膝浮体

1. 方法描述：站在水中，深吸气后下蹲入水，低头屈腿抱膝团身，使身体浮于水中保持静止。起立时，两臂前伸下压、抬头，臀部重心向下，同时两腿下伸，站稳后头抬出水面。

2. 练习要求：吸气深，闭气久，团身紧，在水中浮漂保持身体平衡。

3. 组织方法：四列横队，注意保持安全间距，怕水的学生靠池壁练习。

4. 教学建议：

（1）结合图片和视频，侧面示范讲解抱膝动作。

（2）两人一组结伴进行陆上模仿练习。

（3）在水中正面示范抱膝浮体，学生在池边观摩，然后下水体验。

5. 拓展练习：两人一组比赛谁漂浮时间长。

（四）展体浮体

1. 方法描述：在水中站立，两臂自然前伸，深吸气后闭气，身体前倒，低头入水，两脚蹬离池底后，两腿上摆，自然伸直稍分开，身体成俯卧姿势浮于水中。站立时，屈髋屈腿下伸，同时两臂向下压水。

2. 练习要求：气吸足，闭气长，低头时肢体放松，身体与水面保持水平，俯卧姿势要平衡稳定。

3. 组织方法：一列横队或散点站立，注意保持安全间距。

4. 教学建议：

（1）结合视频，在水中侧面示范展体、浮体、站立动作，学生下水尝试。

（2）两人一组相互纠错。一人手扶池边，两臂伸直，另一人帮助其抬腿展体，感受身体平行于水面。

5. 拓展练习：集体做展体浮体，比谁在水面上漂浮的时间长。

（五）两腿蹬池壁滑行

1. 方法描述：并腿背对池壁站立，两臂前伸。深吸气后闭气低头，上体前倒浸入水中，两臂夹头，两腿同时轻蹬池底向上屈腿屈膝，前脚掌贴在池壁接近水面处，臀部后移，两腿用力蹬池壁，身体成流线型贴近水面滑行。滑行速度变慢时，收腹、屈腿屈膝下伸，同时两臂下压、抬头、站立。

2. 练习要求：深吸气后低头，两臂前伸，脚蹬池壁向前滑。

3. 组织方法：一列横队贴近池壁，注意保持安全间距。

4. 教学建议：

（1）在水中进行侧面示范，结合视频讲解，强调两臂夹紧耳朵，两腿并拢，想象身体是一条直线。

（2）组织学生观摩后下水体验，两腿蹬池壁要用力。

（3）组织小组评价纠错，看看谁在水中流线滑行的距离更远。

5. 拓展练习：四人一组比赛谁滑得远。

三、比赛创设

（一）吹球比赛

1. 比赛方法：两人一组，站在齐胸水中，每人面前放一个乒乓球，听到信号后，快速用力吹球，边吹边行进，看谁先将球吹至池壁（终点）。

2. 规则与裁判方法：听到信号后出发，只能用嘴吹球向前行进，先到终点者获胜。

3. 比赛拓展：集体比赛，看谁的球先到终点。

（二）水底寻物

1. 比赛方法：四人一组，每组一枚硬币，将硬币置于浅水池底，参赛者深吸气后潜入水中取硬币。

2. 规则与裁判方法：裁判将硬币抛入水中，参赛者听到信号后潜入水中，先取到硬币者获胜。

3. 比赛拓展：集体比赛，看谁先取到硬币。

（三）滑行钻圈

1. 比赛方法：两人一组，每组一个呼啦圈，一人站于水中池壁边，一人在离池壁 3~5 米处将呼啦圈立于水中，参赛者蹬壁滑行钻过呼啦圈。

2. 规则与裁判方法：滑行距离远且从呼啦圈内钻过者获胜。

3. 比赛拓展：集体比赛，看哪一组滑得又远又准。

第二节　蛙泳

蛙泳是游泳主要泳姿之一。蛙泳时，人体俯卧于水面，两臂在胸前对称直臂侧下屈划水，两腿对称屈伸蹬夹水，似青蛙游水。蛙泳比较省力，易持久，实用价值大，常用于渔猎、武装泅渡、救护、水上搬运等，同时也是游泳初学者的主要学习项目。本节在熟悉水性的基础上开始，从腿、臂、呼吸三部分动作配合学起。

一、教材分析

（一）腿部动作

1. 讲解要点：

（1）收腿：屈髋、屈膝，大腿带动小腿向前收，边收边分，向臀部靠拢。

（2）翻脚：小腿外翻两膝稍内扣，脚尖向外勾起，脚趾指向外侧。

（3）蹬夹：大腿发力带动小腿，蹬水在先、夹水在后，蹬腿轨迹是先向外、向下、向后，再向上，直至两腿并拢，在夹水动作最后阶段，脚踝有内旋加速动作。

（4）滑行：两腿并拢伸直，借蹬夹的惯性向前滑进。

2. 示范建议：出示图片或视频，提示学生仔细观察模仿，并利用口诀记忆动作，多做勾脚背和蹬腿游戏。

3. 教学重点：翻脚和蹬夹水动作。

4. 易犯错误及纠正方法：

易犯错误1：两膝外张平收腿。

纠正方法：练习者向侧下方屈膝收腿，至两膝内侧与髋同宽，辅助者站在身后握其踝关节，帮助其感受收腿轨迹和位置。

易犯错误2：蹬腿同时划水。

纠正方法：蹬腿滑行后再开始划水，加强陆上模仿和水中分解动作练习。

易犯错误3：蹬夹同时伸臂。

纠正方法：强调先伸臂后蹬夹，手臂即将伸直时蹬腿夹水，随后臂腿并拢伸直做短暂滑行。在陆上反复模仿，借助口令理解动作顺序，然后在池边进行半陆半水练习，最后入水体会动作。

（二）臂部动作

1. 讲解要点：两臂外划两肩宽，高肘屈臂向内划，肩下夹肘收手臂，颌前并手向前伸。

（1）外划：手臂内旋微屈腕，手掌朝外侧下方，直臂向外划动，边划边屈肘。

（2）下划：手臂外旋，转腕向后、向下，高肘屈臂抱水向下向后加速划水至肩前下方。

（3）内划：保持高肘屈臂，快速向内、向后，在肩下夹肘向上划动。

（4）伸臂：掌心转向下方，并手夹肘快速向前伸直滑行。

2. 示范建议：陆上示范与水中示范相结合，先让学生在陆上模仿，再入水练习。提示学生先了解整个划水路线，再逐步提高连贯性。

3. 教学重点：向外划水抬头吸气，低头伸臂吐气，划手路线正确有节奏。

4. 易犯错误及纠正方法：

易犯错误 1：向外划水。

纠正方法：一手抓练习者手腕，另一手托其肘，做单臂动作和路线牵引。

易犯错误 2：直臂划水。

纠正方法：手臂先直后屈划水，助力纠正方法同上。

易犯错误 3：沉肘，拖肘划水。

纠正方法：提示练习者高肘屈臂划水，助力纠正方法同上。

（三）臂、腿和呼吸的配合

1. 讲解要点：两臂外划腿不动，手臂内划再收腿，先伸胳膊后蹬腿，臂腿伸直滑一会。

（1）游泳姿势基本形态和完整配合动作。

（2）臂腿配合，两臂划水一次，两腿蹬水一次。

（3）合理搭配，减少游进阻力，增大推进动力。

2. 示范建议：采用侧面示范并借助视频进行要点讲解，用口令引导学生理解上下肢动作与呼吸时机。通常采用划水一次、蹬腿一次、呼吸一次的配合方式。

3. 教学重点：各技术环节衔接合理，动作规范，注意动作节奏和配合时机。

4. 易犯错误及纠正方法：

易犯错误 1：蹬腿同时划臂。

纠正方法：蹬腿滑行后再开始划臂。

易犯错误 2：蹬腿同时伸臂。

纠正方法：先伸臂后蹬腿，手臂即将伸直时蹬腿。

易犯错误 3：吸不到气或吸气时抬头过高。

纠正方法：划水时吸气，回臂时闭气，伸臂时呼气。头部随着两臂划水上升出水面吸气。多在陆上做两臂与呼吸配合的模仿练习和在水中做两次划臂一次呼吸的过渡练习。

（四）蛙泳转身动作

1. 讲解要点：两手同时触池壁，收腿摆臂向侧转，成为侧姿腿蹬壁，由侧变俯向前滑行。

（1）游近池壁时两臂前伸，两手同时触壁。

（2）手触壁后屈肘缓冲，一手后伸，同时屈膝屈髋，身体侧转，头和肩出水吸气。另一手经空中前摆入水，身体继续侧转，两膝弯曲脚掌贴壁，闭气。

（3）两臂前伸，两腿用力蹬离池壁，身体由侧卧转为俯卧，呈流线型在水中滑行，同时呼气。

2. 示范建议：先陆上示范后水中示范，可采用侧面示范和视频辅助方法。强调游近池壁不减速，转身时收腿及时、旋转迅速，转身后蹬壁有力，蹬出后呈流线型在水下向前滑行。

3. 教学重点：转身符合比赛要求，游近池壁不减速，转身时收腿及时，旋转迅速，转身后蹬壁有力，蹬出后呈流线型在水下滑行。

4. 易犯错误及纠正方法：

易犯错误1：闭气转身，影响气体交换。

纠正方法：触壁后头和肩出水吸气，辅助者站在练习者侧面，托其上臂帮助抬肩抬头吸气。

易犯错误2：转身后头出水面滑行，影响滑进速度和距离。

纠正方法：提示学生保持身体完全入水展直呈流线型滑行，减小阻力。

易犯错误3：腿蹬壁无力，滑行动力不足。

纠正方法：积极屈膝收腿，身体侧转，脚掌贴池壁蹬出。

二、练习方法

（一）陆上蛙泳腿模仿练习

1. 方法描述：

（1）坐撑模仿：在池边后仰，两臂侧后撑，先按"收—翻—蹬夹—停"四拍做分解动作，再过渡到"收—翻""蹬夹—停"两拍练习。

（2）俯卧模仿：俯卧在凳子上，在同伴帮助下体会动作轨迹，然后再独立练习。先做分解动作练习，然后做完整动作练习。收腿时屈髋角度符合要求。

2. 练习要求：后蹬有力，脚背勾紧，收翻动作连贯。

3. 组织方法：在陆上成一列横队准备，先做坐撑练习，然后做俯卧模仿练习，注意学生之间的间距。

4. 教学建议：

（1）根据年龄安排练习时长和次数，每组1~3分钟，练习2~3组。

（2）练习时要注意动作路线和方向是否正确，及时反馈提醒。

5. 拓展练习：

（1）脚尖翘起，用脚跟行走的方法感受脚跟发力。

（2）两腿中间夹球行走或向前跳跃。

（3）屈膝下蹲，体验两脚蹬地发力。

（二）水中蛙泳腿练习

1. 方法描述：俯卧于池边，髋关节在池沿处，两腿置于水中，按照"收—翻—蹬夹—停"的顺序进行蛙泳腿模仿练习。

2. 练习要求：蹬腿有力脚背勾，双脚蹬直后并拢，感受收腿和蹬夹时水的阻力。

3. 组织方法：在泳池浅水边分组轮换练习。

4. 教学建议：

（1）根据年龄安排练习时长和次数，每组1~3分钟，练习4~5组。

（2）动作掌握较慢的学生带背漂练习，节奏把握不好的学生喊口令练习。

5. 拓展练习：

（1）扶板蹬腿：手扶浮板，俯卧于水中做蹬腿练习，要求做到慢收快蹬、蹬夹连贯，滑行以短距离为主。

（2）滑行蹬腿：蹬壁或蹬池底滑行，两手前伸不动，做蛙泳腿部动作练习，独立体会并掌握动作方法。两腿蹬夹时，两手稍上扬，以提高上体。

（三）陆上臂部动作练习

1. 方法描述：

（1）单臂模仿练习：两脚开立或弓步站立，上体前屈，一手扶膝，另一手做外划、下划、内划、伸臂四个动作。

（2）双臂模仿练习：两脚开立或弓步站立，连续做分手、抬头、吸气以及低头、伸手、呼气动作。

2. 练习要求：将外划、下划、内划、伸臂四个动作连贯起来，在"划水不过肩、肩下回臂"动作轨迹内，将臂部动作效果发挥到极致。

3. 组织方法：在陆上分组轮换练习，注意保持学生间距。

4. 教学建议：

（1）借助图片、视频和示范引导、组织学生自主结伴，互帮，互学，共同提高。

（2）讲解示范后明确重点与难点，引导学生尝试模仿练习，同时注意辅导帮助。

5. 拓展练习：两人一组互相纠错。参照臂部动作标准和要点，提高动作规范性，或利用口令长短和节奏强化动作节奏，也可以进行分层练习。

（四）水中臂部动作练习

1. 方法描述：站在水中，两脚开立或弓步站立，上体前屈，两臂划水。

2. 练习要求：在浅水中模仿练习，体会手臂划水所产生的推力，手向外划时抬头吸气，手向前伸时低头吐气。

3. 组织方法：在水中横排站立，分组轮换练习。

4. 教学建议：

（1）引导学生先了解完整的划水动作路线，在此基础上模仿体验，逐步提高。

（2）两人一组，相互纠错，动作正确后再反复练习，提高空间感和节奏感。

5. 拓展练习：

（1）夹板划臂：俯卧于水中，大腿夹住浮板使腿部上浮，做划臂动作的同时配合呼吸，进一步体会划臂与呼吸配合的方法。

（2）浮具划臂：腰捆浮板，两腿后伸，练习划臂动作，在有支撑的练习中逐渐掌握手臂动作，体会划臂与呼吸配合的方法。

（五）划水和呼吸配合练习

1. 方法描述：站在水中，按照外划吸气、内划闭气、伸臂呼气三拍练习，体会呼吸的时机。

2. 练习要求：掌握划臂动作方法和节奏，配合呼吸。

3. 组织方法：在水中或陆上横排站立，分组轮换练习。

4. 教学建议：

（1）练习划水后两手并拢前伸动作，并与呼吸配合起来，在不同阶段进行定格，前一个动作到位后再做下一个动作。

（2）针对不同水平的学生进行个别辅导。

5. 拓展练习：

（1）夹板划臂：背向池边站立，每人腿部夹一块浮板，听到信号后立刻蹬壁出发，用蛙泳划臂动作向前游进。

（2）浮板划臂：腰捆浮板，每人占一条水道，从池端出发，使用蛙泳划臂动作向前游进。

（六）臂腿配合和完整动作练习

1. 方法描述：巩固完整动作，使用划水一次、蹬腿一次、吸气一次的配合方式。

2. 练习要求：各技术环节衔接流畅，动作路线正确，注意配合呼吸节奏。

3. 组织方法：在水中分组轮换练习。

4. 教学建议：

（1）可以先尝试划一次手，蹬三次腿游 15 米。

（2）蹬壁滑行后做臂、腿、呼吸完整配合练习。先做蹬腿多次，划臂一次、呼吸一次的练习，再逐步过渡到划水一次、蹬腿一次、吸气一次的完整配合。

5. 拓展练习：

（1）陆上臂腿配合模仿练习：直立，两臂上举，一腿站立支撑，另一腿与手臂配合，先练习分解动作，然后过渡到连贯动作练习。

（2）水中蹬腿、划单臂、呼吸配合练习：一手扶板蹬腿，另一手划水，并与呼吸配合；后蹬池底滑行，做一臂前伸不动、另一臂配合呼吸和蹬腿练习。

（3）完整动作练习：巩固完整动作技术，要求蛙泳前进 25 米，正确运用技术动作，强调滑行时低头让身体呈流线型以减少阻力，掌握呼吸时机。

三、比赛创设

（一）蛙泳打腿比赛

1. 比赛方法：两人一组，在泳池中相隔 10 米，依次排好，手拿浮板或浮力棒一端，听到信号后出发，使用蛙泳腿向前游进。

2. 规则与裁判方法：在规定距离内，看谁前行速度快，要求脚不能碰池底或蹬池壁，手不能拉水线。先到达终点者获胜。

3. 比赛拓展：把学生分成人数相同的两个组，两手扶杆，进行集体蛙泳打腿比赛，累计打腿时间长的组获胜。

（二）反蛙泳比快

1. 比赛方法：3~4 人一组，将泳池两端分别定为起点和终点，各组学生一路纵队站在起点池岸上，采用反蛙泳姿势进行游泳比快。动作方法是身体仰卧于水面上，蹬蛙泳腿，两臂放于体前。

2. 规则与裁判方法：接力比赛，前一人触终点池壁后，后一人才可出发，最后一名队员先到达终点的组获胜。

3. 比赛拓展：将手臂放在身体不同部位进行游戏。

第三节 自由泳

自由泳也叫爬泳，是一种身体平直俯卧于水面、两臂轮流划水、两腿上下交替打水的游泳姿势，通常使用两次划水、一次呼吸的方式，周期性地循环往复。自由泳的完整技术由打腿技术、划水技术、腿臂与呼吸配合技术以及水中转身技术四部分组成。本节将动作要点编成口诀，浅显易懂，便于记忆，同时还列举了丰富多样的游戏化教学内容，教师可以根据学情灵活使用，让游泳课堂更加生动有趣。

一、教材分析

（一）腿部动作

1. 讲解要点：一腿伸直一腿屈，两腿交替上下鞭，若要身体向前游，髋部发力是关键。

2. 示范建议：先在陆上模仿再入水练习，可采用侧面示范和多媒体视频辅助的方法。重点示范屈腿下鞭，直腿上抬，两腿上下交替打水。

3. 教学重点：掌握上打和下打动作，髋部发力，大腿带小腿，上下鞭打水。

4. 易犯错误及纠正方法：

易犯错误1：屈髋打水。

纠正方法：在水中做展髋打腿，背肌适度紧张。

易犯错误2：膝关节发力，小腿打水。

纠正方法：在陆上做直腿打水模仿练习，体会以髋关节为轴的上下打腿动作。

易犯错误3：直腿上下打水。

纠正方法：上打时直腿上抬，下打时屈膝下鞭。

（二）臂部动作

1. 讲解要点：移臂空中肩前插，高肘屈臂向后划，螺旋曲线现轨迹，两臂轮流成交叉。

（1）入水：屈肘，手指并拢伸直，拇指向下，按照手、前臂、肘的顺序屈肘斜插入水。

（2）划水：手臂入水伸肩伸臂，外旋，屈腕，手掌向外向下抓水，并顺势屈肘抱水。高肘屈臂向下向后向内划水，到肩后推水至大腿旁（划水路线成S形）。

（3）出水：借助推水向上提肘带动手臂出水。

（4）空中移臂：手臂提拉出水，肩关节自然转动，高肘移臂至肩前方。

2. 示范建议：先在陆上模仿再入水练习，可采用正面、侧面示范和多媒体视频辅助的方法。重点示范手臂在肩与身体间入水、抓水、抱水的运动轨迹。

3. 教学重点：手臂动作的结构、方向、路线，两臂轮流划水的臂部动作。

4. 易犯错误及纠正方法：

易犯错误 1：手臂入水过于靠里，入水点超过身体中线。

纠正方法：站在练习者前方校正手臂入水点，通过陆上模仿强化正确动作。

易犯错误 2：手臂入水时手掌拍水。

纠正方法：在模仿划臂练习时抓住练习者一侧手腕，帮助其校正手掌入水形态。

易犯错误 3：直臂、沉肘、拖肘划水。

纠正方法：站在练习者侧面抓其一侧手腕和肘关节帮助其屈臂划水。

（三）臂腿配合与呼吸配合

1. 讲解要点：

（1）腿臂配合：两臂各划水一次，两腿交替打水，采用两臂轮流划水一次打腿六次的技术。

（2）臂与呼吸配合（以右侧吸气为例）：右臂划到肩下时向右转头，划水结束口出水面，张口快速吸气，转头还原，闭气。通常使用两次臂、一次呼吸。

（3）臂和呼吸配合：手臂入水慢呼气，推水出水转头吸，空中移臂把气闭，气体交换不停歇。

（4）完整动作：两臂轮流向后划，两腿交替上下打，两次臂加六次腿，协调配合水中"爬"。

2. 示范建议：先在陆上模仿再入水练习，可采用侧面示范和多媒体视频辅助的方法。重点示范不停打腿、多次划臂、一次呼吸，然后过渡到两次臂、六次腿、一次呼吸的配合。

3. 教学重点：蹬壁滑行，打腿几次后，按照臂、腿、呼吸相配合的动作进行练习。

4. 易犯错误及纠正方法：

易犯错误 1：臂腿配合不协调。

纠正方法：多进行单臂分解配合练习。

易犯错误 2：吸不到气，闭气游进。

纠正方法：多做陆上模仿动作和水中分解动作。

易犯错误 3：抬头吸气。

纠正方法：在陆上和水中做向一侧转头吸气练习，转头吸气时耳朵贴上臂，眼睛向后看。

（四）自由转身动作（摆动式）

1. 讲解要点：前臂触壁做转身，屈膝收腿向侧移，摆臂入水脚蹬壁，滑行侧身变俯体。

2. 示范建议：采用侧面示范和多媒体视频辅助的方法。重点示范摆动式转身后两臂前伸以及转身折返游进动作。

3. 教学重点：触壁、转身、蹬壁三个动作连贯。

4. 易犯错误及纠正方法：

易犯错误 1：闭气转身。

纠正方法：站在练习者侧面托其摆动臂上臂，帮助其抬高肩和头吸气。

易犯错误 2：蹬出方向不正。

纠正方法：站在练习者前方帮助做动作方向的牵引。

二、练习方法

（一）打腿练习

1. 方法描述：

（1）陆上坐撑打腿：坐在池边，上体后仰，两手后撑，两腿伸直，脚稍内转，做上下交替打水动作。

（2）陆上俯卧打腿：俯卧于地上，四肢伸直展髋，稍挺腹，两腿上下交替打动。

（3）水中手扶池壁，身体俯卧于水中，两腿上下交替打水。

2. 练习要求：身体保持平衡，两腿伸直，以髋关节为轴发力带动大腿，大腿带动小腿上下交替打水。

3. 组织方法：排成一排坐在池边，进行坐撑、俯卧、手扶池壁打腿练习。

4. 教学建议：

（1）根据年龄安排不同的练习时间和次数，每组 1~3 分钟，练习 4~5 组。

（2）提示学生打腿要髋部发力，带动大腿、小腿、脚，踝关节要伸直，在水中打出水花。

5. 拓展练习：

（1）陆上坐撑（俯卧）打腿：两人合作练习，一人拿浮板站在练习者体前，练习者做坐撑打腿击板练习，要求脚尖伸直踢到浮板。

（2）水中滑行打腿：蹬池壁或池底滑行后打腿，打腿时两臂并拢伸直，手掌稍上扬。

（3）水中扶板打腿：两手伸直扶板打腿，在上体有支撑的条件下进行上下打腿。

（二）臂部练习

1. 方法描述：

（1）陆上单臂模仿练习：两脚前后开立，上体前屈，一手扶膝，另一手前平举，按伸、划、推、提、移的顺序做分解动作。

（2）陆上或水中双臂模仿练习：在水中（或陆上）两脚开立或弓步站立，上体前屈，做两臂交替划水动作。

2. 练习要求：动作连贯，体会臂部动作结构、方向、路线，一臂向后划，另一臂在肩上移动。

3. 组织方法：在陆上或水中排成一排练习或分组轮换练习。

4. 教学建议：

（1）用口令提示学生进行分解动作练习。

（2）根据动作要求，引导学生两人一组相互提示、纠错。

（3）根据学生的能力，由易到难，指导学生在水中从原地划水到走动划水，再到漂浮划水。

5. 拓展练习：

（1）用浮力棒在陆上做模仿练习：每人手持一根浮力棒，握住两头，做两臂交替划水模仿练习。

（2）水中行进划水：在浅水中边走边划臂。注意沿中线划水，空中移臂时肘高于手。

（3）用浮板进行划水：手持浮板俯卧漂浮在水面上，两腿交替打水，一手扶板，一手做划水动作，一段距离后两手交换，一段时间后两手交替划水。

（三）臂部和呼吸配合练习

1. 方法描述：在陆上或水中，当右臂划到肩下时向右侧转头张口快速吸气，右臂在空中前移至肩前时转头还原闭气，右臂入水前伸时头部还原开始呼气。

2. 练习要求：掌握划臂动作方法和节奏，找准呼吸时机，配合划臂动作。

3. 组织方法：在水中或陆上排成一排进行练习；分组轮换练习。

4. 教学建议：

（1）以口令的方式帮助学生把握转头吸气的时机，通常使用两次划臂（左右各一次）一次呼吸的方式。

（2）利用多媒体视频，引导学生了解手臂与呼吸配合的节奏。

5. 拓展练习：

（1）陆上划臂与呼吸配合模仿练习：先模仿呼吸动作，上体前屈，两手扶膝做转头呼吸。要求头侧转吸气，吸气后头回正闭气、呼气。熟悉后再做划臂与呼吸配合（先做单臂与呼吸配合，后做两臂划动与呼吸配合）。

（2）夹板划臂：两腿夹一块浮板，先手扶池壁，身体漂浮，进行抬头转体呼吸练习。熟练后再做两臂划水与呼吸配合练习，掌握好划水与呼吸配合时机。

（四）臂腿配合和完整动作练习

1. 方法描述：两臂轮流划水一次，打腿六次。

2. 练习要求：身体保持流线型，注意划水、打腿配合节奏和呼吸时机。

3. 组织方法：在水中分组轮换练习。

4. 教学建议：

（1）以口令的方式帮助学生把握转头吸气时机。

（2）在臂腿配合练习中为学生提供助力。

5. 拓展练习：

（1）水中闭气，臂腿配合练习：蹬壁滑行后先打腿，划臂时两腿不停打水。先做一臂前伸不动的单臂划水练习，配合打腿动作，再做两臂轮流划水配合打腿动作。

（2）扶板划水：先一手扶板打腿，另一手划水，配合呼吸进行练习，再两臂交替进行完整动作练习。

（3）借助浮具的完整动作练习：借助背漂做臂、腿、呼吸的完整动作练习，先做不停打腿、多次划臂、一次呼吸的练习，然后过渡到两次划臂、六次打腿、一次呼吸的配合，逐渐加长游动距离。

（五）自由泳转身练习（摆动式）

1. 方法描述：游近池壁时，前臂触壁后屈肘，身体侧转，屈膝收腿，头和肩露出水面的同时两腿靠近池壁，接着前臂推离池壁，向回转方向转头摆臂，两脚用力蹬离池壁，身体在滑行中转为俯卧。

2. 练习要求：屈膝收腿，脚用力蹬池壁，由侧身滑行变成俯卧滑行。

3. 组织方法：在水中分组轮换练习；在助力下完成练习。

4. 教学建议：

（1）组织学生观看动作视频或示范，帮助他们先理解动作方法，再进行水中练习。

（2）离池壁 1.5 米左右做游进、触壁、转身、蹬壁练习。

5. 拓展练习：

（1）手臂前伸触壁：在游近池壁时，两腿用力鞭水，一臂用力向后推水，另一臂前伸触壁。

（2）收腿屈膝蹬壁转身：身体向池壁靠拢并侧转，同时向侧前方收腿屈膝，头肩侧倒，触壁手推壁，两脚贴池壁，头入水闭气，身体成侧卧姿势，两脚用力蹬离池壁，两臂伸直，两腿并拢在水中滑行，身体由侧姿转为俯卧，呼气。

三、比赛创设

（一）对顶打腿比赛

1. 比赛方法：两人一组，各扶住同一块浮板的两端，听到信号后立刻做自由泳打腿动作，看谁能把对方向后推。

2. 规则与裁判方法：脚不能落地，不能拉扶池壁或水线，把对方推出规定范围者获胜。

3. 比赛拓展：

（1）四人一组进行比赛，可采用浮力棒。

（2）把学生分成人数相同的两个组，面对面站在浮杆两边（浮杆长数米，两端捆着浮板），两手扶杆，听到信号后集体奋力打腿，将对方向后推。

（二）扶板打腿比赛

1. 比赛方法：2~4 人一组，每人手拿一块浮板，听到口令后出发，快速打腿游到对面。

2. 规则与裁判方法：浮板不能掉，掉了必须从出发点重新开始。可抬头也可低头，最先到达对面者获胜。

3. 比赛拓展：

（1）进行迎面接力比赛。

（2）3~5 人一组，在规定时间内把浮板运到对面最多的组获胜。

第四节　仰泳

仰泳是身体仰卧于水中向前游进的一种泳姿。仰泳时身体处于仰卧状态，两臂在身体两侧轮流划水，两腿交替上下打水，动作比较简单。另外，由于脸部始终露出水面，比较容易掌握呼吸方法，因此有助于在水中保持身体平衡，也有利于自由泳的学习。保持良好的水平姿势是学习仰泳的关键，因此可以将"浮体"练习作为课前导入内容，让学生回忆躺在水中并在水面上保持伸展的体位感觉。

一、教材分析

（一）腿部动作

1. 讲解要点：髋部带动大腿发力，一腿屈膝向上踢，一腿伸直朝下压，两腿交替不停歇。

（1）两腿自然伸直，脚稍内旋，以髋关节为支点，大腿发力带动小腿和脚有节奏地做上下鞭状打水。

（2）上打时屈腿，以脚背用力向上踢水，至腿部伸直，膝关节和脚背不露出水面。

（3）腿伸直下压，至一定深度后大腿停止下压，小腿和脚在惯性下继续下移，完成下打动作后转为上踢。

2. 示范建议：借助视频，提示学生从侧面观察腿部的鞭打动作；侧面示范，提示学生重点观察腿部打水方向。

3. 教学重点：大腿带动小腿，膝踝放松，脚背积极下压稍内扣。

4. 易犯错误及纠正方法：

易犯错误 1：臀部位置太低，"坐"在水中。

纠正方法：紧腹展髋，头顶中部位于水面上，提示学生不要低头。

易犯错误 2：膝关节发力，只用小腿打水。

纠正方法：明确以髋关节为轴，大腿发力带动小腿，膝踝关节放松。

易犯错误 3：向上踢水时，膝关节露出水面。

纠正方法：向上踢水时，膝关节不上抬，直腿下压，膝关节始终在水面下。

易犯错误 4：脚掌蹬水。

纠正方法：要求脚伸直，脚尖稍向内，用脚背踢水，想象水中有个足球，尝试用脚背踢球。

（二）臂部动作

1. 讲解要点：一臂划水结束时，另一臂已入水开始划水；一臂空中移臂到肩上方时，另一臂已划水至肩下方。

（1）入水：手臂自然伸直，手掌展平，掌心向外，小指领先切入水中，入水点在同侧肩延长线远端（肩尽量向前伸），身体向入水手臂同侧转动。

（2）划水：由向下、向上、再向下、再向上的两次向下和两次向上划水构成，以肩关节为轴，臂先拉水，然后划水至大腿侧下方。

（3）出水：完成划水后，手臂外旋，掌心转向大腿，借助手向下压水的反作用力，提肩带动上臂、前臂、手依次出水，出水时手臂伸直。

（4）空中移臂：直臂向肩前方移动，在手臂过肩垂直面后，掌心向外翻转，为入水做准备。两臂采用连接式配合技术，即一臂划水结束时另一臂已入水开始划水，一臂移到肩上方时另一臂已划水至肩下。

2. 示范建议：借助视频，提示学生从侧面和正面观察手臂入水位置、划水动作以及两臂交替划水时的身体姿态；再进行直接示范，提示学生重点观察上体在游进过程中的转动，建立直观表象。

3. 教学重点：手臂入水与出水时手掌的变化，划水路线。

4. 易犯错误及纠正方法：

易犯错误 1：手臂入水偏外或偏内。

纠正方法：手臂入水点在同侧肩延长线上。

易犯错误 2：手背拍水入水。

纠正方法：手掌向外，小指领先入水。

易犯错误 3：手臂划水用力过早。

纠正方法：手臂入水后积极向后下方伸展，转腕抓水、抱水后再用力划水。

易犯错误 4：两臂配合不连贯。

纠正方法：一臂入水时另一臂已在推水，一臂空中移至肩上时另一臂已划水到肩下。

（三）臂腿配合与呼吸配合

1. 讲解要点：

（1）臂腿配合：两臂连接式交叉划水，两腿不停交替打水，采用六次打水、两次划臂的节奏进行练习。左手入水抓水时左腿上踢，左手上划时右腿上踢，左手鞭状下滑时左腿第二次上踢。右臂划水时重复相应动作。

（2）臂与呼吸配合：口鼻始终露出水面，空中移臂开始吸气，吸气后要憋气一段时间（划水部分），臂出水阶段呼气。一般两臂各划水一次，呼吸一次。

2. 示范建议：先在陆上模仿再入水示范，可采用侧面示范和多媒体视频辅助的方法。

3. 教学重点：一臂在空中前移时吸气、闭气，另一臂在空中前移时呼气。

4. 易犯错误及纠正方法：

易犯错误 1：两臂配合不协调。

纠正方法：明确一臂入水时另一臂已在推水，一臂在空中移至肩上时另一臂已划水到肩下。

易犯错误 2：呼吸配合不上。

纠正方法：一臂移臂时吸气，另一臂移臂时呼气。

（四）仰泳转身

1. 讲解要点：

（1）平转身：一臂前伸触池端，屈膝收腿前平转，两臂夹头腿蹬壁，仰卧展体向前滑。以右手触壁为例，游近池壁，右臂触及池壁前，左臂用力划水，触壁后屈臂缓冲并随即推池壁，同时屈膝收腿，身体绕前后轴平转180度，两脚贴壁，两臂夹头前伸，两脚沿游进方向蹬出，身体呈流线型滑行，减速后开始打腿、划臂。

（2）前滚翻转身：游近池壁仰转俯，屈体滚翻再仰卧，两脚贴壁就蹬腿，滑行仰泳如当初。游近池壁，当臂向下划水时，身体朝划水臂方向转动，同时另一臂移臂，使身体转为俯卧。

2. 示范建议：先在陆上模仿再入水示范，可采用垫上示范和多媒体视频辅助的方法。前滚翻转身技术复杂，但是速度快，应重点学习。

3. 教学重点：一臂仰泳划水，另一臂改为自由泳空中移臂，使身体翻转成俯卧。注意自由泳移臂带动身体绕纵轴转动。

4. 易犯错误及纠正方法：

易犯错误1：平转身不到180度。

纠正方法：强调团身紧，托臀托腰，帮助身体平转。

易犯错误2：蹬出方向不正。

纠正方法：站在练习者前方，帮助其牵引动作方向。

易犯错误3：前滚翻转身翻不过去。

纠正方法：低头、压肩、收腹、提臀协同用力。辅助者一手下按，另一手托练习者腹部，帮助其翻滚。

易犯错误4：前滚翻转身时两脚蹬不到池壁。

纠正方法：测量好做"仰转俯"时与池壁的距离，设置标志。转身时，低头、用力划臂，使身体靠近池壁。

二、练习方法

（一）陆上打腿模仿练习

1. 方法描述：

（1）身体姿势：坐在池边，两腿并拢伸直离地，两臂上举，上体和手臂后仰至身体平直仰卧，头和肩略高于臀部和腿时停止后仰，坚持一会。

（2）坐撑打腿：坐在池边，上体后仰，先做两腿交替屈腿上踢、直腿下压动作，然后将两腿置于池中上下打水，将水花踢向前上方。

2. 练习要求：腰部带动两腿发力，脚背积极下压，并稍向内扣。

3. 组织方法：排成一排坐在池边，分组轮换练习。

4. 教学建议：

（1）多做打腿游戏，如两人一组进行结伴互助、互纠练习。

（2）采用计时赛、计数赛等形式多样的练习，提高学生的练习热情。

5. 拓展练习：

（1）两人一组，一人拿浮板，一人坐撑池边做打腿击板练习，相互观察动作，对比教师提供的示范动作，找出差异和不足。练习 1~2 分钟后交换。

（2）两人一组，交替在水中练习打腿，互帮互纠共同提高。练习 1~2 分钟后交换。

（二）水中打腿练习

1. 方法描述：上体固定，两手后撑池边，做两腿交替上下打水动作。练习时，脚踢出水花，膝关节不出水面。

2. 练习要求：保持动作完整连贯，打腿快而有力，上体放松，腰腿协调配合。

3. 组织方法：排成一排坐在池边进行分组轮换练习。

4. 教学建议：

（1）对技术动作较差的学生进行单独辅导，或让技术好的学生帮助。

（2）针对出现的问题有针对性地提出改进建议。

5. 拓展练习：

（1）仰卧漂浮：在水中站立，头和身体后仰，脚蹬离池底，两臂置于体侧，平卧漂浮于水中。先由同伴托髋、托头帮助，然后独立练习。

（2）仰卧滑行：两腿蹬离池壁，两臂后摆夹头，身体展平仰卧滑行。

（3）助浮打腿：两手抱板于腹部，或持浮板枕于头下，借助浮板的浮力练习打腿。练习时注意使浮板保持水平或稍向上。

（三）陆上臂部练习

1. 方法描述：先单臂按入水、划水、出水、移臂四拍做分解动作，掌握动作后，把四拍连贯起来练习，再按"两臂连接式交叉"做两臂轮流划臂练习。

2. 练习要求：入水位置正确，推手时手臂移动路线正确，动作连贯，快速推手后手掌上举并积极前伸。

3. 组织方法：在陆上进行多排集体练习或分组轮换练习。

4. 教学建议：

（1）划水路线不正确的学生可以躺在池边进行强化练习。

（2）为学生提供正确图解或视频，以便学生随时对比和模仿。

5. 拓展练习：

（1）站立模仿：分左臂模仿和右臂模仿。要求掌握正确划水动作，推手快速有力、有节奏，划水路线合理。

（2）仰卧模仿：身体仰卧在凳子上做划水模仿练习，要求动作衔接连贯。

（四）臂部和呼吸配合练习

1. 方法描述：两臂连接式交叉划水，两腿不停交替上下打水，采用六次打腿、两次划臂配合技术。

2. 练习要求：轮流划臂，要求一臂在空中前移时呼气，另一臂移臂时吸气。

3. 组织方法：在水中分散站立或分组轮换练习。

4. 教学建议：

（1）先在陆上模仿练习，再入水练习完整配合。或把存在相同问题的学生分在同一组进行针对性指导。

（2）腹部捆上浮板，先做两臂轮流划水臂腿配合，再配上呼吸做完整配合。注意两臂连接式交叉划水和呼吸，两腿不停打水配合。

5. 拓展练习：

（1）单臂与腿的配合练习：先一臂扶板前伸，另一臂划水，两腿不停打水。连续做若干次划水后，换另一臂练习。然后弃板，改为蹬池底滑行的臂腿练习。练习时注意保持好身体位置，控制平衡，腰腹部尽量舒展，避免臀部下沉。

（2）蹬壁滑行后做完整配合练习，逐渐增加游动距离。

（五）仰泳转身（前滚翻转身）练习

1. 方法描述：快速游近池壁，当一侧手臂向下划水时，身体朝划水手臂方向转动，同时另一臂做自由泳高肘移臂动作，身体由仰卧转为俯卧；两臂同时划水一次，随即低头、压肩、收腹、屈体，提高臀部位置向前滚翻，当前滚至上身与水面垂直时，迅速做屈髋、屈膝动作，两腿经空中甩向池壁，使身体呈仰卧姿势，快速蹬离池壁，成仰卧流线型姿势滑行出去。

2. 练习要求：团身紧，尽量缩短转体半径；滚翻时低头、压肩、收腹、提臀协调用力。

3. 组织方法：先在陆地上练习，然后到水中进行小组轮换练习。

4. 教学建议：

（1）完成仰转俯的练习后，在俯卧姿势下做 1~2 次两腿同时向下鞭水动作。

（2）提示学生转身后两脚贴壁，两腿弯曲约 90 度，同时用力向后蹬出，方向与身体纵轴一致。

5. 拓展练习：三人一组，中间一人背向终点，为"落水者"；两侧各一人面向终点，为"救护者"，两侧救护者各以一手扶住"落水者"腋下。听到信号后，"落水者"成仰卧姿势，"救护者"以侧泳动作将其托至终点。

三、比赛创设

（一）海狮与海豹

1. 比赛方法：将学生分成人数相等的两列横队，相距约 3.5 米面对面站立，一队为"海狮"，另一队为"海豹"。当听到"海狮"信号时，"海狮"立即后倒快速游仰泳逃跑，而"海豹"则游自由泳或蛙泳追逐"海狮"；若信号为"海豹"，"海豹"就是逃跑者，"海狮"成为追逐者。

2. 规则与裁判方法：逃跑者只能采用仰泳，追逐者可以采用自由泳或蛙泳。

3. 比赛拓展：加大比赛场地，用手碰到逃跑者头部为追捕成功。

（二）仰泳接力赛

1. 比赛方法：四人一组，各小组在游泳池中相距 15 米面对面站立，采用迎面接力的方式进行仰泳接力赛。

2. 规则与裁判方法：不得抢游，不得越线接力，左右保持一定距离。最先完成接力的组获胜。

3. 比赛拓展：增加游泳距离，或采用往返仰泳接力比赛，提高学生的仰泳水平和团队合作意识。

🍂 思考题

1. 游泳锻炼对于促进学生身心健康有哪些益处？

2. 蛙泳的划臂、蹬腿和呼吸的最佳配合顺序是什么？

3. 请设计一个以班级为单位的游泳比赛方案，其中要包含个人项目和团体项目。

第十五章　速度滑冰教材教法

速度滑冰是一项历史悠久的运动，19世纪40年代从英格兰和荷兰传入其他国家。男、女速度滑冰分别于1924年、1960年被列为冬季奥林匹克运动会比赛项目。随着2022年北京冬季奥林匹克运动会的成功举办，我国参与滑冰的人数不断增多，尤其是在我国北方，群众性冰上运动开展得十分活跃。

速度滑冰具有鲜明的特点和独特的风格，对技术要求较高，战术变化多，竞争激烈，练习者在活动中必须调动全身肌肉协调配合，才能完成各项技术动作。经常参加滑冰运动，能增强心肺功能，促进血液循环，提高耐寒能力和人体免疫力。速度滑冰还有很高的育人价值，能够培养学生机智勇敢、拼搏进取、顽强坚韧、乐观向上等优良品质，对学生的终身发展具有深远影响。

中小学速度滑冰教学的重点是速度滑冰基本技术、冰上游戏与比赛。教师应通过组织丰富的冰上活动，使学生在享受乐趣的同时喜爱并主动参与冰上运动。在教学时，教师可根据季节和场地的实际情况，合理利用场地和器材，促进学生全面发展。

🌿 思维导图

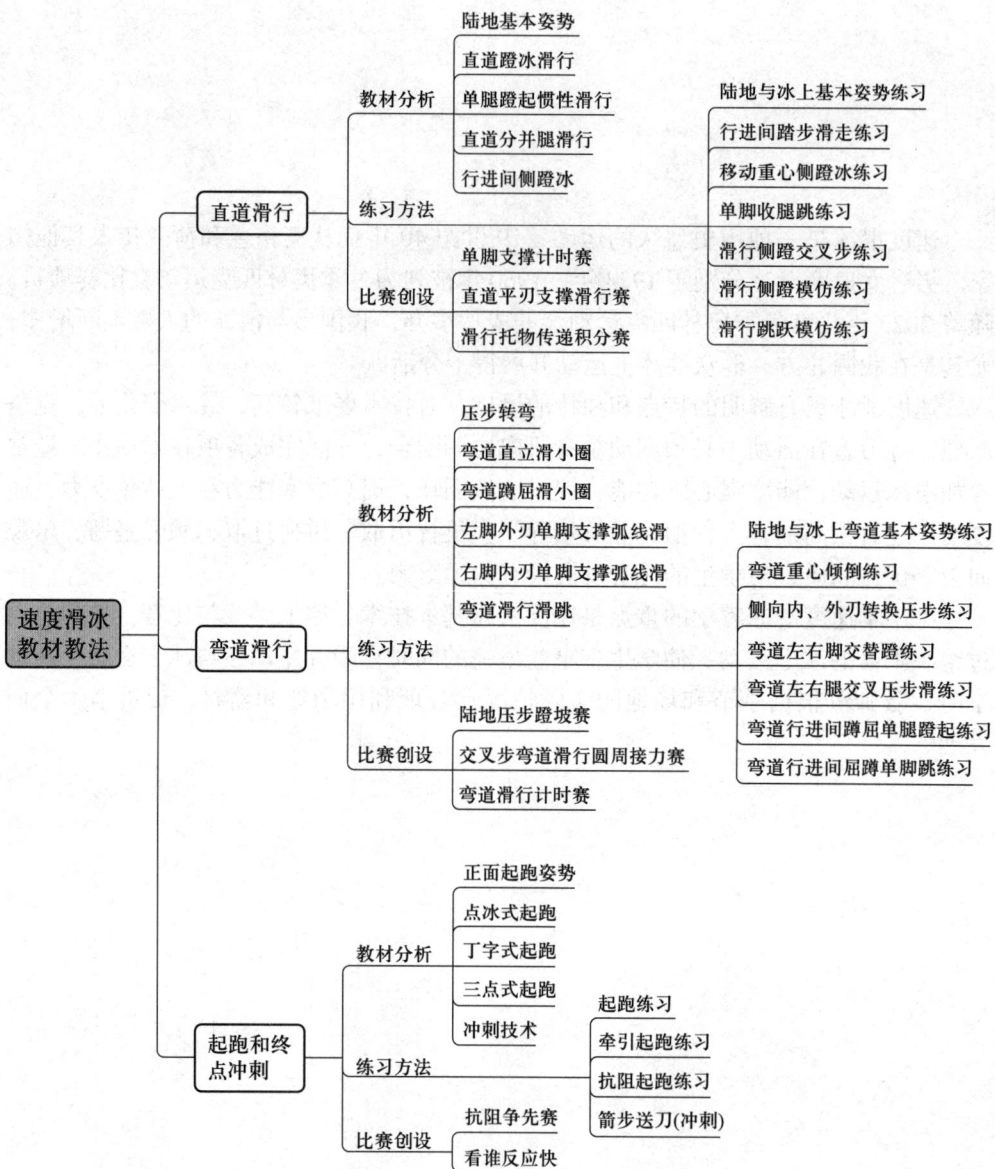

第一节 直道滑行

直道滑行是速度滑冰的基本技术之一，是影响滑冰技术形成的关键，也是提高滑冰能力的决定性因素。直道滑行教学应采用由易到难、由简到繁、由慢到快的方式逐步进行。直道滑行对下肢力量要求较高，教师在教学时要合理安排相应的专项体能练习，发展学生的位移速度、肌肉耐力、灵敏性、肌肉力量等体能。

一、教材分析

（一）陆地基本姿势

1. 讲解要点：

（1）基本姿势要牢记，上体放松微抬头，肩部略比臀部高，重心落在两脚间，双手背于腰后部。

（2）大腿与小腿的夹角为 90~110 度，小腿与地面的夹角为 45~60 度。

2. 示范建议：正面示范，提示学生重点观察身体姿态；侧面示范，提示学生重点观察大腿与小腿的夹角。

3. 教学重点：大腿与小腿的夹角，身体姿态。

4. 易犯错误及纠正方法：

易犯错误 1：低头，背部紧张。

纠正方法：跟随前一名学生的滑行路线，或观察滑行的视频、图片；提示学生抬头滑行；用手轻触学生背部提醒其放松。

易犯错误 2：大腿与小腿的夹角偏大。

纠正方法：让学生屈膝坐在椅子上，臀部尽量靠近椅子，帮助学生强化动作定型。

（二）直道蹬冰滑行

1. 讲解要点：

（1）保持基本滑行姿势，抬头，身体前屈，大腿用力蹬出，两臂左右协调摆动。

（2）直道蹬出移重心，注意鼻、膝、脚尖三点一线，蹬冰方向要合理。

2. 示范建议：正面示范，提示学生重点观察身体重心转换、支撑腿滑行稳定以及侧蹬腿蹬出与收回动作；分解动作示范和完整动作示范相结合，按照动作顺序，边讲解、边示范、边模仿练习。

3. 教学重点：身体重心转换，鼻、膝、脚尖三点一线。

4. 易犯错误及纠正方法：

易犯错误 1：没有平行侧蹬，造成身体重心不稳。

纠正方法：反复练习双脚平行侧蹬；与学生面对面有节奏地做滑行动作，模仿平行侧蹬动作。

易犯错误 2：身体重心转换不流畅。

纠正方法：两人一组互相模仿练习；教师可扶着学生髋部辅助其平移，保证身体重心转换。

（三）单腿蹬起惯性滑行

1. 讲解要点：加速滑行变支撑，单脚平刃先立稳，大腿冰面要平行，三点一线刀中立，向上蹬起加摆臂，浮腿轻靠支撑腿，下蹲还原再蹬起。

2. 示范建议：采用挂图、慢放视频等方式提示学生重点观察动作衔接时腿部屈伸与手臂摆动的协调和连贯；正面示范，提示学生重点观察平刃站立、浮腿侧蹬、支撑腿屈蹲动作；侧面示范，提示学生重点观察膝关节前弓和完整动作。

3. 教学重点：膝关节前弓，身体保持稳定，单脚支撑，平刃稳定滑行。

4. 易犯错误及纠正方法：

易犯错误 1：支撑腿不能平刃支撑。

纠正方法：通过专项体能练习，增加腿部和踝关节力量，反复练习单脚支撑。

易犯错误 2：滑行时身体不放松，左右摇摆。

纠正方法：原地练习身体重心左右移动，体会身体重心完全转移至支撑腿；让学生在冰上进行缓慢滑行练习，用语言鼓励学生克服恐惧心理。

易犯错误 3：滑行时蹬腿与摆臂动作顺序错乱

纠正方法：反复观看挂图或视频，建立正确的技术概念；在陆地上反复练习蹬腿、摆臂衔接动作；在冰上进行行进间摆臂练习。

（四）直道分并腿滑行

1. 讲解要点：

（1）蹲屈姿势要标准，目视前方刀立稳，双手背后肩放松，上体保持不要动。

（2）两脚打开外八字，踩住冰刀中后部，双腿蹬出齐用力，髋部展开腿蹬直，收腿转膝还原处，反复练习有帮助。

2. 示范建议：正面示范，提示学生重点观察刀刃"咬"冰、踝关节伸直以及腿蹬出和收回顺序；侧面示范，提示学生重点观察动作的完整性和流畅性。

3. 教学重点：蹬冰时髋、膝、踝三个关节的用力顺序，蹬冰时膝关节伸直。

4. 易犯错误及纠正方法：

易犯错误 1：两腿分开蹬冰时，上体上下起伏。

纠正方法：提示学生保持膝关节前弓，髋关节下压；多运用鼓励性语言，帮助学生克服恐惧心理。

易犯错误 2：两腿蹬直滑行后，冰刀收不回来。

纠正方法：通过专项体能和冰上练习，增加踝关节力量；反复提示学生两腿蹬直后，膝关节立刻内转，刀尖向内，即"蹬—转"。

（五）行进间侧蹬冰

1. 讲解要点：

（1）保持低姿势滑行，抬头摆臂齐用力，冰刀侧蹬膝不屈，蹬出方位要注意。

（2）三点支撑成一线，收腿靠近支撑腿，重心随后要转移，反复蹬出勤练习。

2. 示范建议：原地正面示范，提示学生重点观察腿的侧蹬角度、收腿位置、手臂摆动及重心移动，可采用边讲解、边示范、边练习、边纠正的方法进行反复练习；侧面示范，提示学生重点观察完整动作。

3. 教学重点：蹬冰时刀刃、踝、膝、大腿的发力顺序，膝关节蹬直转换重心。

4. 易犯错误及纠正方法：

易犯错误 1：侧向蹬出角度错误。

纠正方法：在陆地上反复练习，鼓励学生大胆侧蹬；两人一组，模仿对方蹬出动作，进行"照镜子"练习；通过口令节奏，帮助学生控制蹬出角度。

易犯错误 2：鼻、膝、脚尖没有三点一线。

纠正方法：原地反复练习，形成动作定型；在地面上画一条直线，帮助学生建立三点一线的意识，反复练习；反复提示、强调动作要点，纠正错误，促进动作形成自动化。

二、练习方法

（一）陆地与冰上基本姿势练习

1. 方法描述：两脚开立与肩同宽，上体前屈双手背后成蹲屈姿势，目视前方 6~7 米处，进行静蹲练习。

2. 练习要求：上体和肩高于臀部，收腹团身，头部微抬，目视前方 6~7 米处；膝关节前弓 90~110 度，踝关节前弓 55~75 度，髋部与上体夹角 45~50 度。

3. 组织方法：体操队形散开，保持安全距离，避免练习过程中发生碰撞。

4. 教学建议：

（1）根据学生年龄大小调整练习时间。1 分钟一组，练习 8~10 组。

（2）在场地上画一条直线，分组练习，提示学生两脚尖平行，相互纠正错误。

（3）进行分组教学指导，加强蹲屈角度练习，膝关节不要超过脚尖，帮助学生建立冰感，适应冰上环境。

（4）引导学生做好准备活动，保证热身充分，防止受伤。注意强调冰面上自我保护的方法，保证学生安全、愉快地完成冰上练习。

5. 拓展练习：

（1）静蹲：弯腰、屈膝、双手背后、目视前方、肩与背平。初学者 30 秒一组，练习 4~6 组。

（2）双人模仿蹲屈：身体保持静蹲姿势，屈膝向前行走，蹬腿时身体重心后坐，交换腿时上体不起伏。向前直线行走 5~10 米一组，练习 2~3 组。

（二）行进间踏步滑走练习

1. 方法描述：以静蹲姿势为准备动作，做平刃高抬腿至胸前动作，反复练习。

2. 练习要求：屈膝、弯腰、半蹲，脚尖成外八字形，左右脚平刃交替向前踏步。

3. 组织方法：两路纵队，体操队形散开。

4. 教学建议：

（1）教师口令指挥，先讲解后示范，练习由原地站立变行走，由慢到快。10~20米一组，练习4~8组。

（2）注意行进节奏，保持前后安全距离，两脚平刃成外八字形行走。

（3）分组练习时及时讲解，提示学生重点体验重心移动以及鼻、膝、脚尖三点一线，相互纠正错误动作。

（4）提示学生踝关节保持紧张状态，重心稍前倾，如遇摔倒，立即采用团身或主动侧倒进行自我保护。

5. 拓展练习：

（1）摔倒起立：摔倒时，两腿收回与肩同宽，降低身体重心，团身收腹，上体前倾向侧方或正前方摔倒。起立时，双手支撑冰面，先收回左脚，再将右脚收于胸前，以静蹲姿势保持两脚平行。起立后踏步向前行走5~8米一组，练习10~12组。

（2）原地踏步转圈：两脚在冰上平行站立，进行原地踏步转圈和高抬腿练习。平刃着冰，踝关节固定，尽量延长单脚支撑时间。20~30次一组，练习3~4组。

（三）移动重心侧蹬冰练习

1. 方法描述：以静蹲姿势为准备动作，左右移动身体重心，进行移动重心侧蹬冰练习。

2. 练习要求：身体重心转移到位，保持鼻、膝、脚尖三点一线，协调重心移动。

3. 组织方法：四路纵队，体操队形散开。

4. 教学建议：

（1）指导学生掌控蹬冰时机和身体重心移动方法；身体重心先横向移动，然后引腿从支撑腿后方向前摆动，同时身体重心"倾斜"至外刃压冰。

（2）教师口令指挥，着重强调移动身体重心，遇到问题及时纠正和指导，提高学生的独立思考能力。

（3）指导学生用刀刃中间部分蹬冰。在整个蹬冰过程中，将身体重心控制在冰刀的中部上方，用全刃向侧前方蹬冰，以免出现后蹬冰现象。

（4）提示学生身体重心不要移动过大，可采取牵引保护方法；练习时保持安全滑行距离。

5. 拓展练习：

（1）平衡垫重心移动：单脚踩在平衡垫上成静蹲姿势，抬起一条腿向侧方蹬出，做后引动作，然后收回；浮腿不要着地，收稳后再成静蹲姿势，两腿交换练习。1分钟一组，练习3~4组。根据学生能力适当调节平衡垫的充气量，控制练习难度。

（2）动作协调性练习：从基本姿势开始，两肩和髋关节保持平稳并与地面平行；两臂摆动、侧蹬收腿快速，保持动作协调。分组练习，相互指导，逐步加大强度。

（四）单脚收腿跳练习

1. 方法描述：保持基本姿势，后引腿先进行收腿跳，再交换腿，循环练习。

2. 练习要求：根据练习者的水平和练习阶段，逐渐增加运动负荷。

3. 组织方法：体操队形散开，保持间距。

4. 教学建议：

（1）掌握好运动负荷，腿部肌肉力量较弱的学生，单腿做 6~10 次一组，练习 4~6 组；针对不同年龄段学生应适当调整练习次数和强度。

（2）提醒学生浮腿与蹬冰腿协调配合，浮腿轻靠支撑腿，形成合理的后引角度。

（3）指导学生做好热身活动，尤其是踝关节和膝关节；提醒学生注意落地缓冲，练习地点尽量选择塑胶跑道，避免踝关节和膝关节受到过大冲击力。

5. 拓展练习：

（1）原地高抬腿：大腿带动小腿，膝关节高抬至胸前，上体正直，左右腿交替进行。练习强度逐步加大，多人同时进行练习，练习时喊出"加油"口号。

（2）行进间单脚支撑：重心转移至支撑腿，膝关节前弓，位于胸部下方，大腿后引与身体重心投影线成 10~15 度，小腿和地面接近平行，脚尖自然下垂，收腿时大腿带动小腿，肌肉放松，保持深蹲姿势前行。8~12 米一组，练习 3~5 组。

（五）滑行侧蹬交叉步练习

1. 方法描述：从静蹲姿势开始，后蹬冰收腿，交叉摆臂，两腿交替侧蹬，循环练习。

2. 练习要求：注意支撑腿重心转移，内刃、平刃、外刃过渡顺畅，平稳滑行。

3. 组织方法：把学生分成四组，各组依次出发，保持安全间距。

4. 教学建议：

（1）教师口令指挥，先讲解后示范。侧蹬的距离与重心移动配合协调。交叉上步时，提示学生膝关节在胸前进行交替，上体不起伏，动作协调，控制落刀位置。

（2）加强内、外刃练习，着重加强踝关节力量。

（3）提示学生膝关节高抬，注意保持两脚间距，预防交叉导致踩拌和摔倒。

5. 拓展练习：

（1）分并收腿跳：保持滑行基本姿势，两手背后放松，两脚同时向两侧跳跃，分腿成马步开立，重心在身体中间，两脚跳跃并步收腿还原成滑行蹲屈姿势，上体不要起伏。6~8 次一组，练习 4~5 组。

（2）平衡垫侧蹬收腿：以静蹲姿势站在平衡垫上，保持鼻、膝、脚尖三点一线，浮腿向侧蹬出，浮腿脚尖与支撑腿脚尖在一条直线上，大腿带动小腿，浮腿放松收至胸前，依次交换练习。左右腿各 8~12 次一组，练习 3~4 组。

（六）滑行侧蹬模仿练习

1. 方法描述：两人一组，进行滑行侧蹬练习，动作节奏保持一致。

2. 练习要求：侧蹬脚与支撑脚平行，膝关节保持稳定，踝关节立稳。

3. 组织方法：体操队形散开，保持安全距离，避免练习时发生碰撞。

4. 教学建议：

（1）教师口令指挥，先讲解后示范，强调落刀脚的内、外刃。

（2）侧蹬时，侧出脚尖和支撑脚尖不要分开，单脚向侧方蹬出后，以最短距离从侧位向后引，成单腿后引姿势，然后将腿收回并拢。

（3）提示学生出刀角度与落刀角度一致，强调落刀脚的内、外刃。

（4）提示学生如遇摔倒，立即采用团身的方式进行自我保护。

5. 拓展练习：

（1）单脚侧蹬：单脚侧蹬是加强腿部力量的蹬冰练习。以左侧蹬出为例，保持滑行基本姿势蹲屈，左腿后引，右腿支撑，左腿回收靠近胸前，同时右腿快速蹬地收回，循环练习。单腿侧蹬 50 米一组，练习 3~4 组。

（2）滑板模仿：在滑板上模仿滑行动作，从向后伸出右腿的深蹲姿势开始，右腿收回至两膝靠近肘关节，头、肩、臀部同时向右倾斜，左腿支撑；左髋发力，随着身体向右侧倾斜，支撑腿伸直；浮脚着地时，要正好落在身体下面，左脚向右移动，开始做相反动作，反复练习。1 分钟一组，练习 5~6 组。

（七）滑行跳跃模仿练习

1. 方法描述：一人做滑行跳跃动作，另一人尽量以相同节奏进行动作模仿。

2. 练习要求：身体重心保持稳定，快速蹬离地面。

3. 组织方法：四路纵队，体操队形散开，保持安全距离，避免练习时发生碰撞。

4. 教学建议：

（1）教师口令指挥，先讲解后示范，反复练习。2 分钟一组，练习 3~6 组。

（2）提示学生跳跃时上体、肩部不要上下起伏，跳起时将浮腿控制在胸部下方，落地要稳，不要向外侧摆出，跳距 50 厘米左右。

（3）陆地滑行姿势与冰上滑行姿势要求一致，提示学生注意蹬冰伸腿速度，强调蹬冰力量。

（4）合作练习时，提示学生出腿角度并及时纠正；着地时，支撑腿平刃着地，膝关节控制着地方向；相互配合时，保持安全间距，避免出现摆臂碰撞事故。

5. 拓展练习：

（1）滑跳模仿练习：保持基本姿势，上体随浮腿收回，与臀部一起平行移动，支撑脚内缘中部用力向侧蹬离地面，然后放松；大腿收回，带动小腿，脚尖向前，摆送小腿和脚，支撑腿变浮腿，浮腿着地变支撑腿，两腿交替练习。1 分钟一组，练习 3~5 组。

（2）行进间单脚跳跃：行进间单脚跳跃是冰上练习动作，能提高腿部支撑能力和重心稳定性。滑行到一定速度后，单腿支撑，另一条腿后引，支撑腿用力向上跳起、蹬直，两臂用力前后摆动，尽量靠近身体，落地还原。10~15 次一组，练习 4~6 组。

三、比赛创设

（一）单脚支撑计时赛

1. 比赛方法：在陆地上成体操队形散开，保持安全间距，以蹲屈姿势双脚站立，听到教师口令"左（右）"后，抬起左（右）脚成单腿支撑。

2. 规则与裁判方法：身体保持平衡，重心稳定，离地脚触碰地面即为挑战失败，单腿支撑时间最长者获胜。

3. 比赛拓展：

（1）采用不同造型，如模仿金鸡独立、燕式平衡等单脚支撑站立。

（2）单脚站在气垫上保持平衡。

（3）负重支撑，如在双腿上绑缚沙袋等重物。

（4）在冰上单脚平刃支撑比赛。

（二）直道平刃支撑滑行赛

1. 比赛方法：在直道不少于 40 米的冰面上，两人一组，左右间隔 4 米，距起点线 10 米处放置标志桶设为支撑滑进线。教师发令后，学生滑行助跑 10 米至支撑滑进线后改为双脚平刃支撑滑行。

2. 规则与裁判方法：保持良好的滑行姿态，身体重心稳定，滑行距离最远者获胜。如果助跑超过 10 米或没有平刃支撑滑行，则成绩无效。

3. 比赛拓展：

（1）学生滑行时，教师伸出手指比数字，学生目视前方，抬头观察，并准确报数。

（2）正口令或反口令比赛。学生根据教师下达的口令，在滑行时做出与教师口令相对应或相反的单臂或双臂侧平举、前平举、上举、斜下举等动作。

（3）在距离支撑滑进线 5 米、10 米、15 米或更远处放标志物设为终点线，进行直道平刃单、双脚支撑滑行赛，用时最短者获胜。如助跑超过 10 米或没有平刃支撑滑行，则成绩加 1 秒。

（三）滑行托物传递积分赛

1. 比赛方法：把学生分成人数相等的两组，纵队站立，组间左右相距 4 米，在前方 30 米处设置两个标志点。学生手掌托物品绕过标志点返回，把物品交给同组下一名队员，依此类推。

2. 规则与裁判方法：手掌必须平托物品（不准握），每人成功完成一次得 1 分。如果物品掉落，必须拾起并在掉落处重新开始运送，同时扣 0.5 分，总分多的组获胜。每组可设置一名裁判员站在赛道中间的安全区观察并记录物品掉落次数。

3. 比赛拓展：

（1）提高比赛强度，以全组累积的时间为判定胜负的标准，用时最少的组获胜。

（2）增加比赛难度，减小手托物体的重量、体积，如手持乒乓球拍（网球拍）托运乒乓球（网球）。

第二节 弯道滑行

弯道滑行是速度滑冰的重要技术之一，是提高成绩的关键技术。在弯道滑行教学中，教师可通过视频、口诀、标志、引导等多种途径，帮助学生建立正确的动作概念，掌握学习速度滑冰的方法。在指导学生学练弯道滑行技术的过程中，教师也应加强直道技术与弯道技术的衔接训练，以便学生能够在比赛中熟练运用该技术。弯道滑行对学生的下肢和踝关节力量要求较高，教师可将技术教学与体能练习有机结合，有效提高学生的滑冰速度。

一、教材分析

（一）压步转弯

1. 讲解要点：保持弯道滑行姿势，两腿微屈，身体直立滑行，重心保持前倾，膝关节微屈，身体向左倾斜，重心转至左腿，右腿上步提膝，落刀于左脚前方，支撑身体重量，左脚迅速还原。

2. 示范建议：正面示范，提示学生重点观察身体重心移动；侧面示范，提示学生重点观察交叉步落刀位置及顺序。

3. 教学重点：身体重心移动，交叉步落刀位置。

4. 易犯错误及纠正方法：

易犯错误1：低头，身体紧张、晃动，站不稳。

纠正方法：学生手拉手互助练习；采用辅助牵引措施，利用牵引绳使学生消除恐惧感，保持重心稳定，鼓励学生勇敢迈出第一步。

易犯错误2：交叉压步落刀位置不正确。

纠正方法：原地练习，采用地面标志物，或画出标准的落刀、出刀点位，帮助学生形成标准动作记忆；行进间练习，利用口令节奏、口哨节奏控制压步速度。

（二）弯道直立滑小圈

1. 讲解要点：滑行起速高重心，前后摆臂齐用力，身体重心向左倾，左脚外刃咬住冰，右腿蹬冰左前落，支撑重心身内倾，左腿蹬冰后引腿，浮腿收靠到脚边。

2. 示范建议：正面示范，提示学生重点观察冰刀内、外刃运用及重心倾斜过程；侧面示范，提示学生重点观察上下肢协调摆臂配合。

3. 教学重点：正确使用冰刀内、外刃，身体重心倾斜。

4. 易犯错误及纠正方法：

易犯错误1：冰刀踩不住内、外刃。

纠正方法：观察学生髋、膝、踝关节，提示膝关节前弓，踝关节锁住；在陆地上进行技术练习时，强调蹲屈和膝关节前弓，脚跟不可离开地面，增加跟腱拉伸练习。

易犯错误 2：身体重心倾斜过大。

纠正方法：采用辅助器材牵引练习身体重心倾斜，限制倾斜角度，陆上教学、冰上教学均可采用。

（三）弯道蹲屈滑小圈

1. 讲解要点：滑行姿势加速起，身体倾斜入弯道，左腿支撑成一线，重心倾倒在左边，右肩下压小摆臂，右腿蹬冰脚注意，提膝交叉左腿蹬，右腿落刀莫太远，压住内刃是重点。

2. 示范建议：正面示范，提示学生重点观察身体重心倾斜转换，冰刀内、外刃的使用；侧面示范，提示学生重点观察蹬收转换时机，摆臂与交叉步协调结合。

3. 教学重点：弯道蹬收转换，摆臂与交叉步协调配合。

4. 易犯错误及纠正方法：

易犯错误 1：弯道滑行时，髋、膝、踝角度过大。

纠正方法：以陆地基本姿势为蹲屈标准，通过陆上模仿训练，增强腿部和踝关节力量。教师跟随滑行，手扶学生背部，辅助其控制弯道滑行的蹲屈角度。

易犯错误 2：身体重心倾斜角度小，导致滑行使用平刃。

纠正方法：原地拉住学生的手，辅助其身体重心倾斜；教师跟随学生滑行，双手扶其髋部向左侧倾斜。

（四）左脚外刃单脚支撑弧线滑

1. 讲解要点：滑行加速入弯道，姿势标准角度好，左侧倾斜左脚落，压住外刃支撑牢，鼻、膝、脚尖成一线，臀部稍稍向左靠，右肩下压小摆臂，右脚离开冰面高，两脚平行重心稳，支撑滑行弧线绕。

2. 示范建议：采用挂图、慢放视频等，提示学生重点观察入弯道动作衔接，保持左脚支撑静止；正面示范，提示学生重点观察完整动作；侧面示范，提示学生重点观察髋、膝、踝角度，边示范、边讲解、边练习。

3. 教学重点：入弯道动作衔接，保持左脚支撑、外刃稳定。

4. 易犯错误及纠正方法：

易犯错误 1：左脚冰刀未用外刃支撑。

纠正方法：原地左手扶墙练习踩冰刀，教师示范并提示膝关节前弓，踝关节锁住。增加阻力牵引弯道练习，提高腿部支撑力量，加强弯道倾斜支撑能力。

易犯错误 2：膝关节向右成 X 形支撑。

纠正方法：先进行弯道小圈滑行和双脚支撑侧蹬练习，同时增加陆上辅助牵引支撑蹬起练习，增强腿部支撑力量，帮助学生动作定型，明确指出膝关节的正确方向，提示鼻、膝、脚尖三点一线。

（五）右脚内刃单脚支撑弧线滑

1. 讲解要点：快速滑行进入弯道，右腿内刃支撑重心，鼻、膝、脚尖三点一线，髋、膝、踝角度要记牢，左大腿与冰面垂直，小腿与冰面平行，身体重心向左倾斜，右脚冰刀压住冰面，在弯道上平稳滑出弧线。

2. 示范建议：正面示范，提示学生重点观察进入弯道后右脚支撑时重心的位置；侧面示范，提示学生重点观察髋、膝、踝角度，使用冰刀内刃。

3. 教学重点：右脚支撑稳定，鼻、膝、脚尖三点一线。

4. 易犯错误及纠正方法：

易犯错误 1：鼻、膝、脚尖没有三点一线。

纠正方法：在练习过程中要多次提示和强调鼻、膝、脚尖三点一线，帮助学生形成动作记忆；增加单脚支撑练习和辅助牵引抗阻侧蹬练习。

易犯错误 2：未使用右脚冰刀内刃蹬冰。

纠正方法：陆上练习，左手扶墙右腿单脚支撑，强调膝关节前弓，踝关节锁住；冰上练习，利用辅助牵引练习右脚单独支撑，消除学生对倾斜的恐惧。

（六）弯道滑行滑跳

1. 讲解要点：滑行加速进弯道，右腿支撑身左倒，内刃蹬冰瞬间跳，上体摆臂结合好，左腿承接重心牢，关节角度调整好，外刃蹬冰右腿靠，蹬直瞬间要起跳，右脚着冰屈膝落，内刃支撑弯道绕，浮腿平行于冰面，左收右蹬再起跳。

2. 示范建议：正面示范，提示学生重点观察起跳后的落刀位置，内外刃控制与身体重心转换；侧面示范，提示学生重点观察侧蹬冰角度，蹬冰起跳发力。

3. 教学重点：蹬冰起跳发力，落刀位置，身体重心转换。

4. 易犯错误及纠正方法：

易犯错误 1：起跳时上体偏高，上下起伏较大。

纠正方法：陆上练习或冰上练习可采用滑跳、弯道滑跳、分并跳，形成标准起跳动作定型。提示学生起跳、蹬冰瞬间上体团身，教师跟随滑行，在练习过程中可手扶学生背部，控制其上体上下起伏的幅度。

易犯错误 2：起跳落刀位置不准确。

纠正方法：在陆地上穿好冰刀，利用辅助牵引原地体会起跳后落刀位置，或在地上粘贴交叉步落刀提示线，限制落刀位置，强调鼻、膝、脚尖三点一线，反复练习，建立正确落刀位置的概念。

二、练习方法

（一）陆地与冰上弯道基本姿势练习

1. 方法描述：在直道基本滑行姿势的基础上，采用扶持或牵拉的方式进行陆上与冰上的基本姿势练习。

2. 练习要求：体会弯道滑行姿势，在陆地上进行徒手单蹬练习、皮筋双人练习、双腿反复练习，控制左右脚的内、外刃。

3. 组织方法：分组教学，保持安全练习距离。

4. 教学建议：

（1）提示学生保持正确的蹲屈角度、倾斜角度和身体重心稳定。

（2）引导学生合作练习，相互提醒内、外刃转换；陆上教学时间大于冰上教学时间，由易到难，循序渐进。

（3）扶物倾斜弯道姿势练习，单腿做 10 次一组，练习 3~6 组；陆上牵引练习，单腿做 8~10 次一组，练习 2~5 组。

（4）在摩擦力较大的地面进行陆上练习有利于技术掌握；在冰上练习时，提示学生注意冰刀的使用方法和安全注意事项。

5. 拓展练习：

（1）陆上辅助基本姿势练习：徒手扶物练习，单腿做 8 次一组，练习 3~5 组；双人皮筋练习，单腿做 8~10 次一组，练习 2~5 组。相互提示，相互配合，调控力量，注意控制左右脚的内、外刃。

（2）冰上辅助基本姿势练习：两人一组在冰上进行原地内、外刃转换练习。注意重心倾斜，先徒手后牵引进行左内刃、右外刃练习。

（二）弯道重心倾斜练习

1. 方法描述：弯道左脚外刃支撑，右脚内刃支撑滑行，进行弯道重心倾斜练习。

2. 练习要求：注意弯道蹬冰时身体重心转换和身体倾斜角度，蹬冰与蹬收腿配合，左臀倾斜，髋部发力，并控制膝关节方向，最后踝关节倾斜完成蹬冰。

3. 组织方法：分组进行牵引交叉步练习。

4. 教学建议：

（1）通过陆上单人交叉步练习，指导学生用髋控制身体倾斜面。

（2）通过陆上牵引双人练习，增强学生的合作学习能力。同时辅助讲解，提示学生内、外刃转换，帮助学生进行身体重心倾斜转换。

（3）上课前要认真检查场地及辅助器材的安全性，排除危险因素。

5. 拓展练习：原地站立牵引重心倾斜练习。从基本滑行姿势开始，模仿弯道滑行时身体倾斜动作。注意内、外刃及髋关节的倾斜，控制好关节角度。辅助者调控好拉力，充分发挥器材作用，配合完成练习。1 分钟一组，练习 4~5 组。

（三）侧向内、外刃转换压步练习

1. 方法描述：练习时，身体保持倾斜，依次转换内、外刃，利用皮筋辅助练习。

2. 练习要求：弯道与圆心的连线垂直于冰刀落刀方向，左臂指向圆心，髋部发力，同时注意左脚外刃着冰，右脚内刃着冰。

3. 组织方法：分组教学，牵引练习可集体进行。

4. 教学建议：

（1）调节身体重心至最佳倾斜角度，提示学生顶髋、倾斜、内外刃转换，突破技术难点。

（2）强调左右腿落刀位置和时机，左右腿交替蹬冰，身体重心转换自然。

（3）分组教学，提示学生相互协助并纠正动作。短距离练习，组数逐渐增加。

15~20 次一组，练习 5~10 组。

（4）指导学生做好热身及专项准备活动，预防运动损伤。

5. 拓展练习：

（1）陆地上弯道行走辅助牵引练习。身体成弯道基本滑行姿势行走，体会左右脚内、外刃转换。同伴辅助牵引，两人配合完成动作，强化练习效果。

（2）冰上弯道辅助牵引练习。保持直道基本滑行姿势，先扶持再牵引，右腿内刃向侧蹬出，膝关节带动大小腿向支撑腿左侧近落于冰面，同时左腿外刃在右腿侧后方蹬直，一次一换，反复练习，时刻提醒近落，以免右腿后蹬。

（四）弯道左右脚交替蹬练习

1. 方法描述：以弯道基本姿势准备，左脚外刃支撑，保持倾斜角度，在支撑和单腿蹬阶段身体重心稳定转换，髋部带动大腿发力单腿蹬起，同时左腿收回胸前，交换然后换腿蹬，反复练习。

2. 练习要求：蹬腿时上体放松，保持团身姿势，不要上下起伏，身体协调配合。

3. 组织方法：四路纵队，体操队形，分组教学。

4. 教学建议：

（1）两人一组利用皮筋进行辅助练习，相互指出对方蹬腿时出现的问题。

（2）原地扶物练习时，注意身体重心倾斜角度，多提示鼻、膝、脚尖三点一线。

（3）提示学生左脚平刃支撑，右脚内刃侧蹬直，身体重心落在左脚上，右脚和髋关节带动大腿，膝关节领先直接收回，左右脚交替反复练习。

（4）上课前检查场地，提前布置器材，确保安全。引导学生做好准备活动，尤其是膝关节和踝关节。

5. 拓展练习：

（1）弯道牵引阻力练习。固定拉力或两人一组进行练习，注意控制关节角度，配合人控制好力量匀速跟进。两人交换练习，相互提醒，共同完成。3~5 米一组，练习 4~5 组。

（2）弯道单腿跳练习。右脚支撑，左臂在前，右臂在后；两臂交替摆动，同时右腿向左蹬地起跳，左腿收回向左侧摆动，平稳落地成左脚支撑，右腿成侧蹬状态；左腿向左蹬地起跳，右腿向左前方收腿，平稳落地成右脚支撑状态还原。10~15 次一组，练习 2~4 组。

（五）弯道左右腿交叉压步滑练习

1. 方法描述：从弯道滑行姿势开始，积极完成蹬冰，然后收腿、带腿，左右腿交替练习。

2. 练习要求：上体保持正确姿势，控制身体重心，收蹬腿协调配合，左右腿蹬冰速度合理，左右腿蹬冰角度逐渐缩小。

3. 组织方法：四路纵队，分组教学，保持安全距离。

4. 教学建议：

（1）提示学生控制左右腿蹬冰节奏，收蹬腿配合协调，保持技术动作的连贯性、协调性。

（2）利用小场地进行左腿收、右腿蹬冰练习和右腿收、左腿蹬冰练习。

（3）布置好场地和器材，观察学生练习情况，及时纠正错误动作。

（4）提示学生膝关节高抬，注意双脚之间的距离，预防交叉导致踩绊后摔倒。

5. 拓展练习：

（1）弯道双摆臂练习。两臂以肩关节为轴前后摆臂，前摆时控制摆臂高点，后摆至肩关节锁住为止。分组练习，根据学生身体情况合理安排练习次数。

（2）陆地绳梯弯道跳练习。利用绳梯进行大腿经胸前交替连续侧向跳跃练习。左脚外刃着地，右脚内刃着地，控制距离，适当加快练习频率，练习 4~6 组。

（六）弯道行进间蹲屈单腿蹬起练习

1. 方法描述：从弯道基本姿势开始，在弯道上进行蹲屈单腿蹬起练习，身体重心保持平行移动，左右腿交替练习。

2. 练习要求：控制蹬腿，上体放松，不要上下起伏，身体协调配合。

3. 组织方法：四路纵队，分组教学。

4. 教学建议：

（1）做好保护与帮助，适度加强力量练习，增强学生体能。

（2）增加练习组别，及时纠正学生的错误动作。

（3）利用皮筋辅助练习，注意倾斜角度稳定。

（4）引导学生做好准备活动，尤其是踝关节和膝关节。提示学生收腿时注意保持两脚间距。

5. 拓展练习：

（1）陆地牵引弯道蹬起练习。身体重心倾斜角度合理，左臀倾斜，髋关节发力，牢牢顶住膝关节，然后以踝关节倾斜完成蹬起，收腿与蹬冰协调配合。两人一组，适当加快蹬起频率，轮流练习。

（2）直道滑行入弯道练习。在弯道前 10 米加速滑行，左脚内刃入弯道，右脚外刃入弯道，入弯道第一步为左脚，紧贴右脚侧后方落刀，身体重心保持平行移动，练习 5~8 组。

（七）弯道行进间屈蹲单脚跳练习

1. 方法描述：滑行起动，成滑冰姿势单脚支撑，支撑腿用力蹬离地面，落地还原。

2. 练习要求：上体保持正确姿势，控制身体重心，收腿和蹬腿协调配合。

3. 组织方法：四路纵队，分组教学，间距 3~5 米，集体练习。

4. 教学建议：

（1）注意练习节奏，提高学生的学习兴趣，鼓励学生敢于尝试。

（2）练习距离不要过长，练习强度根据学生年龄段进行调整。

（3）引导学生做好准备活动，时刻关注学生的滑行姿势，提醒学生注意对膝关节和踝关节的保护，及时纠正指导。

5. 拓展练习：

（1）陆地牵引弯道跳练习。从弯道基本姿势开始，左腿外刃在右腿侧后方，右腿内刃蹬直，反复进行左右脚内、外刃转换练习。

（2）出弯道滑行练习。加大蹬冰力量，身体重心快速移至支撑腿，并保持稳定，快速蹬离冰面，左右交叉步快速带腿滑出，反复练习。

三、比赛创设

（一）陆地压步蹬坡赛

1. 比赛方法：学生成基本姿势站于坡下，听到口令后，以压步蹬冰姿势从斜坡下蹬到斜坡上。

2. 规则与裁判方法：动作标准，先到达坡上者获胜。

3. 比赛拓展：

（1）逐渐增加斜坡长度、坡度。

（2）采用两人、多人、小组对抗赛。

（3）在腿部绑缚重物，增加比赛强度。

（二）交叉步弯道滑行圆周接力赛

1. 比赛方法：场地为直径 30 米的圆圈，以任意一条直径交于圆弧的两点为两队各自的起跑点。人数相等的两队学生排成纵队站于圈内，面向圈外。从两队起跑点沿圆弧顺时针方向丈量一定距离（弧长 6~8 米）作为接力区。教师发令后，两队第一名队员立即起跑，沿逆时针方向采用交叉步滑跑 2 圈后进入本队接力区后，本队第二名学生可以立即起跑，依此类推。

2. 规则与裁判方法：除比赛队员外，其他队员不得出现在跑道上；只允许在外道超越；不得恶意阻挡；摔倒的学生应立即爬起继续完成滑行，不得由他人代替。用时最少的队获胜。

3. 比赛拓展：增加或减少圆圈的直径，调整难易程度。

（三）弯道滑行计时赛

1. 比赛方法：两人一组，左右间隔 4 米，先在直道上滑行 50 米，通过弯道后继续在直道上滑行 30 米到达终点。

2. 规则与裁判方法：在进入弯道处设置一个明显标志点（标志桶或标志线）。教师发令后，学生起跑，到达标志点开始计时，到达终点计时结束，用时最短者获胜。

3. 比赛拓展：

（1）小组对抗赛，累积用时最少的组获胜。

（2）推重物弯道滑行计时赛，先将重物推到终点者获胜。

第三节　起跑和终点冲刺

速度滑冰的起跑和冲刺技术是参与该项目比赛必须掌握的重要技术，对比赛结果有重要影响。良好的起跑技术，能帮助学生在最短时间内达到最高滑跑速度，为赢得比赛奠定基础；终点冲刺是滑跑的最后阶段，学生应在克服疲劳的基础上，保持规范的滑行技术，并以合理有效的冲刺技术触及终点线完成比赛。起跑和终点冲刺不仅考验学生的反应能力，对学生的技术、战术和心理等方面也有较高要求。在教学中，教师在教会学生技术动作的同时，可通过游戏和比赛相结合的方式，创设情境，在学练赛过程中培养学生树立自信心和不断突破自我的勇气。

一、教材分析

（一）正面起跑姿势

1. 讲解要点：

（1）听到"各就位"口令后做好以下动作：前脚与起跑线成45度角，保持稳定不动；后脚冰刀用内刃压住冰面，两刀间距略比肩宽，开合角度为90~120度；上体直立，两臂下垂，目视前方。

（2）听到"预备"口令后做好以下动作：屈膝、屈髋、降低身体重心，身体重心大部分转移至前脚冰刀；前膝蹲屈角度为90~120度，后膝蹲屈角度约为110度；头部与身体成直线，目视前方跑道；后臂屈肘角度为90~100度，后举至与肩齐平，前臂屈肘约90度，置于膝关节上方；保持静止1~1.5秒，鸣枪前不可改变动作。

2. 示范建议：可采用挂图教学，提示学生重点观察口令支配动作的顺序；侧面示范，提示学生重点观察动作角度及身体重心的位置。

3. 教学重点：动作顺序，蹲屈角度，身体重心位置。

4. 易犯错误及纠正方法：

易犯错误1：各就位时，两刀开角和间距过大。

纠正方法：在冰面或陆地上贴间距标识，反复练习，形成动作记忆。

易犯错误2：冰刀压不住冰面，随屈膝下蹲移动或滑脱。

纠正方法：用语言提示，后脚冰刀用力上抬，快速下蹲，用内刃压住冰刀后静止，多次重复练习。

（二）点冰式起跑

1. 讲解要点：

（1）"各就位"姿势：前脚与起跑线成45度角，刀尖切入冰面，刀跟抬起，保持稳定不动；后刀内刃压住冰面，身体垂直站立。

（2）"预备"姿势：蹲屈下降身体重心，身体重心大部分落在后腿上，上肢前后屈臂静止。听到起跑信号后，后脚内刃蹬冰，前腿成外八字形送出。

2. 示范建议：正面示范，提示学生重点观察身体重心转移；侧面示范，提示学生重点观察蹲屈蹬冰起动。

3. 教学重点：身体重心转移，蹲屈蹬冰起动。

4. 易犯错误及纠正方法：

易犯错误 1：准备姿势身体重心靠后，起动慢。

纠正方法：采用辅助牵引起跑练习方法，帮助学生消除对身体重心倾斜的恐惧。

易犯错误 2：起跑后身体重心过于前倾。

纠正方法：在起跑线前 3~5 米处标出起跑步距，控制步距即可控制身体重心。

（三）丁字式起跑

1. 讲解要点：

（1）"各就位"姿势：前脚冰刀平刃立稳，后脚冰刀内刃压住冰面，身体重心位于两脚冰刀中间；上体放松，双手自然下垂，目视前方跑道。

（2）"预备"姿势：下蹲时身体重心略前移，双臂屈肘前后静止。听到起跑信号后，后脚内刃蹬冰，前腿成外八字形送出。

2. 示范建议：正面示范，提示学生重点观察起跑蹲屈角度；侧面示范，提示学生重点观察起跑蹬冰步距。

3. 教学重点：起跑蹲屈角度，起跑蹬冰步距。

4. 易犯错误及纠正方法：

易犯错误 1：预备姿势时，两腿蹲屈角度不够，影响起动发力。

纠正方法：示范时提示蹲屈角度，练习时及时纠正蹲屈角度，帮助学生形成动作记忆。

易犯错误 2：起跑蹬冰步距过大，身体重心靠后。

纠正方法：采用起跑辅助杆，正面相对辅助，学生双手扶杆，增加阻力，控制起跑步距。

（四）三点式起跑

1. 讲解要点：

（1）"各就位"姿势：直立站在起跑线后，两刀成外八字形分开与肩同宽，冰刀角度为 100~110 度；身体重心均匀落在两腿之间，两臂自然下垂，目视前方。

（2）"预备"姿势：后脚冰刀向侧后方后移约一步距离（50~70 厘米），后脚同侧手臂置于起跑线后，身体重心前移，落在单手和两脚三个支撑点上；目视前方跑道，保持静止，听到起跑信号后，后脚内刃蹬冰，前腿成外八字形滑跑。

2. 示范建议：播放三点式起跑慢动作视频，明确动作顺序；展示挂图，提示学生重点观察分解动作并进行模仿练习；正面示范，提示学生重点观察起动与摆臂结合；侧面示范，提示学生重点观察身体重心支撑位置。

3. 教学重点：起动与摆臂结合，身体重心支撑位置。

4. 易犯错误及纠正方法：

易犯错误 1：各就位时，两脚间距过宽或过窄。

纠正方法：在起跑线后标出三点式起跑"各就位"时两刀的位置，反复练习。

易犯错误 2：预备时，身体重心前移不够，后刀压不住冰面。

纠正方法：各就位时，左脚冰刀高举下落压住冰面；预备时，右脚后撤内刃压住冰面，在起跑线后标出手臂支撑位置，帮助学生前移重心。

（五）冲刺技术

1. 讲解要点：

（1）保持正确的滑跑姿势，注重侧蹬冰质量。

（2）两臂快速摆动，加快蹬冰节奏。

（3）以"箭步送刀"的方法触及终点线。

（4）降低滑跑姿势，膝关节前弓，小腿和冰刀尽力前送触及终点线。

（5）手臂摆动与上体和腿部动作协调配合，集中全力顺势冲向终点。

2. 示范建议：正面示范，提示学生重点观察身体重心下降和冰刀前送；侧面示范，提示学生重点观察支撑腿膝关节前弓。

3. 教学重点：身体重心下降，冰刀前送，支撑腿膝关节前弓。

4. 易犯错误及纠正方法：

易犯错误 1：身体重心后坐。

纠正方法：提示学生支撑腿膝关节前弓，或通过训练拉伸小腿后侧肌肉，增强膝关节前弓角度。

易犯错误 2：前送腿屈膝。

纠正方法：通过陆上模仿练习，指导学生终点冲刺动作；通过拉伸大腿后侧肌肉进行纠正。

二、练习方法

（一）起跑练习

1. 方法描述：先在陆上后在冰上进行起跑练习。

2. 练习要求：起跑姿势正确，起动迅速。

3. 组织方法：两人一组，相互发令起跑。

4. 教学建议：

（1）讲解起跑姿势的动作要领以及预备、起跑口令要求，引导学生独立思考正确的起跑姿势，关注动作要点。

（2）讲解示范后，组织学生两人一组进行起跑反应比赛。

（3）起跑动作适用于中高年龄段教学。通过起跑技术练习，提高学生的反应能力，为练习完整动作做准备。

（4）提前准备好器材，指导学生按照要求反复练习。

（5）引导学生做好准备活动，保证热身充分，防止受伤。注意强调滑冰时的自我保护方法，以便学生安全、愉快地完成冰上练习。

5. 拓展练习：

（1）灵敏反应训练。两人一组，按照正确起跑方式反复进行发令练习，即"各就位，预备，发令"。

（2）外八字加速跑。在陆上进行急加速摆臂练习，两人一组进行外八字加速跑和外八字高抬腿。5~10 米一组，练习 3~5 组。

（二）牵引起跑练习

1. 方法描述：先进行陆上双人配合牵引有节奏的起跑练习，再进行冰上两人牵引起跑练习，充分发挥皮筋的牵引作用。

2. 练习要求：起跑姿势正确，站立时冰刀的角度与起跑后蹬冰的角度正确。正面站立，逐渐突起滑跑。

3. 组织方法：两人一组进行陆上与冰上突起、起跑练习。

4. 教学建议：

（1）先在陆上进行双人牵引起跑练习，再在冰上进行双人牵引起跑练习，喊出"一二、一二"口令，动作衔接流畅。

（2）提示学生注意起跑姿势，站立时冰刀的角度，起跑时蹬冰的角度。

（3）两人一组，先在陆地上进行牵引练习，再配合发令进行起跑练习，提高学生的灵敏性。

（4）上课前检查场地、辅助器材，确保安全；引导学生做好准备活动，讲解安全注意事项，认真观察指导。

5. 拓展练习：

（1）双人配合陆上牵引起跑练习。两人一组，辅助者站在练习者的右侧面，练习者将皮筋的一端系于腰部，重心向左倾斜。辅助者将皮筋的另一端系于腰部，重心向后，双手紧握皮筋跟随练习者进行练习。8~15 米一组，练习 4~5 组。

（2）冰上牵引起跑练习。两人一组，练习者起跑，辅助者双脚成内八字形刹车，双手紧握皮筋，进行配合，相互信任，并给予支持和鼓励。

（三）抗阻起跑练习

1. 方法描述：两人一组，先进行陆上模仿练习，再进行冰上对抗练习。

2. 练习要求：左右脚交替蹬地或蹬冰，身体重心左右移动。

3. 组织方法：两人一组对抗练习。

4. 教学建议：

（1）讲解、示范时强调动作规范。两人一组，原地练习，距离 3~5 米，注意身体重心转移。练习时，两人相互配合，相互指导，相互鼓励完成练习。

（2）陆上与冰上练习方法基本相同，但在练习过程中一定要保持安全距离。

（3）讲解示范时，强调动作规范和安全注意事项，以免因身体倾斜角度过大而摔倒。

5. 拓展练习：

（1）负重摆臂起跑练习。用皮筋牵引，先做 5~10 次原地摆臂练习，再做 10~20 步行进间摆臂练习。练习时，半握拳、小摆臂，紧贴身体进行前后摆臂，练习 4~6 组。

（2）屈腿走练习。通过屈腿走练习，加强学生的专项能力。屈腿走动作低于冰上滑行技术姿势。10~20 米一组，练习 5~10 组。

（四）箭步送刀（冲刺）

1. 方法描述：两人一组，利用规范的滑跑技术动作提高滑跑频率，反复练习。

2. 练习要求：加快蹬冰节奏，提高蹬冰质量，降低滑跑姿势，小腿和冰刀快速前送触及终点线。

3. 组织方法：分组教学，学生之间保持安全距离。

4. 教学建议：

（1）提示学生加快蹬冰节奏，降低滑跑姿势，以小腿和冰刀快速前送触及终点线。

（2）提示学生以较低滑跑姿势结束最后一步滑行动作，平稳冲过终点，完成比赛。

（3）引导学生认真做好准备活动，有效拉伸大腿后侧肌群，防止受伤。提示学生冲刺送刀时身体重心前倾、身体保持稳定。

5. 拓展练习：

（1）陆上牵引抗阻冲刺。练习时，辅助者随着练习者蹬地速度、力量、节奏适当调控皮筋力量，有效配合完成练习。练习者摆臂与腿部动作协调配合完成牵引冲刺练习。分组练习4~8组。

（2）冰上冲刺练习。降低身体重心成滑跑姿势，加快蹬冰节奏，摆臂与上体和腿部动作协调配合，集中全力顺势冲向终点。间歇练习6~8组。

三、比赛创设

（一）抗阻争先赛

1. 比赛方法：在起跑线前30米处画一条直线，设为终点线，将速滑专用皮筋套在学生的髋部，皮筋的另一端用绳子绑一个轮胎。两人一组，左右间距4米，以起跑姿势站于起跑线后。教师下达口令后，两人快速起跑、滑行、冲刺。

2. 规则与裁判方法：先到达终点线者获胜。

3. 比赛拓展：

（1）增加轮胎的数量或重量。

（2）增加或缩短比赛距离。

（二）看谁反应快

1. 比赛方法：两人一组，左右相距2~3米，以起跑准备姿势站在起跑线后，学生明确自己的代号（如苹果、香蕉）。教师喊出一个代号后，被喊中者立即起跑，没被喊中者需要快速喊3次自己的代号后起跑。

2. 规则与裁判方法：喊错代号者直接为负，先到达终点者获胜。

3. 比赛拓展：

（1）增加或减少喊代号次数。

（2）改变起跑条件，如自己双手击掌3次后再起跑。

（3）采用相反口令报代号。

思考题

1. 冰鞋有哪些种类？说一说冰鞋应该如何使用和保养？

2. 在滑冰游戏和比赛中，"摔倒"是很常见的，你知道摔倒时应如何进行自我保护吗？摔倒后又该如何站立起来呢？

3. 请结合某场速度滑冰比赛视频，说一说起跑的注意事项。

第十六章　花样跳绳教材教法

　　跳绳是我国民间传统体育活动之一，唐朝称"透索"，宋朝称"跳索"，明朝称"跳百索""跳白索"，清朝称"绳飞"，民国称"跳绳"。花样跳绳是在传统跳绳的基础上融合舞蹈、技巧、武术、街舞等多种运动及艺术形式，逐步发展成集健身、娱乐、竞技、表演等功能于一体的新兴体育类运动项目。

　　花样跳绳的人数可多可少，练习的密度和强度可大可小。经常练习花样跳绳，可以使脑、手、脚、躯干、绳互相融合，发展灵敏性、协调性、反应能力、肌肉耐力、肌肉力量等体能，增强人体心血管系统、呼吸系统和神经系统的功能，促进人体器官发育，有益于身心健康，还可以调整心态、改善情绪，培养学生团结合作、拓展创新、勇于竞争的精神。

　　中小学花样跳绳教学的重点是帮助学生掌握技能，增强体能，参加常规比赛，锤炼意志品质，促进身心健康全面发展。本章包括个人花样跳绳、双人花样跳绳、多人花样跳绳三节内容。在教学中，教师应根据本校场地、器材、学生实际能力等增减难度，调整规则，合理创设学、练、赛的真实情境来激发学生兴趣，让学生在感受花样跳绳乐趣的同时，提高人际交往能力，增强自信心和团队合作意识。

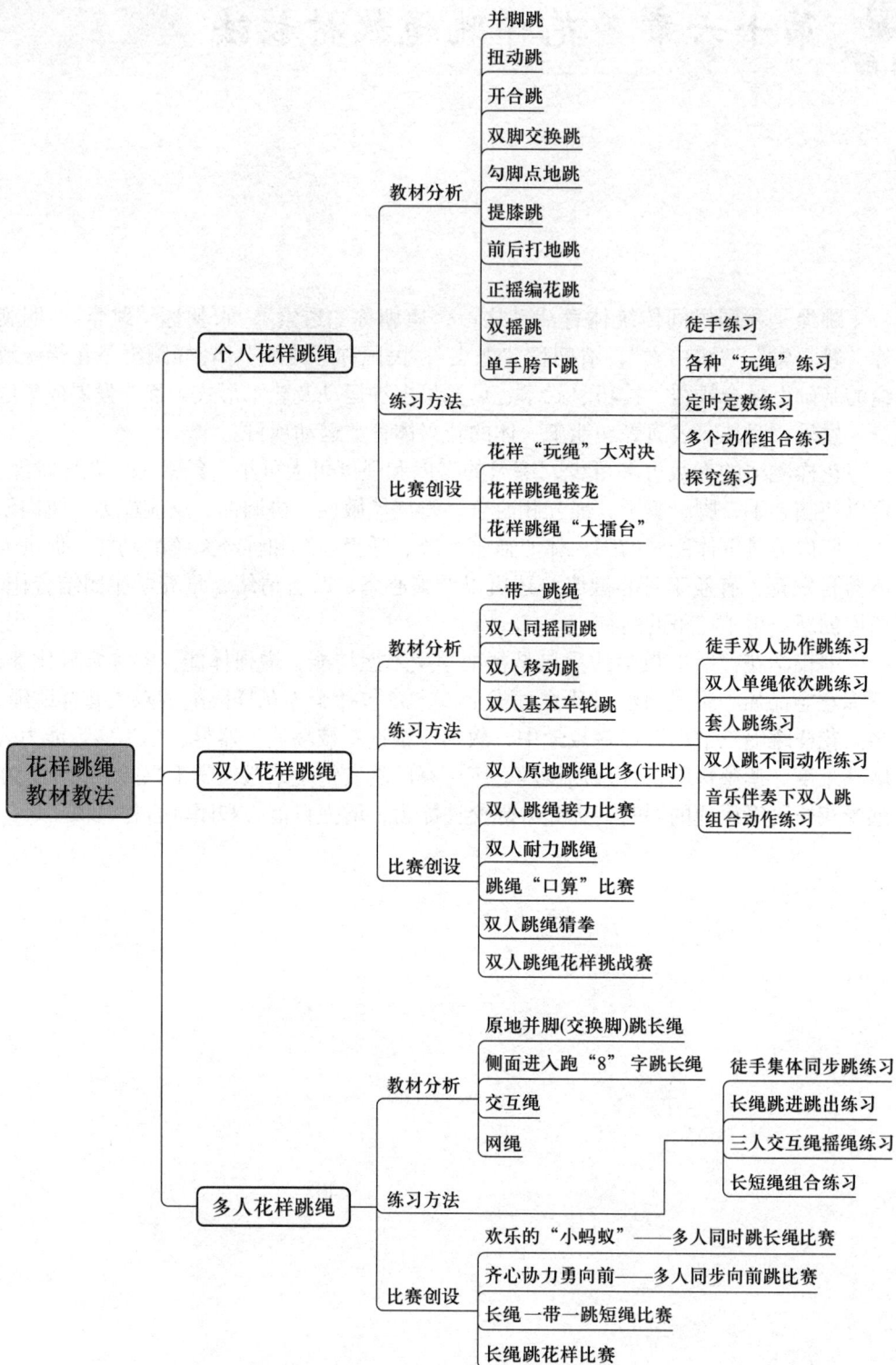

思维导图

花样跳绳教材教法

个人花样跳绳
- 教材分析
  - 并脚跳
  - 扭动跳
  - 开合跳
  - 双脚交换跳
  - 勾脚点地跳
  - 提膝跳
  - 前后打地跳
  - 正摇编花跳
  - 双摇跳
  - 单手胯下跳
- 练习方法
  - 徒手练习
  - 各种"玩绳"练习
  - 定时定数练习
  - 多个动作组合练习
  - 探究练习
- 比赛创设
  - 花样"玩绳"大对决
  - 花样跳绳接龙
  - 花样跳绳"大擂台"

双人花样跳绳
- 教材分析
  - 一带一跳绳
  - 双人同摇同跳
  - 双人移动跳
  - 双人基本车轮跳
- 练习方法
  - 徒手双人协作跳练习
  - 双人单绳依次跳练习
  - 套人跳练习
  - 双人跳不同动作练习
  - 音乐伴奏下双人跳组合动作练习
- 比赛创设
  - 双人原地跳绳比多(计时)
  - 双人跳绳接力比赛
  - 双人耐力跳绳
  - 跳绳"口算"比赛
  - 双人跳绳猜拳
  - 双人跳绳花样挑战赛

多人花样跳绳
- 教材分析
  - 原地并脚(交换脚)跳长绳
  - 侧面进入跑"8"字跳长绳
  - 交互绳
  - 网绳
- 练习方法
  - 徒手集体同步跳练习
  - 长绳跳进跳出练习
  - 三人交互绳摇绳练习
  - 长短绳组合练习
- 比赛创设
  - 欢乐的"小蚂蚁"——多人同时跳长绳比赛
  - 齐心协力勇向前——多人同步向前跳比赛
  - 长绳一带一跳短绳比赛
  - 长绳跳花样比赛

第一节　个人花样跳绳

个人花样跳绳是学生在掌握跳短绳基础动作后，利用单根绳按照跳绳运动的基本规律，通过身体姿势、速度、位置、方向等变化做出各种花样动作，全面展示个人跳绳的技巧性和艺术性。个人花样跳短绳对身体的灵活性、协调性要求较高，同时还要以充沛的体能为基础。因此，教师在教学中既要帮助学生掌握技术动作，还要进行相应的体能训练，更要重视对学生创新思维的培养，这样才能够保证学生跳出具有创意的花样动作。

一、教材分析

（一）并脚跳

1. 讲解要点：

（1）预备：手握绳两端，大臂向内夹，肘关节微屈，小臂自然垂，上体正直，两眼平视，屈膝并脚站立，重心稍向前。

（2）摇绳：两臂外展要适宜，前臂和手腕发力，控制节奏勤练习。

（3）跳绳：屈膝蹬地踝用力，前脚掌着地快跳起，摇跳节奏控制好，呼吸均匀要记牢。

2. 示范建议：正面示范量绳、握绳、摇绳，提示学生重点观察摇绳与跳绳的配合；侧面示范，提示学生重点观察身体姿态、手臂动作、跳绳高度等。

3. 教学重点：摇绳时手腕和前臂发力，先摇后跳要协调。

4. 易犯错误及纠正方法：

易犯错误：摇绳与起跳不协调。

纠正方法：采用跳空绳、一边喊节奏一边摇绳跳绳前行，从慢速跳绳开始，逐渐加快速度。

（二）扭动跳

1. 讲解要点：上体正直不紧张，左右转髋腰不僵，连续扭动自然强。

2. 示范建议：正面、背面、侧面示范相结合，提示学生重点观察转髋角度和灵活性。

3. 教学重点：髋关节自然放松，把握好扭动角度；控制跳跃节奏，保持动作稳定。

4. 易犯错误及纠正方法：

易犯错误1：扭动僵硬，转动角度不够。

纠正方法：在身体前左右45度方向分别摆放标志物，练习转髋定位。

易犯错误2：节奏忽快忽慢，身体左右晃动。

纠正方法：徒手叉腰，单脚或双脚左右转髋，或按照不同节奏转髋，熟练后做摇绳一对一"照镜子"练习。

（三）开合跳

1. 讲解要点：摇绳和跳绳节奏统一，两脚"开"时与肩同宽，"合"时并起。

2. 示范建议：正面分解示范脚的开与合，提示学生重点观察摇绳与脚开合跳的配合。

3. 教学重点：把握好开合跳的时机和节奏。

4. 易犯错误及纠正方法：

易犯错误：开合跳时机把握不准。

纠正方法：强调由合到开时，绳子过脚后，两脚再打开；由开到合时，先合并两脚再过绳。单手在一侧摇绳模仿开合跳。

（四）双脚交换跳

1. 讲解要点：左（右）脚跳过绳后提右（左）膝，摇绳与两脚交换跳，节奏一致。

2. 示范建议：正面、侧面示范相结合，提示学生重点观察脚下交换动作。

3. 教学重点：膝关节微屈，脚尖上翘，摇绳和跳绳动作连贯。

4. 易犯错误及纠正方法：

易犯错误：下肢僵硬，双脚交换跳不协调。

纠正方法：徒手做高抬腿动作，体会发力；摇绳快慢结合练习，变换跳跃节奏。

（五）勾脚点地跳

1. 讲解要点：空中分脚及时，落地脚跟点地，摇绳和跳绳协调。

2. 示范建议：正面示范，提示学生重点观察出脚位置；侧面示范，提示学生重点观察空中分脚及时，落地时脚跟点地。

3. 教学重点：向正前方出脚，后脚跟点地，起跳时机恰当。

4. 易犯错误及纠正方法：

易犯错误：空中分腿不及时，落地时出脚错误。

纠正方法：徒手模仿摇绳，配合空中分腿、落地，熟练后再进行摇绳练习。

（六）提膝跳

1. 讲解要点：绳子过脚后及时提膝，大腿抬平，支撑腿稳定。

2. 示范建议：正面示范，提示学生重点观察上体正直、重心稳；侧面示范，提示学生重点观察大腿与小腿折叠约90度、绷脚面。

3. 教学重点：提膝时身体重心稳定，两腿交替转换与摇绳配合协调。

4. 易犯错误及纠正方法：

易犯错误：重心不稳，身体晃动，摇绳与跳绳节奏不一致。

纠正方法：徒手模仿提膝跳—慢速摇绳跳—快慢结合跳；多做体能练习，如将短绳对折后，双手握绳的两端在小腹前左右拉直，然后做高抬腿练习或屈腿跳触绳练习等。

（七）前后打地跳

1. 讲解要点：

（1）绳过头顶动作：左（右）侧斜前方45度绳过头顶，左（右）侧斜后方45度绳过头顶。

（2）打地转身：手腕发力，转腰配合，摇绳充分。

2. 示范建议：正面示范，提示学生重点观察手腕、转腰动作；背面示范，提示学生重点观察夹臂贴身动作；侧面示范，提示学生重点观察手腕翻转动作。

3. 教学重点：绳打地与顺势转体相配合，手腕和腰部协调用力。

4. 易犯错误及纠正方法：

易犯错误：绳过头顶不顺畅，手腕与腰部用力不协调。

纠正方法：固定过绳角度，语言提示强化绳过头顶动作，熟练后用一根绳按顺序进行前后摇绳分解动作练习、单个动作练习和连贯动作练习，动作由慢到快。

（八）正摇编花跳

1. 讲解要点：两臂腹前快交叉，靠紧下腹部。编花变直摇时，两手快速向脚下抖腕，小臂外旋，使绳子通过脚下。

2. 示范建议：正面示范，提示学生重点观察两臂交叉和打开的动作。

3. 教学重点：两臂交叉时机，两臂交叉后快速抖腕，提高绳速通过脚下。

4. 易犯错误及纠正方法：

易犯错误：两手腕交叉时远离身体，编花不顺畅。

纠正方法：先进行固定交叉动作练习，熟练后再打开重复练习。

（九）双摇跳

1. 讲解要点：

（1）快：快速摇绳。

（2）连：摇绳要连贯，在一次起跳过程中，连续两次摇绳视为一次双摇跳绳动作。

（3）弹：髋、膝、踝等关节压紧，身体腾空和落地循环要迅速。

2. 示范建议：侧面示范，提示学生重点观察抖腕和身体跃起滞空动作。

3. 教学重点：手腕快速抖动摇绳与两脚跳起协调配合。

4. 易犯错误及纠正方法：

易犯错误：摇绳时手臂打开角度过大，两手发力不均衡。

纠正方法：徒手跳跃，两手在髋关节附近均匀发力。提示学生两次摇绳为一次连续动作，控制手臂动作，有节奏地快速摇绳。

（十）单手胯下跳

1. 讲解要点：当绳摇至胸前时抬腿，手臂顺势绕至膝下，手腕发力摇绳，单脚起跳。

2. 示范建议：正面示范，先示范固定胯下摇绳，提示学生重点观察胯下摇绳手尽量外伸动作；侧面示范，提示学生重点观察提膝摇绳一侧的手腕动作。

3. 教学重点：手在大腿下面摇绳，保持抬腿高度，膝下手臂尽量外伸。

4. 易犯错误及纠正方法：

易犯错误：抬腿高度不够，手臂不能绕至膝下，膝下手臂打开角度不够。

纠正方法：拉伸髋关节、膝关节韧带，多做膝下摇绳徒手模仿练习；用语言提示手臂尽力外伸。

二、练习方法

（一）徒手练习

1. 方法描述：两臂模仿摇绳动作，与脚下跳跃动作相互配合。

2. 练习要求：注意手臂和脚下动作配合的协调性。

3. 组织方法：体操队形散开或散点站位，前后左右间距以跳绳时不互相影响为宜。

4. 教学建议：

（1）采用单脚跳、并脚跳、双脚交换跳练习。

（2）采用原地跳、前进跳、后退跳、向左跳、向右跳练习。

（3）开始练习时，可按照统一音乐节奏练习，熟练后可自己变换不同音乐节奏练习。

5. 拓展练习：

（1）将单脚跳、并脚跳、双脚轮换跳等动作自由编排进行练习。

（2）双人或多人手拉手，同步摇绳向前合作跳。

（3）手臂做摇绳动作，同时跳台阶计数比赛。

（二）各种"玩绳"练习

1. 方法描述：单手、双手做各种方式的摇绳，不跳绳。

2. 练习要求：体验各种握绳（如正握绳、反握绳等）、缠绕绳、扔抛绳方法，在动作变化中能够控制绳子。

3. 组织方法：玩绳时，空间要大，尤其是抛接绳的时候要观察四周，避免互相碰撞。

4. 教学建议：

（1）讲清楚握绳方法和要领，让学生逐一体会不同握绳方法。1分钟内按照口令要求变换不同握绳方式，如身体缠绕绳、手臂缠绕绳。各 4×8 拍一组，练习3~5组。

（2）先练习单手摇绳和双手摇绳，熟练后可做各种抛接绳练习。1~2分钟一组，练习3~5组。

（3）采用游戏形式练习，引导学生体会如何根据身体变化控制跳绳。例如，两人一组玩"踩蛇尾"游戏，一人握住跳绳一端，将跳绳贴地随意摆动，另一人用脚踩跳绳在地上摆动的一端，踩中5次（次数自定）以后，两人互换角色。1~2分钟一组，练习3~5组。

5. 拓展练习：

（1）掌握常规摇绳方法后，可以做各种移动摇绳练习，如前进、后退、左右摇摆等。

（2）做完基本体前和体后抛接绳后，可尝试练习蛇形抛接绳。

（三）定时定数练习

1. 方法描述：在规定时间内完成规定的跳绳次数。时间长短根据练习者能力而定。

2. 练习要求：单人、双人、多人一起，听口令或信号按要求完成规定的跳绳次数。

3. 组织方法：单人练习可以散点站位，双人练习可以采用面对面站位或并排站位，多人练习可以采用体操队形站位，以跳绳时互不影响为宜。

4. 教学建议：

（1）从单摇、双摇、多摇的速度跳开始，并脚跳、两脚交换跳、双摇跳、双摇编花跳等动作由慢到快。

（2）掌握动作后，可做两人对抗、组间对抗，比次数、比耐力等练习。1~3 分钟一组，练习 3~5 组。

5. 拓展练习：

（1）破纪录练习。破个人或班级速度跳绳纪录后，可以冲击更高目标。例如，10 秒内进行 15 次双摇跳，随着学生双摇水平逐渐提高，规定 10 秒内进行 20 次双摇跳。1~3 分钟一组，练习 3~5 组。

（2）个人全能练习。掌握几个花样跳绳动作后，可以采用个人单一花样跳绳、竞速跳绳、花样套路组合跳绳等接龙形式练习，如个人在 2~3 分钟内完成 30 秒单摇、30 秒双摇、花样跳绳 5 种跳法组合动作。还可以继续学习并脚左右跳、手臂缠绕等动作。

（四）多个动作组合练习

1. 方法描述：将所学动作编排组合在一起练习。

2. 练习要求：对于初学者，可规定基本花样动作组合（2×8 拍一组）统一进行练习。

3. 组织方法：根据编排动作的难易程度，确定组合的人数和场地的使用面积，如场地较大可规定练习区域，场地较小可采用轮换上场的方式练习。

4. 教学建议：

（1）讲清楚动作要领，指导学生由慢到快练习。2×8 拍一组，练习 3~5 个组合动作。

（2）将学生按能力分成不同组别，教师有针对性地指导。每个组练习的时间和动作的数量根据学生能力而定，一般 1~3 分钟（2~5 个动作）一组，练习 2~3 组。

（3）通过个人、小组之间的比赛激发学生兴趣。

5. 拓展练习：

（1）"斗绳"练习。甲先跳一组动作后，乙模仿，如此互相交换。

（2）花样跳绳组合练习。将所学花样动作编排配乐，比一比谁跳得更具观赏性等。

（五）探究练习

1. 方法描述：两人一组探究短绳的不同玩法。

2. 练习要求：探究学习，取长补短，共同提高。

3. 组织方法：根据实际情况采用强强组合、强弱组合、同水平组合等。分散站位，前后左右间距以跳绳时不互相影响为宜。

4. 教学建议：

（1）要注意学生心理变化，正确引导学生结组。3~5分钟一组，练习3~5组。

（2）发现学生的优势，及时给予肯定。例如，对于跳绳能力稍差，但能够做出各种花样"玩绳"的学生，可以让其教同伴"玩绳"方法。3~5分钟一组，练习3~5组。

5. 拓展练习：

（1）多人结组"跳竹竿。两人或多人蹲下拉绳，类似"跳竹竿"的距离，按"开开合合开开合、开合开合开开合"等节奏进行跳跃练习。

（2）拉绳"造形"跳。多人将跳绳组合成一个"造型"，如"✕"形，其他人在中间空的地方钻跳、跨越等。

三、比赛创设

（一）花样"玩绳"大对决

1. 比赛方法：通过身体各部位控制跳绳，玩出花样。两人一组对决，你玩一个花样，我玩一个花样，直到一方无花样。

2. 规则与裁判方法：在玩绳过程中，跳绳不能全部落地，跳绳必须与人体相连。按照玩的花样多、动作连贯流畅、节奏明快等要求排列名次。

3. 比赛拓展：

（1）"照镜子"挑战赛。两人一组，互相模仿对方动作或跳绳节奏，直到有一方不能模仿或跟不上对方节奏为止。

（2）单人玩一根绳熟练以后，可以进行单人双手各玩一根短绳的花式比赛。

（二）花样跳绳接龙

1. 比赛方法：把学生分成人数相等的若干组，各组成员自行协商各自的跳绳花样（30秒）。比赛开始，第一个人开始跳，直到最后一人跳完。

2. 规则与裁判方法：在规定时间内失误次数少、跳的花样多的组获胜。

3. 比赛拓展：

（1）以组为单位，每个组也可以两个人同时跳一个动作，依次跳到最后。

（2）以组为单位设计5~10个动作，大家集体跳30秒后，再换另一个动作，直到跳完所有动作为止。

（三）花样跳绳"大擂台"

1. 比赛方法：把学生分成人数相等的若干组，轮流进行花样跳绳套路比拼。四人以上一组为宜。

2. 规则与裁判方法：按规定的花样跳绳组合套路进行比拼，无失误、无间断、最整齐的组获胜。

3. 比赛拓展：

（1）从简单花样跳绳套路开始练习，如"并脚跳 2×8 拍 + 开合跳 2×8 拍 + 弓步跳 2×8 拍"。熟练后可增加步法和节奏变化，也可以配乐比赛。

（2）花样跳绳套路练习与队形变换相结合。

第二节　双人花样跳绳

双人花样跳绳可以分为两人一绳、两人两绳等花样跳法。双人一绳花样跳绳要求练习者配合默契，两个人用一根跳绳上下跳动，极具娱乐性和互动性。双人两绳重点介绍车轮跳动作，这是一种两人相互配合轮流进行跳绳的方法，要求两人配合默契，能够成为彼此的左右手，是集健身和表演于一体的一种花样跳绳方式。

一、教材分析

（一）一带一跳绳

1. 讲解要点：两人相对，间距适宜，摇跳协调，同起同落。

2. 示范建议：侧面示范，提示学生重点观察摇跳配合和两人间距。

3. 教学重点：摇绳时手腕发力，两臂外张适宜，摇绳与起跳节奏一致。

4. 易犯错误及纠正方法：

易犯错误：两人动作不同步，间距越跳越大。

纠正方法：喊节奏跳，如边喊"跳、跳、跳……"边跳；被带者轻扶带人者腰部跳等。

（二）双人同摇同跳

1. 讲解要点：两人并排站，绳在身体后面，外侧手握绳，同摇同跳节奏稳定。

2. 示范建议：正面示范，提示学生重点观察外侧手握绳，摇绳和跳绳同步。

3. 教学重点：两人动作同步，摇绳和跳绳动作协调。

4. 易犯错误及纠正方法：

易犯错误：两人摇绳节奏不同步。

纠正方法：先固定一人跳，另一人为同伴摇绳，然后交换练习。

（三）双人移动跳

1. 讲解要点：两人各握绳一端，同步摇绳向前跳（跑），移动距离相同，配合默契，节奏稳定。

2. 示范建议：侧面示范，提示学生重点观察摇绳和跳绳同步，变换步法协调一致。

3. 教学重点：两人协调配合，摇绳和跳绳动作协调。

4. 易犯错误及纠正方法：

易犯错误：两人节奏不同步，摇绳和跳绳动作不协调。

纠正方法：两人手拉手，进行无绳同步跑或跳练习；两人一边喊口令一边练习移动跳，动作由慢到快。

（四）双人基本车轮跳

1. 讲解要点：

（1）两人两绳并排站立，右手持绳在上边，先摇右绳转半面，左手摇绳向上翻，两人同侧同步摇，一上一下车轮转。

（2）两人持两根绳并排站立，相邻手的绳子哪根在后哪根先摇，左右手保持一上一下，体会两绳依次打地的感觉。

2. 示范建议：正面示范，提示学生重点观察摇绳动作；侧面示范，提示学生重点观察跳绳动作。

3. 教学重点：左右手保持一上一下；轮换跳跃，相互配合。

4. 易犯错误及纠正方法：

易犯错误1：双手没有一上一下摇绳。

纠正方法：三人并排站立，中间的人左右手各握两绳柄，两边的人各握一绳柄，沿立圆方向依次向前摇动，两绳始终相隔180度。

易犯错误2：在跳绳过程中配合不协调。

纠正方法：单人手持两根跳绳，反复练习空摇，熟练后再两人配合练习。

二、练习方法

（一）徒手双人协作跳练习

1. 方法描述：两人相对站立，一人将双手放在对方腰两侧，另一人将双手放在对方肩上。练习开始，一人为主做双脚跳，另一人跟随其节奏一起跳跃。

2. 练习要求：放在对方肩上和腰侧的手不要太用力，保持适宜距离。

3. 组织方法：两人一组，自由组合，选择比较宽阔的场地，各组间距以跳绳时不互相影响为宜。

4. 教学建议：

（1）跳跃时一人为主一人跟随，体验配合。1~3分钟一组，练习3~5组。

（2）一人喊节奏，两人同时跳，或同时喊节奏一起跳。1~3分钟一组，练习3~5组。

（3）一人闭上眼睛，跟随另一人跳。1~3分钟一组，练习3~5组。

5. 拓展练习：

（1）双人协作单脚跳或左右脚交换跳。

（2）多人并排站位或前后站位，合作进行花样跳。

（二）双人单绳依次跳练习

1. 方法描述：两人分别握住跳绳一端，共同摇绳，轮流跳绳。

2. 练习要求：同步摇绳，送绳到位，轮流跳跃，配合默契。

3. 组织方法：两人一组，分散站位，自主选择安全间距，以跳绳时不互相影响为宜。

4. 教学建议：

（1）摇绳时，单手体前甩"8"字形，体会摇绳动作。1~3分钟一组，练习3~5组。

（2）两人变换节奏练习，绳中间要打地，两人摇绳节奏一致。1~3分钟一组，练习3~5组。

5. 拓展练习：双人单绳转身跳，双人单绳编花跳，双人单绳换位跳等。1~3分钟一组，练习3~5组。

（三）套人跳练习

1. 方法描述：摇绳者边摇边跳，移动到同伴身边，将绳子从同伴头上套过，变成一带一跳。

2. 练习要求：两人配合默契，完成跳跃1~3次。

3. 组织方法：两人或多人一组练习，注意躲闪旁边的同伴，保持安全间距；多人练习时，要选择较大空间，采用圆形站位或直线站位等。

4. 教学建议：

（1）摇绳套人后，摇绳落地点在被套者一侧，两人跳跃节奏一致。

（2）练习由慢到快，逐渐增加难度。1~3分钟一组，练习3~5组。

（3）熟练后可采用竞赛形式练习，三局两胜或五局三胜。

5. 拓展练习：

（1）增加被套人数量。

（2）间隔套人、连续套人、背后套人等练习。1~3分钟一组，练习3~5组。

（四）双人跳不同动作练习

1. 方法描述：两人选择3个以上不同动作，自由编排进行练习。

2. 练习要求：所选动作两个人都比较熟练，步调一致。

3. 组织方法：两人一组，分散练习，场地大小根据所选动作和编排情况而定。

4. 教学建议：

（1）先逐个动作练习，熟练后再组合起来练习。1~3分钟一组，练习3~5组。

（2）先按照顺序编排动作，熟练后再自由变化。

5. 拓展练习：

（1）掌握3个以上组合动作后，可采用组间对抗形式练习。三局两胜或五局三胜。

（2）3~5个小组联合练习，可采用小组接龙形式，各组做不同动作。1~3分钟一组，练习3~5组。

（五）音乐伴奏下双人跳组合动作练习

1. 方法描述：在音乐伴奏下，两人自编组合动作进行练习。

2. 练习要求：选择节奏明快、两人都比较熟悉的音乐。

3. 组织方法：体操队形散开或自主选择场地练习，如有移动动作，要与其他同伴协商所需场地。

4. 教学建议：

（1）初次练习时，先喊节奏，熟练后再听音乐。1~3分钟一组，练习3~5组。

（2）编排动作由易到难，逐渐增加动作节拍。1~3分钟一组，练习3~5组。

5. 拓展练习：

（1）熟练后可根据不同音乐节奏编排动作。1~3分钟一组，练习3~5组。

（2）可编排2~3个组合动作，根据音乐循环练习。2~5分钟一组，练习3~5组。

三、比赛创设

（一）双人原地跳绳比多（计时）

1. 比赛方法：两人一组，选择同一个动作、同一个跳法。

2. 规则与裁判方法：听信号同时跳绳，失误后可继续比赛，在规定时间内跳得最多的组获胜。

3. 比赛拓展：

（1）采用不同的跳法，如一带一反摇跳、一助一行进间跳等。

（2）在规定时间内可以增加跳绳动作，如3分钟内跳3个动作，听口令换动作。

（二）双人跳绳接力比赛

1. 比赛方法：八人一队，每两人为一组。比赛开始，第一组的两人同摇一根绳向前跳，到折返点后原路返回，拍第二组同伴的手，第二组再向前跳，依此循环，直到全队完成比赛。

2. 规则与裁判方法：比赛时，各组必须同时行进，到达折返点时必须两人都绕过标志物。最先完成比赛的组获胜。

3. 比赛拓展：双人跳绳行进熟练后，可以采用跑步前进，也可以采用两人摇绳三人跳绳行进。

（三）双人耐力跳绳

1. 比赛方法：两人一组，选择同一个动作连续跳绳。

2. 规则与裁判：在跳绳的过程中失误不计次数，在规定时间内跳绳次数最多的组获胜。

3. 比赛拓展：

（1）增加跳绳时间。

（2）可以选择3~5个动作，1分钟换一个动作，比一比哪一组跳的时间最长。

（四）跳绳"口算"比赛

1. 比赛方法：两人一组，一边跳绳一边口算比赛。一人算数，另一人计跳绳次数，比一比哪组算得准、跳得多。

2. 规则与裁判：算数的时候不能停止跳绳。

3. 比赛拓展：

（1）熟练后可进行组与组对抗。例如，一个组先出题（2×3等于多少），另一个组回答。

（2）跳绳算数接龙：比赛开始，在双人跳绳的过程中，第一组先出题，第二组回答。然后第二组在原有答案的基础上再加、减、乘、除一个数字，第三组再回答，直至比赛结束。

（五）双人跳绳猜拳

1. 比赛方法：两人一组，两个小组比赛。比赛时，一人摇绳，另一人一边跳绳一边用手与对方猜拳。

2. 规则与裁判：猜拳时不能停止跳绳，采用三局两胜或五局三胜。

3. 比赛拓展：

（1）熟练后可以三人一组，用"手心手背"的形式比赛。

（2）两人同时摇绳和跳绳，用另一只手和对方猜拳。

（六）双人跳绳花样挑战赛

1. 比赛方法：两人一组，完成一套规定动作。比赛开始，各组自己选择一个"挑战"对象，在1~2分钟（根据学生能力而定）内，看哪一组跳的花样套路失误少。时间到后，必须寻找另一组对手。

2. 规则与裁判：同一局内，不能选择相同的对手，每胜利一次得1分，三局或五局结束后总分最多的组获胜。

3. 比赛拓展：

（1）8~10人一组，进行组内对抗，如跳同一个套路，失误少者获胜。

（2）8~10人一组，将每个组所有成员跳的花样加起来，花样总数最多的组获胜。

第三节　多人花样跳绳

多人花样跳绳可以分为多人多绳、交互绳、长绳花样等跳法，可以根据人数不同、跳绳方式不同、绳的长短、摇绳站位、摇绳方法等变化出不同的花样。多人花样跳绳变幻无穷、精彩纷呈，是花样跳绳表演赛中非常引人入胜的部分。

一、教材分析

（一）原地并脚（交换脚）跳长绳

1. 讲解要点：

（1）跳绳：跳绳者在绳中间，起跳时机是关键，绳到膝处快跳起，空中屈膝身体稳，落地缓冲再弹起。

（2）摇绳：摇绳以肘为轴带动手臂和手腕，快慢节奏适宜。

2. 示范建议：正面示范，提示学生重点观察摇绳和跳绳方法。

3. 教学重点：摇绳时绳体饱满，起跳时机准确、动作连贯。

4. 易犯错误及纠正方法：

易犯错误1：摇绳时手臂动作幅度过大。

纠正方法：用语言提示摇绳者手臂离身体不宜过远，要以肘关节为轴摇绳。

易犯错误2：起跳时机不对。

纠正方法：摇绳节奏要稳定，用语言提示起跳时机。

（二）侧面进入跑"8"字跳长绳

1. 讲解要点：

（1）摇绳：摇绳方向要一致，速度适中节奏稳，调整速度少失误。

（2）跳绳：上绳之前往前站，绳子打地往里钻，起跳点在绳中间，路线跑直别拐弯。

2. 示范建议：提示学生从侧前方或高处（如领操台）观察跑动路线、时机等。

3. 教学重点：摇绳节奏稳定，速度适中，跳绳者距离合适，跳跃高度适中，落地后迅速跑出。

4. 易犯错误及纠正方法：

易犯错误1：上下绳时机掌握不好。

纠正方法：上绳起跳点离绳落区域要近，按摇绳节奏喊出"上绳""下绳"口令。

易犯错误2：上下绳路线或起跳区位置不合适。

纠正方法：在场地上画出上下绳路线和起跳区。

（三）交互绳

1. 讲解要点：

（1）摇绳：双手握绳要稳定，小臂带腕上下动，绳在体前画圆圈，一上一下车轮转。

（2）上绳时机：当远端绳离地、近端绳在上时，迅速跑进绳。

（3）跳绳地点和时机：交互绳打到地面的痕迹形成一个不规则椭圆，初学者跳绳地点在椭圆里。跳绳者眼看摇绳者手臂摇至接近圆最低点时起跳。

（4）下绳：当跳过近端绳后，远端绳至头上时，跳绳者迅速向异侧跑出绳。

2. 示范建议：正面示范和侧面示范相结合，提示学生重点观察上下绳时机和跑动路线。

3. 教学重点：摇绳节奏稳定，绳体饱满，上绳和下绳的时机。

4. 易犯错误及纠正方法：

易犯错误1：不敢上绳。

纠正方法：选好上绳位置，提示上绳时机。

易犯错误2：上绳后停顿，赶不上第二绳落地的节奏。

纠正方法：放慢摇绳节奏，反复练习。

（四）网绳

1. 讲解要点：

（1）摇绳：多人齐用力，数绳如整体，同向摇绳要牢记。

（2）跳绳：跑入中心点，先学单人跳，后练鱼贯跑入跳。

2. 示范建议：正面示范，提示学生重点观察摇绳高度、力度以及跳绳者起跳的时机。

3. 教学重点：摇绳节奏一致，上绳和下绳时机。

4. 易犯错误及纠正方法：

易犯错误：绳子在空中打结。

纠正方法：注意绳子摆放顺序，摇绳节奏一致。

二、练习方法

（一）徒手集体同步跳练习

1. 方法描述：两人持绳，拉着绳从队首向队尾跑，其他人分组站成纵队，当绳经脚下时依次向上跳起。

2. 练习要求：拉绳者互相配合，跳绳者保持队形依次跳跃。

3. 组织方法：前后站立，间隔1米左右（也可根据学生反应能力适当调整间距），统一练习，也可各组自己控制节奏。

4. 教学建议：

（1）结组人数由少到多逐渐增加，开始练习时可以喊"跳—跳—跳"。3~5分钟一组，练习3~5组。

（2）刚开始时采用原地纵跳方式，逐渐过渡到蹲跳、立卧撑跳等。3~5分钟一组，练习3~5组。

5. 拓展练习：

（1）改变跳跃方式。熟练后拉绳返回时，跳绳者蹲下，绳从其头上扫过，直到排头，绳第二次经过脚下时，学生从蹲撑跃起。

（2）改变跳跃人数。全班可围成一个大圆圈循环跳跃。

（二）长绳跳进跳出练习

1. 方法描述：以小组为单位，两人摇绳，第一个人进绳后跳一次再跑出来，下一个人继续同样的动作，直到最后一人完成。

2. 练习要求：按照顺序练习，一人出绳后，另一人才进绳，摇绳和跳绳配合默契。

3. 组织方法：分组练习，人数根据学生能力而定，各组间距以跳绳时互不影响为宜。

4. 教学建议：

（1）初次练习时，跳绳者在原地站好后，摇绳者再开始摇绳。熟练后可连续进绳、跳绳、出绳。3~5分钟一组，练习3~5组。

（2）单人跳长绳熟练后，可采用双人或三人以上同时进绳、跳绳、出绳练习。3~5分钟一组，练习3~5组。

5. 拓展练习：

（1）熟练后以组为单位依次练习进绳、跳绳、出绳。3~5分钟一组，练习3~5组。

（2）摇绳和跳绳配合比较熟练后，可在摇绳过程中交换摇绳者，跳绳者不停。

（三）三人交互绳摇绳练习

1. 方法描述：在正摇绳基础上，两人进行反摇绳、移动摇绳、头顶摇绳等练习。

2. 练习要求：练习时，注意力集中，眼睛盯住绳，把握摇绳节奏和换绳时机。

3. 组织方法：三人一组，根据跳绳长短调整场地大小，各组间距以摇绳时互不影响为宜。

4. 教学建议：

（1）讲解摇绳要领，短绳长摇，手腕发力，保持节奏，两根绳依次打地，间隔时间相同，摇绳由慢到快。3~5 分钟一组，练习 3~5 组。

（2）4~6 人一组，两人摇绳，其余的人辅助口令或提示。2~3 分钟一组，练习 3~5 组。

5. 拓展练习：

（1）两人摇绳配合熟练后，可采用不同节奏摇绳。

（2）学会 2~3 种摇绳方法后，可练习交互绳花样跳法。

（四）长短绳组合练习

1. 方法描述：三人或三人以上一组，两人摇绳，其他人手持一根短绳，在长绳中跳短绳。

2. 练习要求：摇绳要有节奏，跳绳和摇绳配合默契。

3. 组织方法：根据分组人数选择场地大小，各组间距以跳绳时互不影响为宜。

4. 教学建议：

（1）初次练习时，跳绳者先在长绳中间站好，听口令同时摇绳和跳绳。熟练后，摇绳者先将长绳摇起来，跳绳者再持短绳跑入长绳中跳绳。3~5 分钟一组，练习 3~5 组。

（2）熟练后可变换不同节奏练习。3~5 分钟一组，练习 3~5 组。

5. 拓展练习：

（1）熟练后，可采用两人或两人以上持短绳在长绳中跳绳。

（2）随着摇绳和跳绳能力的增强，可采用长绳中"一带一"跳短绳、长短绳配合双摇跳等。

三、比赛创设

（一）欢乐的"小蚂蚁"——多人同时跳长绳比赛

1. 比赛方法：以小组为单位，两人摇绳，其余的人在中间跳绳。

2. 规则与裁判方法：跳绳绕过所有人身体一周算一次，在规定时间内失误后可以继续跳，结束信号响起后立即停止。在规定时间内跳绳次数最多的组获胜。

3. 比赛拓展：

（1）在跳绳过程中可增加难度，如蹲跳、转身跳等。

（2）上绳可采用依次上绳、同时上绳等方式。

（二）齐心协力勇向前——多人同步向前跳比赛

1. 比赛方法：以小组为单位，从起点集体摇绳和跳绳到终点。

2. 规则与裁判方法：摇绳和跳绳同步进行，在行进过程中失误时可从失误地点继续前进，直到最后一个人过终点才算结束。先到的组获胜。

3. 比赛拓展：

（1）原地跳时，可采用向前后左右跳等方式，熟练后可采用横队向前跳、纵队向前跳等方式。

（2）集体连续不间断跳比赛，时间不限，失误的组担任啦啦队，坚持到最后无失误的组获胜。

（三）长绳一带一跳短绳比赛

1. 比赛方法：四人一组，两人摇绳，两人持短绳在长绳中间跳绳。

2. 规则与裁判方法：在比赛过程中失误时可以继续跳到结束。在规定时间内跳绳次数最多的组获胜。

3. 比赛拓展：

（1）增加一带一跳绳的组数，一根长绳带三组短绳，进行 1~2 轮接力赛。

（2）在长绳中进行不同跳法的比赛，如一人双摇跳、两人双摇跳等。

（四）长绳跳花样比赛

1. 比赛方法：最少五人一组。两人摇绳，三人在中间做各种花样动作跳绳。

2. 规则与裁判方法：在规定时间内无失误、花样多的组获胜。

3. 比赛拓展：

（1）入绳和出绳动作创编，如进绳以后击掌、出绳前先做蹲起等。

（2）增加跳绳人数，两人摇绳，5~10 人跳绳。

思考题

1. 谈一谈如何通过花样跳绳教学让学生享受乐趣、增强体能、健全人格、锤炼意志。

2. 根据实际情况，设计一个日常或在假期中利用花样跳绳健身的方案。

3. 设计一个利用短绳辅助教学的方法。

读者意见反馈

为收集对教材的意见建议，进一步完善教材编写并做好服务工作，读者可将对本教材的意见建议通过如下渠道反馈至我社。

咨询电话　400-810-0598

反馈邮箱　gjdzfwb@pub.hep.cn

通信地址　北京市朝阳区惠新东街 4 号富盛大厦 1 座

　　　　　高等教育出版社总编辑办公室

邮政编码　100029